CW01418472

Dr. Michael Harscheidt, Oberstudienrat i.R., studierte Literaturwissenschaft, Geschichte und Soziologie (*Universität Köln*) und Theologie (*Universität Bonn und Kirchliche Hochschule Wuppertal*).
Neben seiner Dissertation über die geheime Zahlensymbolik des Günter Grass hat er zahlreiche Studien publiziert und West-Europa sowie Syrien, Israel und Ägypten bereist, um den Geheimnissen der Templer auf den Grund zu gehen. Zahlreiche Vorträge in Kirchen, Klöstern und Akademien waren die Folge und führten zum Wunsch: Schreiben Sie dieses Buch!

MICHAEL HARSCHEIDT

DER TEMPLER CODE

GOTTES GEHEIME ELITE

Neueste Forschungsergebnisse

tao.de

© tao.de in J. Kamphausen Verlag und Distribution GmbH, Bielefeld

1. Auflage 2013
Autor: Michael Harscheidt
Umschlaggestaltung/Buchgestaltung:
Küster Steinbach Schäfer, Rita Küster
Visuelle Kommunikation, Wuppertal
Illustration nach einer Idee von Jens Rusch
Printed in Germany

Verlag: tao.de in J. Kamphausen Verlag und Distribution GmbH, Bielefeld,
www.tao.de, eMail: info@tao.de

Bibliografische Information der Deutschen Nationalbibliothek:
Die Deutsche Nationalbibliothek verzeichnet diese Publikation
in der Deutschen Nationalbibliografie; detaillierte bibliografische
Daten sind im Internet über http://dnb.d-nb.de abrufbar.

ISBN: 978-3-95529-196-9

Das Werk, einschließlich seiner Teile, ist urheberrechtlich geschützt.
Jede Verwertung ist ohne Zustimmung des Verlages unzulässig.
Dies gilt insbesondere für die elektronische oder sonstige
Vervielfältigung, Übersetzung, Verbreitung und sonstige Veröffentlichungen.

Sophia, die Weisheit, schaut zu den Menschen herab.
Aber sie selbst kann von keinem Menschen
in der Tiefe ihrer Geheimnisse erfasst werden.

Hildegard von Bingen 1151*

Vorwort I
Für Gipfelstürmer, Mystiker und ambitionierte Fahrgäste der Pariser Métro:

Ich, Fabian Jaspers, bin kein Templer, aber als Praktikant in einer Zeitungsredaktion wurde ich in diese Affären hineingezogen, habe alles so erlebt und wörtlich aufgeschrieben. Am Ende bin ich froh, der Wahrheit gedient zu haben. Allen, die mich unterstützten, möchte ich an dieser Stelle Dank sagen.

F. J.

Vorwort II
Für Archäologen, Querdenker und Freunde der Quadratur des Kreises:

Sie hießen die Armen Gefährten Christi.
Sie wurden zum mächtigsten Orden.
Sie erhielten die größten Privilegien.
Sie schufen das erste Bankenkontor.
Sie waren Gottes geheime Elite.
Sie lieferten viele Legenden.
Sie pflegten mysteriöse Rituale.
Sie erlitten die Folter eines Königs.
Sie wurden von einem Papst verboten.
Sie hinterließen unendlich viele Fragen ...

M.H.

**Am 10.05.2012 ins Verzeichnis der Heiligen eingeschrieben.*
Am 07.10.2012 zur Kirchenlehrerin erhoben.

Teil I DIE VERSCHWÖRUNG

Teil II VOR DEM EUROPÄISCHEN GERICHTSHOF IN STRASBOURG

Teil III UNTERWEGS IN EUROPA

DIE TEMPLER SIND UNTER UNS

Es mag Ihnen komisch vorkommen,
aber der Irre zieht früher oder später
immer die Templer aus dem Hut …

UMBERTO ECO

Press Club de France, 19, Rue Du Commandant Mouchotte, 75014 Paris
Dienstag, 6. April, 21.15 Uhr

Ich war neu hier - in Paris, im PRESSCLUB, bei den Templern.

Nächste Woche würde ich hier mein Auslandspraktikum in der Redaktion von LEPARISIEN beginnen. Eigentlich sollte ich Linguistik studieren: Dozentenlaufbahn. Aber auch gute Journalisten werden ja überall gesucht. Doch würde ich gut genug sein? Wenn Du nach Paris kommst: Geh zuerst zum Club und sieh Dir den Betrieb dort mal an. Hatte mir ein Reporter an der Uni geraten. Nun gut: Jetzt saß ich in einem gut gefüllten Saal dieses angesehenen Pariser PRESSCLUB DE FRANCE und verfolgte seit einer guten Stunde mit stockendem Atem die zufällig für heute Abend anberaumte Diskussion über den geheimen Code der Templer. Das Ritual war offensichtlich eingespielt:

La Croix des Assassins (2008)
Deutsche Übersetzung
© RoRoRo (2010)

Der Moderator des Clubs vergab das Wort, der jeweilige Journalist stellte sich namentlich vor, und dann vernahm das Publikum seine Ausführungen – die eine wunderbarer als die andere. Soeben hatte sich ein Herr im dunklen Anzug erhoben und stellte sich artig vor:

Serge Montier · LE FIGARO: „*Monsieur,* im Magazin Nr.26 präsentiert Ihr Club einen Thriller, wonach der Orden der Templer über Jahrhunderte ein Geheimnis gehütet haben will, das zu einer weltumspannenden Geheimgesellschaft geführt haben soll. Welche Absichten verfolgt das Direktorium des PressClubs mit solchen Spuk-Phantasien?“

Die Ewigkeits-Maschine
© Langen Müller Verlag (1998)

Der Moderator lächelte etwas angestrengt und versuchte zu beschwichtigen: „Sie sprechen da die Anzeige eines Verlags an[1], die uns zur Neutralität verpflichtet. Die beiden Autoren jedenfalls haben großen Erfolg mit ihren Ti-

[1] *Text-Bild-Anzeige des Verlags Éditions Fleuve Noirin: Press Club Magazine, no.26 (Paris Sept-Okt.2008/S.8)*

teln[2]: Unsere moderne Gesellschaft ... äh ... die Leute draußen auf der Straße ... äh ... sie sind überzeugt von der Macht der Templer."

Lara Bausinger · Neue Zürcher Zeitung: „Es gibt Gerüchte, wonach sich die Templer nach ihrer Niederlage nach Schottland abgesetzt hätten. Was ist aus den Fiebag-Recherchen[3] geworden, die von einem Untertauchen der Templer auf der schottischen Oakland-Insel und gar von außerirdischen Besuchern sprechen?"

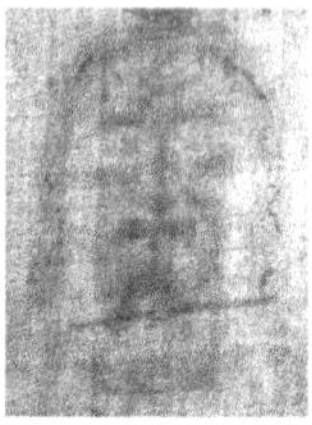

Kopf-Partie vom Grabtuch von Turin (30 n.Chr.?)

Wieder wollte der Moderator antworten, doch ein weißhaariger Herr kam ihm vehement zuvor:

Pietro Angelo · Radio Vaticana: „Das sind antibiblische Erfindungen, die die Menschheit verwirren! Meine Damen und Herren, ich weise Sie hin auf ein Projekt der Forscherin Dr.Barbara Frale, die im geheimen Kopf-Idol der Templer das Bildnis Christi auf dem Turiner Grabtuch wieder erkannte. Der Osservatore Romano des Vatikans und die Tageszeitung Corriere della Sera haben bereits in Auszügen[4] berichtet."
Jetzt hatte sich der Moderator erhoben:

„Meine Damen und Herren, danke für alle Hinweise und Anregungen. Der Abend war sehr kurzweilig, wir alle haben heute viel dazu gelernt. Die Templer sind noch immer unter uns, oder besser: Wir sind unter den Templern. *Messieurs, Mesdames,* ich danke für Ihre Aufmerksamkeit. *Merci beaucoup* und *Au revoir.*"

Mit diesen Worten hatte der Moderator seine Gesprächsleitung beendet und wieder Platz genommen.

Freundlicher Applaus füllte den Großen Salon, Bemerkungen wie *„très intéressant"* oder *„bravo"* drangen nach vorne, wo sich der Moderator nochmals erhob und nun ebenfalls artig in die Hände klatschte.

Schon wollte ich mich entfernen, da verschaffte sich eine Journalistin in der beginnenden Aufbruchsszene das Wort:

„Meine Herren, meine Damen, die Rehabilitation der Templer steht bis heute aus. Wir in Frankreich haben 1789 die Erklärung der Menschenrechte

[2] *Giacometti, Eric/Ravenne, Jacques: La Croix des Assassines (Paris 2008)*

[3] *Fiebag, Johannes & Peter: Die Ewigkeits-Maschine. Das Manna-Wunder, der Heilige Gral, die Templer und das Geheimnis von Oak Island (München 1998)*

[4] *„La studiosa vaticana: Ho le carte, i Templari adoravano la Sindone: L'idolo per cui furano condannati era Cristo". In: „Corriere della Sera", 05.04.2009.*

auf den Weg gebracht hat, aber was tun wir für die Wiedergutmachung an den Templern? Ich schlage eine Kampagne vor. Wer an dieser Initiative interessiert ist, möge noch bleiben. Wir treffen uns in der Bar – in zehn Minuten!"

Aber hallo – ich war elektrisiert! Ein Hauch von Französischer Revolution? *Vive la République*!

Viel Bewegung konnte ich beim Publikum allerdings nicht wahrnehmen. Und als kleiner Auslandspraktikant ohne journalistische Erfahrung wäre ich da sicher fehl am Platze. Aber wer will sich schon eine Revolution entgehen lassen? Und so begab ich mich rasch zum *Cabinet de Toilette*, wo ich noch mal mein Outfit überprüfen wollte, und dann würde ich langsam, möglichst lässig den Bar-Raum aufsuchen.

Die Bar war nur schwach besetzt. Ihr gedämpftes Licht vermittelte eine Atmosphäre von Zutraulichkeit. Hier also gaben sich launige Journalisten gewöhnlich der Muße hin. An der Seite gegenüber der Theke standen bereits zwei Herren aus dem Salon und schienen zu scherzen. Zögernd ging ich auf sie zu und fragte wie beiläufig: „Waren Sie auch eben im Salon?"

„*Oui, Messieur*, interessante Debatte. Wo bleibt denn nur Madame?"
Da erklang ihre gewandte Stimme schon hinter uns: „Meine Herren, Ihnen haben es die Templer angetan? Nehmen wir hier doch Platz!"

Rasch war ein Kellner am Tisch. Man bestellte passende Drinks und nickte sich zu.

„Ja, was treibt uns zusammen", schmunzelte der smarte Herr im mellierten Tweed-Sakko. Schon erhob er sich lächelnd und stellte sich mit gefälligem Englisch-Akzent vor:

„**Mark Bride** · BBC London – *but I suppose I better sit down*, wir fallen sonst noch auf. *In my country*, die Templer geistern durch die Presse, *more and more*. BBC machte einen Report über Uri Geller, der eine schottische Insel gekauft hat[5], weil er dort magische Strahlen zu den Pyramiden und – *attention, lady and gentlemen* – zu den **Knights Templar** vermutet. So nennt man die Templer bei uns: **KT** oder **Knights Templar**." Bedächtig nahm er einen Schluck Whisky, prüfte ihn auf der Zunge, lächelte entspannt in der Runde.

Unsere Blicke wanderten zu dem anderen Herrn mir gegenüber: „Gnädige Frau, meine Herren von der schreibenden Zunft, ich glaube, jetzt bin ich an

[5] *Insel „The Lamb" im „Firth of Forth" (Schottland). Kaufpreis: £30.000. Report: BBC news/Scotland/Edinburgh and east/7883836.stm (Jan. 2010)*

der Reihe." Mit artigen Verbeugungen stellte sich der etwas untersetzte Herr im Sommeranzug vor:

„**Kurt Kinzl** · Wiener Presse-Club – ich schreibe für verschiedene Blätter. Immer wenn Sie Berichte lesen mit KK, hatte ich meine Hand im Spiel."

Mit nochmaliger Verbeugung, nach rechts und links lächelnd, nahm er wieder Platz, und es sprudelte aus ihm nur so hervor:

„Visitieren Sie heute Wien, meine Verehrteste, meine Herren, und Sie werden ein ganz neues Flair erleben: den Gral, den DaVinci Code und natürlich die Templer. Alles finden Sie in unserer ehrwürdigen Walzerstadt. Unser Vienna Guide Service – sorry, früher sprachen wir noch deutsch – editiert ein ganz neues Panorama und präsentiert den Gral in der Hofburg und die Templer untertage im Labyrinth[6]. Der Dritte Mann oder Orson Wells sind *passé*." Erschöpft sank er in sich zusammen und nahm einen tiefen Schluck aus seinem Glas Bier.

Jetzt war ich dran, dachte ich. Doch während ich noch nach Worten suchte, hatte Madame die Initiative ergriffen:

„*Messieurs*, herzlichen Dank für Ihre Impressionen aus London und Wien. In Frankreich ist uns die Problematik natürlich viel näher: Was im Burgund seinen Anfang nahm, endete in Paris auf dem Scheiterhaufen, und eine große Tristesse befällt uns, wenn wir an die schändliche Rolle von Staat und Kirche denken – *naturellement*, ich meine den französischen Staat in der Person von Philipp le Bel und die französische Kirche in Gestalt ihrer Inquisiteure."

Im Nu war es ernst geworden: keine Spur mehr von Revolution! An der Bar verabschiedeten sich einige Herrschaften. Abschiedsszenen mit Küsschen, Geräusch von verschobenen Barhockern, Momente des Aufbruchs. Dann fuhr sie fort:

„*Pardon*. Ich vergaß mich vorzustellen:
Janice Simon · ARTE TV, meistens Strasbourg. Wir haben uns schon öfters mit den Templern befasst, z.B. durch unseren Film „Kreuzzug in die Hölle"[7], wo ganz deutlich wurde, dass in der Person von Philipp IV. – „*L'état c'est moi*" – der französische Staat den Templer-Orden vernichtet hat."

[6] *„Die Presse" (Wien) v. 14.11.2009. Buch: Bouchal, Robert & Lukacs, Gabriele: „Geheimnisvoller Da Vinci Code in Wien: Verborgene Zeichen & Versteckte Botschaften". Wien 2009*

[7] *„Sphinx: Der Kreuzzug in die Hölle – Die Templer" (ARTE 2004; 52 min; Regie: J.-P.Behrend). TV-Sendungen: ZDF 02.02.2008; ARTE 07.02.2009*

Madame Simon stärkte sich mit einem Schluck Portwein und hatte unter uns wohl die größere Erfahrung mit den Templern. Sie trug ein dunkelblaues Jackett, klassisch geschnitten, ihre Bluse in Weiß-Azurblau-Koralle ließ einen selbstbewussten Busen vermuten, von dem eine schlichte Perlenkette abzulenken versuchte. Sie schloss mit den Worten:

„Wenn sich unser Staat identifiziert mit CHARLES MAGNE – Sie würden KARL DER GROSSE sagen, Monsieur Kinzl – oder mit der HEILIGEN JOHANNA VON ORLEANS, dann muss er auch das Ungetüm PHILIPP als französischen König akzeptieren und die Templer rehabilitieren und entschädigen."

„Entschädigen?" Mister Bride von der BBC hatte sich verschluckt und stotterte: *„The game is over!* Denken Sie an Mary Stuart und Schottland. Auch die Briten sind nun eine geeinte Nation."

Da erwachte der Wiener Korrespondent, der wieder Kraft getankt hatte: „Geeint? Und warum tretet Ihr dann aber nicht mit einer sondern vier Fußballmannschaften auf?"

Rasch lenkte Janice Simon ab und sprach mich an: „Hören wir doch erst einmal unseren jungen Kollegen, der so fleißig Notizen sammelt. Was verschafft uns die Ehre Ihrer Präsenz?" Ein rascher Schluck von meinem *eau minérale* sollte meine Zunge lockern, dann nahm ich das mir eigene Bisschen journalistischen Muts zusammen und sagte:

„**Fabian Jaspers**, Auslandspraktikant bei LEPARISIEN, an sich bin ich Student der Linguistik und immatrikuliert an der Uni St. Etienne, wo ich Sprachen studiere. Ich möchte Journalist oder Auslands-Korrespondent werden. Und die Templer haben mich immer schon fasziniert" – erneut führte ich mein Glas zu den Lippen, denn meine Stimme klang trocken: Ich war aufgeregt.

Wohlwollend hob der Brite sein Glas und meinte: „Auf die Jugend, auf das Studium, *have a nice time.*" Auch die anderen beiden fanden nette Worte für mich, und so fragte ich gleich nach:

„Danke sehr – und wie geht es nun mit den **Templern** weiter? Und dem **Templer-Code**? Bisher ist dies ja primär ein Thema für den Thriller am Kiosk, aber doch nicht für das Straßennetz von Wien."

„Straßennetz ist ein gutes Stichwort", warf nun Mister Bride ein: „Dan Brown haben wir nun auch im West End von London: Die GREAT QUEEN STREET am Großlogen-Palast der Freimaurer heißt mittlerweile im Volksmund DAVINCI CODE STREET, wie BBC berichtete[8], *it's wonderful.*"

Janice Simon hatte ihr Glas geleert: „Okay, meine Herren Kollegen, Sie haben alle Ihre Erfahrungen mit Templern und Freimaurern und dem Da-Vinci Code. Zur Rehabilitation der Templer sind freilich größere Schritte erforderlich ..."

„Aber was können wir tun?", wurde sie von Kurt Kinzl unterbrochen, der sich mit leerem Glas in der Hand nach dem Kellner umsah.

„Da gibt es viele Wege: einen offenen Brief in der Presse, aber das wäre zu brav, oder eine gemeinsame Reportage unserer drei Sender, das wäre schon ein Impuls. Doch der korrekte französische Weg wäre eine öffentliche Eingabe an den Präsidenten der Republik: Dann müsste der Staat Farbe bekennen!"

Erneut sah ich in Janice die flammende Revolution in Person.

„Von unseren drei Presse-Häusern?", fragte Mark Bride ungläubig, und Kurt Kinzl warf ein: „Hinter mir steht nur ein Club – wenn überhaupt!"

„Nein, wir als Individuen, als freie Journalisten im modernen Europa", erklärte Janice.

„Okay, das hört sich gut an. *Good news*", stimmte Mark zu.

Kurt lächelte: „Ich wittere eine gute Story, ich bin dabei."

Schnell fügte ich an: „Ich bin dabei, wenn hier niemand *Non* sagt."

„Wir kennen kein *Non*", erwiderte Janice Simon erstaunt und sprach dann eine Art Schlusswort: „Meine Herren, wir entwerfen eine Eingabe an den Präsidenten der Republik von Frankreich! Mit dem Ziel der Wiedergutmachung an dem Unrecht gegenüber den Templern! Dafür schlage ich unseren nächsten Treff für Donnerstag nach Redaktionsschluss vor, sagen wir 18.00 Uhr, im TERMINUS, gegenüber der GARE DU NORD. *Au revoir.*"

Der Bar-Raum hatte sich längst geleert. Unsere kleine Gruppe erhob sich und strebte scherzend dem Ausgang zu.

Noch ganz betäubt von den abenteuerlichen Erlebnissen des Abends betrat ich die nächtliche rue du Commandant Mouchotte und atmete tief die frische Aprilluft ein, die Paris einen bezaubernden Frühling beschert hatte.

[8] *„Makeover for the Da Vinci Code street".*
Report: BBC uk news/England/London/78539.stm (Dez. 2009)

SCHWUR UM MITTERNACHT

Wenn ich diesen Schwur erfülle,
so sei mir beschieden, in meinem Leben und
in meiner Kunst voranzukommen ...

HIPPOKRATES

Terminus Nord, 23, Rue de Dunkerque, 75010 Paris
Donnerstag, 8. April, 18.00 Uhr

Terminus Nord
© Crédits photos
@ Jérémie Dequiedt, Studio 1+1

Mit jeder Stunde wuchs meine Spannung.

Am Nachmittag war eine Brise aufgekommen, doch sie reichte nicht aus, um die angestaute Wärme der Mittagssonne aus den Häusern und Straßen von Paris zu vertreiben. Die Luft war viel zu feucht, und der Autoverkehr zog sich träge dahin ...

Jetzt war es 18.00 Uhr, und so überquerte ich die Straße am Bahnhof Gare du Nord und betrat das Restaurant mit den violetten Markisen. Eine stilvolle Atmosphäre ganz eigener Art empfängt dort den Besucher: eine geometrisch klug differenzierte Anordnung von unterteilten Sitznischen und Ensembles von feierlich eingedeckten Speisetischen, das Ganze bestrahlt von indirektem Licht und mit rankenden Pflanzen geschmückt, die einen Hauch lieblicher Gartenlandschaft vermitteln.

Ich schien der erste Ankömmling unserer Gruppe zu sein, denn unter den hier und da speisenden Besuchern entdeckte ich kein mir bekanntes Gesicht. Und schon wurde ich von einem Garçon angesprochen, der mir einen leeren Tisch zuweisen wollte. „*Je bien voudrais attendre mes amis*", versuchte ich abzuwinken, um anzudeuten, dass ich noch Freunde erwarte. Er blickte auf einen Notizzettel in seiner Hand und formulierte mit fragendem Blick irgendetwas über „Club" und „Presse".

„PressClub? – *d'accord!*" sagte ich schnell. Nun blickte er sehr geheimnisvoll und forderte mich lächelnd auf, ihm zu folgen. Wir durchschritten den mondänen Speisesaal, und über ein paar Stufen erreichten wir das Portal zu einem kleinen Séparée, in das er mich einzutreten bat, um dann die Türe rasch wieder hinter mir zu schließen.

Séparée im Restaurant © Crédits photos @ Jérémie Dequiedt, Studio 1+1

Doch welche Überraschung: Ich stand in einem kleinen Tempel der Gastronomie mit bunten Fresken, Spiegeln und getönten Paneelen. In der Mitte: eingedeckte Tische für etwa ein Dutzend imaginärer Personen – und dort stand bereits das Trio und winkte mir zu.

„Hallo, *Fabien*" – Madame Simon benutzte die französische Form von *Fabian* – „*bon soir et bienvenu,* wir sind hier im Belle Epoque Salon. Schönes Ambiente. An jedem Wochenende seit Monaten ausgebucht". Mit routinierten Worten erklärte Janice uns dreien die einzelnen Wandmotive und ihre Geschichte. Und wieder bewunderte ich ihre weitreichende Erfahrung und wagte vorlaut zu bemerken: „Kennen Sie denn alle Séparées in Paris?"

„Die wichtigsten, nur die wichtigsten", sagte sie lächelnd, „vermutlich wie unsere beiden Kollegen ihre Pubs in London und Wien."

„Nur die Underground Clubs von London." Mark Bride zwinkerte uns zu.

„Wien und das Templer-Labyrinth", echote Kurt Kinzl.

„Meine Herren, bleiben wir erst einmal in der Oberwelt der Templer und ihrer Gegner! Wir sollten Platz nehmen, *Messieurs,*" dozierte Janice, „wählen Sie einen Vierertisch, ich lasse den Kellner kommen, und dann sind wir *entre-nous.*"

Inzwischen ertönte aus unsichtbaren Mikrophonen ein leichtes Geplätscher von Klaviermusik, wir plauderten über die politischen Schlagzeilen des heutigen Tages, bald brachten der Kellner und eine Serviererin nach und nach die Bestellungen: Salate, Bouillabaise, flambierte Pfannekuchen und Weißwein aus dem Elsas.

„*Santé – Cheers – Zum Wohl – Skål – Nasdrowje*“, wir scherzten über die unterschiedlichen Zurufe der verschiedenen Nationen beim gemeinsamen Trinken ...

Wie von unsichtbarer Hand war die Musik nun leise geworden, kaum noch hörbar. Ein Kellner servierte Espresso für uns alle, und dann ergriff Janice das Wort: „Meine Herren Kollegen, ich habe heute noch mal nachgedacht: Wir sollten unsere Redaktionen – also ARTE, BBC und ORF – aus dem Spiel heraushalten, wenn wir den Schritt in die europäische Öffentlichkeit wagen: Ich plädiere für eine Eingabe von uns Bürgern direkt an die Adresse des französischen Staatspräsidenten! Europa gehört doch den Bürgerinnen und Bürgern!“

„Richtig! Menschen-Rechte wurden immer von den Bürgern erkämpft!“, bemerkte Mark, „wir gründen ein Komitee für Bürger.“

„Europäisches Komitee für Menschenrechte“, warf ich ein.

„Was wäre das auf Französisch?“, fragte Kurt, dem diese Wendung gefiel.

„Auf Französisch? – Comité Européen des Droits de l'Homme.

Mark war noch unzufrieden: „Zu lang – elf Silben. Einfach zu lang.“ Und während wir noch nachdachten, präsentierte Mark die Lösung:

„**European Rights Committee** – kurz: **EuRiCo**!”

“Das ist griffig und kurz, geht ins Blut. Gefällt mir“, bekräftigte Kurt erleichtert. „*Bravo, très cher* Mark, das passt. Da sich der Pariser Presseclub einen englischen Namen gegeben hat, nämlich PRESS CLUB OF FRANCE, dürfen auch wir das tun!“

Und dann begann das neue Komitee mit der Arbeit:

Ein Garçon brachte Schreibpapier, der Kellner servierte dampfenden Kaffee, die Musik war verstummt, das Trio bastelte an einem Brief an den Präsidenten von Frankreich und stritt wie in einer Redaktionskonferenz:

Worte & Sätze, Templer & Europa, Unrecht & Menschenrechte, König & Präsident, Höflichkeit & Protest, Idiome & Grammatik, Ohnmacht & Rehabilitation – oh ja, hier im BELLE EPOQUE SALON des TERMINUS NORD saß ein professionelles Redaktionsteam und entwarf ein journalistisches Produkt, das die Templer entlasten und rehabilitieren sollte. Stolz erfüllte mich, dass ich dazu gehörte, wenn auch nur als passiver Gast.

Inzwischen häufte sich das zustimmende Kopfnicken der drei Musketiere. Während ihre Arbeit dem Ende zuging, wurde mir bewusst, wie wenig mir doch über die Templer bekannt war. Gab es denn den sagenhaften Schatz? Und hatten sie ein heimliches Ritual? Und wozu? Und was hatte es mit dem mysteriösen Gral und dem geheimen Code auf sich?

Allmählich schien das Team zu ermüden, aber offensichtlich waren alle zufrieden, und Janice las die abschließende Fassung vor:

„*Monsieur le President* ...“ – das Weitere verstand ich nicht, aber es wirkte sehr staatsmännisch, und bald sollte ich es kennenlernen.

Dann fasste sie zusammen: „*Mes amis*, wir sind fertig. Morgen geht unser Opus in Reinschrift per Boten an den ELYSÉE-PALAST, Kopien an Euch alle.“ Kurt sammelte seine Notizen ein: „Wie lange müssen wir auf Antwort warten?“

Mark blätterte in seinem Terminkalender, doch was er murmelte, verstand ich nicht. Ich schrieb die Telefon- und Fax-Nummer von meinem Ausbildungsplatz in der Redaktion von LEPARISIEN nieder und schob die Zettelchen den drei Musketieren zu, welche sich artig mit ihren Visitenkarten revanchierten.

Dann geschah etwas Unerwartetes: Janice erhob sich und bat uns aufzustehen. Sie ergriff die Hand von Mark und Kurt, die in ihren Augen lesend dasselbe mit meinen Händen taten, so dass wir einen geschlossenen Kreis um unseren Tisch gebildet hatten. Niemand war da, der uns hätte zuschauen können. Dann drückte sie ruckartig dreimal die Hände ihrer Nachbarn und sprach feierlich:

**„Liberté, Égalité, Fraternité! sagt das Volk – Wir sagen:
Wahrheit und Gerechtigkeit für die Templer!“**

Der dreifache rhythmische Händedruck hatte uns alle vereint. Die neue Parole rührte an die Seele, das sah ich allen an. Eine unbeschreibliche Feierlichkeit hatte auch mich ergriffen.
Offensichtlich war das ein Schwur. Waren wir nun Verschwörer geworden?

AM MITTELPUNKT DER WELT

Entweder gibt es keinen
Mittelpunkt des Universums,
oder er liegt auf
der Île de la Cité.

Pariser Anekdote

LeParisien, 25, avenue Michelet, 93408 Saint Ouen
Freitag, 9. April, 10.30 Uhr

Venredi – Freitag: Die Handvoll freier Tage, an denen ich Paris kennenlernen durfte, ging zusehends zur Neige.

Meine künftige Ausbildungsstelle war die Zeitungsredaktion von LeParisien, deren Liegenschaften sich an der avenue Michelet in Saint Ouen befanden, einem Vorort im Norden von Paris. Deshalb wohnte ich – nicht weit von der avenue Michelet – in der rue de la Gaîté, und zwar im Domizil La Maison accueillante. Übersetzt: Das freundliche Haus – eine kleine Appartement-Wohnung auf der obersten Etage: eine bescheidene Unterkunft für Studenten mit *small budget*.

Der Fußweg in der frischen Luft tat mir gut nach dem anstrengenden Abend mit unserem neuen **Templer-Komitee**. Die engen Straßen kannte ich schon: rue Louis Dain, rue Jules Ferry, rue Mariton ...

Nach etwa 15 min erreichte ich die breite avenue Michelet mit ihrem lebhaften Verkehr zwischen Paris und Saint Ouen.

Und bald schon erblickte ich auf der anderen Seite das große Firmenschild von LeParisien: Pressehaus mit breiten Toreinfahrten und Barrieren vor den inneren Parkplatzflächen.

Ich meldete mich beim Empfang und fuhr dann mit dem Lift in die 3.Etage zur Auslandsredaktion, wo ich ab nächster Woche mein Praktikum abstatten würde.

An der Türe neben der Aufschrift Rédaction d'Europe klopfte ich an und trat ein, doch der große Raum mit den vielen Schreibtischen war weitgehend leer, nur eine Sekretärin saß am Fenster und schien Leserbriefe zu ordnen: „Niemand da, Monsieur – alle Kollegen sind bei Ortsterminen, und Madame

Duvall, Ihre Betreuerin, kommt erst am Montag aus dem Urlaub. Möchten Sie einen Kaffee?“

„Danke, gern. Ist denn schon Post für mich da?“ Ich wartete ja auf eine Nachricht von der Universität in St. Etienne mit dem Bescheid über meine künftige Praktikumsarbeit.

„Bis jetzt nicht, Monsieur, aber die heutige Post“ – sie schaute auf die Uhr – „ist noch unten in der Verteilung. Es geht nichts verloren.“

Ein Apparat am Nebentisch klingelte. Die Sekretärin nahm dort ab und sprudelte ein Französisch herunter, das weder Punkt noch Komma kannte. Nie würde ich das lernen. Endlich ein erlösendes *Salut,* was wohl soviel wie ein *Tschüs* oder *Ciao* bedeutete.

Sofort wandte sie sich wieder mir zu: „Sie haben doch schon einen provisorischen Passe-Partout für unser Haus? Damit kommen Sie in alle Abteilungen: die Redaktionen, das Rechenzentrum im 4.Stock, das Forum im Parterre, die Druckerei in den Nebengebäuden – sehen Sie sich doch alles schon mal an. Ganz in Ruhe. Heute ist Freitag, da hat jeder mit sich selbst zu tun. *Bonne chance!*“

Gute Idee. Und so leerte ich meine Tasse und schlenderte durch die Etagen mit Türaufschriften wie *Rédacteur en chef en charge de la réalisation et de l'infographie* oder auf einer andern Etage: *Directeur Adjount Nouveaux Medias – Marketing.* Aber es gab auch sparsame Bezeichnungen: *Archives électroniques.* Hier wagte ich leise die Türe zu öffnen, doch zwei Monteure murmelten Unverständliches, und so zog ich rasch meinen Kopf mit einem höflichem *Pardon* zurück.

Auf den Gängen, in den Aufzügen oder in den Gesprächsnischen – man grüßte freundlich, ich nickte fröhlich zurück, ja, hier würde es mir gefallen. Aber ich spürte auch, dass ich heute hier nicht weiter kommen würde. Bald war ich unten und wieder draußen auf der avenue Michelet.

Wie stand's wohl um die Templer-Eingabe unseres Komitees beim Staatspräsidenten? Und war die Kopie bei mir eingetroffen? Ich durchsuchte mein Handy, aber da waren keine neuen Nachrichten.

Und so schlenderte ich südwärts zur Stadtgrenze, Richtung Paris.

Irgendwo sollte es da auch eine Métro-Station namens Temple geben: Mit welch wunderbarer Vergangenheit war Paris durchwoben! Viele Geheimnisse warteten da noch auf mich …

Le marché aux puces, 93400 Saint Ouen, nördlich von Paris
Samstag, 10. April, 11.30 Uhr

Samedi – Samstag. *La puce* bedeutet etwas eher unsympathisch Animalisches, nämlich eine Tierart namens Floh.

Doch bei einem MARCHÉ AUX PUCES handelt es sich um einen Flohmarkt, wie er an Wochenenden in vielen Städten erblüht.

Der Flohmarkt von Saint Ouen, gleich an der Stadtgrenze zu Paris, ist der größte Marché der Welt: ein 15 km langes in sich verschlungenes Labyrinth aus Ständen und Geschäften, Pavillons und Hallen.

Dort wollte ich nach den Templern schauen, so war mir gestern geraten worden.

Also machte ich mich wie einst Parzival auf den Weg ins Abenteuer: rue de la Gaîté, rue Jules Vallès, rue Paul Bert, und schon erblickte ich die aufgeklappten Dächer und Unterstände, eine bunte Arabeske aus Secondhand und Antiquariat, Sammlungen aus Töpfen, Bildern und altem Werkzeug umfingen mich, und so wurde ich getrieben oder angestoßen von Einheimischen oder Touristen, umgeben von Stimmen, Sprachen und Gerüchen, und vermutlich dachte ich bald wirklich an Flöhe aus der Zoologie oder Taschendiebe aus der Kriminologie – und unwillkürlich zog ich meine Jacke enger und versuchte, dem Gedränge auszuweichen, so gut es ging.

Und wo waren nun die Templer?

Zwischen billigen Jeans und altem Porzellan hingen T-Shirts mit dem Konterfei von James Dean oder Che Guevara, dort drüben warteten trostlose CDs auf einen einsamen Käufer, dann wieder Schmuck aus einfachster Handarbeit, geschnitzte Dämonen von der Elfenbeinküste, weiter hinten ein Stand mit gebrauchten Büstenhaltern in allen Größen, irgendwo Akkordeonmusik, und immer Stimmen, Sprachen, Dialekte:

„Je voudrais l'essayer, si c'est possible" – „Quanta costa, Signora?" – „Haben Sie alte Postkarten? Post Cards!" – „C'est trop - non, non!" – „What's the price, Mister?"

Bald kam ich an Stände mit Lederjacken, schwarzen Jacken mit weißem Totenkopf-Dekor, Indianer-Masken, auf Kopf stehendem Pentagramm, alles etwas gruselig, barbarisch, dekadent …

Von Templern keine Spur.

Auch Teppichhändler waren unterwegs, drängten vor mit ihrer Ware überm Arm und riefen: *„Bon marché"*. Und wenn sie Touristen witterten, schrieen sie: „Billig-billig" oder „gut-Ware" oder „Ware-gut" und verstellten den Weg ...

Dann wurde ich abgedrängt nach rechts, in eine schmalere Seitengasse, und plötzlich sah ich ihn:

Dort stand ein nachgemachter Templer in einer Art weißer Toga mit rotem Tatzenkreuz auf der Brust und hatte ein müdes Templer-Fähnchen unterm linken Arme eingehängt. Fast singend tönte er in beide Laufrichtungen:

„Bienvenue, MessieursDames, visitez l'Ordre des Templiers ... Livres ... Armes ... Decors ... Welcome, Ladies and Gents ... come and see our Templar exposition ... Temple, Tempo, Tempérament!"

Beidseitig von diesem Harlekin aus dem 13.Jh war ein Meer von gebrauchten Büchern ausgebreitet, und an den Innenwänden der Stände hing Templer-Dekor aller Art: Waffen, Rüstungen, Landkarten. Und während der Ritter seinen Sing-Sang nach West und Ost posaunte, vertiefte ich mich ins Studium der ausgebreiteten Bücher, und so verlor sich meine Phantasie in einem mehrsprachigen Mosaik von Titeln, die mich mit ihren roten Kreuzen eine mir bislang unbekannte Welt erahnen ließen:

Der letzte ✠empler · Die ersten ✠empler · ✠empler in Amerika · ✠empler und Rosenkreuzer · Der Schatz der ✠empler · Die Loge der ✠empler · ✠empler und Gral · Die Pyramiden der ✠empler · Die ✠empler und die Bundeslade · UFOs und ✠empler · Die Alchemisten vom ✠empel · ✠empler und Freimaurer · Noah und die ✠empler · ✠empler und Ismaeliten · Die ✠empler-Bibel · ✠empler-Legende und Anthroposophie · Die ✠empler vom Loch Ness · Mikado für ✠empler · ✠empler ... ✠empler ... ✠empler ...

Ich war verzaubert.

Auch andere Besucher waren dem Zauber erlegen und suchten blätternd nach den letzten Geheimnissen dieser Welt ...

Aber wenn uns ein Zauber gefangen nimmt - wie lautet das Zauberwort, um aus dem Zauber wieder zu erwachen? Gab es einen **Templer-Code**?

Wahllos blätterte ich in einigen Büchern und entschied mich für drei Exemplare, die der Historie verpflichtet schienen. Eine ältere Frau in Schwarz saß an einer Art Kasse und nahm die Bezahlung entgegen. Noch immer animierte der kostümierte Ritter das Publikum, manchmal schwenkte er seine

Fahne, doch bald hatte mich der Strom der Passanten verschluckt, langsam wurde ich weitergeschwemmt, aber der Zauber der magischen Titel hatte mich ergriffen.

Rasch warf ich einen Blick ins Handy: Noch keine Meldung vom Templer-Komitee. Vermutlich ging die Kopie unserer Eingabe per Fax nach LE-PARISIEN …

Kathedrale Notre Dame de Paris

Square du Vert-Gallant, Île de la Cité, 75001 Paris
Sonntag, 11. April, 15.30 Uhr

Dimanche – Sonntag. *En l'honneur du grand maître de l'ordre du Temple …* Diese Lettern „zu Ehren des Großmeisters des Ordens vom Tempel" befinden sich auf einer Tafel im Mittelpunkt von Paris – so hatte ich gestern in einem der Templerbücher vom Flohmarkt gelesen: nämlich auf der Seine-Insel ÎLE DE LA CITÉ im Herzen von Paris.

Und da es Franzosen gibt, die Paris für den Mittelpunkt der ganzen Welt erachten, machte ich mich auf, um diese Tafel in der Mitte der Welt zu finden.

Große Überraschung: Das pulsierende System unterirdischer Adern, welches ganz Paris mit Métro-Linien versorgt, schließt die Cité-Insel mit ein: Von Nord und Süd eilt die Métro-Linie 4 unter der Seine herbei und spuckt die Fahrgäste an der Station CITÉ wieder aus: an der Place Louis Lépine erblickt man dann das Tageslicht, das den meisten Touristen den Weg zur KATHEDRALE NOTRE DAME DE PARIS zeigt.

Auf diese – damals freistehenden – Kathedrale soll JACOB DE MOLAY, der letzte Großmeister der Templer, geblickt haben, als die Flammen des Scheiterhaufens an ihm empor züngelten und ihn und einen Gefährten verzehrten.

Nach wenigen Schritten erreicht man den Vorplatz und erblickt die erhabene Westfront einer der ältesten Kathedralen der Gotik und erlebt die harmonische Ausgewogenheit von vertikaler Gottesnähe und horizontaler Daseinsfreude.

An dem Hauptportal standen Besuchergruppen und lauschten ergriffen ihren Führern: *„This is the Last Judgement at the end of the world."* Ein stämmiger Gruppenführer mit langem wilden Bart ereiferte sich und wies mit dem

Zeigefinger auf den Erzengel Michael, der über dem Hauptportal die Seelen der Auferstandenen wog: „Und oben drüber wacht Jesus, der Weltenrichter, der jeden beurteilt nach Gut und Böse, so steht es in der Apokalypse des Johannes! Meine Brüder und Schwestern, bleibt standhaft im Glauben und sehet die Zeichen da draußen, denn das Ende ist nah!"

Schon drängte sich eine andere Gruppe korpulenter Touristen vor: *„Oh, it's marvelous! What a nice picture, isn't it? Sam, the devil looks at you, I like it so!"* Und während diese Leute mit ihren Kaugummi befüllten Mündern in der Kathedrale verschwanden, besann ich mich wieder auf mein eigentliches Anliegen: Wo lag der Mittelpunkt der Welt?

Vor dem Portal der Kirche entdeckte ich eine eingelassene Bodenplatte mit der Aufschrift KILOMÈTRE ZERO, so eine Art Nullpunkt für Paris, aber eine Gravur mit den Lettern L'ORDRE DU TEMPLE fand ich nicht.

„Pardon, Monsieur," sprach ich einen älteren Herrn mit Baskenmütze und Brille an, *„J'ai entendu parler qu'il y a une trace des templiers par ici. Vous la connaissez?"*

Mit großen Augen sah er mich an, sagte aber kein Wort. Er drehte der Kathedrale den Rücken zu und wies mit beiden Armen und Händen wiederholt in Richtung Westen, dann machte er ein mir unverständliches Zeichen und ging seiner Wege.

Also schlenderte ich westwärts am Kai entlang, bald betrat ich die place Dauphine und die stark frequentierte Brückenstraße Pont Neuf. Dahinter, gut acht Meter tief, befand sich ein kleiner Park. Er bedeckte das spitz abschließende Ende der CITÉ-INSEL. Ich suchte den Zugang und stand bald in dem kleinen Areal, etwa sieben Bäume spendeten Schatten, dazwischen ein ovaler Rasen, am Rande Sträucher und Bänke, ein paar Spaziergänger, ein kleiner Junge mit rotem Ball ...

Gespannt schritt ich auf die westliche Spitze dieser Insel zu, ich vernahm das sanfte Rauschen der Strömung, die beiden Seine-Wasser vereinten sich hier wieder, und in einer Art Tagtraum machte ich eine verblüffende Entdeckung: die uralt-alte Seine plätschert in D-Dur ...

Doch wo waren die Spuren der Templer? Enttäuscht wandte ich mich um und – ups: Zwischen der Bewaldung des Parks sah ich nun den massiven Unterbau der Pont Neuf: eine rötlich schimmernde Mauerung, breite Treppenplattierung, die zu zwei internen Aufgängen führte, darüber endlos viele Verzierungen mit Kopf-Idolen, und genau zwischen den beiden Portalen nahm ich eine grün-bläulich getönte Tafel wahr.

Zögernd ging ich darauf zu, erhabene Lettern wuchsen mir entgegen, und dann drangen die Buchstaben tief ein in mein Gemüt, wo sie sich wie auf einer Festplatte unlöschbar einschrieben:

A CET ENDROIT
JACQUES DE MOLAY
DERNIER GRAND MAÎTRE
DE L'ORDRE DU TEMPLE
A ÉTÉ BRÛLÉ LE 18 MARS 1314

Hier also war es! Hier war Jacob de Molay, der letzte Großmeister des Ordens vom Tempel am 18. März 1314 zu Tode gebracht worden, langsam, bei kleinem Feuer, qualvoll, und drüben am nördlichen Ufer dürfte der Louvre stehen, von wo der geldgierige König Frankreichs zugesehen haben soll.

Oh, ja, hier also war der eigentliche Mittelpunkt der Welt. Ich tippte in mein Handy den Befehl zur Standortbestimmung ein und schon erblickte ich die wichtigsten Koordinaten des Universums:

48° 51' 16" N – 2° 20' 51" O

Andächtig bildete ich aus den einzelnen Ziffern die Quersumme **4+8+5+1+1+6+2+2+0+5+1**. Es war die **35**. Und nach mittelalterlicher Manier wird selbst aus nur zweistelligen Zahlen wieder die Quersumme gebildet, um die wesentliche Essenz zu finden, also **3+5**: Es war die **Acht!**

Mir wurde es unheimlich: Dieser Mittelpunkt des Universums musste heilig sein, denn die Zahl Acht hatte oft die Templer geprägt: die acht Zacken ihres Kreuzes, die acht Ecken vieler Templer-Kirchen, die acht Seligpreisungen von Jesus, aber auch die Achteckigkeit des muslimischen Felsendoms in Jerusalem, wo die Templer verweilt hatten! Wahrlich ein Ort mit eigener Aura!
Das musste ich unserem **Templer-Komitee** berichten.
Bei nächster Gelegenheit.

LeParisien, 25, avenue Michelet, 93408 Saint Ouen
Montag, 12. April, 10.00 Uhr

Lundi – Montag. Heute war nun mein erster offizieller Arbeitstag bei LePARISIEN: Pünktlich um 10.00 Uhr betrat ich die Räumlichkeiten der Auslandsredaktion, stellte aber verwundert fest, dass die Redakteure und Journalistinnen erst nach und nach eintrafen. Manche begrüßten sich mit Küsschen auf der Wange, es herrschte ein zwangloser Umgangston.

Dann trat eine Dame mit größerem Briefumschlag direkt auf mich zu und fragte: *„Vous êtes Fabian Jaspers?"*

Ich machte eine leichte Verbeugung, worauf sie mich lächelnd begrüßte: *„Bienvenu, Monsieur, je suis Merve Duvall, votre rédactrice adjointe* – Ihre Betreuerin." Mit erhobener Stimme stellte sie mich den Anwesenden als neuen Praktikanten vor, ich hörte Rufe wie „Hallo" oder „High", und schon gehörte ich zum Personal.

„Voilà, gehen wir zu meinem Bureau", sagte sie mit deutschen und französischen Worten und meinte ihre Schreibtisch-Nische an der Fensterseite, wo Berge von ungeöffneter Post und verschiedene Schächtelchen mit Teebeuteln lagen.

Madame Duvall wirkte sportlich, trug beige Jeans und eine braune Bikerjacke aus weichem Nappaleder, dessen Glanz mit der glänzenden Tönung ihrer blonden Haare zu konkurrieren schien. Ein Hauch von herbem, vielleicht korsisch oder normannisch anmutendem Parfüm lag in der Luft. Mit ihren blauen Augen musterte sie mich einen Moment, dann lächelte sie und meinte:

„Nehmen wir erst mal einen Tee – China oder Ceylon?"

„Egal, gerne", hörte ich mich antworten, „ich trinke alles – ", doch dann hielt ich inne und schämte mich etwas, weil solche Offenheit vielleicht ordinär klingen mochte: Auch Müllschlucker nehmen alles auf! Während sie an einer Gerätestelle hantierte, ließ ich meinen Blick über die Einrichtungen der Redaktion schweifen: Etwa sieben oder acht Schreibtischplätze, jeweils durch kleine milchige Stellwände abgeschirmt, welche den Geräuschpegel im Raum erheblich senkten. Unser Doppeltisch hatte einen Bildschirm, Telefon, Faxapparat, und dann halt diverse Teesorten, die ich vermutlich alle kennenlernen sollte.

Und schon trat sie mit den Tassen heran: „*Voilà,* der Tee. Zucker ist dort, *très chaud,* sehr heiß."

Und dann fragte sie mich aus – was ich studiere, welche Ziele ich hätte, was ich schon an Ausbildungen absolviert habe, und so berichtete ich von meinem Studium der Linguistik und von meiner Immatrikulation für Sprachen in Saint Etienne, ferner dass ich aus einer Diplomatenfamilie stamme, also halb Luxemburger, halb Amerikaner sei, und oft – zu Lasten meiner sprachlichen Entwicklung – die Schule wechseln musste, weil der konsularische Dienst meines Vaters Mobilität verlangt hatte ...

Madame Duvall war zufrieden – mit ihrem Tee und meinem Bericht. Unter dem Schutz der Stellwände zog sie mit einem Stift ihre Lippen nach, prüfte mit einem kleinen Spiegelchen ihr Make-up, und das ganz ungeniert in meinem Beisein: Offensichtlich wurde ich akzeptiert und gehörte nun zu ihrem Team.

Vermutlich war Merve Duvall so eine Art Alpha-Tierchen, professionell in ihrem Job, aber gepaart mit Charme und warmer Stimme – eine seltene Mischung.

Dann nahm sie eine Zeitung zur Hand und erklärte mir mit französisch-englisch-deutscher Sprach-Akrobatik die Aufgaben einer Auslandsredaktion, die Terminfolge im Ablauf, die ständigen Routinen zur Überprüfung der Richtigkeit der Meldungen, die aus aller Welt über die Presseagenturen bei LeParisien eintrafen:

- Ist die Meldung richtig? – Also: überprüfen bei anderen Agenturen.
- Ist die Meldung wichtig? – Also: wem nützt sie? Wem schadet sie?.
- Ist die Meldung zu kürzen? – Also: je schlanker, desto besser.

Eigentlich gäbe es noch eine weitere Maxime:

- Ist die Meldung aktuell?

Aber diese Prüfung besorgen schon die Presseagenturen von sich aus.

„Wo befinden sich denn diese Presseagenturen?" warf ich ein.

„Wir haben hier in Paris Agence France-Presse im 2.Arronissement und Agence A.N.A. im 14.Stadtbezirk. International sind wir angeschlossen bei DPA in Hamburg und Associated Press in New York. Letztere hat 4000 Agenten und rund 12.000 Kunden weltweit." Offensichtlich war es ihr warm geworden, denn sie legte die Jacke ab, wodurch ihre Fraulichkeit noch deutlicher hervortrat.

„Die Pariser Agenturen würde ich gerne mal besichtigen.“

„Kein Problem, ich werde einen Termin arrangieren. Gehört zum Praktikum. – Apropos Praktikum – hier ist ein Brief für Sie.“

Sie überreichte mir ein Couvert und machte sich dann an die Sichtung ihrer eigenen Post, die sich während ihres Urlaubs an ihrem Arbeitsplatz angesammelt hatte.

Gespannt öffnete ich den großen Umschlag. Er enthielt den heiß erwarteten Bescheid der Uni von St. Etienne über das Thema meiner Praktikumsarbeit:

„Touristen in Paris und ihre Probleme,
dargestellt an der Zeitung LeParisien.**“**

Darunter die üblichen Bedingungen in Kleinschrift:
Umfang: mindestens 50 Seiten – Bildmaterial max. 15% – Nachweis der zitierten Materialien – Erklärung des Erbringens der selbstständigen Leistung ohne Fremdhilfe – Abgabefrist: drei Monate.

Das Thema übte einen faszinierenden Reiz auf mich aus, ich spürte aber auch das Dilemma der Materialbeschaffung: langwierige Archivarbeit, zeitaufwendige Interviews, und dann die Schwierigkeiten mit den Sprachen.

Außerdem war da noch die Kampagne des **Templer-Komitees**, in das ich insgeheim ja involviert war. Warum hörte ich noch nichts von Janice oder ihrem Sender ARTE?

Madame war in ihre Post vertieft. Hin und wieder griff sie zum Telefon, und meistens sprach sie Französisch. Mich erstaunte, wie schnell sie ihre Briefe überflog, manchmal schrieb sie Randbemerkungen daneben oder sie fügte Zettel mit Büroklammern an, einige Male sprach sie kurze Informationen in das Diktafon, einiges warf sie in den Papierkorb ...

Tempus fugit: Die Zeit war nicht stehen geblieben, hier und dort stand man auf und verließ den Raum: Die große Uhr über der Türe zeigte 13.07 Uhr.

Madame Duvall blickte herüber auf meinen Brief: *„Bonnes nouvelles? Good news?“* Ich reichte ihr die Mitteilung hinüber, und sie reagierte sofort: *„Quelle poésie!* - eine sehr schöne *leçon* von Ihrer *Université*!“

Und dann: „Kommen Sie, wir essen eine Kleinigkeit, unten im *Bistro en parterre,* wir philosophieren über Poesie. Kommen Sie, Monsieur Jaspers, Sie werden ein Poet!“

EIN UNTERIRDISCHES KOMPLOTT

Ein Komplott muss,
wenn es denn eines sein soll,
geheim sein.
Foucaultsches Pendel

LeParisien, 25, avenue Michelet, 93408 Saint Ouen
Mittwoch, 14. April, 9.35 Uhr

Café und Croissant am frühen Morgen und trotzdem schlechte Laune: im Handy immer noch keine Nachrichten von unserem **Templer-Komitee**. Was war los?

Gestern Abend hatte ich mich telefonisch bei LeParisien zur Archivarbeit angemeldet: Mein Thema über die Rolle der Touristen in der Berichterstattung von LeParisien musste voran kommen.

So stand ich heute Morgen Mutterseelen allein im Kellergeschoß und bestaunte das mysteriöse Antiquariat, das mir der Concierge aufgeschlossen hatte. Das weiße Neon-Licht flammte auf und verlieh der Einrichtung aus grauen Stahlregalen und großen schwarzen Buchrücken ein gespenstiges Aussehen. Außerdem war es unheimlich still in den Gängen und auf dem Flur. Nur manchmal zitterten die Regale, vermutlich wenn ein Lastwagen am Haus vorbei fuhr ...

Mühsam fand ich mich in den Rubriken aus Monaten und Jahren zurecht, ließ mich an einem Lesetisch nieder und vertiefte mich in Artikel mit den passenden Signalwörtern wie TOURISMUS oder QUERELEN, ferner ALLEMANDS-ANGLAIS-ITALIENS – auf das Stichwort **Templer** wollte ich auch ein Auge werfen.

Doch die Erträge waren sehr spärlich und enthielten wenig Brauchbares. Vielleicht wurden touristische Probleme direkt von den Beteiligten selbst gelöst und gelangten gar nicht erst in die Presse?

Jäh wurde ich aus meinem Grübeln herausgerissen: Mechanisch tönte eine Stimme aus einem unsichtbaren Lautsprecher an der Decke des Archivs: *„Monsieur Jaspers, s'il vous plaît, présentez-vous à la réception?“*

Ohne Zweifel: man meinte mich. Was hatte ich falsch gemacht? Wer suchte mich? Inzwischen war es weit über elf Uhr geworden. So ergriff ich meine Notizen, löschte das Licht und begab mich zum Empfang. Dort bekam ich einen Zettel mit auffallend wenig Text:

„Mr. Jaspers – Bitte kommen Sie! M.D." Hinter M.D. vermutete ich meine Betreuerin, also fuhr ich rauf zur Auslandsredaktion und begrüßte Madame Duvall an ihrem Arbeitsplatz: *„Bonjour, Madame."*

„Prenez place - Nehmen Sie Platz!", sagte sie freundlich und schob mir einen Fax-Ausdruck zu, „was ist das?"

Überrascht ergriff ich das Blatt auf und las mehrmals diese Sätze, um den Sinn zu verstehen:

LE PRÉSIDENT DE LA RÉPUBLIQUE

Paris, 13. April No. 283 Archiv IT

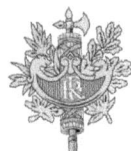

Sehr geehrte Frau Direktorin,

Mit großem Interesse habe ich die Nachricht über die Initiative des European Rights Committee – EuRiCo zugunsten des früheren Templer-Ordens wahrgenommen.

In Hinblick auf die Suche nach der korrekten Zuständigkeit innerhalb des Ministerrats habe ich heute verfügt, dass Ihre Eingabe wegen ihrer komplizierten Verwicklung mit auswärtigen und rechtlichen Fragen an das Auswärtige Amt und an den Obersten Gerichtshof weitergeleitet wurde.

Nichtsdestotrotz wünschen unser Land und die ganze europäische Gesellschaft die größtmögliche Transparenz bei der Aufklärung und Wiedergutmachung zugunsten der Würde des Templer-Ordens.

Indem ich Ihnen meine lebhaftesten Glückwünsche für das Engagement des European Rights Committee – EuRiCo ausdrücken möchte, seien Sie, Madame, meiner höchsten Ehrerbietung versichert.

Der Präsident

Palais de l'Elysée - 55 Rue du Faubourg-Saint-Honoré - 75008 Paris

Beklommen überflog ich den Text. Wie betäubt hörte ich von fern Madame Duvall sagen: „Dieses *Committee* etc. – Was ist das? Und überhaupt: Wieso steht über dem Text handschriftlich: Zu Händen Mr. Jaspers? Woher hat der Absender diese Fax-Nummer?“

Allmählich dämmerte es mir: Dies war die offizielle Antwort des französischen Staatspräsidenten an unser **Templer-Komitee**! Und da ich noch nach Worten suchte, schob sie mir eine Tasse Tee zu: „Ceylon“, sagte sie schnippisch, und dann: „Nun erzählen Sie mal! – Die Republik schaut Ihnen zu!“

Stotternd begann ich von dem Presseclub zu erzählen, dann vom Flohmarkt, auch vom Kilomètre Zero, und von den Templern des **EuRiCo** ...

Madame Duvall schaute mich ungläubig an. Dann fragte sie konsterniert: **„Die Templer?“**

Weiter kam sie nicht, denn ein Anruf verlangte anscheinend ihre ganze Aufmerksamkeit, anschließend musste sie einige Unterlagen abzeichnen, welche in den Druck gehen sollten. Währenddessen leerte sich die Redaktion, es war Mittagszeit. Bald waren wir unter vier Augen, und ich versuchte, den Ablauf der Tage zu rekonstruieren. Inzwischen sprach ich sehr leise, da auch sie bei ihren Rückfragen immer leiser geworden war. Am Ende meines Berichts atmete sie tief durch, ihr Busen straffte die seidene Bluse, und sie stellte notorisch fest:

„Da habt Ihr eine Lawine losgetreten – Staatspräsident, *quai d'Orsay, Cour de Cassation, mon Dieu!*“

Nach einer Pause: „Wie nennt Ihr Euch?“

„Ich selbst bin ja eigentlich nicht Mitglied, nur Außenseiter oder Gast. Die Gruppe bzw. das Trio nennt sich: **European Rights Committee – EuRiCo**.“

Madame Duvall dachte nach. Sie ordnete ihren Schal um ihre Schultern, sah auf die Armbanduhr, dann wieder auf mich. Schon kamen erste Redakteurinnen von der Mittagspause zurück, eine weitere Aussprache würde nicht ungestört verlaufen.

Entschlossen sagte sie dann:

„Ich habe eine Idee“, und dann schrieb sie eine Adresse auf eine Kartonkarte und überreichte mir die Information mit den Worten: „Haben Sie schon mal unterirdisch gespeist? Wenn nicht – heute 19.00 Uhr dort im Keller!“

Schnell stand sie auf und griff ihre Jacke vom Stuhl: „Ich habe noch Termine außer Haus.“ Fort war sie.

Was meinte sie mit dem Treffen in einem Keller oder einem unterirdischen Menu? Meine Zunge war vertrocknet. Ich wollte einen Schluck Tee nehmen, doch meine Tasse war leer.

Mit großen Augen guckte ich auf ihre handschriftliche Notiz. Dort stand nichts von einem Keller, sondern: „18. Arrondissement, HELEM CLUB, PASSAGE LATHUILE“, und darunter prangte fast bedrohlich groß: „No.6“.

Aber meine Glückszahl war doch die Acht?

Ich faltete meine Fax-Kopie zusammen, und mit knurrendem Magen und vertrockneter Zunge schleppte ich mich auf dem Gang zum Lift, um unten im Bistro lebensrettende Maßnahmen einzuleiten. Von draußen klopften Regentropfen an die Scheiben.

Ein alter Vers fiel mir ein: *Il pleure dans mon cœur*
comme il pleut sur la ville.[1]

Helem Club, 6, Passage Lathuile, 75018 Paris
Mittwoch, 14.April, 19h00

Es war Abend geworden. Ein Atlantik-Tief war an Paris vorbei gezogen. Einige Wolken-Tupfer kratzten noch an den Dächern, aber die Abendsonne setzte sich dann doch noch durch und warf ihre Strahlen schräg in die Straßen und hinterließ in den Scheiben der höheren Etagen gold-gelbliche Spiegelbilder, die langsam verblassten und das Ende eines Tages verkündeten ...

Eine Straße namens PASSAGE LATHUILE hatte ich auf meinem Stadtplan gefunden: ein verwinkeltes Gässchen in der Nähe der Place de Clichy, die man von Saint Ouen bequem mit der S-Bahn Linie C erreichen konnte.

Einen Club fand ich dort nicht, die Gasse war eng, zum Teil auch zugeparkt, zwei unscheinbare Hotelschilder ragten irgendwo heraus, und die angegebene NR.6 haftete über einer schwarzen Toreinfahrt, die verschlossen schien. Hierhin sollte ich mich einfinden?

Nach einiger Zeit kamen einige südländische, vielleicht auch orientalische Gestalten und traten ein. Heraus kam niemand. Stand ich vor einem der geheimen Zirkel, derer es so viele in Paris gab? Noch fünf Minuten, dann öffne-

[1] *Übersetzung: „Es pocht in meinem Herzen, wie es regnet auf die Stadt“ (Paul Verlaine 1844-1896).*

Club Helem
© 2009 Anid Elie

te ich vorsichtig die Tür und wurde zu meiner Überraschung sofort freundlich empfangen mit einem arabischen Gruß: „Salem aleikum, Monsieur."

Ein sonnengebräunter Garçon wollte mir irgendeine Speisekarte aufdrängen, aber ich winkte ab und wollte zunächst einmal Madame Duvall treffen. Hinter der Garderobe befanden sich einige Tische, die eingedeckt wurden, aber niemand war sonst da. Es gab aber seitwärts eine Treppe, die nach unten führte. Nach unten? - Ich war auf der richtigen Spur!

Leichte Musik entstieg der Tiefe, und so stieg ich erkühnt und mit fester Miene hinunter und gelangte in zwei röhrenähnliche Kellergewölbe, die sich bis zu einer Bar und einem Flaschenkeller hinzogen. Rechts und links waren Zweier-Tische eingedeckt, und die exotische Romantik des indirekten Lichts betonte den orientalischen Teint der wenigen Gäste, die der Mittelmeerwelt oder nord-afrikanischen Ländern entstammen durften.

Rasch ging ich durch beide Räume, gefolgt von der orientalischen Musik und dem Garçon. Und als ich wieder die Treppe erreichte, kam mir Madame Duvall von oben entgegen, und ich wagte spontan zu sagen: „Bonsoir, Madame, ich schaue zu Ihnen auf."

Und ebenso gewitzt war ihre Antwort: „*Bonsoir, mon Poète,* aber ich schaue nicht auf Sie herunter, sondern komme Ihnen entgegen – auf gleicher Ebene."

Ich wollte noch kontern: „Im Keller sind alle gleich", aber sie prüfte schon die räumliche Belegung und wählte ein Tischchen, das sich abseits von den besetzten Plätzen befand.

Kaum hatten wir uns niedergelassen, fragte bereits der Garçon nach einem Apéritif. „Hochar, wie immer", sagte sie, und zu mir: „Das ist ein orientalischer Tropfen, kann ich Ihnen empfehlen. Also, eine Flasche, *s'il vous plaît.*"

„Wie immer? Sind Sie denn öfters hier?"

„Dies ist eines der vielen libanesischen Speiselokale in Paris, gute Küche, schöne Atmosphäre, mit Club-Charakter, also auch privat. Hier treffen wir niemanden aus unserer Redaktion." Dabei zwinkerte sie mir zu und lächelte geheimnisvoll:

„Haben Sie Ihr Templer-Fax dabei, darf ich das noch mal lesen?"

Während sie den präsidialen Text studierte, kamen die Getränke, wir prosteten uns zu, und erneut lächelte sie über den Text, der offensichtlich etwas enthielt, was sie zum Schmunzeln anregte.

Vermutlich hatte sie hier unten noch viel vor. Denn als der Kellner die Bestellung aufnehmen wollte, orderte sie wohl auch für mich mit: *„Cher Elie, on est pressé. Qu'est ce que tu recommande alors?"* Das hieß soviel wie: Lieber Elias, wir sind eilig, was kannst Du uns empfehlen?"

Und es ging schnell - wie beim Autoverkehr um den Arc de Triomphe: eine Vorspeise aus Salaten, Fladenbrot, kurz danach gegrilltes Hammelfleisch mit einer Flasche Wein aus dem Libanon: *une bouteille de vin Libanais.*

Alles war proper bis auf die Enge unter dem Tisch, und so achtete ich unauffällig, dass ich weder mit meinen Schuhen noch mit meinen Knien an sie anstoßen würde, so wie es die Höflichkeit verlangte.

Zwischendurch fragte sie, wie ich denn zu dem Thema der Templer gekommen sei. Die Antwort fiel mir nicht leicht: die Spuren wären doch in ganz Europa vorhanden, z.B. in Berlin-Tempelhof oder bei der Temple Church von London.

„Das gilt besonders für das templerische Paris", ergänzte sie: „Square du Temple, die lange Rue du Temple, und dann natürlich die Métro-Station Temple. Die Templer waren in erster Linie eine französische Veranstaltung. Das gesamte Areal von der Seine über das 3. bis zum 10. Arrondissement war im Mittelalter Besitz der Templer. Doch die Leute wissen das heute nicht mehr."

Als der Kellner die Teller abgeräumt hatte, wurde Madame direkt: „Wie geht es denn nun bei Eurem **Templer-Komitee** weiter?"

„Ich weiß nicht ... ich erhalte ein Fax oder einen Telefonanruf in unsere Redaktion."

„Das habe ich befürchtet, und deshalb sind wir heute hier. *Voilà,* es gibt eine klare Regel bei LeParisien: Dienstliche Belange und eigene Angelegenheiten sind strikt zu trennen. Deshalb ab sofort: Getrennt marschieren – "

„ – und vereint schlagen?"

„Vereint ... ", sie zögerte etwas, „vereint ... philosophieren. *Santé!*"

„À votre santé, Madame!"

„Lassen wir das *Madame* fort! Unter Freunden gilt bei uns *fortune et amitié,* Glück und Freundschaft, *je suis Merve, mon cher poète.*"

„Fabian, ich bin Fabian", reagierte ich prompt und wollte mit meinem Glas an das ihre stoßen, während sie wohl mit ihrem Glas meinen Arm umschlingen wollte, wie man das von Verbrüderungsritualen her kennt, doch das misslang, so dass ich wenigstens ihren Handrücken mit einem aristokratischen Handkuss versehen wollte, was aber auch nicht gelingen wollte, so dass wir beide herzlich lachen mussten. Endlich sagte sie gut gelaunt: „Ich nenne dich *Fabien,* ein schöner französischer Name."

Auf ihren Wink hin hatte der Garçon zwei Karaffen Wasser gebracht, und sie sagte behutsam zu mir: „Wir brauchen einen klaren Kopf: Wenn Eure Aktionen Furore machen, fließt das ganze Thema in den europäischen Nachrichten-Pool, wodurch auch unsere Redaktion berührt werden dürfte. Andererseits darf ich jetzt aber von Eurem **Komitee** noch gar nichts wissen, und du darfst bei euren Aktionen nicht als Volontär von LeParisien in Erscheinung treten. Nur so kann ich dich mit Informationen unterstützen. Telefon- und Fax-Nummern von LeParisien sind also ab sofort tabu!"

„Sollen wir nicht mehr darüber sprechen?"

„In der Redaktion von LeParisien jedenfalls keine Namen, keine Templer, kein **Komitee**".

„Wie können wir außerhalb der Redaktion kommunizieren?"

„Ganz einfach – mündlich benutzen wir unsere persönlichen Handys bzw. sprechen Informationen auf unsere Mail-Box. Das bleibt privat."

„Okay, oder wir senden uns eine SMS – kurz und schmerzlos."

„Schmerzlos – bitte!"

Sie lächelte und stellte die Spitze ihres Zeigefingers senkrecht auf den Tisch und begann dann verschmitzt mit dem Finger auf- und ab zu wippen. Und dann begriff ich und spürte es: Unter dem engen Zweiertisch hatten sich unsere Beine wechselseitig verschränkt: Jeder von uns hatte ein Bein seines Gegenübers eingeklemmt. *„Honi soit qui mal y pense“*, dachte ich: „Ein Schelm, wer Böses dabei denkt“.

Doch bevor ich dies kommentieren konnte, beugte sich der libanesische Garçon vor: *„Thé ou café?“*

Merve blieb ihrer Linie treu, während ich mich für schwarzen Kaffee entschied. Morgen in LeParisien würde ich wieder Tee probieren.

Augenzwinkernd schlürften wir beide unsere heißen Getränke. Eine interessante Kooperation hatte sich unterirdisch angebahnt ...

LeParisien, 25, avenue Michelet, 93408 Saint Ouen
Donnerstag, 15. April, 9.40 Uhr

Ein neuer Tag in Paris. Etwas lag in der Luft, das spürte ich ... Seit heute Morgen saß ich wieder allein im tiefen Archiv von LeParisien und quälte mich durch die gebundenen Zeitungsbände – ohne großen Erfolg. Touristenprobleme waren wohl nicht die Domäne der Zeitungen von Paris. Es fanden sich einige Meldungen im Lokalteil, aber eine Klassifizierbarkeit der Ereignisse ließ sich bislang nicht erkennen.

Plötzlich vibrierte mein Handy. Ich klickte auf die Option „Annehmen“ und fand eine SMS von Kurt Kinzl vor:

▶ „Guten Morgen in der Runde. Wie geht es nun mit unser Templer-Sache weiter? Servus, Kurt.“

Ja, das wollte ich auch gerne wissen. Nett, dass er mich als Newcomer mit einbezogen hatte. An der Archiv-Türe wurde hantiert: Zwei Angestellte schoben einen Karren mit weiteren Bänden herein. Vermutlich aus der Buchbinderei. Sie grüßten kurz und hantierten dann zwischen den Regalen.

Gerade war ich auf einen wichtigen Artikel gestoßen: ÄRGER MIT TOURISTEN AUF DEM EIFFELTURM, da begann mein Handy wieder zu vibrieren und eine SMS sprudelte hervor:

▶ „Rendez-vous à 18h00. L'adresse suivra. Janice.“

Wie schön: Heute würden wir uns also treffen, um 18.00 Uhr, Janice Simon musste nur noch eine Lokalität ausfindig machen.

Von oben sprach wieder eine mechanische Lautsprecher-Stimme, aber meinen Namen hörte ich nicht. Prima, niemand suchte mich. Erfreulicherweise hatte ich in einem der Zeitungsbände eine weitere Touristen-Geschichte entdeckt: Die tägliche Überflutung des malerischen Friedhofs am Montmartre durch Besucher aus aller Welt, die die Ruhe der über 20.000 Toten stören könnten. Auch dieses Areal soll im Mittelalter den Templern gehört haben.

Doch da vernahm ich ein weiteres Mal vibrierende Geräusche, aber diesmal war es mein Magen: Es war Zeit, sich im Bistro zu stärken. In der Kantine fand ich noch ein leeres Plätzchen, aber in dem Gedränge der Menschen konnte ich Merve Duvall nicht entdecken.

Der Nachmittag führte mich wieder ins Archiv, wo nun auch andere Personen an den Lesetischen beschäftigt waren. So langsam wurde ich doch fündig, aber die ständige Überprüfung mit dem Wörterbuch war demotivierend.

Zu meiner Freude meldete sich wieder das Handy auf dem Arbeitstisch und ließ die Holzplatte des Mobiliars knarrend erdröhnen. Im Display konnte ich lesen:

▶ „Attention Committee: Café Le Temple, 87 rue Turbigo,
Métro-Station Temple. 3e Arr. 18h30. Salut, Janice."

Sofort nahm ich meinen Métro-Plan zur Hand und war erfreut: Von meiner Wohnung aus würde ich ohne umzusteigen bis nach STATION TEMPLE durchfahren können. Noch zwei Stunden Archiv-Recherche, dann wollte ich mich auf den Weg machen.

Café Le Temple, 87, rue Turbigo, 75003 Paris
Donnerstag, 15. April, 18.30 Uhr

Das LOKAL LE TEMPLE heißt außen CAFÉ und im Entré RESTAURANT: ein mit bunten Bildern und formenreichem Lampeninventar überladenes Museum zur Darreichung korsischer Speisen an Gäste, die sich in das enge Labyrinth aus Sesseln und Stühlen verirrt haben.

Ich hatte mich bereits um 18.00 Uhr hierhin verirrt und begrüßte erfreut Kurt Kinzl, der sich hier schon eingefunden hatte.

Lokal Temple
© der Autor

Telefonisch war für uns ein Vierertisch reserviert worden. Kurt hatte bereits seinen Schreibblock ausgelegt: „Wir schreiben Geschichte“, begeisterte er sich und knöpfte seine Manschetten auf. Er hatte ein Glas Bier vor sich, und ich schloss mich an: Heute wollte ich Wein meiden.

„Bonsoir, ihr beiden“, hörten wir da: Janice und Mark hatten ebenfalls zu unserem Tisch gefunden, und Janice schwärmte sofort von ihrer Wahl des Lokals: „Wir sind hier im einzigen Restaurant dieses Namens in Paris, ganz unter uns, und wenn es uns hier gefällt – “

„ – dann ist das unser HEAD QUARTER“, warf Mark strahlend ein. „Und strategisch günstig gelegen: nur fünf Schritte von der Métro-Station Temple“, ergänzte Kurt.

„Aber hier ist es ziemlich eng“, wagte ich einzuwerfen. „Paris ist dicht“, erklärte Janice. Wir bestellten unsere Speisen und Getränke, und Janice wandte sich dann direkt an mich: „Was macht die Praktikumsarbeit?“

Eine gute Frage! Beflissen skizzierte ich mein Vorhaben und die Probleme mit der Archivarbeit. Die Kollegen gaben mir freundliche Tipps, ferner sollte ich auch andere Zeitungen in die Recherche miteinbeziehen, im übrigen könnte ich mir Anregungen im Presse-Club holen. Doch dann kam Janice zur Sache: „Der Präsident von Frankreich hat wirklich schnell reagiert, auffallend schnell. Das heißt: Entweder hat man da oben ein schlechtes Gewissen und will die Templer wirklich rehabilitieren. Oder man spürte Gefahr für das eigene Ansehen und will wegen des Unrechts an den Templern schnell und total alles zurückweisen. Die Templer stehen hier hoch im Kurs.“

Kurt: „Wahrscheinlich beides ...“

Janice: „Möglich. Wenn die Obrigkeit ablehnt, wird eine ausführliche Begrundung kommen, denn die da oben haben in Sachen Templer vor irgendetwas Angst.“

Naiv warf ich ein: „Angst vor dem **Templer-Code**?“

Doch Mark war in Gedanken: „Wieso ging die Weiterleitung ans QUAI D’ORSAY, also ans Außenministerium? In London wäre das eine Sache des Innenministers.“

Janice: „Richtig: Innen- oder Justizministerium. Aber ich vermute, der Staatspräsident befürchtet außenpolitischen Schaden, schließlich waren die Templer eine internationale Macht – “

Kurt: „ – unter päpstlicher Ägide – “ ... Ich warf ein: „ – mit wechselndem Regierungssitz: Jerusalem, Akkon, Zypern – “ ... „ – korrekt, denn Paris und London waren eher Templer-Filialen“, meinte Mark.

„Wie auch immer“, schob sich Kurt in den Wortwechsel, „das MINISTÈRE DES AFFAIRES ÉTRANGÈRES könnte sich für nicht zuständig erklären, zumal ein römischer Papst es war, der den Templer-Orden aufhob.“

Mark: „Nein, es war ein französischer Papst, er wohnte in der französischen Stadt Avignon, und das Konzil von Vienne zum Ende des Templerordens fand ebenfalls in Süd-Frankreich statt.“

Kurt machte wieder fleißig Notizen, er wollte ja eine Zeitungsreportage aus all dem machen. Ich gab zu bedenken: „Wenn alles beim Papst hängen bleibt, dann könnte sich auch das oberste Gericht in Frankreich für nichtzuständig erklären.“

„Die COUR DE CASSATION? Über den Papst kann das oberste Gericht nicht befinden, wohl aber über Maßnahmen des französischen Staates, und der Staat ist nun mal Rechtsnachfolger des französischen Königs Philipp IV., der die Templer rechtswidrig anklagte und mit Terror verfolgte.“

„Okay, the fox is in the trap, der Fuchs sitzt in der Falle,“ freute sich Mark.

Janice lächelte etwas spöttisch: „Liebe Kollegen, das Ganze hier ist mehr als nur eine Fuchsjagd in merry old England. Wir müssen acht geben, dass nicht wir am Schluss die Gejagten sind.“

„Wieso das?“

„Es gibt ein Sprichwort: Wer in die Arena geht, muss mit den Stieren rechnen.“

Kurt und Mark winkten ab: „Zunächst sehen wir nicht einmal eine Arena. Und nach Pamplona gehen wir nicht.“

Ich schaute auf die Uhr: „Und wie geht das alles jetzt weiter?“

„Das ist die gute Frage“, stellte Janice mit einem leicht skeptischen Unterton fest: „Wir müssen Geduld aufbringen. Am längeren Hebel sitzen erstmal andere: das Außenministerium und das Oberste Gericht.“

„Wenn da aus Paris nichts kommt, können wir ja um Ecken herum eine Message in die Presse lancieren. Die Connections haben wir“, lächelte Mark ironisch.

„Ich denke schon, dass da demnächst etwas kommt, denn der Staatspräsident hat ja schon nach wenigen Tagen reagiert, und die Behörden sehen ja ebenfalls, dass er Gas gegeben hat. Bei denen ist schon ein gewisser Druck entstanden, demzufolge die Untertanen den Präsidenten jetzt nicht brüskieren können", erlaubte ich mir zu fachsimpeln.

„Gut erkannt", meinte Kurt und sortierte seine Notizen.

In diesem Moment erschien der Maître des Restaurants Le Temple mit einem Tablett, auf dem vier gefüllte Likörgläser standen. Indem er sie uns servierte, sagte er mit weicher Stimme: *„Madame, Messieurs, en passant* vernahm ich das Stichwort **Templer**. Es ist uns eine große Ehre, dass Sie uns besucht haben, und es wird uns sein *un grand plaisir,* Sie wieder bei uns begrüßen zu dürfen. Dies ist ein alter Templer-Likör unseres Hauses. Zum Wohl – Santé".

Janice ergriff das Wort: *„Merci, Messieur,* auf Ihr Wohl: *avec plaisir!"*

Wir Männer erhoben uns: *„Avec plaisir!"* und leerten unsere Gläser: ein guter Tropfen!

So klang der Abend aus. Wir vereinbarten, uns weiterhin mit kurzen SMS informiert zu halten. Und zwar under cover. Ein Fremder sollte unsere Sätze nicht verstehen können. Da waren wir uns einig. Rasch fügte ich hinzu: „Bitte keine Post mehr an meine Redaktion, nur an meine private Handy-Nummer."

„Post?" Janice wurde hellhörig: „Dann sollten wir unsere Handy-Nachrichten tarnen: Statt ▶ setzen wir für uns Vier ein anderes Ikon unserer Post voran: ✥

„Okay", begeisterte sich Mark, „jetzt sind wir die vier Musketiere."

Kurt packte seinen Notizblock ein, Mark wünschte mir weiterhin Erfolg bei der Praktikumsarbeit, und Janice riet uns allen zum wiederholten Male, den Kopf in der Deckung zu belassen.

Draußen vor dem Lokal schalteten die Ampeln wie immer auf Rot-Gelb-Grün oder Grün-Gelb-Rot. Ein unauffälliger Vorgang. Noch unauffälliger verließen wir vier Personen das Lokal und verloren uns sehr rasch treppab in der Métro-Station Temple ...

DAS POLIT-MANAGEMENT SCHLÄGT ZURÜCK

Quo usque tandem abutere, Catilina,
patientia nostra?
Wie lange noch, Catilina,
wirst du unsere Geduld, missbrauchen?

Cicero

La Maison accueillante Rue de la Gaïté, 93400 Saint Ouen
Freitag, 30. April, 18.05 Uhr

Vierzehn Tage waren vergangen – aber die französische Regierung hüllte sich noch immer in Schweigen.

Und Paris? Der Mittelpunkt der Welt?

Die Tage in Saint Ouen eilten dahin wie flüchtige Wolken in der Unbeständigkeit des regnerischen Aprilwetters.

Vor vierzehn Tagen hatte ich meinen Arbeitsplatz nach Hause verlegt, da ich meinen Laptop nicht täglich in das Pressehaus transportieren wollte. Und so schrieb ich meine Examensarbeit in dem bescheidenen Zimmer im 5.Stock des Studentenwohnheims an der RUE DE LA GAÏTÉ, forschte hin und wieder in meinen Notizen, pflegte die Syntax kluger Sätze und trank schwarzen Tee.

Die Mitglieder unseres jungen Templer-Komitees waren seit Wochen in Europa unterwegs: Janice bereitete für ARTE in Strasbourg eine Sendereihe vor, Mark hatte in London eine Reportage über die Shakespeare-Tage in Stratford-on-Avon zu organisieren, und Kurt musste Veranstaltungen an der Wiener Hofburg journalistisch betreuen.

Gelegentlich traf von dem einen oder anderen Kollegen ein kurze SMS ein, so wie gestern von Mark:

✤ „Hallo Committee. Best greetings from the Shakespeare Day.[1]
Any news in Paris? Mark".

Doch nichts Neues aus Paris: Das Polit-Management grummelte wohl noch vor sich hin. Wir mussten abwarten ...

[1] *Der Shakespeare-Tag wird jedes Jahr am 23.April in Großbritannien, insbesondere in Stratford-upon-Avon, mit weiteren Kongress-Tagen gefeiert.*

Meine Praktikanten-Arbeit wurde zusehends fertig. Heute Abend hatte ich Lust, das Café Le Temple wieder aufzusuchen: diesmal allein, diskret, mit Schirm, denn an den Scheiben meines bescheidenen Zimmerchens hatten sich feinste Tropfen von Nieselregen gebildet und wurden zu Rinnsalen, die langsam nach unten glitten.

Café Le Temple, 87, rue Turbigo, 75003 Paris
Freitag, 30. April, 19.09 Uhr

Als ich der Métro-Station Temple treppaufwärts entstieg, hatte der Regen nachgelassen. Vorsichtig betrat ich die Eingangspassage des Lokals und wurde gleich im Entrée vom Schirm befreit. Es war lauter als beim ersten Besuch, und gerne kostete ich von den korsischen Weinen, die heute Abend in einer Art Weinprobe kredenzt wurden: ein würziger Clos du Alcetu von den höheren Lagen Korsikas und ein aromatischer Rosé mit dem Etikett Petra Bianco. Zum Knabbern gab es weißes Brot und Scheibchen aus Wurst von der Insel Figatellu aus Schweineleber im Gewürz aus Nelken ...

Die meisten Besucher trugen ein kleines **Templer-Kreuz** am Revers und schienen Stammgäste aus dem hiesigen 3. Arrondissement zu sein, denn Kellner und Besucher kannten sich beim Vornamen. Vermutlich **Neo-Templer**, die sich in örtlichen Vereinen treffen. Was wussten die vom **Templer-Code**? Als ich meinen Verzehr beglich, fragte mich der Gastronom, ob ich die beiden Herren inzwischen angetroffen hätte.

„Welche beiden Herren?“

„Ich weiß nicht“, meinte der Wirt, „die Herren erkundigten sich gestern Mittag ganz höflich nach Ihrer **Templer-Gruppe**, mit der Sie neulich hier waren.“

„Zwei Herren? ... Wie heißen die denn?“

„Weiß nicht ... ich dachte, das wären Freunde von Ihnen.“

Merkwürdig! Irgendjemand wollte etwas von uns! Waren bereits Verfolger auf unserer Spur?

Draußen auf der spätabendlichen rue de Turbigo rauschte der belebte Einbahnverkehr an mir vorbei. Aber ich konnte niemanden erkennen, der da wartete oder mich etwa beobachtete. Trotzdem sagte mir ein Gefühl, dass ich die Treppen hinterm MÉTRO-SCHILD TEMPLE nicht hinuntersteigen sollte. Bewehrt mit meinem Schirm unterm Arm schlenderte ich an der Straße entlang zur nächsten MÉTRO-STATION namens REPUBLIQUE. Im Spiegelbild der Schaufenster und Vitrinen konnte ich wahrnehmen, ob mir vielleicht jemand folgen würde. Doch ich war mir sicher: Niemand war mir gefolgt.

Gare de Lyon, 20, boulevard Diderot, 75012 Paris
Montag, 3. Mai, 11.51 Uhr

Turmuhr des Bahnhofs Gare de Lyon

Aufbruch und Abreise – endlich war er da: der lang ersehnte Monat Mai, der tief blaue Himmel, der erste Schmetterling ...

Über Europa hatten sich Schönwetter-Wolken aufgetürmt, und überall breitete die Sonne ihre wärmenden Strahlen auf dem sommersüchtigen Kontinent aus.

Meine Praktikumsarbeit war fertig – 66 Seiten, Glanzpapier, Leimbindung – und musste bei der UNIVERSITÄT JEAN MONET in SAINT ETIENNE eingeliefert werden, und so hatte ich nun Zeit, dort am Seminar über LYRIQUE ET LINGUISTIQUE teilzunehmen.

Die Züge nach Süden verlassen Paris vom Bahnhof GARE DE LYON – mit seiner imposanten Uhr einer der schönsten Bahnhöfe aus der guten alten Zeit. Frei von weiteren Verpflichtungen löste ich meine Fahrkarte und erreichte den Zug nach SAINT ETIENNE, der 12.54 Uhr langsam anfuhr, allmählich mit rhythmischem Ruckeln die Pariser Vororte durchzockelte und schließlich rapide durch die Landschaften glitt: An den Fenstern rechts und links eilten die Konturen der Welt vorbei: Häuser, Bäume, Hecken, während sich in der Ferne die trägen Felder und Hügel nur langsam am Horizont entlang schoben.

Oh herrliches Gefühl, im gepolsterten Abteil einer dem Geschwindigkeitsrausch verfallenen Eisenbahn die Gefilde der Landschaften vorbeihuschen zu sehen ...

Irgendwann musste ich eingenickt sein. Geweckt wurde ich von Durchsagen über die Rhône-Metropole LYON oder den Bahnhof PORT DIEU. Dann wieder Aufbruch und Anstieg, gepaart mit freundlichen Worten aus dem Lautsprecher über SAINT ETIENNE im Departement DE LA LOIRE, 500 m hoch, achtgrößte Stadt Frankreichs.

Bald verlangsamte sich der Zug, die Gäste packten ihre Handstücke zusammen, Bremsen kreischten, der Zug erreichte SAINT ETIENNE im Hauptbahnhof CHATEAUCREUX: 15.41 Uhr.

Université Jean Monet, Faculté d'Arts, Lettres et Langues
33, rue du 11 Novembre, 42100 Saint-Etienne
Donnerstag, 6. Mai, 15h01

Zigarettenpause beim Seminar LYRIQUE ET LINGUISTIQUE – die Studierenden begaben sich in den kleinen Vorgarten, wo sich im Schatten der Bäumchen diskutierende Grüppchen bildeten.

Ich nutzte die wenigen Minuten und befragte meine Mail-Box. Dort lag eine SMS von Kurt an uns alle:

✣ „Bin auf dem Kongress der EAPC[2] in Wien: Kampagnen für PEOPLE'S HEARTS AND MINDS. Gibt es Neues? Gruß, Kurt."

Prompt folgte eine Antwort aus Strasbourg :

✣ „Merci, cher Kurt. Regierung schweigt noch. Wir müssen durchhalten. Salut, Janice."

Inzwischen leerte sich das Gärtchen. Rasch folgte ich den letzten Studenten und verschob meine SMS auf später.

Nach dem Seminar war der Vorgarten wie ausgestorben. Das trübe Grün des Rasens hatte nun etwas Melancholisches angenommen. Ich setzte mich auf eine Bank und fand eine neue Nachricht in der Box:

✣ „Hello dear companions, sollen wir nun ein **Torpedo** starten? Greetings from the Yellow Submarine[3], Mark."

Aber hallo: So viel wusste ich schon: Mit **Torpedo** war eine anonyme Zeitungsmeldung gemeint, mit der man eine Institution, hier das Präsidialamt,

[2] *Die vollständige Bezeichnung lautet: „European Association of Political Consultants", eine Organisation, die in jährlichen Konferenzen emotionale und sozialpsychologische Effekte in politischen Reden und Kampagnen analysiert (www.eapc.eu).*

[3] *„We all live in yellow submarine" ist der Refrain eines Songs von Paul Mc Cartney/John Lennon, der von den Beatles 1966 veröffentlicht worden ist.*

zu einer Reaktion provozieren könnte. Der gute Mark Bride hatte offensichtlich Nelsons Blut in den Adern. Wie auch immer – mit einer SMS an das Trio meldete ich mich ab:

✣ „Keine Templer-Spuren in Saint Etienne. Wochenende: Uni-Studienfahrt zum berühmtem KLOSTER CÎTEAUX. Dort soll der **Ursprung der Templer** sein. Gruß von der Loire, Fabian."

Abtei von Cîteaux, 21700 Saint Nicolas lès Cîteaux
Dep. Côte-d'Or/Burgund
Samstag, 8. Mai, 14.15 Uhr

Scriptorium von Cîteaux © 2012 Emmanuel Pierre

Herrliches Wetter in Burgund – aber die ROUTE DE CÎTEAUX war langatmig und zog sich hin durch ländliche Regionen aus Äckern und Feldern. Am frühen Nachmittag erreichte unser studentischer Kleinbus das Ortsschild von SAINT NICOLAS LÈS CÎTEAUX, so dass wir zwölf Teilnehmer/innen aus den verschiedensten Fakultäten unsere Quartiere einnehmen konnten. Eine Erfrischung aus Kaffee und Kuchen war in der Küche vorbereitet.

Die Ortschaft bestand aus den Gebäuden der Abtei und verstreuten Häusern bäuerlicher Prägung. Überall Stille aus einer paradiesischen Vorzeit ...

Ein Pater mit Namen Odilo begrüßte uns im Empfangsgebäude und gab in drei Sprachen jeweils kurze Erklärungen über die Geschichte des Klosters, über seine historischen Persönlichkeiten wie STEPHAN HARDING und BERNHARD CLAIRVAUX sowie über die Lebensart der Mönche nach den Grundsätzen von ORA ET LABORA.

Morgen wollte er uns durch den für Gäste zugänglichen Teil der Klosteranlage führen und einige Schätze der Bibliothek nahebringen. Für den Abend war der gemeinsame Besuch bei den Mönchen während ihrer Komplet in der Klosterkirche vorgesehen.

Später auf dem Weg zur Kapelle tobte der Vibrationsmechanismus meines Handys. Unauffällig trat ich in eine Nische des Innenhofs und öffnete den Posteingang meines Telefons. Dort blickte mir per SMS die Blitz-Meldung einer britischen Presseagentur entgegen:

✣ British Press: „An **international Committee** attacks French government. Journalists's campaign demands rehabilitation for the unjustified trials against **knights Templar**. President in clinch (Reuters, 07.20 p.m.)."

Kein Zweifel – dies war das angekündigte Templer-Torpedo!
Ich übersetzte die Meldung: „Ein internationales Komitee attackiert die französische Regierung. Eine Kampagne von Journalisten fordert Wiedergutmachung für die rechtswidrigen Verfahren gegen die Tempel-Ritter. Präsident in der Klemme. (Reuters, 19h20)."

Hallo! Hier hatte Mark Bride seine Finger im Spiel! Meine Erstarrung löste sich, als ich draußen die Töne eines Te Deum aus dem Interieur des sakralen Raums vernahm. Mit meiner Zeitbombe im Handy lehnte ich mich an die steinige Mauer des Kirchenbaus, wobei ich auch an Merve dachte, die jetzt irgendwo den Abend verbrachte. Nachdem ich mich über den Torpedo-Schuss ein wenig beruhigt hatte, machte ich mich auf den Weg zur Andacht und erlebte den Gesang der Mönche im Chor: NON NOBIS, DOMINE, NON NOBIS, SED NOMINI TUO DA GLORIAM – Wie ich später erfuhr, war dieser Psalm das pathetische **Motto der Templer-Ritter** gewesen[4] ...

Abtei von Cîteaux
Sonntag, 9. Mai, 12.15 Uhr

An Sonntagen findet die erste Führung im Kloster um 12.15 Uhr statt. Pater Odilo geleitete uns in einen kleineren Seminarraum mit kreisförmiger Bestuhlung, wo wir Studenten uns niederließen.

Mit großer Begeisterung – als wenn jener gestern noch gelebt hätte – schwärmte er von dem einstigen Abt Stephan Harding und dem Jahr 1112, als ein junger burgundischer Adliger, der spätere Bernhard von Clairvaux, ins Kloster eingetreten war. Der Pater rühmte die CARTA CARITATIS, mit der Stephan Harding die Verfassung der Zisterzienser gelegt hatte, und er würdigte wortreich die Schrift DE LAUDE NOVAE MILITIAE, mit der später Bernhard von Clairvaux die Templer beflügelt hatte.

[4] *„Nicht uns, o Herr, nicht uns, sondern deinem Namen gib die Ehre"*
(Ps 115,1 – Regula Sancti Benedicti, Prolog, Nr.30 (6.Jh.) – später Motto des Templer-Ordens).

Wo Licht ist, ist auch Schatten[5]: Pater Odilo versäumte es nicht, auch die dunklen Tage der ABTEI CÎTEAUX anzusprechen, nämlich die ab 1360 erfolgten Plünderungen im 100-jährigen Krieg und die spätere Entwürdigung des Klosters als Spekulationsobjekt in der Französischen Revolution.

Nach einer kurzen Diskussion über die Bedeutung des Ordens führte uns der Pater in die Bibliothek, deren Bestände bei uns Studenten große Bewunderung fanden:

Im Erdgeschoss wurden wir der Zellen gewahr, in denen die Mönche des Mittelalters von den kostbaren Handschriften eigene Abschriften anfertigten und so Kopien erstellten. Auch die Bemalung der Bücher und die Buchbinderei waren hier eingerichtet. Im Obergeschoss erlebten wir die berühmte Kloster-Bibliothek, die in einem riesigen Saal untergebracht war: die hohen Regale, die unzählbaren Bücher, ihre kaum lesbaren Beschriftungen auf den zum Teil vergilbten Buchrücken.

Auf die Frage nach der Ausleihbarkeit von Büchern erklärte Odilo, dass hier gesammelt wird, aber nicht ausgeliehen werden kann. Seltene Originale seien ohnehin in die Bibliothèque Municipale von Dijon ausgelagert worden. Auch Literatur anderer Orden werde hier verwaltet.

Hier erkundigte ich mich, ob in der Abtei auch das Schrifttum über die Templer gesammelt werde.

„Ja, alles. Die Templer sind das Steckenpferd unseres **Bruders Anselm**. Er verwaltet ein eigenes Archiv, ausschließlich **Templer-Literatur**, aus aller Herren Länder."

Dieser Hinweis löste bei den Studenten eine Reihe von Fragen aus – über den **Gral**, über **Montségur**, über die mögliche **Schuld** oder **Unschuld** der **Templer-Ritter**.

„Zum Ethos der Templer müssten Sie den ehrwürdigen Bruder Anselm befragen, der kennt alle Wahrheiten dieser Welt. Wir nennen ihn scherzhaft den PATER PIERRE, weil er wie einst ein gewisser PIERRE DE BOULOGNE den Templer-Orden vehement in Schutz nimmt."

Er machte eine Pause und ordnete seinen Habit. Dann blickte er in der Runde umher, wünschte allen eine gute Heimreise und schloss mit den Worten: „Wenn Sie einen Ort der Stille suchen – bei uns, bei den Zisterziensern sind Sie immer willkommen. Und zu den Damen unter Ihnen füge ich hin-

5 Nach J.W.Goethe (Götz v. Berlichingen, 1.Akt).

zu: Es gibt auch Zisterzienserinnen, es gibt Abteien mit Schwestern, und das ORA ET LABORA führt uns zusammen in einem gemeinsamen Orden."

Das war wohl sein Schlusswort. Wir honorierten seine Ausführungen mit freundlichem Applaus und schlenderten zum Bus, der bereits auf uns wartete und dann seine Heimfahrt antrat.

Und indem die burgundischen Ebenen an uns vorüber zogen, wuchs meine Spannung: In meinen Ohrgängen krabbelte nun ein Ohrwurm: PIERRE DE BOULOGNE. Einer, der den Templern geholfen hatte? Müsste ich Janice melden! Und dem Team natürlich.

Während brav der Bus gen Süden zockelte und der eine oder andere eingenickt war, meldete mein Handy heftige Vibrationen. Gespannt blickte ich auf einen weiteren englischen Text:

✥ „Flash news: A growing number of people are starting to hope, a little door has opened and that may be this time, a new Committee in Paris can change the wind in the Templar debate in France (Sunday Telegraph)".

Hurra, das war ein zweites Templer-Torpedo in der englischen Presse! Übersetzt hieß das:

„Blitzmeldung: Eine wachsende Zahl von Personen schöpft Hoffnung, dass sich dieses Mal eine kleine Türe geöffnet hat und ein neues Komitee in Paris eine Wetterwende in der Templer-Debatte Frankreichs herbeiführen kann (Sunday Telegraph)".

Vermutlich wieder eine versteckte Initiative von Mark Bride! Wir hatten ihn wohl unterschätzt. Aber hatte denn der englische SUNDAY TELEGRAPH wirklich Einfluss auf den französischen QUAI D'ORSAY?

Von Zweifel getragen, von Mut beflügelt, setzte ich folgende SMS ab:

✥ „Hi, Komitee, gibt es keine französischen Torpedos? - fragt Fabian."

Doch es kam keine Antwort. Und im Bus hatte sich die Müdigkeit des späten Abends breitgemacht. Schläfrig erreichten wir die dämmrigen Konturen von Saint Etienne.

Place de l'Hôtel de Ville, 42000 Saint-Etienne
Mittwoch, 12. Mai, 12.22 Uhr

Mittwoch auf dem Postamt von Saint Etienne: In meinem Handy rumorte plötzlich eine neue Nachricht, und so trat ich hinaus auf die Place de l'Hôtel de Ville, wo man sich heute gar nicht sonnen konnte, denn aus dem Azoren-Hoch der letzten Tage war wieder ein Atlantik-Tief geworden. Draußen erlöste ich meinen digitalen Freund von seinen unablässigen Ton-Impulsen und fand eine kurze SMS:

✣ „Wichtig: Quai d'Orsay sagt NON. Text: vgl. Anlage. Salut Janice."

Ein NEIN vom Außen- und Europa-Ministerium?

Das war bedrückend! Den Text wollte ich in Ruhe studieren. So ging ich hinüber zum Restaurant Le Glasgow neben dem Postamt und suchte mir einen Einzeltisch, denn wegen der fortgeschrittenen Zeit konnte ich ja gleich hier zu Mittag speisen. Der kurze Text war französisch und auffallend knapp abgefasst. Ich ließ ihn durch meinen Online-Translator übersetzen:

LE MINISTRE DES AFFAIRES ÉTRANGÈRES ET EUROPÉENNES

Liberté • Égalité • Fraternité
RÉPUBLIQUE FRANÇAISE
MINISTÈRE
DES
AFFAIRES ÉTRANGÈRES
ET EUROPÉENNES

Paris, 11. Mai No. 971 NNT

Sehr geehrte Frau Direktorin,

In Bearbeitung Ihrer Eingabe an die Adresse des Präsidenten der Republik erlaube ich mir die Bemerkung, dass der Templer-Orden von dem Papst Honorius II. am 12.Januar 1129 anerkannt und von dem Papst Clemens V. in einer Bulle vom 22.März 1312 aufgehoben worden ist.

Der Templer-Orden war eine kirchliche Institution des Vatikans. Gemäß dem althergebrachten juristischen Grundsatz – DIE SCHULD EINES ANDEREN DARF UNS NICHT SCHADEN (ALTERIUS CULPA NOBIS NOCERE NON DEBET), sind die Behörden der französischen Exekutive für Ihre Forderungen nicht zuständig.
Seien Sie, sehr geehrte Frau Geschäftsführerin, meiner hohen Wertschätzung gewiss.

Der Minister

Le ministère des Affaires étrangères et Européennes, 37 Quai d'Orsay, Paris 7e

Ich las die Depesche mehrere Male. Soweit ich den Brief verstand, war er kühl und abweisend. Mein Fazit: Das Polit-Management des französischen Präsidenten hatte also zurückgeschlagen! Wie damals die Polit-Clique des französischen Königs gegen die historischen Templer! Gespannt, aber auch beunruhigt, beschloss ich, die weiteren Korrespondenzen abzuwarten, und legte mein Handy empfangsbereit neben meinem Gedeck ab.

Restaurant Le Glasgow, 3, Place de l'Hôtel de Ville, 42000 Saint-Etienne
Mittwoch, 12. Mai, 12.47 Uhr

Le Glasgow ist eine Mischung aus Pub und Restaurant. Die meisten Gäste bestellten sich hier Bier. Dafür war es mir aber heute zu schattig. Und schon traf eine SMS aus England ein:

✣ „Okay, advantage for the minister. I shall visit Paris soon for a report about the Tradexpo May 16 to 19. Hope to see all of you.
Greetings from London, Mark".

Übersetzt hieß das: „Okay, Vorteil für den Minister. Ich werde bald Paris besuchen für eine Reportage über die Tradexpo[6] vom 16. bis 19. Mai. Hoffe euch alle zu sehen. Grüße aus London, Mark".

Während ich noch mit meinem Salatteller aus der heimischen Region befasst war, meldete sich auch Janice aus Strasbourg:

✣ „Attention: In Strasbourg folgt mir seit gestern ein dunkler Renault.
Augen auf im Straßenverkehr. Salut: Janice."

Ein dunkler Renault? Verwundert nahm ich dann doch noch einmal Platz und schrieb nun an Merve:

▶ „Cher Merve, wo steckst du? Es gibt 2 Torpedos in UK und 1 NON vom Quai d'Orsay. Und einen dunklen Renault in Strasbourg.
Amicalement, dein Poet."

Kaum war die Meldung heraus, kam eine automatische Antwort:

[6] *Die »Tradexpo« ist eine Fach-Messe für Trendprodukte zu Kleinstpreisen, die jedes Jahr zum Mai in Paris tagt (38-40, avenue de New York, 75016 Paris: www.tradexpo-paris.com).*

▶ „Je suis absent entre Lun 10/05 et Lun 17/05. Ecrire à l'adresse suivante: *archives8@leparisien.fr.* Remarque: ceci est une réponse automatique."

Das hieß: Auch Merve war nicht in Paris. Und unser Trio war noch in London, Strasbourg und Wien. Ich war wieder mal allein – unter den milchigen Ausläufern eines Tiefs vom Atlantik.

Zwei Tage später hatte auch Mark ein seltsames Erlebnis. Ich las:

✣ „Attention Committee, Ankunft am Flughafen Charles de Gaulle 15h05. Strenge Gepäckkontrolle. Lange Befragungen. 2 Officers von der Sureté: Höflich, aber penetrant: ‚Qui sont vos collaborateurs, Messieur?' Ich: ‚Quels collaborateurs?' Sie: ‚Vos coopérateurs!'
Ich: ‚I don't understand, sorry.'
Sitze jetzt im Terminal 2E vor einem cup of coffee. Bye, Mark."

Ganz klar: Wir wurden observiert.
Andererseits: Das schmiedete uns endgültig zusammen!

Université Jean Monet Service de la Documentation
1, rue de la Tréfilerie, 42100 Saint-Étienne
Donnerstag, 18. Mai, 13.15 Uhr

Jeder Tag ohne weitere Nachricht aus Paris ließ die Spannung ansteigen. Heute hatte ich ganztägig in der Bibliothek bzw. dem Dokumentationszentrum zu tun. Dann endlich, endlich am Mittag eine SMS vom Mittelpunkt der Welt:

✣ „Bonjour mes amis: Bin retour in Paris. Unser neuer Treff: im Cafe Le Temple, Sonntag, 23.05, 15h00. Bitte Termin bestätigen. Ciao, Janice."

Rasch gab ich Antwort:

✣ Termin o.k. – Aber Vorsicht: Im April haben sich zwei mysteriöse Herren im Cafe Le Temple nach uns erkundigt. Gruß, Fabian."

Ungläubig blätterte ich in den Sonetten des großen Shakespeare und hatte an seiner Lyrik richtig zu knabbern: Manches schien mir morbide, einiges makaber, ich vermisste das Melodische. Oder aber ich kleiner Praktikant neigte zu lyrischem Banausentum?

Drei Tage später kam eine weitere Hiobsbotschaft:

✤ „Auch Oberstes Gericht sagt NON! Vgl. Anlage! Bin heute auf einem Symposium in Paris und nicht online. Alles Gute bis Sonntag im **Cafe Le Temple**, Janice."

Wieder ein NEIN! gellte es in meinem Gehirn!

Beklommen nahm ich auf einer freien Bank Platz und versuchte das anliegende Dokument zu verstehen. Erster Eindruck: Der Spruch des Obersten Gerichtes von Frankreich war durchaus freundlich und detailliert begründet, aber eben - negativ. Wieder setzte ich meinen Online-Translator ein:

COUR DE CASSATION

LE PRÉSIDENT DE LA COUR DE CASSATION

Paris, 19. Mai Reg. No. Dn 81/01

Sehr geehrte Frau Direktorin,

Ihre Eingabe namentlich des **European Rights Committee (EuRiCo)** an die französischen Behörden ist von der Kriminalkammer mit der größten Sorgfalt beurteilt worden. In der Tat hat man von Staats wegen den Mitgliedern des Templer-Ordens großes Unrecht zugefügt. Aber nach Prüfung des Problems unter allen Aspekten hat die Kammer für Recht befunden:

I Die Anwendung der Folter ist entsprechend den Normen des Mittelalters seit dem Dekret Ad exstirpanda des Papstes Innozenz IV. vom 15.Mai 1252 erfolgt.

II Die Anwendung der kirchlichen Inquisition durch den König Philipp des Schönen war legitim, weil sich die römische Kirche in Frankreich gespalten hatte und ihr kapetingischer Flügel die Maßnahmen des Staates gerechtfertigt hatte.

III Eine Rehabilitation könnte ausschließlich von moralischem Werte sein, aber infolge der päpstlichen Aufhebung des Templer-Ordens durch die Bulle Vox in excelso vom 22.März 1312 gibt es von dieser alten Institution keinen Rechtsnachfolger. Die zahlreichen Gruppen – bezeichnet als Neo-Templer – haben keinen Rechtsanspruch.

IV Insofern Ihre Beschwerde die Staatsregierung berühren könnte, müsste Ihre Eingabe an den Staatsrat gerichtet werden, dessen Beurteilung dieses Falles ebenfalls ohne Erfolg sein würde. **Ihre Berufung ist abgewiesen worden.**

Ich bitte Sie, sehr geehrte Frau Direktorin, den Ausdruck meiner höchsten Hochachtung entgegenzunehmen.

Der Präsident

LA COUR DE CASSATION · 5, quai de l'Horloge · 75055 Paris Cedex 01

So sieht also ein Urteil aus, staunte ich. Okay, DER TANZ KONNTE BEGINNEN. Heute hatte ich noch viel zu erledigen, aber am morgigen Samstag wollte ich abreisen - zurück nach Paris, zurück zu unseren Templern, hinein ins Abenteuer!

Métro-Station Gare de Lyon, 22, rue de Chalon, 75012 Paris
Samstag, 22. Mai, 16.18 Uhr

Zurück in Paris! Ich verließ den Bahnhof GARE DE LYON, und schon stand ich mit Haut und Haaren in der warmen und kribbeligen Atmosphäre, die Paris an einem Samstag-Nachmittag im Mai erfüllte: Flinke Autos, modische Kostüme, Konversation in Straßencafés ...

Zwanglos führten mich meine Schritte treppab zur Métro-Station, deren helles, messingfarbenes Schachtgewölbe sich deutlich von anderen U-Bahn-Stationen abhob. Bahnen fuhren mit mechanischer Geräuschkulisse ein und aus, die Luft war feucht, bald klebte mein Hemd am Körper, und die Reisenden standen da wie Figuren im Gemälde eines anonymen Meisters. Spontan kamen mir die Métro-Verse von Ezra Pound in den Sinn:

> *„Das Erscheinen dieser Gesichter in der Menge:*
> *Blütenblätter auf einem nassen, schwarzen Ast.“*[7]

Morgen würde unser Templer-Komitee zusammen treten. Morgen begann eine neue Zeit!

Wieder rauschte eine Bahn herbei, die Türen sprangen auf, Leute drängten auf den Bahnsteig: Ich trat aus der Menge der Gesichter heraus, stieg ein und nahm nun ein Stück vom Schicksal unseres **EuRiCo** in meine eigene Hand.
Ich wollte Templer sein.

[7] *IN A STATION OF THE METRO: „The apparition of these faces in the crowd: Petals on a wet, black bough“. In: E.Pound: Dichtung u. Prosa. Berlin 1956. S.56.*

STRATEGIEN FÜR STRASBOURG

Wer über dem Unmöglichen
das Mögliche versäumt,
der ist ein Tor.

Carl von Clausewitz

Café Le Temple, 87, rue Turbigo, 75003 Paris
Sonntag, 23. Mai, 15.00 Uhr

Templer in Not! Strategien mussten her!
15.00 Uhr im Café Le Temple – Kurt Kinzl war schon da, ohne Krawatte stand er an einem Ecktisch und studierte die Getränkekarte. Um diese Zeit war das Lokal noch relativ leer, und Janice, Mark und ich kamen fast gleichzeitig herein. Es folgten herzliche Begrüßungen, man bestellte Kaffee oder Limonaden, und es wurde geplaudert über die derzeitigen Aufgabenfelder, die jeder in Paris gerade wahrzunehmen hatte.

Dann setzte sich Janice in Szene: „Genug der Worte!" Sie saß da in einem sandfarbenen Kostüm und wirkte heute Abend genervt: „Wir sollten nun eine Bestandsaufnahme vornehmen und dann noch heute die richtigen Konsequenzen ziehen, und vielleicht zeichnet sich dann eine Art Strategie ab, die uns auf Kurs bringen kann."

„Bestandsaufnahme? – Ich bin sehr daran interessiert, nachdem man mich auf dem Flughafen so gefilzt hat", erklärte Mark, „wo also stehen wir jetzt?" Janice erklärte die Auswirkung des Urteils und formulierte zwei Thesen:

- **STAAT OHNE SCHULD!** Der französische Staat entzieht sich nunmehr jeglicher Klage, weil er eine eventuelle Schuld nicht bei sich, sondern in der damals gültigen Rechtskultur seitens der geistlichen oder kirchlichen Normen sieht oder sehen will. So einfach ist das: Staat raus! Klappe zu! Affe tot!"

„Und da ist noch etwas, denke ich", warf Kurt ein. „Gewiss", fuhr Janice fort:

- **TEMPLER OHNE RECHT?** Es geht auch um uns, also um das **EuRiCo**: Für die Regierenden in Paris gelten wir nicht als klageberechtigt. Niemand sei mehr klageberechtigt. Der französische König hat die

Templer ermordet. Der französische Papst hat ihre Namen getilgt. Die Templer sind nicht mehr da. Wer nicht mehr da ist, kann nicht mehr Klage erheben. Das ist der offizielle Sachstand."

„Das ist grotesk", empörte sich Mark, „überall bestehen noch die Kirchen der Templer – so in London – und die Namen ihrer alten Straßen – so in Paris –, aber die Templer selbst soll es nicht mehr geben?"

Sofort ergänzte ich: „Auf dem Flohmarkt von Saint Ouen an der Pariser Stadtgrenze fand ich eine endlose Flut von modernen Templer-Büchern. Die Templer sind heute einfach nicht mehr wegzudenken!"

„Okay – ich versetze mich mal in die Rolle des französischen Staates. Was hätte er zu befürchten, wenn er unserer Beschwerde nachgegeben hätte?"

„Wohl drei Dinge:

- Zum ersten die **Rückgabe der vom Staat enteigneten Templer-Güter**; man denke beispielsweise an die spätere Rückgabe des von der DDR beschlagnahmten Privat-Eigentums; hoch komplizierte Sache!
- Zum zweiten die **möglichen Konflikte mit dem Johanniter-Orden**; man erinnere sich der vielen Templer-Latifundien, die den Johannitern widerrechtlich zugeflossen waren!
- Zum dritten die **juristische Schwächung der päpstlichen Autorität**, denn die päpstliche Bulle gegen die Templer[1] wäre nunmehr staatlicherseits aufgehoben worden. Ein Treppenwitz der Geschichte!"

„Tja, da käme einiges zusammen im christlichen Abendland", lächelte Kurt.

„Könnte man nicht einen Kompromiss zwischen beiden Rechtsauffassungen entwickeln?", warf ich zaghaft ein.

„*A gentlemen agreement?*" sinnierte Mark, „Rehabilitation DURCH den Staat, aber ohne dingliche Folgen FÜR den Staat? Keine schlechte Idee."

„Ja, so etwas in dieser Art", stimmte Janice zu, „aber der Oberste Gerichtshof in Paris hat selbst eine solch moralische Geste ausgeschlossen."

Inzwischen hatte sich das Restaurant mit Touristen gefüllt. Vielleicht waren einige an korsischer Küche interessiert, aber zum Speisen war es noch zu früh. Die meisten Gäste waren wohl wegen der dekorativen Anspielungen auf die Templer herein gekommen. Man machte Schnappschüsse vom Inventar, und mir fiel auf, dass einige Gäste besonders uns von allen Seiten fotografierten.

[1] *»Vox in excelso« (März 1312)*

Janice arbeitete sichtlich weiter an einer Idee für eine Strategie:

„Ich hab's: Es gibt ein ÜBER den europäischen Staaten stehendes Gericht: den EUROPÄISCHEN GERICHTSHOF FÜR MENSCHENRECHTE IN STRASBOURG. Seine Arbeitsweise ist ganz einfach: Wenn auf dem nationalen Klageweg alle Gerichtsinstanzen erfolglos durchlaufen wurden, dann ist eine Beschwerde bei diesem internationalen Gerichtshof in Strasbourg möglich."

„Dieses Gericht hat mehr Macht?" fragte ich erstaunt.

„Mehr Autorität – dieses Gericht kann nationalen Urteilen widersprechen", betonte Janice: „Dafür haben die Teilnehmer-Staaten unterschrieben, selbst die Türkei und Russland."

Kurt unterstützte Janice: „Wir kennen doch die aktuellen Beispiele: Das Urteil des Gerichts gegen Italien in Sachen Kreuze in Klassenzimmern – ferner das Urteil des Gerichts gegen die Türkei wegen Folter von Gefangenen, da sind doch schon die Parallelen zu den Templern – oder die noch laufende Klage gegen Russland im Fall Yukos. Da geht es ja um viel Geld wie bei den Templern."

„Richtig, das sind aktuelle Beispiele", konnte Janice bestätigen.

Doch Kurt echauffierte sich: „Okay, aber für die Templer müssen vor Gericht fundierte Beweise erbracht werden! Was ist denn nun mit dem ominösen **Kopf-Idol der Templer**? Und mit der **Mysteriösen Kordel**? Was mit den **drei obszönen Küssen**? Und musste da wirklich **auf das Kreuz gespuckt** werden? Wie bekommen wir das alles ins rechte Lot?"

„Hier kann ich Abhilfe schaffen!", brachte ich begeistert ein: „Ich schickte euch ja vor Wochen eine SMS aus dem KLOSTER CÎTEAUX. Dort gibt es den **Pater Anselm**, den die Mönche insgeheim den PATER PIERRE nennen, weil er wie einst der Verteidiger des Templer-Ordens, PIERRE DE BOULOGNE, alle Geheimnisse der Templer erklären kann. Der könnte uns helfen, denke ich."

An dieser Stelle mussten wir innehalten: Ein Kellner mit vier kleinen Gläsern auf dem Tablett sprach uns freundlich an: Madame, Messieurs, wir freuen uns, dass Sie als Anhänger der Templer erneut den Weg zu uns gefunden haben. Darf ich Ihnen im Namen unseres Restaurants einen Likör unseres Hauses kredenzen?"

Etwas gequält sahen wir uns an, mussten dann aber schmunzeln und hoben die Gläser auf sein Wohl: *„À votre santé, vive le Temple!"*

Wieder blitzte eine Kamera in unsere Richtung. Dann noch mal von links.

Ich setzte mein Glas ab: Der Likör war fruchtig, umspielte die Zunge und füllte mit seinem Aroma den ganzen Mund aus. Und dann wurde Janice sehr politisch:

„Mein strategischer Vorschlag: Fabian kümmert sich um diesen geheimnisvollen Pater von Cîteaux. Du musst ja morgen ohnehin wieder zurück nach Saint Etienne. Was uns drei hier in Paris betrifft – wir entwerfen in den kommenden Tagen einen juristischen Schriftsatz, und wenn er ganz wasserdicht ist, dann bitten wir den Gerichtshof in Strasbourg um ein Konsilium, also um ein beratendes Gespräch in dieser Sache."

Kurt warf ein: „Gute Idee, aber wie Ihr wisst: vom 28. Mai bis zum 10. Juni habe ich die French Open am Bein, in dieser Zeit bin ich euch nur eine halbe Kraft, mache aber gerne mit."

„Na gut, wir sprechen ja zunächst nur über einen Entwurf, wir beraten also nur einen Schriftsatz", beruhigte Mark, „eine endgültige Eingabe können wir ja nach dem 10.Juni auf den Weg bringen, wenn Kurt wieder dabei ist."

Janice machte einen Terminvorschlag:

„Ich versuche, für Samstag oder Sonntag, also den 12. oder 13. Juni, ein anderes Lokal zu finden. Diese Touristen hier mit Kamera um uns herum kommen mir doch sehr unecht vor." Langsam entspannten sich ihre Züge und lächelnd fuhr sie fort: „Meine Freunde, unsere Strategie greift, ich wurde tagelang von einem Renault verfolgt, Mark wurde auf dem Flughafen gefilzt, heute wurden wir – von wem auch immer – fotografiert:

Man nimmt uns ernst!"

Es kam zum Aufbruch. Man beglich die Rechnungen, und ich schlug vor, dass wir uns draußen sofort trennen sollten, damit ein eventueller Verfolger chancenlos bliebe.

„Machen wir", konstatierte Mark trocken, aber an eine ernsthafte Gefahr schien niemand zu denken. Wir gingen hinaus und rasch auseinander, und schon verloren wir uns aus den Augen.

Ich wechselte mehrmals die Straßenseiten, schlug Haken, sah mich plötzlich in unbekannten Nebenstraßen und war mir immer sicher: Mir war niemand gefolgt.

Université Jean Monet, Service de la Documentation
1, rue de la Tréfilerie, 42100 Saint-Étienne
Freitag, 28.Mai, 11.10 Uhr

Seit unserem Treffen in Paris war eine Woche vergangen, ohne dass ich eine Nachricht vom Trio erhalten hatte.

Aber nicht schlimm: Meine Aufgabe innerhalb unserer Strategie war es nun, den Kontakt zu dem geheimnisvollen **Pater Pierre** herzustellen, der auf den Namen **Anselmus** hörte. Also griff ich zum Telefon und erfuhr, dass Anselmus keine Besucher empfängt, aber „bei Studenten und Forschern eine Ausnahme" machen würde.

„Bei Studenten?" – das war meine Chance. Und so sagte ich JA zu dem Angebot: „Samstag, 11.00 Uhr, ABTEI CÎTEAUX."
Jetzt brauchte ich nur noch einen preiswerten Leihwagen ...

Abtei von Cîteaux, 21700 Saint Nicolas lès Cîteaux Dep. Côte-d'Or/Burgund
Samstag, 29. Mai, 11.20 Uhr

Bernhard von Clairvaux

11.20 Uhr zeigte meine Uhr, als ich bei der Abtei vorfuhr. Rasch eilte ich zum Empfang, und als man dort nach **Pater Anselmus** telefonierte, vergaß ich, mich für meine Verspätung zu entschuldigen, denn dieser Anselm war völlig anders, als ich ihn mir vorgestellt hatte:

Wache Äugelein, haarlos, bartlos, leicht gekrümmter Rücken, trotzdem drahtig schlank, und jeder seiner Schritte im Habit der Zisterzienser passte zu seinem dezenten Lächeln, mit dem er um sich schaute.

Ohne umständliche Begrüßung führte er mich fast fluchtartig aus dem Gedränge im Empfangsgebäude fort, hinüber zur Bibliothek, dann treppauf zu einem Raum, der mir wie eine Mischung aus Büro, Werkstatt und Archiv erschien: „Willkommen in CÎTEAUX! Nehmen Sie Platz, ich habe für heißes Wasser gesorgt – Welchen Tee bevorzugen Sie? Ich habe hier Ingwer-Hibiskus, Fenchel-Anis und Johanniskraut-Tee."

Und während er den Hibiskus vorbereitete, erzählte ich ihm langsam meine Geschichte, und dann von den Unternehmungen des **European Rights Committee** und von unserem Glauben an die Rehabilitation der Templer.

Herrlich die Ruhe an diesem Ort! Pater Anselm konnte zuhören. Obwohl er in seiner Tasse rührte oder zwischendurch das heiße Getränk hörbar schlürfte, war er doch ganz Ohr, und was in sein Ohr gelangte, bewegte er in seinem Kopf, und er wog die Gedanken sorgfältig ab.

Wenn ich aus Höflichkeit eine Pause einlegte, sagte er mit feiner Bestimmtheit: „Erzählen Sie weiter – erzählen Sie!"

Ja, so kam ich auch auf das Schreiben des Staatspräsidenten zu sprechen, dann auf die unsympathische Stellungnahme des QUAI D'ORSAY und schließlich auf den abweisenden Spruch der COUR DE LA CASSATION. Bei all diesen Momenten nahm sein Lächeln eine Breite an, dass ich nicht wusste, ob Schadenfreude ihn erfüllte, oder doch eher eine freundliche Anerkennung für kleine Leute, die etwas Großes schaffen mochten.

Indem er uns Tee nachschenkte, wollte er mehr über unser Trio wissen, also über Janice, Mark und Kurt, was sie beruflich trieben, wo sie lebten usw.

Ich erzählte ihm, was ich halt so wusste, aber von ihrem Verdacht, dass wir beobachtet werden könnten, erwähnte ich kein Wort.

„Und jetzt ist euer Wunsch, dass ich bei einer Neuauflage des Verfahrens in Sachen Templer den Part des PIERRE DE BOULOGNE übernehme, also das vortrage, was der gute Mann damals im Sommer 1310 versäumt hat?"

„Hoch verehrter Pater, das ist unser Wunsch oder unsere bescheidene Anfrage", trug ich rasch vor, „wer außer Ihnen könnte dies sonst!"

„Jetzt schmeichelt Ihr mir. Aber die hohen Richter in Strasbourg wollen natürlich sichtbare Beweise. Wir kennen diese Haltung vom Jünger Thomas, zu dem der Herr sagt:

„Weil du mich gesehen hast, hast du geglaubt.
Selig, die nicht sehen und doch glauben." (Io 20,29)

„Bei einer Führung durch die Abtei vor einem Monat sagte der Betreuer unserer Studentengruppe: Pater Anselm ist unser Pater Pierre, und der weiß alles über die Templer."

Pater Anselmus leerte seine Tasse: „Sagen wir es so: Ich sammle hier alles, was über die Templer geschrieben wird und geschrieben wurde. In der Welt der Templer kenne ich mich aus."

Er räumte unser Porzellan weg und forderte mich auf, ihm zu folgen. Wir gingen durch einige Gänge, dann über eine Wendeltreppe nach unten, eine

Zisterzienser-Bibliothek Foto: Autor

schmale Türe öffnete sich seinem Schlüssel, Neonlicht flammte auf, und dann standen wir vor mehreren Etagen von Regalreihen mit Schriften, Ordnern, Bänden und Heften. Ganz sachlich erklärte er dann: „Hier finden Sie die historischen Urkunden, also Handschriften oder Abschriften aus dem Mittelalter, dort die gedruckten Verlagsprodukte wissenschaftlicher Templer-Studien, und weiter hinten das pseudo-templerische Pandämonium der Romane, die ich aber entsorge, wenn sie dreißig Jahre alt geworden sind.

Dann sind da drüben noch Schränke voll mit neo-templerischem Vereinskram, von Kanada bis Australien – alles Ergüsse von hypertonisch veranlagten Cholesterin-Patienten, die unheilbar dem Glauben an ihre persönliche Nachfolge von Jakob de Molay verfallen sind ... "

Der Pater schaute auf seine Uhr: „Leider muss ich unseren interessanten Dialog unterbrechen, da ich in den nächsten zwei Stunden an anderer Stelle gebraucht werde. Besuchen Sie doch unser Magazin oder die Abteigärten. Wenn Sie wünschen, stehe ich Ihnen heute Nachmittag, sagen wir um 14.30 Uhr, noch einmal zur Verfügung."

„Sehr gerne, und vielen Dank, dass Sie mich empfangen haben."

Über einen separaten Gang – ich musste mich bücken, das enge Wandwerk roch etwas modrig – gelangte ich ins Freie und vernahm, wie die Türe hinter mir von innen verschlossen wurde.

Die Angebote des Magazins kannte ich schon von der Führung im April, und so zog ich eine der umliegenden Gaststuben vor und deckte mich mit einem Imbiss ein. Schön, dass der Pater ansprechbar blieb. Ich musste ihn unbedingt nach Pierre de Boulogne fragen, außerdem wollte ich Näheres über den **historischen Templer-Prozess** erfahren. Zur Sicherheit machte ich mir einige Notizen auf einem Zettel. Die anderen Gäste in der Stube waren Familien, Kinder, Wanderer, die wohl der Zufall heute hierher verschlagen hatte.

Gegen 14.30 Uhr wartete ich im Magazin, wo Anselmus auf mich zukam, wieder lächelnd, fast vergnügt: „Ich habe dem Abt berichtet und Dispens erhalten: Wir haben Zeit bis 16.00 Uhr!"

Er führte mich in einen kleinen Seminarraum, der wohl kürzlich besucht worden war. Aus einem Korb mit frischen Getränken bedienten wir uns. Dann versuchte zur Abwechslung einmal ich das Gespräch zu eröffnen:

„Wer war Pierre de Boulogne?"

Der Pater blätterte in einer Kladde und las dann vor:
„Petrus von Bologna war 1272 in den Templer-Orden eingetreten und wurde später Procurator beim Vatican. Er war Theologe und Jurist und verstand die ars oratoria, also die Redekunst. Im Sommer 1310 nahm er das Mandat an, den Templer-Orden vor der kirchlich besetzten Achter-Kommission zu verteidigen. Doch diese Kommission der Geistlichen wurde vom bösen König kontrolliert, und dem Procurator wurde der Kontakt zu Jacques de Molay, dem Großmeister, verwehrt. Als dann der königstreue Großinquisitor über fünfzig Ritter im Osten von Paris lebendig verbrennen ließ, erkannte er die Ausweglosigkeit der Verteidigung. Er verschwand."

„Was heißt: verschwand?"

„Manche sagen, die Königlichen hätten ihn ermordet. Andere sagen, er hätte sich nach England abgesetzt. Wieder andere sagen, er sei nach Deutschland geflohen und hätte dort den Orden heimlich wiederaufleben lassen."

„Und was ist die Wahrheit?"

„Die Wahrheit ist oft einfacher, als man denkt: Er floh verkleidet nach Cîteaux, wo er sich allein dem damaligen Abt offenbarte. Der gewährte ihm Asyl unter dem Eid, seine bisherige Biographie zu vergessen, und nahm ihn als hoch betagten Zisterzienser-Bruder auf, der sich in seiner Klosterzelle mit hebräischen Textstudien beschäftigte. In Wirklichkeit brachte er viele Einzelheiten aus der Templer-Geschichte zu Papier, die in Fragmenten erhalten sind. An Sylvester anno Domini 1319 ist er verstorben und im benachbarten Wäldchen Forêt de Cîteaux beerdigt worden."

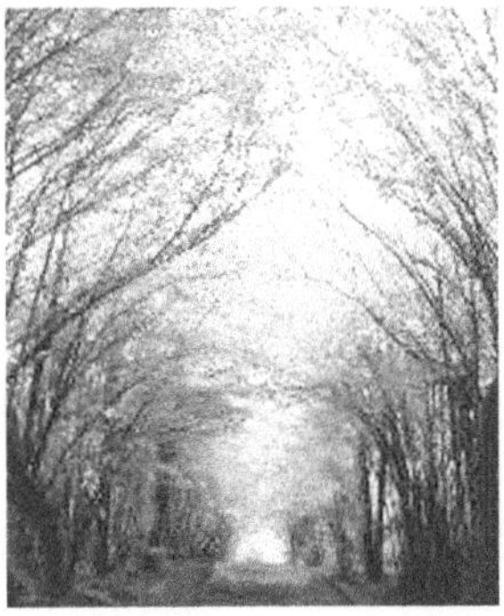

Wald von Cîteaux

„Und diese Fragmente?"

„Notizen, teils hebräisch, teils griechisch – er mied Latein und das damalige Französisch, um die essentiellen Geheimnisse zu schützen. Vermutlich wollte er auch sich selber schützen."

Ich war beeindruckt von seinem Wissen, das er so leichthin ausstreute: „Verehrter Pater, wenn Sie zu diesen Dingen Zugang haben – warum haben Sie es nicht längst in einer Publikation veröffentlicht?"

„Ach, wissen Sie, ich bin Ordensmann und unterliege dem Publikationsverbot. Was ein Ordensmann veröffentlichen will, bedarf der Druck-Genehmigung durch die kirchliche Behörde. Und wenn da Dinge zur Sprache kommen, die die Kirche berühren oder die die weltlichen Institutionen verwirren, dann gibt es neue Probleme neben den vielen alten Problemen, die uns alle täglich belasten. Das aber ist nicht unser Auftrag, und deshalb versuche ich es erst gar nicht."

„Aber wenn es zu einer Neuauflage des Templer-Prozesses in Strasbourg kommen sollte – auch dann würden Sie schweigen?"

„Im Gegenteil – vor Gericht wäre ich amtlich vorgeladener Zeuge oder sachkundiger Bürger oder Gutachter. Und die Aussagen von Templern aus dem Mittelalter fallen nicht mehr unter das Beichtgeheimnis."

„Das ist einleuchtend. Hört sich gut an!"

Er schaute wieder auf die Uhr, aber es war noch keine 16.00 Uhr, und so wagte ich eine Frage, die mir fast naiv oder unhöflich erschien: „Was hat es denn mit dem mysteriösen Begriff BAPHOMET auf sich? Kann man das in Kürze sagen?"

„In Kürze? – Nein."

Jetzt hatte er sein Lächeln doch etwas verloren. Aber enttäuschen wollte er mich auch nicht: „Das gehört zu den sogenannten fünf Maledikten[2] in der Anklageschrift, und dafür braucht man Zeit, die man den damaligen Templern nicht eingeräumt hatte. Und wenn sie Zeit gehabt hätten, hätten nur sehr wenige Ritter Erklärungen abgeben können, weil sie ihre eigene Geschichte nach dem Verlust des Orients 1291 und nach dem Ende der Kreuzzüge kaum noch verstanden und sich in Widersprüche verfingen."

Ich schwieg etwas betreten. Er munterte mich auf:

„Lieber Freund, wir vertagen unser Gespräch auf ein anderes Mal. Wenn mich das Komitee braucht – ich stehe zu Diensten. Gute Heimfahrt!
Dieu vous garde - Gott schütze Sie!"

Université Jean Monet
Service de la Documentation, 1, rue de la Tréfilerie, 42100 Saint-Étienne
Sonntag, 30. Mai, 14.16 Uhr

Was für eine Persönlichkeit! – Auch am heutigen Sonntag stand ich noch ganz unter dem Eindruck der Begegnung mit Pater Anselm alias Pierre de Boulogne: Seine herausragende Erscheinung, seine bibliothekarische Umge-

[2] *Maledikt: übler Vorwurf. Unter den ca. 125 Anschuldigen in der Klageschrift des französischen Königs spielen fünf Hauptanschuldigungen (s. u.) eine besondere Rolle.*

bung, sein offensichtlich grenzenloses Wissen über ein Feld, über das weltweit gerätselt wurde: die Templer.
Also schickte ich folgende SMS zum Trio nach Paris:

✣ „**Pater Anselm** gesprochen. **Perfekter Experte**. Fundierter Entlastungszeuge. Zur Aussage bereit. Salut, Fabian."

Und was war mit Merve Duvall von »LeParisien«? Lange hatte ich nichts mehr von ihr gehört. Sie wollte doch über alle Schritte diskret informiert werden! Ich entwarf folgende SMS:

▶ „Hallo Merve, unser **EuRiCo** zieht vor Gericht. Beschwerde für Strasbourg in Arbeit. Gutachter ist bestellt. Grüße aus Saint Etienne, Fabien."

Damit schaltete ich mein Handy aus: In Saint Etienne lag neue Arbeit auf meinem Tisch: „Die erotische Domäne in der Lyrik des Catull" ...

Nach vierzehn qualvollen Tagen ging das Seminar über Lyrik & Linguistik dem Ende zu, ebenso meine Beschäftigung mit Catulls amourösen Narreteien – das Thema war sperrig, mein Referat blieb liebloser Zeitvertreib.

Umso mehr freute ich mich auf unser ganz entscheidendes Treffen in Paris. In den mir verbleibenden Tagen arbeitete ich mich weiter in die Literatur über die Templer ein. Besonders der damalige Prozess gegen die Ritter hatte es mir jetzt angetan – vor allem die sogenannten fünf Maledikte, die in den Sachbüchern umstritten sind oder gar rätselhaft blieben.
Dann packte ich meine Sachen und reiste nach Paris.

Press Club de France
19, rue du Commandant Mouchotte, 75014 Paris
Sonntag, 13. Juni, 15.00 Uhr

Press Club in Paris 2000-2009

Sonntagswetter in Paris.
An diesem Nachmittag war der Club nur wenig frequentiert. Wir trafen uns im Eingangsbereich und nahmen in einem der Konferenzzimmer Platz, wo bereits Getränke vorbereitet waren.

Janice kam gleich zur Sache und las die drei Beschwerden vor, mit denen wir dem Europäischen Gerichtshof in Strasbourg unser Anliegen erläutern wollten:

I. den Tatbestand der Verletzung der Menschenrechte
Art. 3: Verbot der Folter & Art. 6: Recht auf fairen Prozess

II. das öffentliche Interesse an der moralischen Rehabilitation des Templer-Ordens

III. die Abweisung des EuRiCo durch die französischen Behörden und durch das oberste Berufungsgericht in Frankreich

„Das ist alles?“, fragte ich erstaunt.

„Das reicht!“, ereiferte sich Janice, „ich zitiere aus der Europäischen Menschenrechts-Konvention:

Art. 3: „Niemand darf der Folter oder unmenschlicher oder erniedrigender Strafe oder Behandlung unterworfen werden.“

Art. 6: „Jedermann hat Anspruch darauf, dass seine Sache in billiger Weise öffentlich und innerhalb einer angemessenen Frist gehört wird, und zwar von einem unabhängigen und unparteiischen, auf Gesetz beruhenden Gericht, das [...] über die Stichhaltigkeit der gegen ihn erhobenen strafrechtlichen Anklage zu entscheiden hat [...].“

„Das reicht“, pflichtete Mark bei, „juristisch griffig im Sinne der Konvention erscheinen uns diese beiden Artikel, und auf eine materielle Rehabilitation sollten wir tunlichst verzichten. Janice und ich – wir haben mehrere Tage über unser strategisches Vorgehen nachgedacht. Dies scheint uns der richtige Ansatz zu sein.“

Kurt nickte zustimmend, und Janice legte ferner den gesamten bisherigen Schriftverkehr als Anlage dazu.

Mark machte einen weiteren Anlauf: „*Dear companions*, wir stehen nun *at the top*: Das internationale Gericht kann uns Recht geben, und dann hätten wir den Templern Gerechtigkeit widerfahren lassen. Das wäre ein neues Waterloo!“

„Brauchen wir nicht einen Anwalt in Strasbourg?“, fragte Kurt.

„Wir lassen es mal darauf ankommen“, meinte Mark, „mal sehen, was das Gericht sagt.“

„Eine ständige Adresse benötigen wir“, warf Janice ein, „und ich schlage vor, dass wir hier den Press Club de France postalisch als unser persönliches Hauptquartier verwenden:

European Rights Committee · EuRiCo
c/o Press Club de France
19, rue du Commandant Mouchotte
75014 Paris

Das fand allgemeine Zustimmung. Wir waren uns einig. Jeder unterschrieb die Beschwerde, ich als letzter. Dann schob Janice das gesamte Dokumenten-Set in einen Umschlag, verschloss ihn und ließ per Telefon einen Club-Boten eintreten: „Dieser Brief muss noch heute nach STRASBOURG!"

„Oui, Madame, der Kurier fährt in zehn Minuten ab."

Das war's. Der Bote entschwand, Janice lächelte, Mark schnalzte mit der Zunge, Kurt lehnte sich entspannt zurück.

Mark warf mir ein dankbares Lächeln zu, und Kurt quittierte die Situation mit einem strahlenden Bravo.

Da saßen wir nun, wir hatten alles getan, was man konnte, vielleicht begriffen wir noch gar nicht, was wir da bewegt hatten ...

Janice fand als erste ihre Worte wieder: „Meine Freunde, ab jetzt ist die Sache nicht mehr in unserer Hand: Unsere Strategie ist aufgegangen, und wir haben Grund, guten Mutes zu sein."

„Danke, Janice", kam aus aller Munde, wobei wir uns erhoben.

„Ich danke Euch", sagte sie lächelnd, „Ihr habt ganz tolle Arbeit geleistet. Ich liebe Euch."

Und dann umarmte sie einen jeden von uns. Sichtlich erleichtert gingen wir hinunter zum Club-Restaurant: „Wir wollen dinieren – aber heute bitte kein Wort mehr über die Templer."

DER DEAL

Deal heißt ein bereits im
Ermittlungsverfahren
oder im Prozess
angestrebtes Agreement ...
Auf den Gerichtsfluren

La Maison accueillante, Rue de la Gaïté, 93400 Saint Ouen
Freitag, 18. Juni, 11.00 Uhr

5. Tag ohne Antwort.
Wann würde der Europäische Gerichtshof zum Schutz der Menschenrechte antworten?

Seit Tagen nutzte ich die mir zur Verfügung stehende Zeit und befasste mich mit Büchern über den Templer-Orden, über angebliche Orte seines sagenhaften Schatzes und vor allem über die Erörterungen einer angeblichen Schuld der Ritter. Zwischen all diesen Templer-Titeln sah ich mich bald wieder konfrontiert mit mythologischen Spekulationen, gepaart mit kirchenrechtlichen Hypothesen und abenteuerlichen Phantasien, als mich plötzlich eine SMS von Merve Duvall erreichte – endlich eine Nachricht von Merve:

► „Bon jour, Fabien, lies Zeitung! Viel Spaß mit unserer heutigen Ausgabe. Salut, Merve."

Mit der heutigen Ausgabe? Das ließ ich mir nicht zweimal sagen. Rasch fünf Etagen hinunter und zum Kiosk um die Ecke, doch alle Exemplare waren ausverkauft. Lediglich der Rest einer zerknitterten Zeitung lag auf dem Bord, und schon fand ich, was ich suchte:

NOUS ALLONS DEMANDER RÉPARATION Bombe & Complot

Sofort verschlang ich den Text WIR FORDERN REHABILITATION: Eine unabhängige Assoziation von Journalisten mit Namen **EuRiCo** hat beim Europäischen Gerichtshof in Strasbourg eine Bombe lanciert: Die Antragsteller verlangen vom französischen Staat die Rehabilitation der französischen Tempelritter, die von dem damaligen französischen König Philipp IV. grausam verfolgt wurden. Janice Simon, die Sprecherin des Komitees, hat vor dem PRESSECLUB von Paris erklärt: „Die Templer haben kein gerechtes Urteil erhalten.“ Und: „Eine kleine moralische Rehabilitation erscheint uns angemessen für den Terror, den die Ritter erlebt haben“, meinte sie am Donnerstagmorgen in RTL (Auslandsredaktion). Mein erster Eindruck war: starker Auftritt!

Stammte diese Meldung wirklich von Merve Duvall, von der ich lange nichts gehört hatte? Oder von ihrer Europa-Redaktion? Oder von der Presseagentur AGENCE FRANCE PRESS? In großer Erregung tippte ich eine SMS in mein Handy:

✥ „Liebe Kollegen, Pariser Presse präsentiert heute unser **EuRiCo**. Unsere Beschwerde in Strasbourg sei eine Bombe vs. Président! Gruß Fabien“

Es dauerte nicht lange, da traf eine SMS von Kurt ein:

✥ „Gratulation an Janice! Starke Worte! Bravo! Kurt.“

Wo blieb eine Reaktion von Janice? Wahrscheinlich hatte sie noch kein Exemplar zur Hand. Doch dann zeigte das Vibrieren meines Handys an, dass Janice im Bilde war:

✥ „Attention, mes amis, da haften wieder Beobachter an meinen Versen. Ich habe wenig Zeit. Zu viele Termine. Wir bleiben in Deckung und warten ab. Salut, Janice.“

Das war’s für heute. Keine weitere SMS. Keine Anrufe. Keine Verfolger – jedenfalls nicht für mich. Ich blieb in Deckung und übte mich in Geduld. Morgen war hier wieder Flohmarkt – eine gute Gelegenheit, um nach weiteren Büchern über die Templer zu stöbern. Gab es da irgendwo einen verborgenen **Templer-Code**, dessen Entschlüsselung man befürchtete?

Square du Vert-Gallant, Île de la Cité, 75001 Paris
Dienstag, 22. Juni, 12.17 Uhr

9. Tag ohne Antwort.
Die Zeit floss dahin, ohne dass eine Nachricht eintraf. Um so mehr nutzte ich die Stunden, um mich in die Fakten und Theorien über die Tempel-Ritter einzuarbeiten.

Heute Vormittag wollte ich den Templern ganz nah sein und stand wieder auf der Île de la Cité vor der Gedenktafel für den Tempel-Großmeister Jakob von Molay, der an dieser Stelle verbrannt worden war, und dort drüben am anderen Ufer der Seine war der Louvre, von wo der französische König Philipp IV. dem grausamen Schauspiel zugesehen haben soll. Hatte er nicht drüben das Knistern des schändlichen Feuers gehört? War ihm nicht der Geruch des verbrannten Fleisches über die Seine hinweg in seine Nase gestiegen?

Während ich argwöhnisch das gegenüber liegende Ufer mit meinen Augen abtastete, vibrierte mein Handy:

✣ „Hallo an alle!! Eil-Meldung!! Das Europäische Gericht für Menschenrechte bietet uns ein informelles Round-Table-Gespräch an:
Mo., 28. Juni, 11.00 Uhr. Ort: Bibliothek des Gerichts, 1.Etage, Office, 1, Quai Ernest Bevin, Strasbourg. Große Chance für uns. Bin schon morgen bei ARTE in Strasbourg. Wer kommt zum Termin? Eilt sehr, Janice."

Das war der Durchbruch für uns Templer! Ein Gespräch!

Denn: Wer uns ablehnt, weist auch die Beschwerde ab, doch wer mit uns sprechen möchte, hat etwas anderes im Sinn. Aber was?

Spontan versandte ich folgende SMS an das Trio:

✣ „Betrifft Konsilium in Strasbourg: Bin dabei! Gruß vom Kilomètre zero, Paris, Fabien."

Gespannt schlenderte ich zu einer der Parkbänke auf der Spitze des Eilands und nahm Platz. Mit welcher personellen Besetzung würden wir in Strasbourg auftreten? Prompt vibrierte das Handy und gab gleich zwei Nachrichten preis: Mark und Kurt waren beruflich verhindert.

Das hieß: Ich mit Janice alleine in Strasbourg vor Gericht – oder zumindest beim dortigen Sekretariat! Große Ehre! Aber dann beschlich mich doch ein wenig Angst: Wie würden wir vor der hohen Justiz argumentieren?

Eine SMS von Janice beruhigte mich:

✣ „Merci für schnelle Antworten. Konnte Verfolger abschütteln.
An Fabien: Am 25. 06. könnte ich dir ARTE zeigen. Liegt am Quai gegenüber dem Gericht. Sonst: 28. 06., 11.00 Uhr, an der Rezeption der Gerichts-Bibliothek. Weiteres folgt. Salut, Janice."

Ich lehnte mich zurück und atmete die Ruhe des heiligen Ortes ein. An der Spitze der kleinen Seine-Insel war es wochentags ziemlich einsam. Vor meinen Augen tuckerten zwei Glasdach gedeckte Bötchen flussaufwärts, kaum besetzt, eine Lautsprecherstimme wehte unverständliche Worte herüber, irgendwo ertönte ein Signal.

Eine Pflicht hatte ich noch zu erfüllen – die Nachricht an Merve Duvall. Ich formulierte ins Display meines Handys:

▶ „Liebe Merve, danke für die AFP-Meldung. Alles läuft sehr gut. Demnächst mehr aus Strasbourg. Salut, Fabien."

Jetzt noch vier Tage bis STRASBOURG!
Eine spannende Zeit, in die wir geraten waren!

Jede Stunde wollte ich nutzen. Morgens, mittags, abends: lauter Bücher über die Templer. Ich hatte mich verliebt in die Welt der Ritter, ja ich ertappte mich dabei, wie ich mir ausmalte, einer **Templer-Komturei** im fernen Orient angehört zu haben: Brennende Sonne, quälender Durst und beißende Sandstürme ...

European Court of Human Rights, Library of the Court, 1, Quai Ernest Bevin, 67075 Strasbourg
Montag, 28.Juni, 10.45 Uhr

Gerichtshof für Menschenrechte © Alfred Schaerli

Heute war der große Tag!
„Merci pour les informations", sagte ich beim Verlassen des Taxis und ging auf das gläserne Portal des EUROPÄISCHEN GERICHTSHOFS zu, wo ich sofort angehalten wurde und mich ausweisen musste. Von einem Round Table Gespräch wusste man nichts. Und Janice war auch nicht in der Empfangshalle. Man telefonierte, man blätterte in Besucherlisten, man war ratlos.

Doch dann erblickte ich Janice, die ebenfalls mit Taxi vorgefahren war: Dunkelblaues Kostüm, weiße Bluse mit hochgestelltem Kragen, und eine schmale Ledermappe, die offensichtlich schon einige Konferenzen erfolgreich hinter sich hatte. Zügig kam sie zur Rezeption, wir begrüßten uns freundlich, und dann ging alles sehr schnell:

In flüssigem Französisch erklärte sie Zweck und Termin unseres Kommens, zeigte ein Schriftstück des Sekretariats, und schon geleitete uns eine Dame zur integrierten Bibliothek, wo uns ein Angestellter am WELCOME DESK empfing und durch den Saal mit Bücherregalen führte, bis wir am Ende eine Treppe aufwärts stiegen und die 1. Etage betraten. Wieder ging es an Regalen vorbei, gegenüber standen einzelne Tische, die zum Teil von Lesern besetzt waren: Studenten? Professoren? Richter?

Am Ende dieses Geschosses befand sich links ein Büro und rechts gegenüber ein Tisch mit sechs Sesseln. Auf diesem Tisch prunkte ein weißes Schild mit strengen schwarzen Buchstaben: RÉSERVÉ.

„Bitte sehr, nehmen Sie Platz. Es kommt gleich jemand zu Ihnen“, sagte der Angestellte lächelnd und verschwand.

Wir blieben jedoch stehen und warteten ab, was da kommen mochte. Janices Blick ruhte wohlwollend auf meiner Krawatte.

Punkt elf Uhr traten zwei geschäftsmäßig gekleidete Personen mit einem Aktenset auf uns zu und stellten sich vor: „Andrew Parlor, Director for the Department of Public“, und „Nicole Blondel, Drafting Secretary“. Beide waren freundlich, aber doch reserviert.

Gemeinsam nahmen wir Platz, und der Direktor kam gleich zur Sache: Er bewunderte unsere Schritte, er blätterte in unseren offiziellen Eingaben, und auch die Pressemeldungen lagen ihm vor. Seine Begleiterin machte ein Paar Notizen und war wohl die Protokollantin unserer Konferenz.

Doch dann schloss er wieder die dünne Akte und erklärte mit leicht englischem Akzent:

„*Madame, Monsieur,* um es gleich auf den Punkt zu bringen: Ein Ausschuss von drei Richtern hat ihre Beschwerde sorgfältig überprüft und **einstimmig verworfen**. Grund: Ihr Komitee ist nicht beschwerdeberechtigt:
Actio personalis moritur cum persona – **Ein höchstpersönlicher Anspruch stirbt mit der Person**[1]. Es ist ein altes Prinzip der europäischen Rechtstradition: **Nur wer persönlich benachteiligt wurde, kann klagen**. Bei allem Respekt vor ihrer Vereinigung: Sie sind nicht die geplagten Tempel-Ritter aus dem 14.Jh.“ Dann hob er fast entschuldigend seine Hände etwas an: „Bei allem Respekt vor Ihnen und Ihren Mitstreitern.“

Ich schluckte, mein Mund war wieder mal trocken geworden. Doch Janice

[1] *Dieter Meyer: Juristische Fremdwörter, Fachausdrücke u. Abkürzungen. Darmstadt 1991. S.16.*

legte sofort los: „Sir, wir tun dies alles nicht etwa für uns, sondern für die beleidigte Ehre der alten Ritterschaft. Und beleidigt wird sie noch heute."

„Gewiss, wir verstehen das. Und ich füge privat hinzu: mit Respekt. Aber juristisch kann ein Gerichtshof zum Schutze der Menschenrechte nur tätig werden, wenn die ihrer Menschenrechte beraubten Opfer persönlich existieren, damit ihnen Genugtuung zuteil werden kann. Dies aber ist im Fall von Personen, die vor mehr als 700 Jahren gelebt haben, nicht möglich. Bitte verstehen Sie das."

„D'accord", nickte Janice, „aber es muss doch im Interesse der Justiz liegen, dass die Justiz selber ein Urteil fällt über das, was sonst nur Historikern und Theologen zu einem scheinbar endlosen Streit dient darüber, ob die Tempel-Ritter vor fehlerhafte Gerichte gestellt worden sind."

Hier versuchte ich mich einzuschalten: „Man hat doch auch in Deutschland die durch fehlerhaftes Urteil der Nazi-Justiz Hingerichteten *post mortem* freigesprochen und somit rehabilitiert. Ebenso könnte man doch die Urteile der französischen Justiz von damals mit dem Recht von heute wieder aufheben."

„Vorsicht", warnte der Direktor: „Dass bei den Templern unser **Art. 3: Verbot der Folter** und unser **Art. 6: Recht auf faire Verhandlung** sehr wahrscheinlich verletzt worden sind, wird heute kaum jemand bestreiten wollen. Doch die große Zeitspanne dazwischen – damals Mittelalter, heute Neuzeit – hat die Angelegenheit aus der primär juristischen in eine primär historische Dimension verschoben."

„Aber die Thematik ist nicht historisch sondern hoch aktuell, in ganz Europa!", warf Janice ein. „Wir bei ARTE haben kürzlich wieder einen Film präsentiert mit neuesten Forschungsergebnissen über den Prozess gegen die Templer. Ein anderes Mitglied unseres Komitees arbeitet bei BBC in London und berichtet über aktuelle Wahrnehmungen zur Templer-Thematik auf den britischen Inseln. Ähnliches dokumentiert unser Wiener Korrespondent etc. etc. Natürlich tummeln sich da Historiker, Theologen und aberwitzige Roman-Autoren – aber die Justiz? Die Justiz schweigt, und so entsteht der Eindruck, dass die Justiz etwas zu verbergen hat, ja dass sie durch ihr Schweigen die Fehlurteile der früheren Justiz vertuschen möchte."

Mister Parlor, der Direktor mit dem feinen Oberlippenbart, musste herzhaft lachen, und seine Assistentin oder Draft-Sekretärin lächelte beflissen mit ihm. Fast resigniert sagte er dann mit einem kooperativen Unterton:

„Madame, wir wussten, dass Sie nicht aufgeben würden. Wir haben das erwartet, und wir haben im Präsidium beraten, was wir tun können, um Ihnen und uns eine formelle Abweisung der Beschwerde zu ersparen.

Gespannt blickten wir ihn an, und Janice sagte tonlos: „Und das wäre?"

„Also" – bedächtig guckte er sich um und sprach dann recht leise – „auch in der Richterschaft gibt es Anhänger und Skeptiker hinsichtlich der alten Templer. Ihre Initiativen sind durchaus auf Sympathie gestoßen. **Ich biete Ihnen bzw. Ihrem Komitee einen Deal an** – "

„Einen Deal?" Fast ungläubig kam das Wort gleichzeitig aus Janices und meinem Mund.

„Ja, einen Deal:

Sie verzichten, dass wir Ihre Beschwerde im regulären Verfahren registrieren und dann brutal abwürgen.
Wir bilden eine siebenköpfige Kammer, die gewissermaßen in freiwilliger Gerichtsbarkeit – *jurisdictio voluntaria* – ein Hearing über die damals bei Gericht und Inquisition vorgetragenen Beweise oder Beschuldigungen durchführt. Am Schluss würde dann kein Urteil gefällt, aber ein Spruch verkündet."

„Das müssten Sie uns bitte erläutern. Aber können wir nicht etwas zu trinken bestellen, vielleicht einen Kaffee?" fragte Janice.

Andrew Parlor schien erleichtert, man sah ihm an, dass er hoffte, Janice für den Vorschlag des Präsidiums zu gewinnen:

„In der Bibliothek sind Getränke nicht erlaubt. Aber wir können eine Pause machen, wir haben im Hause ein Restaurant."

„Gern, aber können wir den Deal zunächst nicht etwas genauer hinterfragen? Wieso wäre das Verfahren nicht regulär?"

„Das Verfahren wäre nun Ausdruck einer freiwilligen Gerichtsbarkeit: Es gäbe wie immer eine **öffentliche Anhörung** entsprechend unseren Regeln. Wir würden wie immer sieben Richter benennen, Sie könnten Zeugen und Sachverständige benennen. Aber die Richter würden nicht amtlich tätig, sondern freiwillig tätig werden – *honoris causa*. Vorteil dieses Verfahrens: Statt Straf-Justiz gegenüber Tätern (die es heute nicht mehr gibt) würden wir eine Sach-Justiz betreiben bezüglich den Beschuldigungen (die heute tatsächlich niemand mehr versteht). Ein solches Verfahren fällt nicht in die Dienstzeit."

„Was heißt das denn – nicht in der Dienstzeit?"

„Eine Kammer braucht sieben Richter. Wenn sich genügend melden, und zwar ehrenhalber, also außerhalb ihrer amtlichen Dienstzeit, dann könnte das Hearing stattfinden."

„Ja ... wie ... nach Dienstschluss ... also am Feierabend?", fragte ich ungläubig.

„Nein, im normalen Tagesrhythmus: Im August arbeitet das Gericht nicht. Ein Gericht der freiwilligen Gerichtsbarkeit könnte zum Beispiel in der ersten Augustwoche seine Arbeit montags aufnehmen und die Beweisaufnahme freitags abschließen – quasi zu Lasten der persönlichen Freizeit der Teilnehmer."

„Kaum vorstellbar", meinte ich, „das waren damals im Jahre 1307 immerhin 127 Anklagepunkte."

„Sie müssten das auf maximal fünf *corpora delicti* begrenzen. Wählen Sie die schwerwiegendsten Anschuldigungen aus und machen Sie diese zum Gegenstand Ihrer Gegen-Klage. Aber wissen Sie – wir legen jetzt doch eine Pause ein. Das Restaurant ist zu empfehlen. Sagen wir ... um 14.00 Uhr wieder hier am Platz. Bis dahin können Sie Ihre Klagepunkte formuliert haben."

Der Direktor nickte uns freundlich zu, die Sekretärin legte ihre Unterlagen zusammen, auch wir erhoben uns und schlenderten noch etwas benommen der Treppe entgegen.

Unten im Restaurant – wir mussten am *Entrée* erneut unsere Einladung vorzeigen – wählten wir einen Zweiertisch. Bei leichter Kost und starkem Kaffee diskutierten wir unsere Eindrücke: Kein reguläres Verfahren mit Abweisung aus formellen Gründen, dafür aber eine Kammer mit sieben Richtern und einem höchstrichterlichen Spruch, mit dem wir den Templern im Nachhinein zur verdienten Rehabilitation verhelfen könnten!

Das war vielleicht mehr, als wir erhoffen durften?

Beim Dessert hatte Janice zu ihrer alten Form wiedergefunden:

„Okay, du hast dich doch intensiv mit den Templern befasst. Formuliere die schlimmsten Vorwürfe!"

„Da gibt es die sog. **fünf Maledikte**, die z. T. noch heute Rätsel aufgeben, wie man oft liest." Bei einer neuen Tasse Kaffee machte ich Aufzeichnungen auf meinem Notizblock, feilte an den Formulierungen und fertigte eine Reinschrift an.

Dann las ich die fünf Maledikte vor:

1	**Das obligatorische Spucken des Neulings auf das Kruzifix bei gleichzeitiger Bezeichnung Jesu als falschen Propheten.**
2	**Die drei rituellen Küsse durch den Präzeptor auf Hinterteil, Nabel und Mund des Neulings.**
3	**Die mysteriöse Verehrung eines bärtigen Kopf-Idols als Götzen.**
4	**Die magische Weihung einer oft weißen Gürtelschnur an diesem meist metallischem Kopf-Idol.**
5	**Die Säkularisierung von sakramentalen Handlungen wie Abendmahl und Absolution.**

Janice tupfte mit ihrer Serviette ihre Lippen ab:

„Eigentlich unfassbar, dass an solchen Thesen ein universaler Orden unterging. Heute wären solche Gebräuche – wenn es sie denn wirklich gab – keine Grundlage für Folter und Mord."

„Und vor allem: Diese Maledikte der Templer stehen wahrscheinlich in einem ganz anderen Kontext, sie haben offensichtlich einen anderen Sinn, als die damaligen Ankläger zu wissen meinten."

„Komm", sagte Janice, „es ist gleich 14.00 Uhr. Trage das mal so vor."

Oben in der Bibliothek waren der Direktor und die Sekretärin gerade angekommen, als wir zum Tisch traten und Platz nahmen.

„Ich hoffe, Sie sind mit unserer Küche zufrieden gewesen", lächelte uns der Direktor an.

„Ja, wir konnten uns reanimieren", witzelte Janice, „Monsieur Jaspers wird die sogenannten fünf Maledikte aus den Templer-Prozessen vortragen."

So gut es ging, las ich die Thesen vor und musste manches wiederholen, weil die Sekretärin nicht alles verstand. Auch der Direktor schien konsterniert:
„Diese fünf Thesen sollen vor Gericht erörtert werden?"
Ich erlaubte mir spontan einzuwerfen: „Um diese fünf Thesen dreht sich der

ganze Streit schon seit dem Mittelalter. Und exakt an diesen Thesen lässt sich der Beweis führen, dass die Templer nicht das waren, als was sie hingestellt und weshalb sie ermordet wurden."

„*Voilà*, wir werden sehen. Sie haben sicherlich ihre Zeugen und Gutachter. – Ein anderes Problem zeigt sich in der regulären Dauer eines Hearings: Es dauert in der Regel 90 Minuten. Reicht das?", fragte Mister Parlor.

„Ich glaube kaum", begann ich, doch Janice unterbrach mich rasch und sagte: „Sir, Sie haben doch selber den regulären Status für aufgehoben erklärt, dann werden wir ja wohl doch auch die reguläre Zeit gegebenenfalls etwas dehnen dürfen!"

„Madame, Sie sind ein harter Verhandlungspartner", lächelte Andrew Parlor, „aber ich denke, wir werden uns arrangieren."

Unauffällig warf ich einen Blick auf die Sekretärin und war beruhigt: Sie schrieb alles auf, also auch das, was uns nützte.

„Dann sind wir uns einig?", fragte Janice.

Der Direktor machte eine Pause, drehte einen Notizzettel mehrmals in seiner Hand und sagte endlich:

„Noch ein Letztes: Da es sich um Vorgänge des 13. und 14.Jh. handelt, dürfen nicht Richter des 21.Jh. be- und verurteilen. Das werden Sie verstehen. Ich habe eben noch einmal im Präsidium Rücksprache gehalten: Die Richter, die sich freiwillig, also *privatissime et gratis*, in diese akademische Situation begeben, wollen und sollten auch ihrerseits das gegenwärtige Jahrhundert abschütteln. Das heißt für unseren Deal:

Die Richter schlüpfen in die Biographie bekannter und unabhängiger Persönlichkeiten aus der damaligen Zeit."

„Wie das?" fragte Janice erstaunt.

„Ganz einfach – sie nehmen historische Alias-Namen an. Ob durch Losentscheid oder eigene Wahl, das weiß ich noch nicht. Aber die Richter können sich so leichter mit der damaligen Zeit identifizieren."

„Und wollen trotzdem unabhängige Richter sein?" gab ich zu bedenken.

„Ja – es bleiben ja hochverdiente Juristen mit dem fachlichen Wissen unserer Tage!"

„Also gut – was fehlt noch?", fragte Janice.

„Ihre Daten, Anschriften, Ihre Mitarbeiter, möglichst auch Ihre Zeugen und Gutachter."

Die Sekretärin schrieb, stellte Rückfragen, korrigierte. Man vereinbarte, Fehlendes nachzuliefern.

Eine Viertelstunde später verabschiedeten wir uns, und dann standen wir beide wieder draußen vor dem gewaltigen Gebäudekomplex des Europäischen Gerichtshofs für Menschenrechte in Strasbourg.

Aus der Schlange wartender Taxis rollte ein Wagen auf uns zu.

„Wohin, Madame", fragte uns der Fahrer.

„Fahren Sie erst mal los", meinte Janice, und so rollten wir langsam unter dem grünen Überhang hoher Baumkronen auf der Avenue de l'Europe in Richtung Stadt.

„Auf eine Besichtigung von ARTE hast du heute wohl keine Lust mehr?"

„Nee, auch die Kathedrale passt heute nicht mehr in mein Programm", antwortete ich.

Schweigend fuhren wir inzwischen durch die Allée de la Robertsau. Müdigkeit hatte sich unserer bemächtigt und lähmte unsere Zungen.

Dann wandte sich der Fahrer uns zu: „Wenn Sie zum Bahnhof möchten, dann sollte ich nun rechts abbiegen."

„Ok, rechts."

Der Wagen bog in die Avenue d'Alsace ein. Irgendwo hing schläfrig eine US-Fahne am Mast: Es war das General-Konsulat der Vereinigten Staaten. Dürfte meinem Vater als US-Diplomaten nicht unbekannt sein.

„Wir haben uns gut geschlagen", bemerkte Janice.

„Haben wir", gähnte ich.

Jetzt hieß die Straße Avenue des Vosges. Bald bog das Taxi nach links in den breiten Boulevard du Président Poincaré.

„Ich werde die anderen morgen informieren", gähnte nun auch sie, „es ist etwas kompliziert."

Noch eine Linksbiegung: Wir waren auf dem Boulevard du Président Wilson und fuhren auf die Place du Gare zu.

„Der Bahnhof sieht wie ein U-Boot aus", bemerkte ich, als wir draußen waren. „Wie ein UFO", versuchte Janice zu lächeln, was ihr aber misslang.

„Was hast du nun vor?"

„Ich fahre nach Saint-Etienne, ich muss mich um Bruder Anselm von Cîteaux kümmern: Er muss sich umgehend auf diese fünf Streit-Themen vorbereiten!"

„*Très bien*", bekräftigte Janice, „grüße ihn herzlich von uns allen."

Ehe ich antworten konnte, versah sie mich rechts-links-rechts mit einem Wangenkuss und zog meinen Krawattenknoten zurecht: „Gute Fahrt! Ich habe noch drei oder vier Tage hier zu tun."

Dann winkte sie ein neues Taxi herbei und entschwand.

So also sieht ein Deal aus, dachte ich. Sorgfältig klemmte ich meine Mappe unter den Arm und begab mich in die gläserne Halle, um mich in das Studium neuzeitlicher Hieroglyphen zu stürzen, wie man die Erforschung gedruckter Fahrpläne mancherorts umschreiben könnte.

Von irgendwoher vernahm ich die stumpfe Akustik einer gequälten Lautsprecher-Durchsage. Es war die monströse Bahnhofsstimme aus Tatis Film FERIEN DES MONSIEUR HULOT.

Wie auf jedem Bahnhof – niemand fühlte sich angesprochen.

DIE TEMPLER KLAGEN AN

Gott bringt ja alles Tun
vor das Gericht,
alles Verborgene, ob es
gut oder böse war.

Ecl 12,14

Université Jean Monet, Service de la Documentation
1, rue de la Tréfilerie, 42100 Saint-Étienne
Donnerstag, 1. Juli, 12.30 Uhr

Einige Tage waren ins Land gegangen.
Sprachlich war das zwar ein Irrtum: Denn Zeitliches konnte nicht in Räumliches übergehen. Aber gewachsene Sprache folgt halt nicht immer den Gesetzen der Linguistik ...

Wie ging es nun mit unserer Templer-Kampagne weiter?

Gegen Mittag setzte ich eine SMS an Merve Duvall ab:

► „Hallo Merve: EU-Gericht hat Templer-Hearing für 1. August-Woche angesetzt. Demnächst mehr. Gruß, Fabien."

So, damit hatte ich mein Versprechen eingelöst: Merve bzw. die von LE-PARISIEN konnten nun für STRASBOURG planen. Auch Janice hatte sich wohl inzwischen erholt, denn folgende Information traf ein:

✥ „Für Kurt und Mark: High-level Round Table in Strasbourg war erfolgreich: 2. bis 6. August Präsenzpflicht für alle !!!
Unterstützung von Cîteaux organisiert Fabien. Salut Janice."

Okay, nun waren alle informiert. Jetzt musste ich nur noch unseren Pater um einen Besuchstermin ersuchen, um unsere Taktik vor Gericht zu besprechen.

Abtei von Cîteaux, 21700 Saint Nicolas lès Cîteaux, Dep. Côte-d'Or/Burgund
Sonntag, 4. Juli, 14.00 Uhr

Sonntag in Cîteaux!

Zum dritten Mal am Ursprungsort der Zisterzienser. Pater Anselm wartete schon im Empfangsbereich der sonntags von Pilgern umlagerten Abtei von Cîteaux, als ich eintraf. Sofort wollte ich ihm die Grüße unseres Komitees übermitteln, doch er fragte gleich nach meinen Eindrücken vom Gericht, von der Atmosphäre, von den Richtern ...

Universitätsbibliothek Salzburg © UB/IZMS

Dann gingen wir wieder in seine diskrete Templer-Bibliothek. Heute stand eine große Kanne Tee auf dem Tisch, auch eine Schale mit geschnittenem Rosinenkuchen nahm ich wahr ...

Kaum saßen wir, als er sofort zur Sache kam:

„Danke für Ihr Telefonat neulich: Das ist alles sehr aufregend für mich: Es kommt also wirklich zu einer Klage vor dem Europäischen Gerichtshof für Menschenrechte in Strasbourg?"

„Gegen-Klage – wir wollen mit einer Gegen-Klage beweisen, dass die fünf berühmt-berüchtigten **Maledikte** quasi aufgehoben werden sollen, weil wir meinen, dass den Templern Unrecht widerfahren ist."

„Ja, schon, aber so einfach ist das nicht. Wie haben Sie denn die Maledikte formuliert?" Ich gab ihm meine in Strasbourg verfasste Reinschrift.

Pater Anselm goss uns beiden Tee ein. Und während ich meinen Zucker noch einrührte, vertiefte er sich in die Lektüre meiner Liste. Dann erhob er sich, ging hier und dort zu seinen Bücherregalen, wo er irgendwelche Titel oder Angaben überprüfte. Nach Niederschrift einiger Notizen auf seinem Handblock trat er wieder an den Tisch heran und fragte:

„Monsieur Jaspers, werden diese fünf Thesen in dieser Formulierung und in dieser Reihenfolge vor Gericht behandelt?"

„Genau so – das ist jetzt festgelegt!"

„Gut, aber es wird ein schönes Stück Arbeit. Mein Gott, die Templer! Ich werde viele Schriftstücke mitbringen müssen", stöhnte der Pater. Er kopierte meine Unterlagen, machte weitere Notizen auf seinem Papier, und schließlich stellte er mir Fragen, wobei er meine Antworten peinlichst genau niederschrieb: die Namen der Mitglieder des Komitees, die Anschrift des Gerichtshofs, unsere Gerichts-Termine im August, unsere Telefonnummern.

Vorsichtig erkundigte ich mich: „Wozu brauchen Sie das alles?"

„In der verbleibenden Zeit sollten wir in ständigem Kontakt verbleiben. Wir müssen eine feste Kette bilden, wenn wir erfolgreich aus der Sache hervorgehen wollen."

„Besteht denn ein Risiko für uns?", wagte ich zu fragen.

„Risiko? Für uns kaum, aber für die Templer. Die halbe Menschheit hat auf ihnen herumgetrampelt, die andere Hälfte hat sie ausgebeutet – bis heute hin. Das ist wie eine Fahrt zwischen SKYLLA und CHARYBDIS, und wir müssen die wehrlosen Ritter nun zwischen den beiden Ungeheuern hindurch bugsieren."

„Verstehe, aber Sie werden nicht umsonst der PIERRE DE BOULOGNE von CÎTEAUX genannt."

Er winkte schmunzelnd ab, widersprach aber nicht.

„Noch ein ganz irdischer Hinweis", fügte ich hinzu, „für das Hearing sind fünf Tage anberaumt. Wir werden uns ein Hotel suchen müssen."

„Hotel? – Das ist etwas für Euch HOMINES SAECULARII, Euch Welt-Leute, wie wir sagen. Wir Ordensleute visitieren Ordensleute."

„Gibt es denn Zisterzienser in STRASBOURG?"

„Nein, aber in dieser alten Bischofsstadt unter dem Schutz der heiligen Odilie befindet sich eine beachtliche Zahl theologischer Seminare und religiöser Konvente. Irgendwo werde ich da schon unterkommen."

Wir tranken unseren Tee, aßen Rosinenkuchen, hausgemachtes Backwerk, das an den Wochenenden für die Touristen zubereitet wird. Von irgendwoher drang Choralmusik in unsere Räumlichkeiten und ließ das verblichene Holzinventar mitsummen, was Anselmus zu einem Kommentar Veranlassung gab:

„Heute sind viele Gruppen in unserem MONASTERIUM VENERABILE und loben die göttliche Schöpfung: *Verbo Domini caeli firmati sunt.*"[1]

Von draußen drang das warme Licht der Nachmittagssonne durch die mit Spinnweben verzierten Scheiben des alten Bauwerks. Dies war der Moment. **Templer-Code**? Oder **Templer-Idol**? Ich fasste mir ein Herz und fragte leise: „Pater, wir sprachen schon einmal über den ominösen Begriff des **Baphomet** – welche Bedeutung hat denn dieses Wort eigentlich? Ich habe mich lange mit Linguistik beschäftigt und stehe trotzdem vor einem Rätsel."

1 *„Durch das Wort des Herrn wurden die Himmel geschaffen" (Ps 32,6).*

„Linguistik? Ich werde in Strasbourg gerne auf Sie zurückkommen. Da haben Sie etwas Wichtiges angesprochen.“

„Und was hat es nun mit dem Idol auf sich?“, bohrte ich nach.

„Können Sie Griechisch? Können Sie Hebräisch? Oder Arabisch?“

Da ich nichts sagte, fügte er an:

„Sehen Sie, guter Freund, wir vertagen das auf Strasbourg. Alles werden wir dort klären. Aber meine Zeit läuft jetzt ab, und Sie haben noch eine beschwerliche Rückfahrt vor sich.“

Wir erhoben uns, er klopfte mir wohlwollend auf die Schulter, lächelnd führte er mich wieder zu der mir schon bekannten Seitentüre, wo wir uns verabschiedeten: „Danke für Ihren Besuch. Wir hatten ein interessantes Gespräch. Gott befohlen!“

„Ich habe Ihnen zu danken, Pater“, mit einem festen Händedruck trennten wir uns. Dann schloss sich die Türe. Ich war draußen, meine Mission war erfüllt, aber das Geheimnis über das **Templer-Idol** hatte er noch immer nicht gelüftet.

ARTE G.E.I.E.
4, quai du Chanoine Winterer, 67000 Strasbourg
Mittwoch, 7. Juli, 11.15 Uhr

Um 11.15 Uhr klingelten und vibrierten alle Handys innerhalb unseres Komitees: in London, in Saint-Etienne und in Wien. Janice hatte eine SMS aus Strasbourg gesandt:

✜ „Liebe Kollegen: Vertraulich: 7 Richter wurden ausgelost.
Am Freitag 11.00 Uhr offizielle Annahme unserer Gegen-Klage
und Bekanntgabe der Personalia. Ich werde da sein.
Gruß aus Strasbourg, Janice.“

Endlich! Die Würfel waren gefallen! Sofort benachrichtigte ich Merve von der LeParisien-Redaktion:

▶ „Chere Merve: Freitag, 11.00 Uhr, Strasbourg: Gericht verkündet
Annahme des Verfahrens offiziell und nominiert 7 Richter.
Cordialement, Fabien.“

Eigentlich hätte ich vorher Pater Anselm informieren müssen! Seine Mobil-Nummer hatte ich doch bei mir abgespeichert. Also tippte ich auf A wie Anselm und sandte folgende Botschaft an Cîteaux:

✣ „Pater venerabilis: Interne Meldung aus Strasbourg: Gericht wird am Freitag offiziell die Annahme des Verfahrens verkünden. Salutem dicans, Fabien Jaspers."

Vermutlich saß der Pater in seiner überladenen Bibliothek und war unerreichbar in die Lektüre alter Urkunden vertieft. Doch Irrtum: Prompt kam eine Antwort mit klösterlicher Signatur und in bestem Latein:

✣ „Pater Anselmus Fabienti dilecto Salutem. Epistola grate accepta est. Bene valete."

Stolz las ich mehrmals die lateinische Botschaft, die direkt aus Cîteaux gekommen war: „Pater Anselm [entbietet] dem lieben Fabien [seinen] Gruß. Der Brief ist mit Dank erhalten worden. Lebet wohl."

Für SMS hatte er das lateinische Wort für BRIEF eingesetzt: EPISTOLA. Von der Linguistik her wusste ich, dass die um die Kodifizierung des Neu-Lateins bemühte Libraria Editoria Vaticana noch kein Lexem für SMS oder E-Mail gefunden hatte. Vielleicht hätte ich mit einer Umschreibung dienen können: Oratoria digitalis? Aber hätte Pater Anselm das verstanden?

La Cour Européenne des Droits de l'Homme
La Salle de l'Audience, Allée des Droits de l'Homme, 67000 Strasbourg
Freitag, 9. Juli, 11.42 Uhr

Templer in Strasbourg!
Heute war der mit Spannung erwartete Freitag, der 9. Juli, und dieser Tag stand in einem guten Zeichen, denn es war der 190. Tag im Jahr:

Ich begann zu rechnen:
Die Quersumme von **190** lautet **1+9+0**, das ist gleich **10**. Damit stand der Tag unter dem Schutz der Zehn Gebote. Das war schon mal beruhigend! Außerdem war in **190** zehnmal die **19** enthalten.

Die **19** aber war nach den Kommentaren des alten Klosterbruders Hrabanus Maurus – *und nach den Regeln der Gematrie* – das griechisch-antike Zahlzeichen für **Jesus–Gott**, denn:

10+9 = Zehn+Neun = Iota+Theta = Ιησους + Θεος = Jesus–Gott

Dieses Zahlen-Geheimnis konnte man bei Hrabanus Maurus, dem Vertrauten von Karl dem Großen, nachlesen:

> **„Decem et Novem enim apud Graecos ex iota et theta litteris exprimuntur: quibus figuris nomen Jesu scribitur: Ιησους Θεος "[2]**

Oh ja, dies würde wirklich ein guter Tag werden, und dem Pater Anselm würde ich die hrabanische Symbolik des 190. Tages noch zumailen! Dieser Tag stand unter einem guten Stern!

Leichte Bewölkung war aufgezogen, doch die Sonne hatte Position bezogen und ließ ein gedämpftes, warmes Wochenende erwarten. Ich glaube, wir alle schauten heute sehr gespannt auf das Display unserer Handys, Punkt elf Uhr wollte das Gericht seine personelle Entscheidung bekannt geben, und Janice war für uns dort und saß in der Salle de l'Audience in der ersten Reihe und würde die Verfügung entgegennehmen. Die Minuten vergingen ... Ich konnte mich auf nichts mehr konzentrieren ... Ich gab bald alle Bemühungen jeglicher Ablenkung auf ... Dann endlich sprang mein Handy vor mir auf und ab. Eilig las ich die Zeilen einer SMS:

✥ „Les jeux sont faites, mes amis: die Würfel sind gefallen! Ich habe die Gerichtsladung in der Hand. Je suis très heureuse. Bin noch im Palais des Droits de l'Homme und werde euch nachher vom ARTE-Haus die Ladung zum Hearing mehrsprachig zustellen. Beginn: 2. August. Presse umringt mich. Bis später, Janice."

„Je suis très heureuse" – dieser Satz war Musik in meinen Ohren: „Ich bin sehr glücklich." Also stand die Sache günstig für die Templer! Erleichtert atmete ich tief ein und freute mich schon auf den Empfang der gerichtlichen Ladung, die uns Janice schnellstens zukommen lassen würde ...

[2] *De universo IV, I = PL III, 80D.*

Université Jean Monet, Service de la Documentation
1, rue de la Tréfilerie, 42100 Saint-Étienne
Samstag, 10. Juli, 9.55 Uhr

Samstag-Morgen: Keine Sonne, keine Post, nur leichter Nieselregen ...
Dann ertönte das digitale Posthorn in meinem Laptop und zeigte an, dass sich eine längere E-Mail Eingang verschafft hatte. Sofort druckte ich die Datei aus, und schon hatte ich die Verfügung des Gerichts in Händen:

EUROPÄISCHER GERICHTSHOF FÜR MENSCHENRECHTE

ÖFFENTLICHES HEARING
EuRiCo vs. **Frankreich**

Der Europäische Gerichtshof für Menschenrechte wird von Montag, 2. August, bis Freitag, 6. August, täglich ab 10.00 Uhr, eine öffentliche Anhörung im Palais des Droits, Strasbourg, durchführen, um sich im Fall des **European Rights Committee · EuRiCo** gegen **Frankreich** sein Kammer-Urteil zu bilden (Antrag Nr. 28747/10).
Der Antragsteller, das **European Rights Committee · EuRiCo**, ist eine europäische Vereinigung von Mitgliedern europäischer Presse-Clubs, die sich einsetzen für die Anerkennung der Menschenrechte zugunsten der Mitglieder des **Tempelritter-Ordens**, die 1307-1314 im Auftrag der französischen Regierung ermordet worden sind.
Zusammenstellung der Fakten:
Der Fall betrifft die Klagen des obigen Komitees, wonach die Tempelritter durch die Verwaltung Frankreichs während der Jahre 1307-1314 gefoltert und ermordet worden sind.
Die verletzten und vernichteten Ritter waren Bewohner solcher Länder, die später Mitgliedsstaaten wurden, welche die Europäische Konvention für Menschenrechte aufgestellt haben.
Die willkürlich arrestierten Opfer wurden gefoltert, um ihre Teilnahme an geheimen Gebräuchen dämonischen Ursprungs zu gestehen.
Am 9. April des lfd. Jahres hat der Antragsteller eine Beschwerde an den Präsidenten von Frankreich gerichtet, welche von den französischen Behörden zurückgewiesen worden ist, nämlich am 11. Mai des lfd. Jahres durch das Außen- und Europa-Ministerium und am 19. Mai durch das Oberste Berufungsgericht.

Beschwerden:
Der Antragsteller führt Beschwerde, dass die Bürger des heutigen Europa die Templer-Kirchen und die templerischen Straßennamen sowie eine weit verbreitete templerische Literaturszene benutzen, ohne jedwede offizielle Rehabilitation zugunsten der Templer, welche der skrupellosen Polizei und den französischen Verhören in jener Periode zum Opfer fielen.
Das Komitee beruft sich auf **Art. 3**: Verbot der Folter und **Art.6:** Recht auf faire Verhandlung der Europäischen Konvention der Menschenrechte.
Zusammensetzung des Gerichts *(jurisdictio voluntaria)*:
Der Fall kommt zur Anhörung durch eine Kammer in folgender Zusammensetzung:
RAPHAELE BERTONI in Vertretung von **Dante Alighieri** (Italien), Richter, Präsident h.c.
LOUIS DUMONT in Vertretung von **Thomas Aquino** (Frankreich), Richter
VASSILIOS THANOPOULOS in Vertretung von **Albertus Magnus** (Griechenand), Richter
JOHN FROGATT in Vertretung von **Dschalal ad-Din ar-Rumi** (Vereinigtes Königr.), Richter
PEER VAN MEEREN in Vertretung von **Nachmanides** (Niederlande), Richter
LEO FITHIEN in Vertretung von **Marco Polo** (Deutschland), Richter
EDUARDO MANUEL LUCE in Vertretung von **Erwin von Steinebach** (Portugal), Richter, und OLAF ERIKSON, Notar
Vertreter der Parteien der Französische Regierung:
JEAN-FRANÇOIS HARDI, Staatssekretär der Abteilung für Menschenrechte, Außenministerium, Bevollmächtigter,
CHARLES COURAGEUR, Ministerialdirigent der Abteilung für Historische Fragen, Außenministerium, Gutachter
MICHÈLE OBSTIN, Beraterin
Antragsteller:
JANICE SIMON · **EuRiCo**, Sprecherin
MARK BRIDE · **EuRiCo**, Gutachter
KURT KINZL · **EuRiCo**, Gutachter
PATER ANSELM OCist, in Vertretung von **Pierre de Boulogne**, Sachverständiger
FABIAN JASPERS · **EuRiCo**, Assistent
Nach der Anhörung wird der Gerichtshof in die Beratungen eintreten, welche nicht öffentlich sind. Das Urteil wird zu einem späteren Zeitpunkt bekannt gegeben werden.

Pressekontakte: Europäischer Gerichtshof für Menschenrechte
Europarat, 67075 Strasbourg Cedex, Frankreich

Zwei Dinge fielen mir auf:

- Die dem Gericht bekannten »Maledikte« wurden hier nicht aufgezählt
- Es waren gegnerische Personen benannt, die wir gar nicht kannten

Jetzt wurde mir erkennbar: Es würde ein echtes Duell stattfinden!

Sofort formulierte ich die erfreuliche Nachricht für unseren geistlichen Gutachter im klösterlichen Gemäuer von CÎTEAUX: „Ehrwürdiger Pater, sei gegrüßt! Mir ist es eine Freude, die Vorladung des Gerichts an die Eingangsstelle des Klosters CÎTEAUX zu senden. Mit Gruß, der glückliche Fabian" und versandte die Botschaft in Klosterlatein:

► „Pater venerabilis, salve! Mihi gaudio est vocationem judicum ad portam cisterciensis monasterii mittere. Salutem dicans, Fabiens Felix."

Ich war wie verwandelt! Ich sprang auf, lief durch die Straßen und musterte die Leute. Niemand ahnte, dass sich seit heute die Welt zu verändern begonnen hatte ...

Université Jean Monet, Service de la Documentation
1, rue de la Tréfilerie, 42100 Saint-Étienne
Montag, 12. Juli, 13.00 Uhr

Zwei Tage später. Es war Mittag, ich öffnete meinen Laptop, und sofort entdeckte ich eine Nachricht an unser Team:

✥ „Hallo Kollegen, die internationale Presse berichtet heute über unseren Erfolg in Strasbourg. Besucht im Internet den Telegraph und Le Monde. Viel Spaß, Mark."

Gespannt suchte ich in meinen Laptop und erblickte die Online-Meldungen:
TELEGRAPH: **Human Rights and Knights Templar Committee attacks France**
und ganz ähnlich:
LE MONDE: **Un Comité dit NON au Silence sur Templiers**

Wer hatte hier seine Hand im Spiel? Das war grandios, die Öffentlichkeit spielte mit! Sofort ging ich hinüber zur Universitätsbibliothek. Einziges Ziel: Studium von Büchern über den damaligen Prozess gegen die Templer. Ich musste mich für STRASBOURG fit machen.

42000 Saint-Etienne
Mittwoch, 14. Juli, 12.00 Uhr

Heute war Nationalfeiertag – sonnig, warm, trocken. Am 14. Juli 1789 hatten die Bürger von Paris die Bastille erstürmt, die als königliches Gefängnis ein Symbol der monarchischen Macht dargestellt hatte. Bei der Erstürmung der Festung sollen die Bürger **Rache für Jacob de Molay** und auch **Gerechtigkeit für die Templer** gerufen haben, so lauten jedenfalls die Gerüchte in Chroniken aus späterer Zeit.

Mit dem heutigen Tage feierte Frankreich den Übergang zur Republik: *Liberté – Égalité – Fraternité* las ich auf den blau-weiß-roten Fähnchen an allen Ecken der Stadt.

Artig rief ich Janice an, um sie zu diesem Tage zu beglückwünschen. Nicht anders zu erwarten, war sie im ARTE-Haus, um einen Empfang vorzubereiten. Am Telefon klang ihre Stimme viel bestimmender: „Ich habe für Euch drei Zimmer im Best Western Hotel bestellt. Wo wohnt der Pater?"

„Pater Anselm sucht sich ein eigenes Logis, er meldet sich noch."

„Okay. Ich hoffe, wir treffen uns vorher alle zur strategischen Konferenz im Hotel ... sagen wir am 30.Juli, 17.00 Uhr. *Salut, mon cher Fabien.*"

Aha, eine strategische Konferenz würde es noch geben! Vierzehn Tage blieben mir noch zur Vorbereitung. Wie hatten die Pariser Bürger heute vor über 200 Jahren vor der Bastille gerufen? Ich tippte die Antwort mit großen Lettern in meinen Laptop ein: **Gerechtigkeit für die Templer!**

42100 Saint-Étienne
Samstag, 24. Juli, 10.07 Uhr

Inzwischen waren zehn studienreiche Tage vergangen. Die gnadenlose Willkür der Justiz des Königs Philipp in den Jahren 1307-12 war mir schmerzlich in den Kopf gestiegen.

Wie sehr freute ich mich da über eine SMS von Pater Anselm, der seine Adresse in Strasbourg bekannt gab:

▶ „Foyer de l'Étudiant Catholique, 17 place Saint-Étienne, 67000 Strasbourg, nahe Kathedrale."

Erfreut bestätigte ich nun allen unseren Termin:

✣ „Hallo an alle: Gemeinsames strategisches Treffen in Strasbourg: Best Western Hotel, Freitag, 30. Juli, 17.00 Uhr. Salut, Fabien."

Jetzt blieben uns noch sechs Tage.

Strasbourg
© 2004 FloSch
(GNU-Lizenz)

Best Western Hotel de France
20, rue de Jeu des Enfants, 67000 Strasbourg
Freitag, 30. Juli, 17.00 Uhr

„Bonjour", „Nice to see you", „Bien venu", „Küss die Hand" – die Worte der Begrüßung nahmen kein Ende, als sich nacheinander Janice, Mark, Kurt und ich in der Lounge unseres Hotels eingefunden hatten. Man plauderte zwanglos über die Ausstattung der Zimmer, über den Unterschied zwischen dem *petit déjeuner* und einem *continental breakfast*, schließlich über die Schlagzeilen auf den Titelseiten der ausliegenden Zeitungen.

Und plötzlich war ER mitten unter uns: In seiner weißen Tunika mit dem schwarzen Skapulier erschien Pater Anselm vom Orden der Zisterzienser und blickte etwas schüchtern und doch voller Erwartung in unsere Gesichter. Sofort stand ich auf und begrüßte ihn mit einem festen Händedruck, und schon waren wir umringt, und jeder mochte ihn sofort, und alle spürten: Mit ihm gehen wir durch dick und dünn.

„Verehrter Pater, unser junger Freund hat viel von Ihnen erzählt", begann Janice, „wir freuen uns auf Ihre große Unterstützung in der nächsten Woche vor Gericht."

„Freuen Sie sich nicht zu früh", er blickte reihum in unsere Gesichter, „wir Zisterzienser sind von Haus aus Architekten, Feldarbeiter, Kopisten und Choristen – aber mit den Dingen irdischer Gerichtsbarkeit haben wir nichts zu tun. Wir vertrauen auf einen höheren Richter, den Iudix districtus und sein praemium aeternam pacis, seinen ewigen Friedens-Lohn[3]."

[3] *Im Exordium Parvum der Zisterzienser erscheint diese Formel im Kloster-Latein: „[...] apud districtum iudicem premia eterne pacis inueniant"; übersetzt etwa: "bei dem strengen Richter erwarten wir den Lohn ewigen Friedens" (In: „Einmütig in der Liebe". Früheste Quellentexte v. Cîteaux. Bd.1. Langwaden: Bernardus Verlag 1998, S.32).*

„Der da oben hat den Templern aber wenig geholfen", bemerkte Mark ein wenig gereizt.

„Die Schöpfung ist so beschaffen, dass wir Geschöpfe uns selber helfen müssen und sollen", antwortete Anselm mit stoischer Ruhe.

„Genau", warf ich ein, „macht euch die Erde untertan, heißt es in der Genesis."

„Dann sollten wir damit anfangen", kam es aus Janices Mund, und schon führte sie uns in einen kleinen Konferenzraum, den sie offensichtlich angemeldet hatte: ein Tagungstisch mit sechs Sesseln, Notizblöcke, Erfrischungsgetränke, in der Ecke eine Flip-Chart. An den Wänden hing ein Marilyn Monroe Portrait von Andy Warhol und gegenüber ein riesiges Foto von der GARE DE STRASBOURG: „UFO", dachte ich.

Während wir uns mit Getränken versorgten und Platz nahmen, meinte Anselm: „Am besten kann ich denken, wenn ich heißen Tee vor mir sehe", was Janice veranlasste, in das Wandmikrofon zu sprechen: „*Garçon*, eine große Kanne mit heißem Tee, *s'il vous plait.*"

Janice war wieder einmal gut vorbereitet: Sie teilte an jeden von uns einzelne Tagungsvorlagen aus: ein Blatt mit den angeblichen **Maledikten** der Templer, eine Liste mit den vom Gericht benannten Mitgliedern der französischen Regierung und einen Bogen mit unseren Adressen in Strasbourg. Und schon eröffnete sie die Konferenz: „Lieber Pater, beginnen wir mit den »Maledikten«, wie gedenken Sie da vorzugehen?"

Anselm rührte in seinem Tee und gab einen auffallend sachlichen Bericht: „Ich werde darlegen, welche Bedeutung Orient und Okzident für die Templer hatten, welche Früchte und Erträge die Templer im Laufe von 200 Jahren aufgegriffen haben und auf welche Weise sie hofften, dem göttlichen Prinzip näher zu kommen: Sie wollten **Gottes geheime Elite** sein."

„Wie wollen Sie davon das Gericht überzeugen?", fragte Kurt erstaunt.

„Einige Glaubensbrüder aus dem hiesigen Foyer werden mir meine beiden Bücher-Kisten zu Gericht schaffen: Darin befinden sich alle Beweise und Belege."

Wir Journalisten waren wohl nicht alle überzeugt, aber seine Darlegung war so kompetent vorgetragen, wie wenn er die Züge in einem erfolgreichen Schachspiel noch einmal erklärt hätte.

„Das Material bzw. die Kisten müssten für die Dauer des Hearings beim

Gericht unter Verschluss bleiben. Ich kann nicht täglich damit hin und her reisen."

„Das werden wir beantragen", versicherte Janice. Dann verwies sie auf das zweite Blatt und gab einen Überblick über die bisherigen Funktionen der gegnerischen Beteiligten in der französischen Regierung:

„Über diese Personen habe ich mich inzwischen informiert: Zum Teil Karriere-Beamten mit Diplom. Sie werden versuchen, das moderne Frankreich aus jeglicher Beziehung zu den Templern herauszuhalten. Nächste Woche wissen wir mehr."

„Oder sie schieben die Schuld dem damaligen Papst in die Schuhe", witzelte Mark.

„Das wäre mir auch egal", meldete sich Kurt zu Wort, „Hauptsache, die Templer werden freigesprochen."

„Der damalige Papst spielte keine aktive Rolle", beschwichtigte Pater Anselm: „Der französische König und sein Regiment waren die Ausgeburten der Hölle."

Kurt hatte wieder begonnen, sich Notizen zu machen. Er hatte seinen alten Plan, eine Reportage über das ganze Verfahren zu schreiben, offensichtlich noch nicht aufgegeben.

Mark erschien mir etwas reserviert. Offensichtlich war er noch nicht ganz von dem Zisterzienser-Mönch überzeugt und hielt sich zurück.

Was mich betrifft – ich konnte mir den Prozess-Ablauf noch gar nicht vorstellen: „Welche Rolle spielen wir drei Journalisten nun konkret?"

Janice ergriff das Wort: „Gute Frage, Fabien. Also, in der Regel sieht das so aus, dass wir unsere Position als Klage vortragen und dass die Regierungsseite ggf. dagegen spricht. Dann werden die Richter ihre Fragen stellen. Hier nun kommen Sie, lieber Pater, ins Spiel und liefern ihre Sachbeiträge, mit denen wir hoffentlich das negative Bild der Templer tilgen können. Während dieser Phase kann jeder, also auch wir nun, Fragen stellen oder Ergänzungen anbringen. Fabien sollte alles protokollieren. Ich stelle nur anheim, dass wir uns bei längeren Ausführungen kurz beraten und abstimmen."

„Für Beratungen wird es aber keine Zeit geben", warf Mark skeptisch ein.

„Sehe ich auch so", pflichtete Kurt bei, „das können nur kurze Zurufe oder Rückfragen oder beredtes Mienenspiel sein. Ein bisschen Theater muss sein".

 „Na, gut, aber auch Philipp le Bel und sein Kanzler Nogaret haben

Theater gespielt und dabei den Templer-Orden vernichtet“, wagte ich anzuführen.

Pater Anselm nickte zustimmend, nahm aber nicht Stellung

„Das dritte Papier, liebe Freunde, dient unserer direkten Kommunikation nächste Woche“, betonte Janice, „bitte, installiert alle Telefon-Nummern in euren Handys, jeder muss jeden zu jeder Zeit ansprechen können. Das Gericht ist nur mit Taxi erreichbar. Da ab 10.00 Uhr verhandelt wird, ist es ratsam, dass wir ab etwa 9.15 Uhr unsere Plätze einnehmen, Material ausbreiten, uns noch einmal frisch machen. Das Café können wir benutzen, aber im Gerichtssaal ist jeglicher Verzehr verboten – leider auch der Genuss von Tee.“

Dabei warf sie zwinkernd einen Blick des Bedauerns zu Pater Anselm, der schlagfertig reagierte:

„Ich habe es geahnt: Sobald man sich auf die Welt einlässt, bleibt der Ärger nicht aus ...“

„Man kann vielleicht ein paar Teeblätter lutschen“, versuchte Kurt ins Spiel zu bringen.

„Lieber jetzt etwas Richtiges essen“, schlug Mark vor.

„Ich kenne hier gleich um die Ecke ein kleines nettes Lokal“, schlug Janice vor, „Fleisch, Fisch, Vegetarisch – für jeden das Passende zu christlichen Preisen.“

Zu den christlichen Preisen hätte ich eine bissige Bemerkung auf der Zunge gehabt, aber ich verkniff mir das, denn wir hatten schon genug Probleme ...

AUFTAKT DER KAMPFHÄHNE

Man muss kämpfen,
dann schenkt Gott den Sieg.

Jeanne d'Arc

La Cour Européenne des Droits de l'Homme
La Salle de l'Audience, Allée des Droits de l'Homme, 67000 Strasbourg
Montag, 2. August, 9.15 Uhr

Schon von fern wurde man der beiden zylindrischen Raumgebilde gewahr, die sich schwebend wie eine überirdische Instanz aus dieser Welt erhoben. Dazwischen eine gläserne Rotunde, die als Eingangsgebäude diente. Kurt, Mark und ich fuhren mit dem Taxi vor das Portal, wo ich die Ankunft zahlreicher Besuchergruppen bemerkte. Bei einigen entdeckte ich kleine **Templer-Kreuze** auf der Krawattennadel oder oben am Revers ihrer Jacken. Wir folgten den aufgestellten Wegweisern und gelangten zu einem Saal mit der Aufschrift La Salle de l'Audience. Am Eingang befand sich eine Beschilderung:

European Rights Committee vs. France
Hearing

Innerhalb des Saals waren die den Parteien zugewiesenen Plätze mit portablen Schildern genau markiert. Alles wirkte sehr ernsthaft, fast feierlich. Mark trug eine gepunktete Fliege zum Anzug, Kurt und ich hatten sich für breite Krawatten entschieden.

Auf unseren Positionen waren Janice und Pater Anselm bereits zugange. Janice in dunkelblauem Kostüm sortierte Akten, und Anselm in seiner weiß-schwarzen Ordenstracht breitete Bücher auf den Tischen aus, einige Personen, die an seinen zwei Holzkisten hantierten, befolgten seine Anweisungen, und wenn ich mich nicht täuschte, so waren ihre Gesichter mit kleinen Schweißperlen benetzt.

Europäischer Gerichtshof in Strasbourg © 2011 Achim Kilgus

Leise begrüßten wir unsere Equipe und halfen dann Anselm entsprechend seinen Wünschen bei der Ausbreitung der zahlreichen Schriften und unterschiedlichen Abbildungen. Anselm hatte offensichtlich ein System im Kopf, mit dem er auf Anhieb unter etwa 300 Dokumenten sofort das Richtige hervorziehen konnte. Imponierend war das schon.

Inzwischen war auch die Kommission der französischen Regierung an ihren Plätzen erschienen und beäugte aufmerksam unser Tun. Vor allem der Pater im Habit der Zisterzienser hatte es ihnen angetan, doch Anselm ließ sich von niemandem abbringen. Sein Lächeln, das ich von Cîteaux her kannte, war dem stringenten Management eines Croupiers gewichen, der alle Jetons auf dem Spieltisch überschaute oder zurechtrückte.

Bald waren unsere Vorbereitungen abgeschlossen. Wir wunderten uns über die vielen zivilen Zuschauer, die schweigend in die Bankreihen für Besucher eingezogen und offensichtlich an der Templer-Thematik interessiert waren.

Es war beeindruckend: Jeder Platz der Prozessbeteiligten hatte ein Tischmikrofon, und entgegen der Annahme von Janice stand auf jedem Platz auch eine Flasche Wasser mit dazugehörigem Glas.

Und dann geschah etwas Unerwartetes: Die Mitglieder der französischen Kommission kamen langsam herüber und begrüßten uns, freundlich lächelnd, ohne eine diplomatisch gebotene Distanz aufzugeben. Einer der Herren fragte Anselm ungläubig, ob er denn so viele Bücher brauchen werde.

Ich schaute auf meine Uhr: Es ging auf 10.00 Uhr zu. Schon schlossen sich die Saaltüren, noch ein kurzer Moment, dann wurde lautstark das Gericht angekündigt, alles erhob sich von seinen Plätzen, wobei aus einer bislang verborgenen Flügeltür die Richter herein traten: sieben Richter in schwarzen Roben mit weißen Jabots vor der Brust und ein Notar im gedeckten Anzug nahmen frontal an den der Kammer vorbehaltenen Stellen Platz, wo ich Schilder mit Namen wahrnehmen konnte, und zwar von links nach rechts:

Dschalal al Din-Rumi	**Nach-manides**	**Thomas Aquino**	**Dante Alighieri**	**Albertus Magnus**	**Marco Polo**	**Steine-bach**	**Erikson**
Judge	Judge	Judge	Pres.h.c.	Judge	Judge	Judge	Reg.

Nach einem Moment des Schweigens nahmen die Richter und dann alle Anwesenden Platz. Als der hinter dem Namen Dante sitzende Richter das Publikum im Saal gemustert hatte, ergriff er einen hölzernen Hammer, setzte einen kräftigen Schlag auf einen kaum sichtbaren Klopfblock und sagte auf Englisch in sein Mikrofon:

„Der Fall No. 28747/10 betreffend die Beschwerde des European Rights Committee gegen die Republik Frankreich ist eröffnet."

Dann griff er in seine Akten und gab eine Erklärung ab: „Bevor die Kammer in das Hearing einsteigt, bedürfen einige Aspekte einer Klärung:

ad 1 Dieses Verfahren ist nicht obligatorisch, sondern folgt – zumindest im Ansatz – den Prinzipien der freiwilligen Gerichtsbarkeit *jurisdictio voluntaria*, d.h. es zielt auf ein moralisches Resultat. Opfer wie Täter leben nicht mehr, sind also der Reichweite dieses Gerichts entzogen.

ad 2 Die Kammer ist vorschriftsmäßig mit sieben Richtern besetzt, die aus einer größeren Gruppe von Freiwilligen ausgelost worden sind. Der Kammerpräsident ist seinerseits innerhalb dieser Gruppe durch das Los bestimmt worden.

ad 3 Die Richter dieser Kammer fungieren nicht *ex officio*, sondern arbeiten *privatissime et gratis*, d.h. sie bringen sich in ihrer Freizeit ein, weil sie sich für die *Jurisprudenz* des Mittelalters interessieren, wobei sie ihren juristischen Sachverstand von Heute einbringen werden.

ad 4 Die Konzeption des Hearings als Verfahren *sui generis* erlaubt den Richtern innerhalb des mittelalterlichen Untersuchungsthemas die moralische Identifikation mit juristisch unbelasteten Persönlichkeiten der historischen Zeit. In diesem Sinne haben die Mitglieder der Kammer für die Dauer des Verfahrens die Namen historischer Persönlichkeiten angenommen, wie Sie auch aus der Namensbeschilderung auf der Richterbank entnehmen können.

ad 5 Es sind über 120 Anklagepunkte seitens der Staatsanwaltschaft des damaligen Königs Philipp IV. gegen die Templer aufgestellt worden. In einer informellen Beratung hat sich das Gericht ausbedungen, dass an diesen fünf Tagen ausschließlich die – vom Komitee **EuRiCo** als fundamental erachteten – **fünf Maledikte** quasi als *pars pro toto* zur Argumentation herangezogen werden. Eine Ausweitung dieser Untersuchungsebene wird das Gericht nicht zulassen können."

Hier machte der Vorsitzende eine kurze Pause, nahm einen Schluck aus seinem Glas und ging dann zu den Personalia über:

„Wenn bis zu dieser Stelle die Parteien keine Fragen haben, möchte ich nun die Formalia der Aussagegenehmigungen klären.

An die Regierungsseite: Geladen wurden JEAN-FRANÇOIS HARDI, Secretary, CHARLES COURAGEUR, Research Officer, und als Adviser MADAME MICHÈLE OBSTIN. Sind Sie im Besitz valider Aussagegenehmigungen?"

„Ja, Herr Präsident", erklärte der Ministerialdirigent HARDI, „die Legitimation der Republik Frankreich liegt vor", und die Beraterin MICHÈLE OBSTIN brachte einige Bögen nach vorne zum Präsidenten, der sie an seinen Kollegen THOMAS AQUINO weiterreichte.

Dann wandte sich der Präsident an unsere Seite: „Das Komitee bzw. die geladenen Mitglieder Madame JANICE SIMON und die Herren MARK BRIDE und KURT KINZL stehen nicht im Dienste eines Staates, wenn ich das richtig sehe. Aber in ihrer Mitte befindet sich ein Ordensmann der ZISTERZIENSER. Nach unseren Kenntnissen verbieten die Ordensregeln ihren Mitgliedern die Teilnahme an Gerichtsverhandlungen. Ich zitiere:

Non debent abbates vel monachi aut conversi nostri ordinis interesse placitis, nisi suis aut aliorum de ordine nostro – übersetzt: „Äbte, Mönche oder Konversen unseres Ordens dürfen nicht an Gerichtsverhandlungen teilnehmen, außer es geht um sie selbst oder andere aus unserem Orden."[1]

Wie steht es um Ihre Teilnahmeberechtigung?"

Pater Anselm erhob sich mit dem Mikrofon in der Hand und erklärte: „Herr Präsident, ich bin hier nicht als Zeuge, sondern als Sachverständiger aufgrund langjähriger Forschung über die Templer, was mir *en passant* auch den Namen des Templer-Verteidigers PIERRE DE BOULOGNE eingebracht hat. Für diese Aufgabe – das gebe ich hiermit zu Protokoll – bin ich hier in Kenntnis und mit voller Zustimmung des Abtes von CÎTEAUX."

„Danke, ich danke den Parteien für die rasche Erledigung dieser Voraussetzungen", der Präsident musterte kurz seine Kollegen, deren Blicke sich aber weiterhin mit unbeweglicher Miene in der Tiefe des Saales zu verlieren schienen. Dann fuhr er fort:

„Die Verfahrensordnung sieht vor, dass die Parteien zunächst eine Grundsatzerklärung abgeben können. Die Antragsteller haben das Wort."

[1] *Beschlüsse des Generalkapitels in Cîteaux. In: Einmütig in der Liebe, a.a.O., S.160 f.*

Janice beugte sich etwas vor, um ihrem Mikrofon sehr nah zu sein. Dann sagte sie ganz ruhig:

> **EuRiCo:** „Herr Präsident, Hohes Gericht, das European Rights Committee hat bereits am 28. Juni des laufenden Jahres dieser Form des Verfahrens zugestimmt. Seine Intentionen richten sich weder gegen heute lebende Personen noch gegen die Republik Frankreich als Rechtsstaat. Es verlangt aber von Frankreich aufgrund seiner Unterschrift unter der Europäischen Konvention der Menschenrechte eine verbindliche Wiedergutmachung am begangenen Unrecht der Tempel-Ritter, die im Namen einer französischen Regierung gefoltert wurden und gewaltsam zu Tode gekommen sind. Wir sind damit einverstanden, dass die Rehabilitation moralischer Natur sein kann. Im Übrigen verweisen wir auf die vorausgegangenen Schriftsätze."

Janice war offensichtlich fertig und befeuchtete ihren Mund mit ein, zwei Schluck Wasser und stellte das Glas mit zierlicher Hand wieder ab. Ihr Auftritt war einfach perfekt.

„Danke, Madame", sagte der Präsident und blickte zur anderen Seite: „Die Vertreter des Staates Frankreich, bitte."

MONSIEUR HARDI lächelte etwas wehleidig und erinnerte mich an die Karikatur eines Kaufhausdirektors, der verlegen wahrnehmen muss, dass die in seinem Katalog angepriesenen Waren gar nicht am Lager waren:

> **RF:** „Herr Präsident, namens meiner Regierung beantrage ich, die Beschwerde in allen Punkten abzuweisen, weil sich Frankreich nicht für die staatlichen Entscheidungen des 13. oder 14. Jahrhunderts verantwortlich fühlen kann, auch wenn sich die beklagten Vorgänge auf französischem Boden ereignet haben. Wir haben vollen Respekt vor der ethischen Haltung des Komitees, verweisen aber auf alle bisherigen Ausführungen seitens des Außenministeriums wie auch des Obersten Gerichts der Republik Frankreich."

„Danke, Monsieur", bemerkte der Richter lakonisch, „wir treten damit in die Beweiswürdigung ein. – Frau Beschwerdeführerin, Ihre Gegen-Klage zum **1. Malediktum**, bitte sehr!"

Janice ergriff ein anderes Blatt und trug vor:

> **„Eine der fünf Hauptanklagepunkte lautete:** Die Neulinge des Ordens hatten in einigen Komtureien bei gleichzeitiger Bezeichnung JESU als falschen Propheten anschließend auf das Kruzifix zu spucken. Die Templer seien deshalb keine CHRISTEN gewesen. Wir halten dem entgegen: Die Templer waren von Grund auf CHRISTEN."

„Dieser Punkt ist deutlich disponiert", konstatierte der Präsident und wandte sich an die Regierungsseite: „Wird Einrede erwünscht?"
MONSIEUR HARDI: „Im Moment kein Kommentar."
DANTE: „Dann hat die Beschwerde-Partei das Wort zur Argumentation."
Stille war eingetreten.

Leise schlug ich meinen Notizblock auf und stellte mich auf interessante Niederschriften ein. Nachfolgend habe ich die Abläufe der dramatischen Tage am Gericht zu Strasbourg für die Nachwelt dokumentiert ...

FALSCHER JESUS? – DIE GOTTESBILD-SUCHE DER TEMPLER

La Cour Européenne des Droits de l'Homme
La Salle de l'Audience, Allée des Droits de l'Homme, 67000 Strasbourg
Montag, 2. August, 10.20 Uhr

EUROPEAN COURT OF HUMAN RIGHTS
COUR EUROPÉENNE DES DROITS DE L'HOMME

Public Chamber Hearing

EURICO VS. FRANCE

2. August, Montags-Hearing

FALSCHER JESUS?
DIE GOTTESBILD-SUCHE DER TEMPLER

Referent : Pater Anselm OCist, Advisor
Protokoll : Fabian Jaspers, EuRiCo, Assistant

DANTE, Vors. Richter:
Das Hearing ist eröffnet. Ich bitte die Antragsteller um ihren Vortrag.

PATER ANSELM, Advisor:
Hoher Gerichtshof, am 15.Juli 1099 zogen die europäischen Kreuzfahrer plündernd und mordend in Jerusalem ein, doch ausreichende Kenntnis von der Hl. Stadt oder dem Hl. Land besaßen sie nicht: Die muslimische Al-Aqsa-Moschee hielten sie für den Palast des biblischen Königs Salomo, den sufischen Felsendom für den Salomonischen Tempel (templum Domini), und ein Prophet namens Mohammed war den meisten unbekannt.

Aber auch der ORIENTALISCHE JESUS war den Kreuzfahrern unbekannt. In eben dieser Unkenntnis wurden die Europäer im Orient mit einer Vielzahl konkurrierender Jesus-Bilder konfrontiert:

- **Jesus ist nur ein Mensch**
  Quelle – NESTORIANER: Eine christliche Strömung (5.Jh.) in Syrien, Persien und Indien bis ins Mittelalter
- **Jesus ist nicht von menschlicher Natur**
  Quelle – MONOPHYSITEN: Eine christliche Gegenströmung (5.Jh.) in Äthiopien, Armenien und Nord-Syrien bis ins Mittelalter
- **Jesus ist ein falscher Prophet**
  Quelle – RABBINER: Gruppe um die polemische Schrift TOLEDOT JESHU (2.Jh.) mit Wirkung bis ins Mittelalter
- **Jesus ist ein natürlicher Sohn von Joseph**
  Quelle – CARPOKRATES & KERINTH: Philosophen, die den Gekreuzigten von Golgatha mit unterschiedlichsten Aussagen überhäuften
- **Jesus ist ein Sohn des römischen Soldaten Panthera**
  Quelle – KELSOS: Kenntnisreicher Forscher der christlichen Antike und Theologe des späten 2.Jh.
- **Jesus ist schlicht ein Betrüger**
  Quelle – MANDÄER: Dualistisch-gnostische Strömung im Orient seit dem 1.Jh.
- **Jesus ist ein falscher Prophet**
  Quelle – PILATUS-AKTEN: Mitte des 4.Jh. verfasste Schrift (Nikodemus-Evangelium) mit großem Einfluss auf das Mittelalter
- **Jesus ist nicht gekreuzigt, sondern der in den drei synoptischen Evangelien genannte[1] SIMON VON CYRENE**
  Quelle – BASILIDES VON ALEXANDRIA: Bedeutender Gnostiker des 2.Jh., der das gesamte Universum mit einer dualistischen Kosmologie erklären wollte

THOMAS AQUINO, Richter:
Aber es gab doch seit dem KONZIL VON NICÄA 325 eine Norm, wonach sich die Christenheit zu richten hatte!

[1] *Mt 27,32; Mk 1458; Lk 23,26.*

PATER ANSELM, Advisor:

Gewiss – da gab es die Annahme der Wesensgleichheit von Gott-Vater und Mensch-Sohn und damit der göttlich-menschlichen Doppelnatur von Jesus. Aber dies war eben eine theologische Norm von Geistlichen. Der blühende Orient aber war eine bunte Arabeske von vitalen Menschen, Stämmen, Völkern, die ihre eigenen Wahrnehmungen hatten und daran festhielten. Man denke z.B. an die arianischen Gemeinden. Auch der ISLAM hatte sein eigenes Jesus-Bild und bekannte im KORAN: „Sie kreuzigten ihn nicht wirklich, sondern einen anderen, der ihm ähnlich war".[2] So dachte jeder etwas anderes.

DANTE, Vors. Richter:

Herr Gutachter, Sie haben da eine beachtenswerte Übersicht geliefert. Aber was hat das mit den Templern zu tun?

PATER ANSELM, Advisor:

Sehr viel, Herr Vorsitzender! Man muss hier unterscheiden: Die Kreuzfahrer und Pilger folgten mehr oder weniger blind der durch PAPST URBAN II. 1095 ausgelösten Volksparole „DEUS LO VULT" (Gott will es).

Die 1118 begründeten Templer hingegen gingen – unberührt von den vielen Jesus-Bildern – direkt auf CHRISTUS zu. Dafür möchte ich vor dem Hohen Gericht mehrere Beweise anführen:

Da ist das Großmeister-Siegel der Templer aus Jerusalem mit der Inschrift:

„S(igillum) TV(m)BE TEMPLI **XPI(sti)**",

was bedeutet: **„Siegel vom Grab des Tempels Christi"**, versehen mit einer Abbildung des damals bekreuzten Felsendoms auf dem Hl. Berg.

Ein anderes Siegel zeigt zwei Reiter auf einem Pferd: vorne einen Tempel-Ritter, dahinter zum Schutz seines Rückens Christus mit einer Lanze. Ferner eine ähnliche Aufschrift:

„SIGILLVM MILITVM **XPISTI**",

das bedeutet: **„Siegel der Ritterschaft Christi"**.[3]

Noch deutlicher wurde Bernhard von Clairvaux, der große Zisterzienser und Mentor der Templer, der in seiner Propagandaschrift „Vom Lob der neuen

[2] *Sure 4, 157.*

[3] *Abdruck in: Pasleau, P.P.: Des Templiers aux Francs-Maçons. La Filiation spirituelle. Paris 1988, hinter S.128.*

Ritterschaft“ ausdrücklich betonte: „Der neue Ritter ... fürchtet nichts, weder das Leben noch den Tod, denn Christus ist sein Leben, Christus ist Lohn für seinen Tod ... freue dich ... wenn du stirbst und dich zum Herrn gesellst.“[4] Und der Textausgang schwelgt geradezu im Templerischen Lob von Jesus Christus: „NON NOBIS, DOMINE, NON NOBIS, SED NOMINI TUO DA GLORIAM“.[5]

All dies veranlasste wenige Jahre später den Papst Innozenz II. zu der Bulle „OMNE DATUM OPTIMUM“, in der er die Templer als „VERI ISRAELITAE“, als die wahren Israeliten bezeichnet.[6] Seitdem verstanden sich die Templer als ELITE GOTTES.

Hohes Gericht, diese auf Christus bezogene Unmittelbarkeit der frühen Templer zeigte sich besonders bei der Einstellung des Ordens zum »Wahren Kreuz«, an dem Christus gehangen haben soll.

Das Wahre Kreuz von Golgatha soll 324 von der Kaiserin Helena in Jerusalem gefunden und dem dortigen Bischof zur Aufbewahrung übergeben worden sein. Indem nun der Templer-Orden in Jerusalem residierte, oblag es dem dortigen Templer-Komtur, diese Reliquie zu verwalten.[7] Gemäß einer frühen Templer-Regel standen ihm dafür zehn Ritter zur Verfügung.[8] Seitdem wurde bei militärischen Aktionen das Wahre Kreuz – wie einst die Bundeslade im Alten Testament – an der Spitze der Verbände getragen, was mindestens 31-mal zum Siege über die Sarazenen verholfen hatte.[9] Ja, die frühen Templer hatten ein ausgesprochen inniges Verhältnis zum Kreuz von Golgatha. Und da JESUS erklärt hatte, bereits vor Abraham existiert zu haben,[10] ja vor der Grundlegung der Welt,[11] wollte sich jeder Tempel-Ritter unmittelbar und direkt und in jeder Minute leiblich und seelisch mit diesem schon vorweltlich lebendigen Christus verbunden fühlen.

4 *Liber ad milites Templi de laude novae militiae (1131 od. 1132).*

5 *„Nicht uns, o Herr, sondern Deinem Namen gib die Ehre“ (Ps 115,1).*

6 *29.03.1139.*

7 *Wilcke, Ferdinand: Die Geschichte d. Ordens d. Tempelherren. Wiesbaden 2005, S.372.*

8 *„Wenn man das wahre Kreuz auf einem Zuge mitführt, sollen die Komture von Jerusalem und die zehn Ritter es Tag und Nacht bewachen und so nahe als möglich beim wahren Kreuze sich lagern, solange der Kriegszug andauert. Jede Nacht sollen zwei Brüder beim wahren Kreuze wache halten.“ (Templer-Regel Nr.122)*

9 *Haas, Thomas: Kreuzzugschroniken ... In: Mittelalter im Labor. Die Mediävistik testet Wege z.e. transkulturell. EU-Wissenschaft. Hrsg.v. M.Borgolte et al. Berlin 2008, S.94.*

10 *Io 8,58: „Wahrlich, ich sage euch: Ehe Abraham war, bin ich.“*

11 *Io 17,5: „Jetzt verherrlichst du mich, Vater, bei dir selbst mit der Herrlichkeit, die ich, ehe die Welt war, bei dir hatte.“*

ALBERTUS MAGNUS, Richter:

Herr Gutachter, Ihr Vortrag zeichnet durchaus ein klares Bild. Aber es heißt doch, die späteren Templer hätten bei ihrer Aufnahme in den Orden auf ein Kreuz oder ein Kruzifix spucken müssen. Wie lässt sich das denn nun mit Ihren Ausführungen vereinbaren?

PATER ANSELM, Advisor:

Gespuckt worden ist tatsächlich ... auf den lebenden Jesus ... unmittelbar vor seiner Kreuzigung ... in der biblischen Geschichte.[12] Doch um die spätere Geschichte der Templer zu verstehen, müssen wir dokumentieren, was das Papsttum zunächst aus den Templern machte: Am 29.03.1139 erließ der Papst INNOZENZ II. die Bulle OMNE DATUM OPTIMUM mit der Vorgabe, dass die Templer ab sofort CLERICI ET SACERDOTES, d.h. eigene Kleriker und Priester haben durften, die quasi dem Großmeister unterstanden (*magistro suo obediendi*), welcher nun seinerseits eine „militärische wie auch religiöse Persönlichkeit" sein sollte.[13] Damit hatte auch das Papsttum die Templer zur ELITE GOTTES erhoben. Einerseits war das sinnvoll, weil die Templer als mobiler Orden ortsunabhängig sein mussten und somit auch in der Fremde (*outremer, d.h. jenseits des Mittelmeers*) seelsorgerisch versorgt werden konnten. Andererseits legte der Papst hier unwissentlich die Grundlage für ein eigenständiges Priestertum, das nicht mehr der Kurie in Rom unterstand, sondern von nun an den eigenen religiösen Bedürfnissen folgen konnte.

ALBERTUS MAGNUS, Richter ... *verwundert*:

Den eigenen religiösen Bedürfnissen? Was heißt das denn?

PATER ANSELM, Advisor:

Hier können wir uns getrost bei der wissenschaftlichen Forschung anlehnen: Die Templer kamen bekanntlich aus dem ungebildeten niederen Adel, und selbst ihre Präzeptoren waren Analphabeten.[14] Genau so lieferte uns der englische Professor MALCOM BARBER, Universität von READING, ein Zitat des beklagenswerten JAKOB VON MOLAY: „Ich bin Ritter, ungebildet und arm"[15] – ein Porträt, das eigentlich für die gesamte Ritterschaft des Tempels galt. In dieser Abnabelung von der römischen Amtskirche entstand in den einzelnen Komtureien eine unterschiedliche Seelsorger-Kompetenz. So unterschied der

[12] *„Und sie spien ihn an" (Mt 27,30); „Und einige begannen ihn anzuspeien" (Mk 14,65).*

[13] *„militaris et religiosa persona".*

[14] *Schottmüller, Konrad: Untergang d. Templer-Ordens. 1.Bd. Berlin 1887, S.747.*

[15] *The Trial of the Templars. Cambridge 2006. S.147f.*

evangelische Theologe Ferdinand Wilcke zwischen Templerischen Kuratpfarrern mit fester Bindung an eine Ortsgemeinde und Templerischen Ordensklerikern in der Truppe, die dem katholischen Kultus entwuchsen.[16]
Und der französische Professor Demurger von der Pariser Sorbonne formulierte es 2004 etwa so: Bei den Templern gab es ganz offiziell das KATHOLISCHE EINTRITTSRITUAL mit Gelöbnis und Mantel im Ordenshaus und anschließend ein APOKRYPHES RITUAL in einer Nische der Kapelle[17], wie es auch in dem 2001 im Vatikan wieder gefundenen Chinon-Dokument bestätigt wurde.[18] Eine sehr frühe Erklärung verdanken wir dem deutschen Aufklärer Friedrich Nicolai, der schon 1782 die Tempelritter als „rohe Soldaten" bezeichnet hatte, die „wenig ... über die wichtigsten Lehren ihrer Religion nachgedacht haben"[19] – also: Templer waren kein Theologen-Seminar in Rom, sondern eine robuste Fremden-Legion in der Wüste.

JEAN FRANÇOIS HARDI, RFA, Ministerialdirigent:
MessieursDames, ich darf hier anmerken, dass die Publikation von Prof. Demurger vom französischen Staat mit einem Druckkostenzuschuss befördert worden ist. Ich betone, meine Regierung ist durchweg an Aufklärung interessiert.

ERWIN STEINEBACH, Richter:
Meine Herren, mir wird hier zuviel über Autoren gesprochen, die über die Templer geschrieben haben. Frage: Was haben die Templer selber dazu gesagt? Um was geht es bei dem SPUCKEN auf das Kruzifix?

MARK BRIDE, EURICO, Rechtsbeistand:
Da gibt es doch Ordensregeln und Statute der Templer. Geben die denn keine Auskunft?

PATER ANSELM, Advisor:
Das ist eine spannende Frage! Es gab die Kapitelsitzungen, aber die waren GEHEIM, und die Weitergabe von Inhalten, Abläufen oder Beschlüssen galt als ein Bruch des Ordens-Gelöbnisses gegenüber Gott, Maria, Petrus und allen Heiligen und wurde mit dem Ordensausschluss bestraft[20], und zwar

[16] *Geschichte, a.a.O., S.467.*

[17] *Demurger, Alain: Der letzte Templer. Leben u. Sterben d. Großmeisters Jaqcues de Molay. München 2004 (2002 Paris). S.51.*

[18] *„quia ite secrete recipiuntur quod non potest aliquid sciri" (Vatikanisches Archiv: ASV, A.A., Arm. D 217).*

[19] *Versuch ü.d. Beschuldigungen, welche dem Tempelherrenorden gemacht worden, und über dessen Geheimnis. Berlin & Stettin 1782. Teil 1, S.86.*

[20] *Statut der Templer Nr.418.*

bis in alle Ewigkeit. Diese Kapitelsitzungen blieben auch den Gast-Rittern, Turkopolen und Bediensteten verborgen, denn sie fanden meist früh vor Sonnenaufgang[21] oder in der Nacht statt.[22]

DANTE, Vors. Richter:

Herr Gutachter, das ist ja alles sehr interessant, aber ich greife noch einmal die Anmerkung unseres Kollegen ALBERTUS MAGNUS auf: Stichwort **Spucken auf das Kreuz** – Ich vermisse noch immer den roten Faden zum *nervus rerum*, wie wir Juristen zu sagen pflegen.[23]

PATER ANSELM, Advisor:

Herr Vorsitzender, ich komme gerade zum Nervenzentrum des europäischen Kreuzfahrertums: Am 3.Juli Anno Domini 1187 erreichte das Heer der europäischen Truppen die HÖHEN VON HATTIN, eine öde Hügelkette in GALILÄA: heiß, staubig, durstig, in sengender Sonne. Der Weg zum nur 4 km entfernten SEE TIBERIAS (Genezaret) war von SALADIN versperrt, dessen Truppen (ca. 45.000 Mann) die Christen (ca. 1.200 Ritter & 15.000 Fußsoldaten) eingekreist hatten. Nicht die militärischen Details interessieren hier[24], sondern der nun eintretende theologische Paradigmenwechsel:

Als die Nacht hereinbrach, errichteten die Kreuzritter auf dem Gipfel ein gigantisches KREUZ und hielten Messe, übertönt von den endlosen „ALLAH-U-AKBAR"-Chören aus der Umgebung[25]. An Schlafen war nicht zu denken: Saladin hatte das Strauchwerk anzünden lassen: Beißende Rauchschwaden nahmen den Atem. Am Morgen begann die Schlacht oder besser das Hinschlachten. Bischof RUFIN VON AKKON führte das WAHRE KREUZ voran. Bald wurde er tödlich getroffen. Bischof BERNHARD VON LYDDA hielt nun die Reliquie hoch. Bald traf es auch ihn. Die fränkischen Fußsoldaten umringten das Kreuz vergeblich, das WAHRE KREUZ kam in die Hände von SALADIN, der das Heer der Christen vernichtete und speziell die gefangenen Templer und Johanniter enthaupten ließ[26]: „Ich will die Erde von den beiden unreinen Geschlechtern säubern", wie eine arabische Quelle sagt.[27] Nur zwanzig Tempelritter und etwa 3000 Fußsoldaten konnten entkommen.

21 *Nicolai, a.a.O., S.76 – 81.*

22 *„de nocte sua contractant in capitulo negotia" (Matthaeus Paris, zit. b. Wilcke a.a.O. S.547.*

23 *„Kern der Sache" (Meyer, Dieter: Juristische Fremdwörter, Neuwied 1993, S.98).*

24 *Nicolle, David: Hattin 1187. Saladin's greatest victory. Oxford 1999.*

25 *Hakim, Heide: Saladin u. seine Burg. Damaskus 1998, S.8.*

26 *Röhricht, Reinhold: Geschichte d. Königreichs Jerusalem (1100-1291). Amsterdam 1966, S.428.*

27 *Kreuzzüge aus arabischer Sicht, hg.v. Francesco Gabrieli. Augsburg 2000, S.185.*

DANTE, Vors. Richter ... *wippt ungeduldig mit der rechten Hand auf seinem Tisch, unterbricht aber nicht.*

PATER ANSELM, Advisor ... *spricht nun schneller:*

Hier liegt der entscheidende Ursprung für eine erstmals tiefgreifende Skepsis gegenüber allen bisherigen Normen und Werten der Kreuzfahrer: Das vermeintlich WAHRE KREUZ hatte erstmals nicht mehr geholfen, die Gerüchte von dem FALSCHEN PROPHETEN aus NAZARETH bekamen wieder Auftrieb, und selbst JERUSALEM – einst Mythos von der HEILIGEN STADT – fiel kurz danach in die Hände SALADINS. Die Quellen sind voller Verzweiflung und desavouieren das bisherige Jesus-Bild. Ich nenne sechs dramatische Aspekte:

■ **Englische Chronik:** Die anonyme (vermutlich von einem Templer stammende) Schrift „DE EXPUGNATIONE TERRAE SANCTAE"[28] beklagte in herzzerreißender Weise das Schicksal des Kreuzes in dieser Schlacht. Ich zitiere nur Bruchstücke: „O CRUX ALMA" – „O SANCTA CRUX" – „O VERA CRUX FILII".[29]

■ **Arabisches Zeugnis:** Ein arabischer Zeuge berichtete von der Lähmung der christlichen Soldaten, die vom Verlust des WAHRE KREUZES ausgelöst worden war: „Wie durch einen Zauber hatten sie ihren Heldenmut verloren".[30]

■ **Römische Kirche:** Die Nachrichten über den Verlust des HEILIGEN LANDES hatten verheerende Wirkung auf die römische Kirche: Der amtierende Papst URBAN III. verstarb am 20. Oktober 1187, der Nachfolger Papst GREGOR VIII. starb am 17. Dezember 1187.

■ **König Richard Löwenherz:** Vergeblich schrieb der britische König RICHARD LÖWENHERZ im September 1191 an die SARAZENEN: „Das Kreuz ist für euch sowieso nur ein Stück Holz, während es für uns von unschätzbarem Wert ist. Möge der SULTAN es uns herausgeben ..."[31]

■ **Christliche Buchmalerei:** Auf die Buchmalerei hatte dieses Ereignis einen unvergesslichen Eindruck ausgeübt: Seit 1250 existierte in den englischen CHRONICA MAIORA eine dramatische Skizze, in der SALADIN dem König GUIDO auf dem Pferd das WAHRE KREUZ entreißt.[32]

28 *Radulphi de Coggeshall Chronicon Anglicanum. Hrsg. v. Josephus Stevenson 1875. Reprint London 1965, S.209-262.*

29 *Ebd. S.227.*

30 *Röhricht, a.a.O. S.440f.*

31 *Maalouf, Amin: Der Heilige Krieg der Barbaren. Die Kreuzzüge aus der Sicht der Araber (Paris 1983). DTV 3 2004, S.228.*

32 *Paris, Matthew; Cambridge, Corpus Christi College, Ms.26, fol.140r. Jetzt in: Saladin u. die Kreuzfahrer. Mainz 2005, S.100.*

■ **Templerische Poesie:** Nicht minder die zeitgenössische Dichtung: Bei dem Troubadour (und Mitglied der Templer!) Ricaut Bonomel lesen wir um 1265 – ich zitiere einige Verse:

Abdruck mit freundlicher Genehmigung der Master and Fellows of Corpus Christi College Cambridge

„Zorn und Schmerz haben mein Herz derart erfüllt, dass nur wenig fehlt, dass ich mich töte oder das Kreuz aufgebe, das ich nahm zu Ehren dessen, der ans Kreuz geschlagen wurde; denn weder Kreuz noch Glaube ... schützen mich gegen die eidbrüchigen Türken, die Gott verfluche; [...] Ein rechter Tor ist, wer gegen die Türken kämpft, denn Christus wendet sich keineswegs gegen sie, [...] im Gegenteil, er hat's geschworen und sagt es offen, dass fürderhin, soweit es in seiner Kraft steht, in diesem Land kein einziger Mann bleibt, der an Jesus Christus glaubt [...]“[33]

DANTE, Vors. Richter:
Herr Advisor, das sind sicherlich dramatische Wahrnehmungen – Aber welche Folgen hatte das alles?

PATER ANSELM, Advisor:
Die Folge war der Zerfall des abendländischen JESUS-BILDES. Im Volksmund hatte Jesus versagt. Mit großem Respekt lese ich in einer Schrift zur Saladin-Ausstellung in unseren Tagen: „Bei den Hörnern von Hattin am 4. Juli 1187 hatte Gott mit Saladin entschieden“.[34] Und hier füge ich an: Das musste dramatische Folgen für das Jesus-Bild auch der Tempel-Ritter haben.

NACHMANIDES, Richter:
Herr Gutachter, wie kam es denn nun konkret zur Abkehr vom kanonischen Jesus-Bild?

PATER ANSELM, Advisor:
Offiziell spuckte kein Mensch auf die gekreuzigte Jesus-Figur. Aber es gab nun mehrere Anzeichen für einen WANDEL IM JESUS-BILD. In Frankreich finden wir nach der Schlacht von Hattin bei führenden Templern eine Hinwendung zum antiken Schutzgott Abraxas, der seit etwa 1210 im Siegel des französischen Tempel-Großmeisters nachweisbar war: ein menschlicher Leib

33 *Hier deutsche Übersetzung aus dem Okzitanischen bei Sippel, Heinrich: Die Templer. Geschichte u. Geheimnis. Augsburg 2001, S.180.*

34 *Schwinges, Rainer Christoph: Die andere Seite und sich selbst im Blick. Wahrnehmung u.Identität zur Zeit d. Kreuzzüge. In: Konfrontation d. Kulturen? Saladin u. die Kreuzfahrer. Mainz 2005, S.118.*

mit Hahnen-Kopf und Schlangen-Beinen und der Umschrift SECRETUM TEMPLI, also GEHEIMNIS DES TEMPELS.

Diese ABRAXAS-Verehrung ging zurück auf den Gnostiker BASILIDES und seine altägyptischen Gemeinden in ALEXANDRIA und SAIS.[35] Doch ebenso deutlich kam hier die griechische PAPYRUS-MAGIE zum Tragen.[36]

Abraxas-Siegel

JEAN FRANÇOIS HARDI, RFA, Ministerialdirigent:

Obwohl sich die Republik Frankreich aus religiösen Bewertungen heraushält: Haben wir da nicht – nach damaligem Maßstab – den Einstieg in die Ketzerei?“

PATER ANSELM, Advisor:

Keineswegs – denn selbst der bedeutende Zisterzienser-Abt meines katholischen Klosters CÎTEAUX sprach damals von einem PLURALISMUS DER GÖTTER, der uns umgibt.[37] Außerdem war ABRAXAS nicht gegen das Alte oder Neue Testament gerichtet: Die drei auf dem Siegel eingefügten Buchstaben **IAO** oder **IAW** sind einerseits eine Anspielung auf den hebräischen Gott **JHWH**,[38] andererseits eine Anrufung des apokalyptischen **J**(esus) in der visionären Fülle von **A**(lpha) und **O**(mega) in der Offenbarung des JOHANNES. In allen Darstellungen ist der ABRAXAS mit Peitsche und Schutzschild abgebildet, um böse Geister zu vertreiben.[39] Im gesamten Mittelalter gab es kleine ABRAXAS-GEMMEN als Talisman mit Schutzfunktion, z.B. gegen Hagel.[40] Auch im Orient haben die Gemmen als Siegel gedient.[41] Ketzerei sähe anders aus.

DSCHALAL AL-DIN RUMI, Richter:

Wenn es damals diesen Pluralismus von Göttern gab – welchen Platz hatte nunmehr der biblische Jesus bei den Templern eingenommen?

PATER ANSELM, Advisor:

Seit dem negativen Erlebnis von HATTIN hatten bei den Templern offensichtlich solche Bibelstellen die Oberhand gewonnen, in denen Jesus nicht mehr

35 *Doresse, Jean: Les Livres secrets des Gnostiques d'Égypte. Paris 1958.*

36 *The Greek Magical Papyri in Translation. Hrsg.v. H.D. Betz. Chicago & London 1996*

37 *„damit Ihr den Gott der Götter zu schauen verdient“ (Stephan Harding: Brief an die Mönche v. Sherborne. In: Einmütig in der Liebe. Die frühesten Quellentexte, a.a.O., Langwaden 1998, S.215).*

38 *Abraxas. Ausgew. Papyri religiösen u. magischen Inhalts. Hrsg.v. R.Merkelbach. Bd.3. Opladen 1992, S.19.*

39 *Thea: Magische Amulette u. Talismane. München 1999, S.59.*

40 *Dieterich, Albrecht: Abraxas. Studien z. Rel.-Geschichte. Leipzig 1891. S.151.*

41 *Engraved Gems and Seals from two Collections in Jerusalem. Hrsg.v. Shua Amorai-Stark. Jerusalem 1993.*

als handelnder Akteur auf Erden erschien, sondern in denen er sich selbst eher eine passive, eine überirdische Rolle zugesprochen hatte:

„... UND DIE WELT HAT SIE [DIE JÜNGER] GEHASST,
WEIL SIE NICHT VON DER WELT SIND, WIE ICH NICHT
VON DER WELT BIN“ *(Jo 17,14)*.

Und noch deutlicher:

„MEIN REICH IST NICHT VON DIESER WELT. WENN MEIN
REICH VON DIESER WELT WÄRE, HÄTTEN MEINE DIENER
GEKÄMPFT, SO DASS ICH DEN JUDEN NICHT AUSGELIE-
FERT WORDEN WÄRE“ *(Jo 18, 36)*.

Mit derartigen Bibelstellen dürften erste Selbst-Zweifel am Begriff einer templerischen MILITIA CHRISTI aufgekommen sein. An dieser Stelle kam nun dieser talismanische ABRAXAS ins Spiel, der eine universale Bedeutung erlangt hatte. Denn nach dem Zahlen-Wert der griechischen Buchstaben galt:

$$\alpha = 1 \quad \beta = 2 \quad \rho = 100 \quad \alpha = 1 \quad \xi = 60 \quad \alpha = 1 \quad \sigma = 200$$

Für das griechische Wort **αβραξας** ergab sich somit die Summe:

$$\alpha + \beta + \rho + \alpha + \xi + \alpha + \varsigma = 1 + 2 + 100 + 1 + 60 + 1 + 200 = 365$$

Daraus folgerten schon im 1.Jh. die gnostischen Anhänger des Basilides, dass der ABRAXAS an ALLEN TAGEN DES SONNENJAHRES in der Welt wirksam war, während Jesus erklärt hatte: „MEIN REICH IST NICHT VON DIESER WELT.“ Und da BASILIDES in seinen Schriften gelehrt hatte, dass dieser universale GOTT ABRAXAS zwar auch JESUS gesandt hatte, aber nur als Geist-Wesen, das mangels Körperlichkeit auch gar nicht gekreuzigt worden sein konnte (sondern halt der schon genannte SIMON VON CYRENE), wurde der kirchlich verkündete Gekreuzigte für manchen Templer zu einem Problem: Wer war der gekreuzigte JESUS, wenn laut BASILIDES nicht CHRISTUS am Kreuze war?

DANTE, Vors. Richter:

Für die Akten bitte konkret – wo gibt es hierbei einen Bezug zu den Templern?

PATER ANSELM, Advisor

Zum Beispiel im Staatsarchiv zu Paris ... beispielsweise in einem Vertrag über die Aufteilung eines Waldstücks zwischen dem Templer-Orden und dem französischen König vom Oktober 1214.[42] Die Urkunde trägt die Signa-

[42] *Archives Nationales, Paris, D. 9860 bis (Pays d'Othe).*

tur des französischen Landesmeisters der Templer, André de Coulours aus einem Dorf in der ost-französischen Landschaft Pays d'Othe, und daneben das Abraxas-Siegel mit der Umschrift SECRETUM TEMPLI, also „Geheimnis des Tempels". Der Vorgang ist wiederholt untersucht worden.[43]

ALBERTUS MAGNUS, Richter ... *erstaunt*:

Das heißt – der König bzw. jeder Zeitgenosse konnte das Abraxas-Siegel öffentlich wahrnehmen?

PATER ANSELM, Advisor:

Gewiss – die Benutzung eines Talismans oder eines solchen Siegels war gegen niemanden gerichtet. Das Abraxas-Siegel befand sich übrigens auf verschiedenen Dokumenten des Alltags, für jedermann sichtbar.[44]

NACHMANIDES, Richter:

Herr Gutachter, Sie sagten vorhin: Es gibt mehrere, also auch andere Anzeichen für einen Wandel im Jesus-Bild der Templer. Welche weiteren Anzeichen meinen Sie?

PATER ANSELM, Advisor

Hohes Gericht, ich komme noch einmal zurück zu den dramatischen Tagen nach Hattin. Etwa nur zwanzig Tempel-Ritter konnten entkommen, darunter der dortige Präzeptor Terricus. Seine tiefe Erschütterung über die unfassbare Katastrophe schrieb er in zwei fast gleichen Briefen nieder, den einen an den Papst, den anderen an alle Ordensritter. Beide Briefe schilderten gleichlautend die militärischen Abläufe, den Untergang des Wahren Kreuzes, die Verluste an Mannschaften. Und doch gab es einen merklichen Unterschied: Bei seiner Anrede an die Templer lobte und pries er zusätzlich auch „IHN", was er bei dem Schreiben an die apostolische Kirche unterließ ...

DANTE, Vors. Richter ... *unterbricht*:

Herr Gutachter, das können wir nicht nachvollziehen. Was heißt hier „IHN"? Haben Sie für die Teilnehmer dieses Hearings an Ablichtungen gedacht?

PATER ANSELM, Advisor:

Selbstverständlich, hier sind ausreichend viele Exemplare für alle Teilnehmer! *... die Foto-Kopien werden im Saal verteilt. Janice Simon tätschelt anerkennend Anselms Arm. Mark Bride versorgt ihn mit einer neuen Flasche Wasser. Kurt Kinzl*

43 *Carny, Lucien: Les sceaux de l'Ordre du Temple. In: Atlantis Nr.268, 1972, S.341. – Olsen, Oddvar: The Seal of the Inner Order Templars? In: The Templar Papers. New York 2006, S.122.*

44 *Lamy, Michel: Les Templiers. Les grands Seigneurs aux blancs manteaux. Bordeaux 1994, S.119.*

wirkt überfordert angesichts eines Bergs von Notizen auf seinem Platz. Dann ... Hohes Gericht, Sie haben jetzt beide Briefe in Latein mit einer Übersetzung vor Augen. Links sehen Sie den Brief an den Papst Urban III., der nach dessen Lektüre etwa 100 Tage später gramvoll verstarb. Achten Sie auf den ersten Satz. Der Autor Terricus (auch Tyricus oder auch Tirricus) fungierte als Präzeptor der Templer im Hl. Land und berichtete damals dem Papst wie üblich in der 3.Person:

Rechts gegenüber befindet sich der quasi gleich lautende Brief **an den eigenen Templer-Orden** – aber mit einem herausragenden Zusatz! Ich kommentiere den Unterschied: Im mehr internen Brief an die eigenen Tempel-Brüder spricht Terricus die IMAGO JESU an, aber nicht mehr in Gestalt des gekreuzigten Jesus auf Erden und nicht in Verbindung mit einem Kreuz, dessen

Terricus an den Papst

Lateinisch:

Sanctissimo patri suo Urbano, Dei gratia summo et universali pontifici, Tyricus pauperrimae miliciae templi dictus preceptor cum universo pauperrimo et fere adnichilato fratrum conventu salutem [dicunt] et debitam in Domino obedienciam cum omnimoda reverencia.[1]

Übersetzung:

Seinem heiligsten Vater Urban, durch Gottes Gnade erhabener und universaler Pontifex, [überbringt] Terricus, Präzeptor der erbärmlichsten Templer-Miliz, mit dem gesamten elendigsten und fast vernichteten Konvent der Brüder [seinen] Gruß und im Herrn schuldigen Gehorsam mit aller erdenklichen Referenz.

1 *Chronica regia Coloniensis. MGH 18. Hannover 1880. Reprint Hannover 1978, S.137f.*

Terricus an die Templer

Lateinisch:

Frater Terricus, pauperrimae domus templi dictus magnus praeceptor, omnisque fratrum pauperrimus et fere omnino adnihilatus conventus, universis praeceptoribus et fratribus templi, ad quos litterae istae pervenerint, salutem [dicunt], et [eidem dicunt] in **Eum** suspirare **Cujus** pulchritudinem **Sol** et **Luna** mirantur.[1]

Übersetzung:

Bruder Terricus, Großpräzeptor des ärmsten Hauses des Templer-Ordens und der gänzlich Ärmste der Brüder und der fast gänzlich vernichtete Konvent [entbieten] allen Präzeptoren und Brüdern des Tempels, zu denen diese Zeilen durchkommen könnten, [ihren] Gruß, und [bekennen, dass sie] sich nach **IHM** *sehnen,* **DESSEN** *Schönheit* **SONNE** *und* **MOND** *bewundern.*

1 *Chronicle of the Reigns of Henry II. and Richard I. ed. W.Stubbs. Vol.II. Rerum Britannicarum Medii Aevi Scriptores. Bd.49, 2.Teil-Bd. London 1867. Reprint Vaduz 1965. S.13f.*

Der kosmische Christus © Raffael-Verlag Schweiz

Wahrheit ja verloren ging, sondern er spricht zu IHM, zur FIGURA CHRISTI in einer kosmischen Aura, umgeben von den uns fernen Gestirnen SONNE und MOND, womit die kosmische Umgebung betont wird.

MARCO POLO, Richter ... *interessiert, putzt seine Brille*:
Wenn ... ja wenn es diesen kosmischen Christus als Variante zur offiziellen katholischen Doktrin gab, dann müsste es weitere Spuren geben. Wie sieht es damit aus, Herr Sachverständiger?

PATER ANSELM, Advisor ... *entnimmt seinem Koffer eine Mappe, blättert, dann*:
Ja, ich nenne hier an erster Stelle die Kunst. Künstler standen in ihrem Schaffen stets außerhalb von Dogmen und Doktrinen, man denke etwa an Michelangelo oder Leonardo. Gehen wir nach Venedig in die Basilika von San Marco. In der Nordwest-Ecke entdecken wir die Ikonographie der Genesis, und dort befindet sich das Mosaik „Die Schöpfung von Sonne und Mond": Der Künstler hat hier die schaffende Figur mit dem Heiligenschein ausgerüstet, also ALS CHRISTUS figuriert. Vielleicht in Anlehnung an Jo 17,5 erlebt hier der aufwärts blickende Gläubige nicht einen gekreuzigten Jesus, sondern oben den mit **Sonne** und **Mond** versehenen **kosmischen Christus**, entstanden zwischen 1220 und 1300.
Oder gehen wir nach Sizilien in die Kathedrale von Monreale: Das Mosaik „Erschaffung der Gestirne Nr.5" (um 1174) zeigt den im **Kosmos** schwebenden **Christus** mit **Sonne** und **Mond**.
Oder die MAJESTAS DOMINI als Tympanon-Relief im spanischen Bosot (Bez. Lérida): **Christus** mit **Sonne** und **Mond** in kosmischer Höhe (12.Jd.).

Oder schon sehr früh ein Fund aus dem 8.Jh.: **Christus** über **Sonne** und **Mond**, jetzt im San Donato Museum in Zadar (Kroatien).

MARCO POLO, Richter ... *unschlüssig*:

Das alles ... liegt auf einer Linie? ... die zu den Templern führt?

PATER ANSELM, Advisor ... *nachdem er sich mit frischem Wasser versorgt hat:*

Die Geschichte vom Bild des **Kosmischen Christus** ist leise und eigenartig. Sie begann weit vor HATTIN und vor den Templern. Eigentlich klang sie schon im Buch der JOHANNES-APOKALYPSE an. Nach HATTIN wurde diese kosmische Christus-Vorstellung von den Templern verinnerlicht. Im 20.Jh. taucht sie bei dem Jesuiten TEILHARD DE CHARDIN auf, der sich mit der katholischen Amtskirche nicht einigte, und bei dem Anthroposophen RUDOLF STEINER, der einen ganz eigenen Ansatz verfolgte. Seit den letzten Jahren befassen sich besonders Theologen mit dem Begriff des **Kosmischen Christus**.[45]

DANTE, Vors. Richter ... *mit Blick auf die Uhr*:

Herr Sachverständiger, und ich wende mich zugleich auch an die Antragstellerin: Das Hearing des ersten Tages muss zeitlich zum Abschluss kommen. Wir sollten abschließend die Templer aus den Prozess-Tagen zu Wort kommen lassen. Wie definierten die letzten Templer ihre religiösen Leitbilder? Können Sie dazu etwas sagen?

PATER ANSELM, Advisor:

Sehr gerne ... *er greift eine rote Akte heraus und trägt vor*

Ich würde dazu die Aussagen von vier Zeugen herausstellen, die sich durchaus unterscheiden, aber letztlich dasselbe Glaubensziel haben:

❶ **Variante:** der Gekreuzigte = FALSCHER PROPHET

Der Zeuge JEAN DE PONT L'ÉVÊQUE, 1283 geboren, 1301 aufgenommen durch RAOUL DE GISI, Kommandeur der Champagne, seit 1307 SENESCHAL DER TEMPLER VON MONTÉCOURT, wurde am 11.November 1307 in Paris verhört.[46] Bei seiner Aufnahme-Zeremonie mit einem KRUZIFIX konfrontiert, betonte

45 *Lyons, James: The Cosmic Christ in Origen and Teilhard de Chardin. Oxford 1982. – Rössler, Andreas: Steht Gottes Himmel allen offen? Zum Symbol d. kosmischen Christus. Stuttgart 1990. – Schiwy, Günther: Der kosmische Christus. Spuren Gottes ins Neue Zeitalter. München 1990. – Fox, Matthew: Vision vom Kosmischen Christus. Aufbruch ins dritte Jahrtausend. Stuttgart 1991. – Fringeli, Urs-Beat: Wiedergewinnung d. kosmischen Christus, München 2001. – Thiede, Werner: Wer ist der kosmische Christus? Karriere u. Bedeutungswandel einer modernen Metapher. Göttingen 2001.*

46 *Dailliez, Laurent: Jacques de Molay, dernier maître du Temple. Paris 1974.*

der Rezeptor: „Glaube nie wieder an diesen GEKREUZIGTEN, er war nicht GOTT, sondern ein FALSCHER PROPHET".[47]

Fazit 1: In dieser Templer-Komturei erblicken wir die Wiederaufnahme einer Praxis, die wir von den orientalischen Gnostikern aus den ersten Jahrhunderten her kennen und die im Mittelalter vereinzelt wieder auflebte. Grund? Die Niederlage der Europäer bei Hattin 1187, das heilsgeschichtliche Versagen des Wahren Kreuzes, der Verlust des Heiligen Landes von 1291 – alles das wurde hier dem Namen Jesus zugeschrieben, weil er diese Misserfolge nicht verhindert habe. Solche von Enttäuschung geprägten Komtureien hat es bei den Templern gegeben.

❷ **Variante:** Unser Herr = IM HIMMEL

Ein wiederum anderes Bild zeigt sich bei der Befragung des Zeugen GÉRARD DU PASSAGE, dem bei der Aufnahmehandlung angesichts eines hölzernen KRUZIFIXES die Göttlichkeit des Abgebildeten ausgeredet wurde: *„Ce n'est rien de plus qu'un morceau de bois. Notre Seigneur est au ciel"*[48] – „Das ist nichts als ein Stück Holz. UNSER HERR IST IM HIMMEL".[49]

Fazit 2: In dieser Komturei orientierten sich die Templer am traditionellen Dualismus, der von der Gnosis bis ins katharische Mittelalter reichte: Hier unser himmlischer Herr, dort das irdische Holz. Gerade in der Kontrastierung von Himmel und Holz kommt das Plädoyer für den Seigneur im Himmel, d.h. den kosmischen Christus zum Ausdruck.

❸ **Variante:** Unser Herr = IM PARADIES

Eine fast alttestamentliche Vision findet sich in der Darlegung des Zeugen PIERRE DE BEAUMONT, der am 28. November 1310 zu Protokoll gab, dass man ihm bei seiner Aufnahme in den Templer-Orden angesichts eines Bildnisses vom Gekreuzigten versicherte, *„de ne point croire à cette image, mais au Seigneur qui est au paradis"*[50] – „nicht an dieses Bild [vom Gekreuzigten] zu glauben, sondern an den HERRN, DER IM PARADIESE sei".[51]

47 *Wilcke a.a.O. S.550. Bei Moldenhawer, Daniel Gotthilf: Prozeß gegen den Orden d. Tempelherren. Aus den Originalacten d. päpstlichen Commission in Frankreich. Hamburg 1792, S.507.*

48 *Tourniac, Jean: De la Chevalerie au Secret du Temple, Paris 1975, S.112.*

49 *Wilcke a.a.O., S.548. Bei Moldenhawer a.a.O., S.185.*

50 *Tourniac, Jean: De la Chevalerie au Secret du Temple, Paris 1975, S.112.*

51 *Wilcke a.a.O., S.549. Bei Moldenhawer a.a.O., S.275.*

Fazit 3: Hier beobachten wir zwar denselben Dualismus, aber mit einer deutlicheren Bestimmung der visionären Örtlichkeit, nämlich des »Paradieses«. Da dieser Ausdruck ein alttestamentlicher Begriff ist, sind in dieser Komturei beide Zuordnungen möglich: Der »Herr im Paradies« ist also eine Anspielung auf »Gott« oder aber auf den »kosmischen Christus« nach seiner Verherrlichung.

❹ **Variante:** Unser Herr = ALLMÄCHTIGER GOTT IM HIMMEL

Als letzten Zeugen post mortem möchte ich den Großmeister JAKOB VON MOLAY zu Worte kommen lassen, und zwar anhand der Darlegungen des Zeugen JOHN DE STOKE, Kaplan und Schatzmeister der Templer-Komturei von London, der am 1.Juli 1311 vor den Bischöfen von London und Chichester in der Londoner ST.MARTIN'S CHURCH zu Protokoll gab, dass der spätere Großmeister in Hereford mit Blick auf ein KRUZIFIX erklärte: Das ist nicht der Erlöser, *„but the son of a certain woman"* – sondern *der Sohn einer gewissen Frau.* Auf die Frage, an was er denn glaube, erklärte der Großmeister: „In that OMNIPOTENT GOD who created the heaven and the earth" – An jenen ALLMÄCHTIGEN GOTT, der Himmel und Erde erschuf.[52]

Fazit 4: Wieder die gnostische Abwertung von Jesus – auf der anderen Seite jedoch die universale Aufwertung des göttlichen Prinzips, und zwar in Gestalt des kosmischen Schöpfers gemäß der Genesis.

Was sagen uns diese Beispiele? Offensichtlich, dass die Templer keine Atheisten oder Satanisten waren. Vielmehr befanden sich die Templer seit fast 200 Jahren auf der Suche nach der spürbaren Anwesenheit des Göttlichen in der Welt. Freilich haben sie als MILITIA CHRISTI dann auch konkret erwartet, dass der anfangs durch das Papsttum ausgelöste Ruf DEUS LO VULT – GOTT WILL ES! – auch konkrete Wirkung in der Welt zeigen würde. Die Geschichte ist aber anders verlaufen. Und weil sie anders verlief, wandelte sich auch wiederholt das **Gottesbild des Templer-Ordens** – stets auf der Suche nach dem wahren Gott.

[52] *Addison, Charles G.: The history of the Knights Templars, the Temple Church, and the Temple. London 1842. Reprint: Ohio 2008. S.218f. – Cf. Wilkins, David: Concilia Magnae Britannia et Hiberniae a Synodo Verolamiensi A.D. 446 ad Londinensem A.D. 1717; accedunt Constitutiones et alia ad Historiam Ecclesiae Anglicanae spectantia. London 1737. Bd.2. S.388f.*

THOMAS AQUINO, Richter:

Da muss ich nachhaken: Der suchende Mensch des Mittelalters brauchte eine sichtbare Ikone – entstand denn nun bei den Templern durch den Wegfall des Kruzifix nicht eine bildliche Leere?

PATER ANSELM, Advisor:

Nein, die Suche ging weiter, und sie fanden eine Ikone, aber das gehört eigentlich in das Mittwochs-Hearing.

JANICE SIMON, EuRiCo, Sprecherin:

Hohes Gericht, ich wiederhole die Worte des Paters: „STETS AUF DER SUCHE NACH DEM WAHREN GOTT". Ich danke dem Sachverständigen ganz herzlich. Die hier vorgetragenen Fakten haben deutlich gemacht, dass das 1.Malediktum zu Unrecht oktroyiert worden ist. Vor allem aber ist die Verhaftung und partielle Vernichtung von Templern durch die französische Regierung nicht gerechtfertigt. Das **European Rights Committee** sieht sich in seiner Beschwerde bestätigt.

JEAN FRANÇOIS HARDI, RFA, Ministerialdirigent

... mit gespielter Heiterkeit:

Hohes Gericht! Madame! Wir haben bislang keine Hinweise erhalten, aus denen irgendwelche Schuldzuweisungen gegenüber der RÉPUBLIQUE FRANÇAISE hergeleitet werden könnten. Im Übrigen erscheint uns die Person des letzten Großmeisters der Templer recht fragwürdig, soll er doch seine Aussagen mehrmals geändert haben. Das könnte vielleicht noch angesprochen werden.

PATER ANSELM, Advisor:

JACQUES DE MOLAY war eine problematische Persönlichkeit! (*nach einer Pause*) Wenn er eines nicht hatte, dann war es die Befähigung zum Theologen. Doch wie auch immer: Im Angesicht des nahenden Todes am 18. März 1314 erklärte der letzte Großmeister erneut: *„Je ne suis coupable ... J'affirme devant Dieu ... que l'Ordre dont je suis le Grand-Maître est innocent"*[53] – „Ich bin nicht schuldig ... Ich bekräftige vor Gott ... dass der Orden, dessen Großmeister ich bin, unschuldig ist".

ALBERTUS MAGNUS, Richter:

Angeblich gibt es auf den Wänden von CHINON, wo JACQUES DE MOLAY und andere Templer gefangen waren, einige Graffiti mit Szenen von GOLGATHA

[53] *Picar, Michel: Les Templiers. Paris 1985, S.150.*

Graffiti im Donjon de Chinon

und dem Kreuz, den Nägeln und der LONGINUS-LANZE.[54] Was bedeuten diese letzten Spuren der Templer?

PATER ANSELM, Advisor:

Ja ... gibt es ... Aber das Kreuz ist LEER, und eine neuere Untersuchung hat gezeigt, dass diese Einritzungen ganz oder zu großen Teilen schon vorher oder nachher entstanden sein können.[55] In der Templer-Forschung spielen sie heute keine Rolle mehr.

DANTE, Vors. Richter ... *blickt nach rechts und links, dann:*

Meine Damen und Herren, ich sehe keine Wortmeldungen mehr. Wir vertagen uns auf Morgen, 10.00 Uhr. Das heutige Hearing ist beendet.

Alles erhebt sich. Die Richter verlassen den Saal. Janice Simon, Mark Bride und Kurt Kinzl gratulieren dem Pater für seine Beiträge. Einige Zuschauer im Saal nähern sich der EuRiCo-Equipe, wollen Fragen stellen oder haben eigene Meinungen. Doch Mark Bride wehrt ab. Janice Simon deutet an, dass sie während des Verfahrens keine Presseerklärungen abgeben wird. Der Saal leert sich.

Protokoll: *gez.* **Fabian Jaspers** Für die Richtigkeit: *gez.* **Janice Simon**

54 *Charbonneau-Lassay, Louis: Le Coeur rayonnant du donjon de Chinon attribué aux Templiers (1922). Milano 1975. – Ders.: L'Ésoterisme de quelques symboles géométriques chrétiens (1929) Paris 1985.*

55 *Les Pierres du Songe. Etudes sur les graffiti médiévaux. Ed. Hervé Poidevin. Publié le 5 Oct. 2009: http://lespierresdusonge.over-blog.com/pages/CHINON_UN_TESTAMENT_IMAGINAIRE-1331678.html*

OBSZÖNE KÜSSE? – DIE AKTIVIERUNG DER CHAKREN ZUR STÄRKUNG DES TEMPLER-ORDENS

La Cour Européenne des Droits de l'Homme
La Salle de l'Audience, Allée des Droits de l'Homme, 67000 Strasbourg
Dienstag, 3. August, 10.00 Uhr

EUROPEAN COURT OF HUMAN RIGHTS
COUR EUROPÉENNE DES DROITS DE L'HOMME

Public Chamber Hearing

EURICO VS. FRANCE

3. August, Dienstags-Hearing

OBSZÖNE KÜSSE? – DIE AKTIVIERUNG DER CHAKREN ZUR STÄRKUNG DES TEMPLER-ORDENS

Referent : Pater Anselm OCist, Advisor

Protokoll : Fabian Jaspers, EuRiCo, Assistant

Der Gerichtssaal ist heute bis auf den letzten Platz besetzt. Offensichtlich hatte sich die Bedeutung des gestrigen Hearings herumgesprochen. Punkt 10.00 Uhr treten die Richter ein. Das Publikum erhebt sich, dann nehmen alle Platz.

DANTE, Vors. Richter:
Das zweite Hearing über die Beschwerde des **European Rights Committee** gegen die REPUBLIK FRANKREICH ist eröffnet. Ich bitte die Beschwerdeführerin um ihren Vortrag.

JANICE SIMON, EuRiCo, Sprecherin ... *hat sich erhoben, trägt vor:*
Das zweite Maledikt gegenüber den historischen Templern betrifft ... *sie liest nun wörtlich von einem Zettel ...*

. . . die drei rituellen Küsse durch den Präzeptor auf Hinterteil, Nabel und Mund des Neulings, welche Ausdruck sodomitischer Praktiken seien und damit verbotene Handlungen wider die Natur des Menschen dargestellt hätten.

Wir bestreiten die Richtigkeit dieser Beschuldigungen, die ebenfalls zur Verletzung der Menschenrechte der Ritter beigetragen haben. Die französische Regierung hat damals diese Behauptungen international verbreitet, aber die Vorgänge niemals untersucht, sondern dazu beigetragen, dass die Ordensmitglieder derartig in Verruf gerieten, dass auch die Öffentlichkeit der Verführung unterlag, bei den unrechtmäßigen Gewalthandlungen des Staates gegenüber den Templern wegzuschauen.

DANTE, Vors. Richter ... *leicht genervt:*
Dann sehen wir nun Ihren Ausführungen entgegen.

JEAN FRANÇOIS HARDI, RFA, Ministerialdirigent ... *erbost:*
Hohes Gericht! Madame! Nur der Ordnung halber betone ich auch heute wieder, dass meine Regierung sich diesen Schuh nicht anzieht.

PATER ANSELM, Advisor ... *hat sich erhoben, trägt vor:*
Herr Vorsitzender! Meine Damen und Herren! Die reguläre Aufnahme-Handlung beim Templer-Orden ist später im französischen Regel-Buch der Templer ausführlich kodifiziert worden (Règle, §§ 657-686). Ich fasse kurz zusammen: Nach dem klassischen Gelöbnis (Gehorsam, Keuschheit, Armut), nach der Einkleidung mit dem weißen Templer-Mantel und nach dem gemeinsamen Sprechen geistlicher Texte wurde der somit aufgenommene Neuling vom REZEPTOR und vom KAPLAN auf den Mund geküsst[1] und war damit Mitglied des Templer-Ordens geworden. Dies war die im 12.Jh. übliche Praxis bei den Templern.

MARCO POLO, Richter ... *etwas unsicher, putzt seine Brille:*
Zum Verständnis – geht es hier um einen oder mehrere Küsse?

PATER ANSELM, Advisor:
Das OSCULUM ORIS, also der Mund-Kuss, wurde – wie damals im kirchli-

[1] *Wilcke, a.a.O., S.289; Moldenhawer, a.a.O., S.180 ff.; Barber, a.a.O., S.14.*

chen Bereich üblich – einmal gegeben: einmal vom REZEPTOR, der die Aufnahme-Handlung leitete, und einmal vom KAPLAN, der der Handlung als geistlicher Assistent beiwohnte. Das war der offizielle Teil einer Templer-Aufnahme. Dabei bewegten sich die Templer korrekt im biblischen Kontext: In den SALOMO zugesprochenen Texten des ALTEN TESTAMENTS steht der LIPPEN-KUSS in Verbindung mit der Wahrhaftigkeit[2] bzw. der MUND-KUSS für eine auf Christus hinweisende Mystik[3], mit der sich auch der Mentor der Templer – der HL. BERNHARD VON CLAIRVAUX – in tiefsinnigen Ausführungen befasst hat.[4]

NACHMANIDES, Richter:

Als Namensträger zu Ehren des berühmten Rabbiners NACHMANIDES darf ich hier anmerken, dass das Hohelied SALOMOS kein christlicher Text ist.

PATER ANSELM, Advisor ... *lächelnd:*

Hohes Gericht, das Hohelied gehört natürlich zu den Texten des ALTEN TESTAMENTS, in deren Weisheit sich aber auch CHRISTEN und MUSLIME wiederfinden können. Auch im NEUEN TESTAMENT ist der Kuss von großer Bedeutung. So schrieb der Bischof KYRILL VON JERUSALEM im 4.Jh.: „Der Kuss ist eine VERSÖHNUNG und deshalb HEILIG"[5], wobei er sich auf die Gruß-Formeln des Petrus „KUSS DER LIEBE"[6] wie des Paulus „HEILIGER KUSS"[7] berufen hat. Eine 3-FACHE KUSS-ZEREMONIE finden wir erstmals beim großen Templer-Mentor BERNHARD VON CLAIRVAUX, der in seiner 3.Predigt zum Hohenlied – CANTICUM CANTICORUM – darlegt, dass der profane Mensch nur mit drei Küssen zu einer mystischen Annäherung an Gott bzw. Jesus kommen könne:

3-stufige Kuss-Mystik bei BERNHARD V. C.:

3. Mund-Kuss ▲ Zustand der Gnade †

2. Hand-Kuss ▲ Zustand der Hoffnung †

1. Fuß-Kuss ▲ Zustand der Demut[8] †

2 *„Der gibt einen Kuss auf die Lippen, der redliche Worte erwidert" (Sprüche Salomos 24,26).– Schroer, Silvia / Staubli, Thomas: Körpersymbolik d. Bibel. Gütersloh 2005, S.111.*

3 *„Osculetur me osculi oris sui", d.h. „Er küsse mich mit dem Kuss seines Mundes" (Hoheslied 1,2).*

4 *Bernhard v. Clairvaux: Sermones super Cantica Canticorum. In: Bernhard v.Clairvaux. Sämtl.Werke. Bd.V. Innsbruck 1994.*

5 *Mystagogische Katechesen. Freiburg 1992, S.149.*

6 *„Grüßt einander mit dem Kuss der Liebe" (1 Petr 5,14).*

7 *„Grüßt einander mit dem heiligen Kuss" (Röm 16,16).*

8 *Bernhard v. Clairvaux, a.a.O., S.76-83.– Ausführlich auch in Nigg, Walter: Geheimnis d. Mönche, Zürich/Stuttgart 1953, S. 218 ff.*

Diese 3-FACHE KUSS-ZEREMONIE haben offensichtlich die Templer von ihrem Mentor übernommen, aber mehrheitlich auf andere Körperstellen bezogen: Da berichtete ein Zeuge über seine Aufnahme bei den Templern in einer Ordenskapelle der Diözese von LANGRES LINGONENSIS DIOCESIS im Jahre 1304 durch den dortigen Präzeptor PIERRE DE BURIS, welcher ihm nach Ablegung seiner Kleidung – ausgenommen Hemd und Hose „exceptis camisa et bracis" – die Ordenskleidung und den Templer-Mantel „vestes ordinis et mantellum" überreichte und dann – in einem gesonderten Zeremonial – eben diesen Zeugen in dreifacher Weise küsste:

3-stufige Kuss-Zeremonie bei den Templern:

1. **primo in ore** ▼ zuerst auf den Mund †
2. **sec. in umbilico** ▼ dann auf den Bauch-Nabel ✠
3. **tertio in spina dorsi** ▼ drittens auf das Rückgrat ✠

Und da seitens der Ankläger des französischen Staates vor allem über den dritten Kuss obszöne Unterstellungen ausgesprochen worden sind, füge ich hier hinzu, was die Quelle anschießend sagt: Dieser dritte Kuss erfolgte:

SUPRA LOCUM QUO DEFERTUR BRACALE:

Oberhalb der Stelle, von wo man die Hose herablässt JULES MICHELET[9]
Oberhalb der Stelle, wo der Gürtel getragen wird MONIKA HAUF[10]

Bereits an diesen Arrangements innerhalb der Zeremonie zeichnet sich ab, dass hier nicht von INFAMEN oder OBSZÖNEN KÜSSEN gesprochen werden kann: Der Kandidat blieb bekleidet und der Kuss wurde auf Gürtel-Höhe platziert.

MARCO POLO, Richter ... *verunsichert*:
Das mag so sein. Aber galt das für alle Templer-Diözesen?

PATER ANSELM, Advisor:
Nein, es ging ziemlich durcheinander: Ein besonderes Augenmerk auf die körperbezogenen Küsse der Templer hat der evangelische Theologe Ferdinand Wilcke geworfen, der schon 1860 feststellte: „In den Akten sind die Aussagen hierüber sehr verschieden"[11]. Daraufhin habe ich die Befunde sortiert und bin zu folgenden Schaubildern gelangt ... *er überreicht den Gerichtsdienern ei-*

9 *Michelet, M. Jules: Procès des Templiers, Paris (Imprimerie Nationale) 1851. Bd.I, S.205.*
10 *Hauf, Monika: Der Mythos der Templer. Düsseldorf 2003, S.186.*
11 *Wilcke, a.a.O., S.553.*

nige Bögen zur Verteilung. Dann ... Wir haben einerseits oft eine absteigende Kuss-Folge ▼ bei den Aufnahme-Leitern:

Tabelle A

**) Extrakt aus Wilcke, a.a.O., S.554 f.*

Leitende Templer küssten den Kandidaten auf folgende Körperstellen in absteigender Kuss-Folge ▼ : – Orte unterschiedlich –

✠ REZEPTOR* beim Kandidaten JEAN TAILLEFER DE GENAY

▶ **Mund** †	▶ **Nabel**	▶ **bei den Nieren** *überm Hosenbund*

✠ REZEPTOR* beim Kandidaten JEAN LANGLOIS

▶ **Mund** †	▶ **Brust** *entblößt*	▶ **Schulter** *entblößt*

✠ KOMTUR* beim Kandidaten JACQUES DE CORMEILLES

▶ *Quelle schweigt*	▶ *zwischen* **Brust und Nabel**	▶ *Quelle schweigt*

✠ REZEPTOR* beim Kandidaten BERTRAND DE VILLARS

▶ *Quelle schweigt*	▶ **Nabel** *entblößt*	▶ *Quelle schweigt*

✠ REZEPTOR* beim Kandidaten HUGUET DE BURIS

▶ **Mund** †	▶ **Nabel** *entblößt*	▶ **Ende des Rückgrats** *entblößt*

Ebenso haben wir eine absteigende Kuss-Folge ▼ seitens der Kandidaten:

Tabelle B

**) Extrakt aus Wilcke, a.a.O., S.554 f.*
***) Extrakt aus dem Chinon-Pergament, a.a.O.*

Kandidaten küssten den Leitenden Templer auf folgende Körperstellen in absteigender Kuss-Folge ▼ : – Orte unterschiedlich –

Kandidat RAYMONDUS DE VASSINIACHO* beim ✠ KOMTUR

▶ **Mund** †	▶ **Nabel** *bekleidet*	▶ *Quelle schweigt*

Kandidat MATTHEUS DE TILLE* beim ✠ KOMTUR ARVEO DE VILLA PETROSA

▶ *Quelle schweigt*	▶ **Unterleib** *bekleidet*	▶ **Rücken** *doch 3. Kuss wurde erlassen*

Kandidat ALBERTUS DE CANELLIS* beim ✠ ASSISTENTEN

▶ *Quelle schweigt*	▶ **Nabel**	▶ **Rücken** *doch 3. Kuss wurde erlassen*

Kandidat Robert de Verrier* beim ✠ Aufnahmeleiter N.N.

▶ *Quelle schweigt* ▶ **Nabel** *entblößt* ▶ *Quelle schweigt*

Kandidat Garner de Venesi* beim ✠ Prior

▶ *Quelle schweigt* ▶ *Quelle schweigt* ▶ **Rücken** *entblößt unter dem Gürtel*

Kandidat Jacques de Troyes* beim ✠ Rezeptor

▶ *Quelle schweigt* ▶ *Quelle schweigt* ▶ **Rücken** *entblößt über dem Gürtel*

Kandidat Geoffroy de Charny (1268)** beim ✠ Aufnahmeleiter Amaury de la Roche, Rezeptor v. Frankreich

▶ **Mund** ✝ ▶ **Brust** *bekleidet* ▶ *Quelle schweigt*

Kandidat Hugues de Pérraud (1266)** beim ✠ Assistenten Johannes, später Präzeptor v. La Muce

▶ **Mund** ✝ ▶ *Quelle schweigt* ▶ *Quelle schweigt*

Erst ab 1291 haben wir die generelle Anordnung einer aufsteigenden Kuss-Folge ▲ seitens der Kandidaten, wie Hugues de Pérraud (auch Pairaud) vor den drei apostolischen Kardinälen am 19.August 1308 in Chinon erklärt hat:

Tabelle C

Kandidaten küssten den Leitenden Templer auf folgende Körperstellen in aufsteigender Kuss-Folge ▲ : : – Orte unterschiedlich –

Kandidaten „Viele Personen")** ab 1291 beim ✠ Aufnahmeleiter Hugues de Pérraud, Generalvisitator aller Provinzen des Abendlandes

▶ **Rücken** ▶ **Nabel** ▶ **Mund** ✝

***) Extrakt aus dem Chinon-Pergament [19.08.1308] a.a.O.*

... die Richter blättern in den Bögen, einige schütteln unschlüssig den Kopf, andere schmunzeln verwundert, dann:

DANTE, Vors. Richter:

Herr Advisor, Sie werden verstehen, dass diese Befunde mehr als verwirrend sind. Sollte trotzdem eine Logik in diesen Ereignissen stecken, so steht es Ihnen frei, uns daran teilhaben zu lassen, aber bitte schonend und mit Geduld:

Wir sind keine Eingeweihten. ... *Im Publikum macht sich leichte Heiterkeit breit. Doch Anselm lässt sich nicht aus der Ruhe bringen und fährt fort:*

PATER ANSELM, Advisor:

Während die Mund-Küsse – wie schon gezeigt – aus einer alttestamentlichen bzw. christlichen Tradition erwuchsen, erinnerte mich die wiederholte Erwähnung des unteren Rückgrats SPINA DORSI und des Bauch-Nabels UMBILICO an asiatische Zeremonien, nämlich an den Umgang mit den sog. CHAKREN der unteren Körper-Partien, und ich sah mich bestätigt, als ich eine Handvoll von Templer-Forschern entdeckte, die – mit verschiedenen Indikationen – Ähnliches erspürt hatten:

1988 energetische Indikation:

Pasleau: „Templiers"

„Au coeur du temple: **chakras** = centres de force".[12]

1992 symbolkundliche Indikation:

Terseur & Amarante: „Templários"

„Aspectos simbólicos do templo: **chakras** = famosas rodas energéticos".[13]

1998 esoterische Indikation:

Marillier: „Templiers"

chakras = la force créatrice spiritualo-temporelle à les
cercles ésotériques du temple intérieur.[14]

CHARLES COURAGEUR, RFA, Ministerialdirigent ... *amüsiert:*

Esoterisch ... asiatisch ... spirituell – das ist doch Hokuspokus, ich weiß nicht, warum wir hier herumsitzen. Das hat mit Frankreich nichts zu tun. Ich beantrage Abbruch des Hearings.

JANICE SIMON, EuRiCo, Sprecherin ... *ist aufgesprungen; in scharfem Ton:* Monsieur, das hat sehr wohl mit Frankreich zu tun. Wenn Ihre Staatsanwälte damals besser recherchiert hätten, bräuchten wir heute nicht hier zu sitzen. Das Festhalten an dem französischen Justizirrtum ist ein Skandal – bis heute hin!

DANTE, Vors. Richter:

Ladies and Gentlemen, bitte nehmen Sie wieder Ihre Plätze ein. Herr Sachverständiger, fahren Sie fort, aber bleiben Sie eng an der Prozesslinie.

12 *A.a.O., S.54.*

13 *Terseur, Françoise / Amarante, Eduardo: Templários. Aspectos Secretos da Ordem. Porto 1996, S.70.*

14 *Marillier, Bernhard: Templiers. Puiseaux 1998, S.66.*

PATER ANSELM, Advisor:

Hohes Gericht, ich bin diesem Komplex der Chakren in vielen Bibliotheken und Foren nachgegangen und wurde fündig. Ich versuche, die Ergebnisse zusammenzufassen: Die Chakren[15] sind eine vor 3000 Jahren in Indien gemachte Entdeckung von sieben Körperstellen mit erhöhter Lebensenergie. Es sind nicht die physisch bekannten Organe der westlichen Medizin, sondern ätherisch klassifizierte Zentren neben oder zwischen den Organen in einer relativ senkrechten Linie aufsteigend ▲. Ich verweise auf ein typisches Schaubild asiatischer Yoga-Schulen, in dem ich die hier für uns relevanten Chakren mit dem Templer-Kreuz versehen habe:

	Name des Chakra	Körperliche Lage		Bildlich[16]
●	7. Kronen-Chakra	Mitte der Kopf-Oberseite		
▲	6. Stirn-Chakra	1 cm über der Nasenwurzel		
▲	5. Kehl-Chakra	zwischen Kehlkopf & Halsgrube		
▲	4. Herz-Chakra	Mitte der Brust in Herz-Höhe		
▲	3. Solarplexus-Chakra	3 cm über dem Nabel		
▲	**2. Nabel-Chakra ✠**	**5 cm unter dem Nabel**	▶	
▲	**1. Wurzel-Chakra ✠**	**zwischen Genitalien und Anus**	▶	

Diese Chakren werden im Buddhismus und Hinduismus als radförmig verwirbelte Energiezentren verstanden, die durch 72.000 feinstoffliche Leitungen verbunden sind. Wozu soll das nützlich sein? Die Chakra-Therapeuten erklären übereinstimmend: Durch die Aktivierung der Chakren werden die vitalen und sogar kosmischen Kräfte im Menschen erweckt, so dass er dann auch physisch seine Aufgaben in der irdischen Welt besser bewältigen kann, was ja für einen Militär-Orden wichtig war. Ich zitiere nun aus den neuesten Untersuchungen:

DANTE, Vors. Richter ... *unterbricht*:

Bitte langsam!

PATER ANSELM, Advisor:

Okay, also zum Mitschreiben:

1995 Der Hindu-Forscher André Padoux konstatierte in der New Yorker Enzyklopädie der Religion:

▶ Chakra-Praxis entfaltet „die kosmische Energie im Menschen“.[16]

[15] *Aus dem Sanskrit: „Kreis, Bewegung, Rad“.*

[16] *Art. Cakras. In: The Encyclopedia of Religion, ed. Mircea Eliade. Bd.3. New York 1995, S.4.*

2005 Der Indologe Brian K. Smith erklärte in Detroit:

> Jedes Chakra „ist eine gewaltige Quelle von kosmischer Macht ... Aufeinander bezogen enthalten diese Zentren im Körper das Universum“.[17]

2005 Hugh B. Urban, Religionsforscher von der Ohio State University, fügte ebendort hinzu:

> Sinn der [Chakra]Praxis ist es, „die göttlich-kreativen Energien in jedem menschlichen Körper zu erwecken“.[18]

ALBERTUS MAGNUS, Richter ... *skeptisch*:

Herr Pater, glauben Sie an diese ... äh ... asiatischen ... Kraftzentren?

PATER ANSELM, Advisor:

Hohes Gericht, es geht nicht um meinen Glauben. Wichtig ist doch, was Millionen Menschen in diesen asiatischen Traditionen glaubten. Und wichtig ist, was die Templer bzw. ihre leitenden Amtsinhaber davon verstanden und übernommen haben.

Seitliche Chakra-Darstellung unter Einbeziehung der Wirbelsäule. Wurzel-Chakra und Nabel-Chakra sind templerisch gekennzeichnet. Abbildung in Abwandlung von www.farben-undleben.de

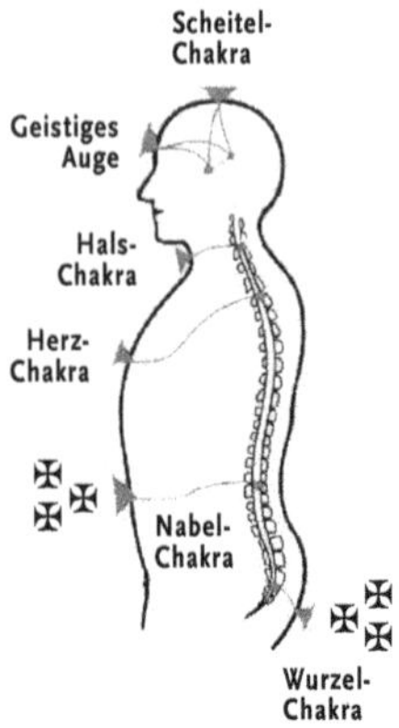

DANTE, Vors. Richter: Sehen Sie da eine Verbindung?

PATER ANSELM, Advisor:

Eine Verbindung ist nicht von der Hand zu weisen. Geben Sie mir bitte noch fünf Minuten.

DANTE, Vors. Richter: Warten wir es ab. Fahren Sie fort.

PATER ANSELM, Advisor:

Zunächst das unten im Körper lokalisierte WURZEL-CHAKRA: Die Chakra-Therapien beginnen am unteren Ende der Wirbelsäule, dort befindet sich das erste oder auch Wurzel- oder Basis-Chakra, das von allen Forschern am Damm ZWISCHEN GENITALIEN UND ANUS lokalisiert wird.[19] Dort vermuten die Chakra-Schulen – ich zitiere – „unsere Urinstinkte, alles, was zum Überleben notwendig ist“, einen „Quell der archaischen Überlebenskraft“.[20] Ähnlich in einer anderen Untersuchung: „Durch dieses Chakra fühlt der Mensch seine Bindung an die Erde“, er gewinnt „die Widerstandskraft und Festigkeit“, ja eine rechte Beziehung zur PHYSISCHEN UMWELT.[21]

[17] *Art. Tantrism. In: Encyclopedia of Religion, ed. Lindsay Jones. Bd.13. Detroit 2005, S.8993.*

[18] *Art. Cakras. In: Ebd. Bd.3. Detroit 2005, S.1348.*

[19] *Frick, a.a.O., S.46.– Sherwood, a.a.O., S.145.– Wolf, a.a.O., S.90.– Padoux, a.a.O., S.4.*

[20] *Wolf, Das Buch der 28 Chakren. Handbuch zu den wichtigsten Energiezentren. Darmstadt 2006, S.92.*

[21] *Sherwood, a.a.O., S.145.*

Diese asiatischen Erwartungen an die therapeutische Aktivierung des Wurzel-Chakra sind exakt die Tugenden, die in einem geistig-militärischen Ritter-Orden höchsten Stellenwert einnehmen dürften. Und so erhalten die Küsse auf den unteren Abschnitt der Wirbelsäule – egal ob mal unterhalb, mal oberhalb der Gürtellinie oder mal schlicht auf den Rücken – eine Bedeutung, die nur aus der Anwendung der Chakra-Lehre erklärbar ist: Der Neuling sollte bei seiner Aufnahme in den Templer-Orden moralisch und energetisch stabilisiert werden.
Diese Aktivierung der Chakren in aufsteigender Folge ▲ ist für den Yoga- oder Hindu-Schüler von zentraler Bedeutung. So sagt die ENERGETISCHE MEDIZIN ganz offen: „Vom Wurzel-Chakra aus wird die Energie die Wirbelsäule hinauf geleitet ... Der ganze Organismus wird durch das Wurzel-Chakra mit Energie versorgt, die es vornehmlich aus den Erdkräften zieht. Außerdem werden hier das Knochengerüst sowie die Blutbildung im Knochenmark unterstützt".[22] Auch darin lässt sich die Befähigung zu einer Wehrhaftigkeit erkennen, die die Präzeptoren des Tempels ihren neuen Mitgliedern mitgeben wollten zur Stärkung des Ordens jenseits des Meeres.

DSCHALAL AL-DIN RUMI, Richter ... *interessiert:*

Bitte das nächste Chakra! Im Gedenken an den MYSTIKER RUMI und seine tanzenden DERWISCHE, die ihren spirituellen Mittelpunkt im eigenen Nabel entdeckten, bin ich auf Ihre Erklärungen für das nächste Chakra nun ganz besonders gespannt.

CHARLES COURAGEUR, RFA, Ministerialdirigent

... wirkt fassungslos, schüttelt konsterniert den Kopf, schweigt aber.

PATER ANSELM, Advisor:

Das zweite Chakra: Das NABEL-CHAKRA wurde von den Templern niemals übersehen. In den Chakra-Therapien ist das Nabel-Chakra von ganz besonderer Bedeutung. Ich darf zitieren:

1975 Der deutsche Mediziner Karl Frick hob besonders das Chakra „in der Lendengegend auf der Höhe des Nabels" hervor und betonte:

► „Wer sich auf dieses Chakra konzentriert, erlangt die höchste Kraft, er ist von allen Krankheiten befreit und kennt keine Furcht vor Feuer".[23]

[22] *Berti, a.a.O., S.43.*
[23] *Frick, Karl R.H.: Licht u. Finsternis. Gnostisch-theosophische u. freimaurerisch-okkulte Geheimgesellschaften bis an die Wende zum 20.Jh. Teil 1: Ursprünge u. Anfänge. Graz 1975, S.46.*

2003 Der amerikanische Psychologe Keith Sherwood kam zu ergänzenden Beobachtungen:

- Wenn das pektorale Chakra „zwei Fingerbreit über dem Nabel“ geöffnet ist, dann „gewinnt und behält der Mensch Gelassenheit auch in Zeiten der Not und Bedrängnis“.[24]

2005 Der Heilpraktiker Aldo Berti sprach dem Nabel-Chakra endogene Energien zu:

- „Aktivität, innere Stärke“ und die „Quelle der Vitalität“.[25]

2006 Bei dem tschechischen Psychotherapeuten Elias Wolf fanden wir in der Chakra-Bestimmung des „mittleren Bauchbereichs“:

- die Affirmationen „Selbstbehauptung, eigenen Willen umsetzen, Sport als Wettkampf, Konflikte wagen“.[26]

2008 Einen geradezu sensationellen Hinweis verdanken wir seit kurzem der Chakra-Forscherin Kalashatra Govinda:

- „Nabel-Chakra-Menschen sind oft erfolgreiche Banker oder Manager“.[27]

Meine Damen und Herren, die Templer waren die erfolgreichsten Banker des Mittelalters, und auch als Manager der Finanzen von Papst und Königen sind sie uns ja bekannt!

CHARLES COURAGEUR, RFA, Ministerialdirigent:

Ohne hier irgendwelche Rechtspositionen einnehmen zu wollen – Wieso konnten die Küsse von beiden Seiten, also den Rittern und den Amtsinhabern, kommen? Und wieso gab es aufsteigende und absteigende Kuss-Folgen nebeneinander?

PATER ANSELM, Advisor ... *nickt verständig*:

Eine berechtigte Frage! – Ich habe bereits am Vortage ausgeführt, dass die Geistlichen im Templer-Orden – CLERICI oder CAPELLANI – nicht SCHOLASTIKER der hohen Theologie gewesen sind, zumal auch die Ritter meistens raue Kampfesgenossen auf niedrigem Bildungsniveau waren. In einer solchen Sozialstruktur litt die Disziplin und das eigene Verstehen überlieferter Regeln und Brauchtümer, so dass manches verwechselt oder missverstanden oder

24 *Sherwood, a.a.O., S.151.*
25 *Geistheilung u. Energiearbeit. Darmstadt 2006, S.45.*
26 *Wolf, a.a.O., S.106.*
27 *Govinda, Kalashatra: Chakras. Der Einfluss der sieben Chakras auf Gesundheit, Ausstrahlung u. Vitalität. München 2008, S.20.*

schlicht vergessen wurde. Und von Komturei zu Komturei war das Brauchtum somit verschieden. Selbstverständlich verlangt die Logik der Chakren-Theorie[28], dass ausschließlich der REZEPTOR den REZIPIENDEN küssen müsste – nicht umgekehrt.

Denn nur der REZEPTOR hatte quasi die höheren Weihen und das energetische Vermögen, nur er kann den Kandidaten moralisch und energetisch aufbauen. Auf dieses korrigierte Verfahren ist offensichtlich von dem GENERAL-VISITATOR seit 1291 wieder Wert gelegt worden, wie wir heute schon hörten, und zwar insofern, als er die Rückkehr zur aufsteigenden Kuss-Folge anordnete, wie das berühmte Chinon-Dokument belegt: Die Energie-Entfaltung steigt entlang der Wirbelsäule nach oben ▲ .

RUM DSCHALAL AL-DIN RUMI, Richter:

Pardon, ich muss da nochmal nachfragen: Was ist mit dem dritten Kuss? Sind auch Lippen oder Mund eine Chakra-Zone?

PATER ANSELM, Advisor ... *lächelnd:*

Gewiss nicht. Im kirchlich-klösterlichen Bereich kennen wir an sich drei Formen des Mundkusses: den BRUDERKUSS † oder den FRIEDENSKUSS † oder den HEILIGEN KUSS †. Prinzipiell galt das auch für die Templer. Hingegen in ihrer späteren Aufnahme-Zeremonie kommen wir schließlich zu einer dreistufigen Kuss-Liturgie, wobei der Kuss zunächst die beiden fundamentalen Chakras aktivierte und mit dem oralen Bruder-Kuss abschloss:

3. Bruderkuss †

2. Nabel-Chakra ✠ ▲

1. Basis-Chakra ✠ ▲

MARCO POLO, Richter ... *mit einem Handzeichen sich bemerkbar machend:*

Meinem Namensgeber schulde ich die Frage: Hatte man denn in ASIEN die Chakren mit einem Kuss aktiviert? Denn davon lesen wir nichts in MARCO POLOS Reisebericht.

PATER ANSELM, Advisor:

Wir sind dieser Frage in CÎTEAUX ausführlich nachgegangen: Die asiatischen Aktivierungstechniken erfolgten eher manuell, z.B. durch „Berührungen mit

[28] *Nebenstehende Abbildung wurde modifiziert und basiert auf www.farbenundleben.de ©.*

den Fingerspitzen"[29] oder durch „kreisende Bewegungen" des Heilers mit seiner Hand „unmittelbar über" den Chakren des Patienten, und zwar auch hier wieder in aufsteigender Abfolge.[30] In einem anderen Bericht heißt es: „um den Bauch-Nabel herum von vorn mittelfest massieren" und für das Wurzel-Chakra „am Rücken fest reiben, kräftige Tiefenmassage".[31] Ein neuerliches Praxisbuch plädiert für bloßes „Handauflegen" an diesen Zonen.[32]

Doch diese manuellen Einflussnahmen sind fernöstlich. Das DREISTUFIGE WEIHE-RITUAL der Templer jedenfalls war ganz offensichtlich in EURO-MEDITERRANE MUND-KUSS-TRADITIONEN eingebettet.

ERWIN STEINEBACH, Richter:

Herr Sachverständiger, Chakra-Praktiken gibt es heute auf allen Kontinenten. Aber wie sollen im Mittelalter Bruchstücke der Chakra-Lehre zu den Templern gelangt sein, zumal sie meiner Kenntnis nach niemals in Indien oder Tibet gewesen waren?

PATER ANSELM, Advisor ... *holt mit den Armen weit aus*:

Alles kam über die SEIDENSTRASSE! Diese Route begann im östlichen CHINA, führte dann über das kulturreiche TURFAN und das buddhistische Zentrum KUTCHA zur Oasenstadt KASHGAR, um dann weiter durch das geschichtsträchtige SAMARKAND zur wasserreichen Hochburg der Teppichknüpfer in MESCHED zu gelangen, von wo man anschließend zum persischen TEHERAN und mesopotamischen BAGDAD kam, um schließlich den Kamelen die verdiente Ruhe zu gewähren in der großen und damals fruchtbaren Oase PALMYRA in SYRIEN. Von hier verlief der Handelsweg nach DAMASKUS oder ALEPPO, um dann über Handelsschiffe ROM zu erreichen. ... *Kurt Kinzl hält ein gefülltes Glas Wasser hoch, das der Pater nun ergreift und ausleert. Einige Richter schmunzeln. Thomas Aquino schnäuzt sich theatralisch.*

DANTE, Vors. Richter ... *mit bemüht ernsthafter Miene:*

Herr Advisor! Wie kommen hier die Templer ins Spiel? Was sagen uns heute die Templer-Forscher?

PATER ANSELM, Advisor:

Die Templer-Forschung hat diese Verbindungen untersucht: Wir haben da die schon 1883 verfasste Kulturgeschichte des deutschen Templer-Experten HANS

29 *Ebd., S.239.*
30 *Sherwood, a.a.O., S.195.*
31 *Wolf, a.a.O., S.284.*
32 *Govinda, a.a.O., S.42.*

Prutz, der sich recht detailliert mit dem ASIATISCHEN BINNENHANDEL ZUR ZEIT DER KREUZZÜGE befasst hat,[33] ferner eine Untersuchung über die Expansion christlicher Strömungen bis nach Indien und China durch den französischen Templer-Forscher Tourniac im Jahre 1974[34]...

MARCO POLO, Richter ... *interessiert, in einer Mappe blätternd*:
Okay, okay – ich habe Ihren Ausführungen aufmerksam zugehört, denn wer den Namen des berühmten Marco Polo gewählt hat, sollte seine Reisen und Reportagen kennen. Nun die spannende Frage: Seit wann gab es denn beidseitigen Kulturaustausch von Ost nach West und umgekehrt?

PATER ANSELM, Advisor:
Seit der Antike! Strabo, der römische Geograph, gibt uns einen Eindruck vom gewaltigen Umfang, den der Indien-Handel schon 25 v.Chr. erreicht hatte.[35] Der Import von chinesischer Seide nach Syrien und Italien nahm solche Formen an, dass im prüden Rom den Männern das Tragen von seidenen Gewändern im Jahre 16 n.Chr. sogar verboten wurde.[36] Gleichwohl haben die Römer die Oase Palmyra als wichtigstes Westportal der Seidenstrasse im Blick gehabt und nach Kaiser Hadrians Besuch dort anno 129 HADRIANA genannt.[37] Mit all diesen Waren-Importen brachten die fremden Kaufleute auch ihr kulturelles, religiöses und esoterisches Wissen mit. Und auf diese Weise können wir auch vom frühen Vorhandensein diskreter Kenntnisse über Chakra-Therapien im Mittelmeerraum ausgehen.

JEAN FRANÇOIS HARDI, RFA, Ministerialdirigent ... *hämisch*:
Auch in Frankreich?!

PATER ANSELM, Advisor ... *zieht einige Schriften hervor*:
Auch unser später templerisches Frankreich hat eine Chakren-Kultur ... schon seit dem 5.Jh.: Das Geschlecht der Merowinger-Könige hatte offensichtlich aktiven Umgang mit den Chakren ...

JEAN FRANÇOIS HARDI, RFA, Ministerialdirigent ... *unterbricht hämisch:*
Merowinger? Das sind Sagen ... Asterix und Obelix ...

PATER ANSELM, Advisor ... *unterbricht seinerseits*:
Pardon, mein Herr, wir haben die Schädelfunde dieser Monarchen, die ein-

33 *Kulturgeschichte d. Kreuzzüge. Hildesheim/Zürich/New York 1994, S.359.*
34 *A.a.O., S.172: Karte von Hélène Couybes über Monophysiten u. Nestorianer in Asien.*
35 *Degeorge, Gérard: Palmyra. München 2002, S.54.*
36 *Drège, Jean-Pierre: Seidenstraße. Köln 1986, S.284.*
37 *Madoun, a.a.O., S.219.*

deutig alle ein Geistloch aufweisen.[38] Man hatte den frühen französischen Königen offensichtlich ihre Fontanelle geöffnet, so dass sie über ihr Kronen-Chakra mit der Über-Welt korrespondieren konnten.[39] Eine Merowinger-Forscherin schrieb neulich (2010): Die Templer haben das OKKULTE GEHEIMWISSEN aus der VERGANGENEN KULTUR EUROPAS bewahrt, weil es geschützt werden musste.[40]

JEAN FRANÇOIS HARDI, RFA, Ministerialdirigent ... *schüttelt verdrießlich den Kopf, schweigt aber.*

PATER ANSELM, Advisor ... *sichtlich zufrieden:*

Die SEIDENSTRASSE war immer schon da, auch in der Zeit der Templer. Selbst der Templer-Jäger PHILIPP DER SCHÖNE hatte 1287 – also noch vor dem Fall von AKKON – den Gesandten des in Persien regierenden KHAN ARGHUN in PARIS empfangen, der danach in der GASCOGNE mit dem englischen König zusammentraf – alles im Interesse einer bis nach West-Europa hinein funktionierenden SEIDENSTRASSE.[41]

DANTE, Vors. Richter ... *erstaunt:*

Danke für diese Ergänzungen!

KURT KINZL, EuRiCo, Rechtsbeistand:

Pater Anselmus, bitte eine letzte Klarstellung: Die französische Regierung in Gestalt dieses Königs PHILIPP und seines Kanzlers NOGARET hat damals propagiert, dass die rituellen Küsse bei den Templern Ausdruck obszöner oder gar homoerotischer Aktivitäten wären. Können Sie dazu ein Statement abgeben? ... *An der Bank der französischen Regierungsvertreter wird eine leichte Unruhe erkennbar. Unterlagen werden hin und her gereicht.*

PATER ANSELM, Advisor:

Das kann ich mit wenigen Worten beantworten: Es kann nicht ausgeschlossen werden, dass es irgendwo auch mal ein, zwei PRÄZEPTOREN gab, die als homoerotisch veranlagte Personen das interne Brauchtum der Templer für persönliche Zwecke missbraucht haben könnten. Dies wäre dann aber nicht ein ordenstypischer Defekt sondern ein privater Missbrauch und somit nicht Grundlage für ein institutionelles Malediktum im Sinne des französischen

38 *Vollmar, Klausbernd: Fahrplan durch die Chakren, Reinbeck 1988, S.44.*

39 *Vollmar, Klausbernd: Chakra-Arbeit. Wege zur Aktivierung, München 1994, S.46.*

40 *Henze, Usch: Die Merowinger. Eine historische u. spirituelle Spurensuche, Saarbrücken 2010, S.190. 42 Drège, a.a.O., S.264*

41 *Drège, a.a.O., S.264.*

Königs. ... *Der Pater nimmt seinen Platz wieder ein. Mit einem Tüchlein betupft er sein Gesicht.*

DANTE, Vors. Richter:

Mesdames, Messieurs, ich danke Ihnen für Ihre Ausführungen. Das Gericht nimmt das alles zu Protokoll. Wir tagen morgen wieder hier um 10.00 Uhr. Die Sitzung ist geschlossen.

... *Alles erhebt sich. Die Richter verlassen den Saal. Unbekannte Personen scharen sich um die Bank der Beschwerdeführer. Einige wollen weitere Auskünfte. Mark Bride und Kurt Kinzl schirmen den Pater ab. Janice Simon wiederholt ihre Worte vom Vortag: Während des laufenden Verfahrens wird sie kein Interview geben.*

Protokoll: *gez.* **Fabian Jaspers**

Für die Richtigkeit: *gez.* **Janice Simon**

DÄMONISCHER BAPHOMET? – DIE TEMPLERISCHE IKONISIERUNG DER KOSMISCHEN SOPHIA IN GESTALT OKKULTER NEO-RELIQUIEN

La Cour Européenne des Droits de l'Homme
La Salle de l'Audience, Allée des Droits de l'Homme, 67000 Strasbourg
Mittwoch, 4. August, 10.00 Uhr

EUROPEAN COURT OF HUMAN RIGHTS
COUR EUROPÉENNE DES DROITS DE L'HOMME

Public Chamber Hearing

EURICO VS. FRANCE

4. August, Mittwochs-Hearing

DÄMONISCHER BAPHOMET? – DIE TEMPLERISCHE IKONISIERUNG DER KOSMISCHEN SOPHIA IN GESTALT OKKULTER NEO-RELIQUIEN

Referent : Pater Anselm OCist, Advisor

Protokoll : Fabian Jaspers, EuRiCo, Assistant

Wieder ist der Gerichtssaal bis auf den letzten Platz besetzt. Einige Besucher müssen deshalb draußen bleiben und hoffen auf eine wenigstens akustische Teilnahme. Punkt 10.00 Uhr treten die Richter ein. Das Publikum erhebt sich, dann nehmen alle Platz.

DANTE, Vors. Richter:
Das dritte Hearing über die Beschwerde des **European Rights Committee** gegenüber der Republik Frankreich ist eröffnet. Frau Beschwerdeführerin, ich bitte um ihren Vortrag.

JANICE SIMON, EuRiCo, Sprecherin ... *hat sich erhoben, trägt vor:*
Das dritte Maledikt gegenüber den historischen Templern betrifft ... *sie blickt auf einen Zettel und liest ...*

... die Verehrung eines bärtigen IDOLs von unterschiedlichem Aussehen, das angeblich ein Götze oder ein Dämon oder gar der Teufel gewesen sei.

Auch die Richtigkeit dieses Vorwurfs wird von uns bestritten, zumal die Tempel-Ritter deshalb verfolgt und gefoltert worden sind. Die französische Regierung hat damals diese Beschuldigungen erhoben, ohne jemals die Bedeutung des Sachverhaltes oder die Hintergründe des Vorgangs überprüft oder aufgeklärt zu haben.
Dadurch gerieten die Tempel-Ritter derartig in Verruf, dass sie unter Verachtung und Verfolgung zu leiden hatten oder gar zu Tode kamen. Artikel 3 und 6 der Europäischen Konvention der Menschenrechte sind somit folgenreich verletzt worden.

DANTE, Vors. Richter ... *blickt abwartend zur Regierungsbank, dann:*
Ich frage die Vertreter der französischen Regierung: Wollen Sie zu den Vorwürfen Stellung nehmen?

JEAN FRANÇOIS HARDI, RFA, Ministerialdirigent:
Frankreich steht zu seinen IDEALEN von Liberté, Égalité, Fraternité – Freiheit, Gleichheit, Brüderlichkeit. Doch zu IDOLEN haben wir nichts zu sagen, und zu DÄMONEN oder TEUFEL schon gar nicht. Vielleicht sollten Sie sich ... *er wendet sich zu den Vertretern des EuRiCo ...* diesbezüglich an die Kirchen oder Glaubensgemeinschaften wenden.

DANTE, Vors. Richter:
Hier sind Glaubensgemeinschaften weder geladen noch beklagt. Über Dämonen oder Teufel kann der Gerichtshof natürlich nicht befinden.

MARK BRIDE, EuRiCo, Rechtsbeistand:
In den Schlössern unseres United Kingdom mögen Dämonen spuken, und unser Shakespeare mag Hexen tanzen lassen. Doch unser **EuRiCo** will nicht über Dämonen befinden, sondern den Nachweis antreten, dass der große

Orden der Templer durch die französische Regierung Verleumdung, Verfolgung und Vernichtung erlitt bloß wegen eines geheimnisvollen **Kopf-Idols**. Darüber ist zu befinden.

DANTE, Vors. Richter ... *blickt nach rechts und links auf das Richter-Kollegium, wo aber niemand reagiert, dann:*
Das Wort zur Argumentation haben die Beschwerdeführer.

PATER ANSELM, Advisor: ... *zieht ein Blatt aus seinen Unterlagen hervor*
Hohes Gericht, die ganze Problematik entfaltete sich einerseits an der Unwissenheit der damaligen Ankläger über ihre kulturelle Umwelt und andererseits an der Unkenntnis der Templer über ihre eigene Vergangenheit. Am Ende waren alle Akteure im selben Jahr 1314 verstorben: Der französische Templer-Großmeister JAKOB, der französische König PHILIPP und der französische Papst CLEMENS V. Der französische Kanzler NOGARET war schon 1313 verschieden. Niemand hatte überlebt.
Hohes Gericht, ich versuche in gebotener Kürze eine Zusammenfassung der wichtigsten Erhebungen aus den amtlichen Verhörprotokollen über das **obskure Kopf-Idol der Templer** zu geben:
Erstes wichtiges Merkmal: Das niemals öffentlich präsentierte Kopf-Idol hatte eigentlich keinen Namen.
Nur zwei Zeugen haben der Nachwelt eine verbale Umschreibung hinterlassen: Das Idol sei in figuram BAFFOMETI erstellt worden, d.h. so viel wie, es sei NACH DER ART bzw. IN DER GESTALT DES BAFFOMET entstanden.[1]
Eine griffige Erklärung war das natürlich nicht. Zur Vereinfachung spreche ich vorläufig vom **Kopf-Idol B**.
Gesehen wurde das Kopf-Idol in verschiedensten Ausführungen in Templer-Komtureien von

- **England** · vier Orte[2],
- **Frankreich** · mindestens zwölf Ortschaften[3],
- **Italien** · acht Lokalitäten[4] und im
- **Orient** · Athlit[5].

[1] *Templer Gaucerand de Montpezat, de Quercy (Provence), und Templer Raymund Rubri, Verhöre im November 1307, Tribunal Carcassonne.*
[2] *Temple Church in London; Bystelesham (i.e. Bisham oder Bristol); Brunria (i.e. Temple Bruer, Lincolnshire); und „jenseits des Flusses Humber" (Yorkshire).*
[3] *Carcassonne, Montpellier, Paris, Toulouse u.a.*
[4] *Bari, Bologna, Florenz, Piacenza, Pisa, Rom, Urbino, Viterbo.*
[5] *Pilger-Schloss = Château Pélerin = Pilgrims' Castle = Castrum Peregrinorum.*

Insgesamt dürfte es mindestens 25 Exemplare gegeben haben. Meistens hatte das Haupt männliche Züge und einen Bart, gelegentlich hatte es aber auch zwei Gesichter[6] oder gar drei Köpfe[7].
Vereinzelt konnte das Haupt auf vier Füßen stehen[8] oder hatte weibliche Züge.[9] Auch die materielle Ausfertigung war sehr unterschiedlich: Gold, Silber, Kupfer, Bronze oder Holz.
Hier stellt sich uns die Frage: Wie haben die meistens jungen Ritter das Kopf-Idol bei ihrer Aufnahme – vor dem Altar oder in der Sakristei oder in einer kleinen Kapelle nebenan – wahrgenommen?
Mein Antwort: Lässt man die in der Sekundär-Literatur[10] seit Jahren exponierten Fälle Revue passieren, so lassen sich zwar einige wenige Zeugen benennen, welche vermuten, in dem Haupt einen Dämon wahrgenommen zu haben,[11] doch mehrheitlich bezeugten die befragten Ritter einen primär religiösen Idealismus, der sich offensichtlich an dem **Idol B** entfalten sollte:

- JEAN DE CASSANHAS erfuhr bei seiner Aufnahme in der Templer-Komturei von TOULOUSE (ca. 1289) über das Idol B (Messing):
„Sieh hier einen Freund, welcher mit Gott nach Belieben Umgang hat, dankt ihm, dass er euch in den Orden, nach eurem Wunsche, geführt hat".[12]
- DEODAT JAFET erblickte bei seiner Aufnahme in der Templer-Kapelle von PEDENAT das Kopf-Idol B in einem Kästchen und vernahm:
„Diesen musst du als deinen Heiland verehren (adorare tamquam Salvatorem), nämlich als Heiland des Ordens", worauf er antwortete: „Gesegnet sei, der meine Seele erlösen wird".[13]
- STEPHAN TROBATI beobachtete bei seiner Aufnahme bei den Templern in MONTPELLIER auf dem Altar zwei Bilder: das hauptähnliche Idol-Bild B

6 *Z.B. Paris: Zeuge Templer Guillaume de Arblay, Präzeptor von Soisy; z.B. Athlit: Zeuge Templer Heinrich Tanet.*
7 *Z.B. Italien: Zeuge Templer Andreas Armani; z.B. Pedenat: Zeuge Templer Deodat Jafet.*
8 *Zwei vorne, zwei hinten; z.B. in Montpellier: Zeuge Templer Hugues de Pairaud, Großmeister v. Frankreich.*
9 *Z.B.: Epanes: Zeuge Templer Gerard de Noursac, Diözese Saintes.*
10 *Wilcke (1860), a.a.O, S. 556-561 ; Barber (2006), a.a.O., S.72 ff.; Olson, Oddvar: The Templar Papers. Ancient Mysteries, Secret Societies, and the Holy Grail. New York 2006, S172 f.; Gandra, Manuel J.: O Projecto Templário e o Evangelho Português. Lisboa 2006, S.26-29.*
11 *Zeuge Templer Raoul de Gisy, Paris: „Dämon" bzw. französisch „Mauffe"; Zeuge Templer Jacques de Troyes, Paris.*
12 *Wilcke, a.a.O., S.557 f.*
13 *Wilcke, a.a.O., S.558.*

und daneben das Kreuz mit dem Jesus-Bild. Dann sagte der Komtur: „Glaube nicht, Gott sei gestorben, dies ist abwegig; diesem Bild (Idol) vertraue und verehre es durch einen Kuss". Und der Zeuge ergänzte dann: Man küsste es wie eine Reliquie.[14]

■ RAINIER DE LARCHANT bezeugte, das Idol B zweimal im Templer-Kapitel von PARIS gesehen zu haben, und ergänzte: „quoddam caput cum barba, quod adorant et vocant Salvatorem" – also ein gewisses Haupt mit Bart, welches [die Anwesenden] verehrten und Heiland nannten.[15]

■ FRANZ RAGONIS DE LANCEIS war in BARI (Apulien) ohne Idol-Zeremonie aufgenommen worden, hat aber später einmal das Idol B als aufrecht stehende knabenhafte Figur aus Metall erlebt und wurde vom Templer-Komtur aufgefordert: „Empfiehl dich ihm, bitte ihn, dass er dir Gesundheit, Geld und Pferde schenke ... den in der Kirche Abgemalten sollst du nicht anbeten, noch an ihn glauben".[16]

■ EIN ZEUGE berichtete von einem Idol B mit menschenähnlichem Antlitz, behaart und vergoldeten Schultern, das im Templer-Kapitel zu ROM in einer Mauer statuiert war und das von den Brüdern mit den Worten „Gott hilf mir" verehrt worden sei. Dazu habe ihm ein anderer Bruder erklärt: Dieser Kopf „ist euer Gott und euer Muhamed".[17]

■ ANDREAS ARMANI erlebte bei seiner Aufnahme bei den Templern in FLORENZ die dreiköpfige Idol-Variante, eine Elle hoch, und erfuhr: „Dieses [Idol B] verleiht dem Orden seine Reichtümer und sei ein mächtiger Gott, der selig machen könne".[18]

Soviel zur amtlichen Wahrnehmung des Umgangs mit dieser IKONE BAPHOMET, die erkennen lässt, dass die Templer in ihr eine Art „Lenker der Welt" verehrten, auch wenn einige verbale, akustische oder optische Missverständnisse anklangen. ... *Anselmus nimmt Platz, labt sich an seinem Getränk und sortiert seine Unterlagen.*

DSCHALAL AL-DIN RUMI, Richter:

Herr Sachverständiger, als Träger des Namens eines der größten islamischen Mystikers möchte ich hier zwei Nachfragen anbringen:

14 *Wilcke, a.a.O., S.558.*
15 *Gandra, a.a.O., S.26.*
16 *Wilcke, a.a.O., S.560 f.*
17 *Wilcke, a.a.O., S.561.*
18 *Wilcke, a.a.O., S.561.*

1. Stichwort MOHAMMED: Hören wir nicht aus Ihrem Bericht eine Annäherung der Templer an den Propheten Mohammed heraus?

PATER ANSELM, Advisor

... lächelnd, wie wenn er die Frage erwartet hätte:

Keineswegs. Im Prozess haben zwar damals die Ankläger von BAPHOMET auf MAHOMED geschlossen, und unbedachte Romanciers fielen später auf diesen Irrtum herein. Doch die Tatsachen sprechen gegen eine solche These:

Militärisch kämpften die Templer bis zur letzten Minute – d.h. bis zum Fall von AKKON im Jahre 1291 – mit den anderen europäischen Kräften gegen die islamische Vorherrschaft im ORIENT. Berühmt ist der Ausspruch des letzten Großmeisters: „Kein Orden hat mehr Blut geopfert für die Verteidigung des christlichen Glaubens“.[19]

Ikonographisch widerspricht der templerische Gebrauch von Idolen dem Bilder-Verbot des Propheten MOHAMMED, der nach der Rückeroberung von MEKKA die KAABA besuchte und dort Bilder der Propheten und Engel entfernen ließ – außer dem von MARIA und JESUS.[20]

Mythologisch galt die KAABA in MEKKA als Mittelpunkt der Welt, als axis mundi der Muslime, und zwar dort, wo einst ein Nagel in den Fußboden geschlagen wurde, den die ARABER als »Nabel der Welt« bezeichnen.[21] Doch an MEKKA und der KAABA waren die Templer niemals interessiert.

Fazit: Die Templer hatten mit dem Propheten MOHAMMED nichts zu tun.

DSCHALAL AL-DIN RUMI, Richter:

2. Stichwort BAFFUMERIE: Wenn ich richtig informiert bin, war das Wort BAPHOMET schon vor den Templern in der Mittelmeerwelt in Umlauf.

PATER ANSELM, Advisor ... *erstaunt und mit Respekt:*

In der Tat! – Dieses Wort hatte eine arabeske Vorgeschichte. So war das Lexem BAFFUMERIE im damals provencalischen Sprachgebrauch eine gängige Bezeichnung für eine Moschee, und so kam es vor, dass ein gläubiger Moschee-Besucher auch BAPHOMET sagte, wenn er MAHOMED meinte.

19 *Zit. b. Amarante, Eduardo: O Perdao ..., a.a.O., S.72, Anm.1.*

20 *Wensinck-[T.Fahd], A.J.: Art. Sura. In: The Encyclopaedia of Islam. New Edition. Bd. IX. Leiden 1997, S.891.*

21 *Aslan, Reza: Kein Gott außer Gott. Der Glaube der Muslime von Muhammad bis zur Gegenwart. München 2 2006, S.25.*

Das sind sprachliche Effekte in der facettenreichen Mittelmeerwelt, die wir bis heute kennen und die zu Missverständnissen führen können.
Ich gebe ein Beispiel für solche Sprachverläufe:
So betet heute die römisch-katholische Bevölkerung von Malta in ihren 365 Kirchen zu ALLA, meint aber nicht die koranische Bezeichnung ALLAH, sondern die neutestamentliche Wesenheit GOTTES. Wieso diese sprachliche Kuriosität? Die in der Mitte des Mittelmeers liegende Insel Malta wurde bis ins Mittelalter von phönizischen, hebräischen, römischen, byzantinischen, arabischen und anderen sprachlichen Einflüssen derartig überlaufen, so dass sich diese semitische Bezeichnung für GOTT durchgesetzt hat,[22] doch die Malteser sind bekanntlich keine MUSLIME.
Zurück zu den Templern: Wenn also unter tausenden von Aufnahmezeremonien der eine oder andere Ritter mal das Wort YALLA vernahm oder ihm ein anderer Bruder sagte, dies „ist euer GOTT und euer MUHAMED", dann hatte dies nicht einen islamischen Hintergrund, sondern der Akzent lag auf dem Pronomen „euer", so wie Leute untereinander sagen: „Das war dein Waterloo" oder „Dies wird euer Gang nach Canossa", ohne dass die Betroffenen jemals in jenen Regionen verweilt haben. Oder wenn der große Indianer-Häuptling zu George Washington sagen würde: „Bete Du zu Deinem MANITU!"

ALBERTUS MAGNUS, Richter:

Nun gut.– Meinen Notizen von soeben entnehme ich, dass ein Zeuge meinte, das als BAPHOMET bezeichnete Objekt sei geküsst worden „wie eine Reliquie". Eine Reliquie? Reliquie von was?!

PATER ANSELM, Advisor ... begeistert:

„Comme une relique – Wie eine Reliquie" – Das haben mehrere Zeugen angenommen. So erklärte der Zeuge Guillaume d'Arblay, Präzeptor von Soisy, am 5.Februar 1311 vor der Kommission, das von ihm im Pariser General-Kapitel wahrgenommene Kopf-Idol – mit zwei Gesichtern, silbrigem Bart, fürchterlich anzuschauen – sei ihm als ein Kopf der sog. 11.000 Jungfrauen vorgestellt worden. Daraufhin ließ die Kommission die Pariser Burganlage der Templer durchsuchen. Resultat: Am 11. Mai 1311 erschien Guillaume Pidoye, königlicher Aufseher des Templer-Hauses, mit einem weiblich anmutenden Kopf-Objekt, silbrig oder vergoldet, einliegend weißleinenes Tuch mit rötlichen Streifen, darin zwei Knochen von einem kleinen weiblichen Schä-

[22] *Quddiesa Sollenni ta'Radd Il-Hajr, hg. v. Maximillian Grech. Belt Victoria 2010, passim.*

del und eingenähtem Zettel mit der Aufschrift: CAPUT LVIIIM, also „Kopf Nr.58“ und dem astronomischen Zeichen für Jungfrau: ♍.

Dieser Sachverhalt entsprach dem römisch-katholischen Brauchtum seit dem Laterankonzil von von 1215, wonach Reliquien nunmehr in Behältern, also Kopf-Reliquiaren, bewahrt werden mussten.[23]

Fazit I: Die Kommission bewertete den Pariser Fund offenkundig zurecht als eine historische Reliquie der Gebeine der sog. 11.000 jungfräulichen Märtyrerinnen vom AGER URSULANUS in Köln[24], mit denen damals ein europaweiter Reliquienhandel betrieben wurde, ohne zu wissen, dass es eigentlich nur 11 Jungfrauen waren, die zusammen mit der St. Ursula durch die Hunnen zu Tode kamen.[25]

Fazit II: Der erneut vorgeführte Zeuge Guillaume d'Arblay von Soisy „erkannte diesen [Pariser] Kopf nicht für den gemeinten“,[26] womit schon damals klar wurde: Die esoterischen BAPHOMET-Idole der Templer waren nicht identisch und somit nicht erklärbar mit frühchristlichen Reliquien, von denen offensichtlich auch die Templer entsprechende Exemplare besaßen – hier in Paris also ein weibliches Objekt mit der Nr.58.

Oben groß: Kopf-Reliquiare aus der Tradition der „11.000 Jungfrauen“ in der Kirche St. Ursula zu Köln © Autor

Oben klein: Papst Paul VI. trägt ein Kopf-Reliquiar zur Konzilssitzung 1964 in den Petersdom © „Der Christliche Osten“ 2007

23 *Kovács, Éva: Kopfreliquiare des Mittelalters. Leipzig 1964, S.45.*

24 *Angenendt, Arnold: Heilige und Reliquien. Die Geschichte ihres Kultes vom frühen Christentum bis zur Gegenwart. München 1994, S.38: Insgesamt sind an die 4000 Reliquienfunde weltweit übertragen worden.*

25 *Für die „XI m(artyres) v(irgines)“ ist später „XI m(ilia) v(irginum)“ gelesen worden: Aus 11 wurde 11.000. Vgl. Zehnder, Frank Günter: Sankt Ursula. Legende, Verehrung, Bilderwelt. Köln 1985, S.21.*

26 *Wilcke, a.a.O., S.560.*

Mit anderen Worten: Die templerischen Idole IN FIGURAM BAFFOMETI waren keine Reliquien aus der christliche Antike, sondern neue Anfertigungen, artifizielle Objekte, manuell gefertigte Produkte, oder – folgend einer neuerlichen Kunstrichtung aus dem Italien unserer Tage – eigenwillige Varianten der Stilrichtung RELIQUIE D'ARTISTA, auch NEO-RELIQUIE genannt. Dieser Begriff aus der neo-modernen Bild- und Objekt-Kunst erscheint mir sehr treffend:
These: Die internen Objekte IN FIGURAM BAFFOMETI waren artifizielle NEO-RELIQUIEN des 13.Jh. im Privatbesitz der Templer.

MARCO POLO, Richter ... *leicht irritiert*:
Antike Reliquien und NEO-RELIQUIEN bei den Templern? Nebeneinander? Das verstehe ich nicht. Wozu denn das?

PATER ANSELM, Advisor:
Eigentlich war dies eher ein Nacheinander. Nach dem Verlust des **Wahren Kreuzes** und der heiligen Stadt JERUSALEM 1187 hatte ganz allgemein die Suche nach anderen Reliquien der christlichen Antike zugenommen. Besonders nach der Einnahme von KONSTANTINOPEL 1204 gelangten viele Objekte in die Hände der Kreuzfahrer, und so nahmen die Templer verschiedene bekannte Kopf-Reliquien in ihren Besitz, die nach Fertigstellung ihrer uneinnehmbaren Küsten-Festung ATHLIT[27] bei HAIFA im Jahre 1218 dort gesehen worden sind. Dies waren reguläre kirchlich bekannte Reliquien:

- **ATHLIT:** Kopf-Reliquie des Apostels PETRUS
  Wahrnehmung durch die Templer PETER MAURIAC und PIERRE DE VIENNE[28]
  Spiritueller Wert: PETRUS war Zeitzeuge von JESUS.
- **ATHLIT:** Kopf-Reliquie des Märtyrers BLASIUS
  Wahrnehmung durch dieselben Zeugen[29]
  Spiritueller Wert: In der Haft sah BLASIUS CHRISTUS.
- **ATHLIT:** Kopf-Reliquie des Märtyrers POLYKARP
  Gabe des Abtes von JERUSALEM; Zeuge GUY DELPHINI[30]
  Spiritueller Wert: POLYKARP war Schüler des JOHANNES.

[27] *Zu den europäischen Namen s.o. Anm.5.*
[28] *Zit. bei Wilcke, a.a.O., S.560.*
[29] *Ebd.*
[30] *Nicholson, Helen J.: The Head of St Euphemia. Templar Devotion to Female Saints. In: Gendering the Crusades. Ed.Edgington S./Lambert, S. New York 2002, S.112.*

- **ATHLIT:** Kopf-Reliquie der Märtyrerin EUPHEMIA.
  Bewahrt im silbernen Reliquiar; Zeuge GUY DELPHINI[31]
  Spiritueller Wert: EUPHEMIA hatte Kontakt mit ENGELN.

Man darf diese Angaben nicht überbewerten, da die angebliche Existenz gleichnamiger Reliquien auch an anderen Orten gemeldet worden ist. Wichtiger ist der spirituelle Wert der von den Templern in Besitz geglaubten Reliquien, also die angestrebte Nähe zur religiösen Über-Welt und ihren geistlichen Wesenheiten, nämlich: verklärter JESUS, kosmischer CHRISTUS, Lieblingsjünger JOHANNES, kosmischer ENGEL. ... *Jean François Hardi von der französischen Regierungsbank verlässt den Sitzungssaal. Sein Vertreter Charles Courageur hat sich erhoben und meldet sich zu Wort ...*

CHARLES COURAGEUR, RFA, Ministerialdirigent:
Herr Präsident, hohes Gericht, die Republik Frankreich hat vor vielen Jahren die Trennung von Kirche und Staat eingeführt. Wir können nichts anfangen mit einer religiösen Über-Welt. Ich beantrage die Beendigung des heutigen Hearings. ... *Janice Simon möchte etwas sagen, doch Kurt Kinzl kommt ihr zuvor ...*

KURT KINZL, EuRiCo, Rechtsbeistand ... *zur Regierungsseite*:
Wir ÖSTERREICHER haben auch eine Republik, und als österreichischer Republikaner möchte ich heute erfahren, warum die Templer nach anfänglicher Verehrung der alten Reliquien zunehmend zu einem Kult mit NEO-RELIQUIEN übergegangen sind. Schließlich hat Frankreich sie ja deswegen verfolgt und drangsaliert. ... *Charles Courageur winkt resigniert ab und nimmt wieder Platz.*

DANTE, Vors. Richter:
Mesdames, Messieurs, bitte bewahren Sie die Contenance. Was den von mir erwählten Namen betrifft, so habe ich mich für den Dichter der DIVINA COMEDIA entschieden, weil DANTE ein kritischer Beobachter aller Menschen war. Ich möchte hier diesem Ethos gerecht werden und denke, wir haben ein Anrecht auf erläuternde Ausführungen zu den – wie Sie sagen – NEO-RELIQUIEN IN FIGURAM BAFFOMETI. Herr Sachverständiger, fahren Sie bitte fort.

... Pater Anselmus hat sich erhoben und beugt sich über die Schriften auf seinem Tisch. Er sortiert einige Unterlagen, dann trägt er vor:

[31] *Nicholson ebd.; Bulst-Thiele, Marie-Luise: Sacrae Domus Militiae Templi Hierosolymitani Magistri. Untersuchungen z. Geschichte d. Templerordens 1118719-1314. Göttingen 1974, S.167; Barber, a.a.O., S.158.*

PATER ANSELM, Advisor:

Ubi est ALIQUID, ibi TOTUM est: „Wo sich ETWAS zeigt, ist bereits das GANZE.“ Dieser alte Grundsatz[32] für Reliquien sollte auch für die neuen Reliquien gelten. Die NEO-RELIQUIEN waren kein Affront gegen die traditionellen Reliquien, die bei den Templern auch weiterhin in Gebrauch waren – bestes Beispiel ist ja die in Paris aufgefundene Reliquie mit der Bezeichnung CAPUT LVIII. Zudem unterschieden sich die neuen Kopf-Idole kaum von den bekannten Kopf-Reliquien, aber nach templerischer Auffassung griff ihre spirituelle Signifikanz offensichtlich weiter und höher, als dies von lokalen Reliquien traditioneller Art erwartet wurde.

ALBERTUS MAGNUS, Richter:

Also – verstehen tue ich das noch nicht: NEO-RELIQUIEN, die weiter und höher greifen?

PATER ANSELM, Advisor:

Versetzen wir uns in die Einsamkeit der kämpfenden Ritterschaft fernab im fernen ORIENT: In TORTOSA und BEAU FORT, in AKKON und ATHLIT, in allen orientalischen Templer-Festungen begegnete man draußen der irdischen Unordnung, der INORDINATIO der Welt. Abends küsste man noch voller Hoffnung die kirchlichen Kopf-Reliquien im Inneren der Burg, aber am nächsten Morgen erlebten die Ritter draußen stets dasselbe: die Ohnmacht der traditionellen Reliquien angesichts schmerzlicher Niederlagen draußen im feindlichen Lande ...

DANTE, Vors. Richter

... macht eine ungeduldige Handbewegung, unterbricht aber nicht.

PATER ANSELM, Advisor:

In solcher Not mussten bei den Templern vereinzelte Berichte auf fruchtbaren Boden fallen, welche von einem ganz **anderen Haupt** berichteten, von einem geheimnisvollen Haupt, diesmal mit unendlicher Fülle an Macht. Ich zitiere aus den damals verborgenen Schriften der KABBALA (hebr. Überlieferung), und zwar aus dem Hauptwerk SOHAR (hebr. Glanz):

„In den endlosen Tiefen des Alls – hoch über der irdischen Welt und noch höher über den himmlischen Gewölben der Über-Welt – befindet sich der **Schädel** des ‚HEILIGEN ALTEN‘, der ‚keinen Anfang‘ hat und der ‚in den [unendlichen] Tiefen [des Alls] verborgen‘ ist. Von diesem ‚heiligen Alten‘ offenbart

[32] *Victricius v. Rouen (5.Jh.).*

sich nur das **Haupt** allein ... Die obere Weisheit, die selbst ein Haupt ist, ist in ihm verborgen“. Die Emanationen des unsichtbaren Alten „finden sich in drei Häuptern“, unterhalb des obersten Hauptes „ist der Alte auch in die Zweiheit geprägt“, das heißt, dort hat er zwei Gesichter.[33]

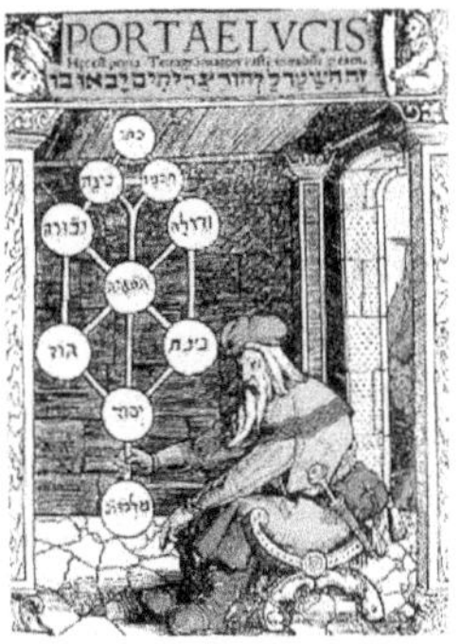

Mittelalterliche Illustration der zehn Sefirot der Kabbalisten

Hohes Gericht, diesen unsichtbaren Schädel als höchstes göttliches Prinzip nennen manche Kabbalisten EN-SOPH: unendlich, unsterblich und unbegreiflich. Sofern DER ALTE als Haupt zu erahnen ist, sprechen die Kabbalisten von KETHER, dem LENKER DER WELT, der OBERSTEN SEFIRA, die über die ihr nachfolgenden neun SEFIROT (hebr. ספירות = ZIFFERN) in die Welt hineinwirkt. Die SEFIROT sind für den Kabbalisten die zehn Emanationen der Weltschöpfung. Miteinander verbunden ergeben sich 22 energetische Linien entsprechend den 22 Buchstaben des hebräischen Alphabets.

... im Sitzungssaal war eine spürbare Unruhe entstanden.

Der Pater fuhr unbeirrt fort:

Hohes Gericht, hier bereits zeichnet sich die Vorlage für das spätere **Kopf-Idol** der Templer ab: Jedes ihrer Kopf-Idole war eine Art Nachbildung des göttlichen Ur-Schädels, gefüllt mit höchster Weisheit, von dem sich alle sichtbaren Häupter – also auch die einzelnen NEO-RELIQUIEN in den Komtureien – ableiteten, die – wie im Templer-Prozess bezeugt – auch mit zwei oder drei Gesichtern versehen sein konnten. Auch die von den Zeugen geschilderten Segnungen aus solchen Haupt-Idolen fanden sich sinngemäß bereits im SOHAR:

> Vom kosmischen Bilde des HEILIGEN ALTEN, auch GESTIRN DES ALLS geheißen, „geht alles kostbare Gut aus“, an diesem Gestirn „hängt das Leben aller Dinge, die Speisung aller Dinge. An ihm hängen Himmel und Erde, alle Verkörperungen des Willens“ und „die Vorsehung von allem“.[34]

Hohes Gericht, das sind Formulierungen, die dem damaligen Abendland fremd waren und die erst in den Umschreibungen des Templer-Idols durch die bereits zitierten Zeugen zum Vorschein kamen.

33 *Der Sohar. III. fol.288 a-b. Hg. v. Müller, Ernst. Wien: 1932, S.58 f.*
34 *Ebd., S.59.*

DANTE, Vors. Richter ... *mit gerunzelter Stirn:* – des Templer-Idols?

PATER ANSELM, Advisor:

Ja, des hauptähnlichen Idols. Mehr noch: Auch an anderen Stellen des SOHARS zeichnen sich weitere Merkmale des späteren Templer-Idols ab:

> Seine „Haut sieht hell und gefroren aus"; sein „Haar ist wie feine Wolle"; aus dem Schädel rankt „der Bart des ehrwürdigen ALTEN EINEN".[35]

Damit gelangen wir zu einer Interpretation der apokryphen Kulte mit bärtigen Kopf-Idolen aus Metall oder Holz, die auch bei den Templern gelegentlich mit Haut überzogen und mit Haaren versehen waren. Hinter all dem stand eine kabbalistische Hermetik, von der sich die Templer einen Vorsprung gegenüber jeglicher Konkurrenz auf Erden – Römische Kirche, byzantinischer Osten, islamische Mystik, jüdische Orthodoxie – erhofften. Besonders eindrucksvoll für die eingeweihten Templer dürfte die abwärts wie aufwärts gerichtete Wirkungsweise der kabbalistischen Kopf-Kult-Praxis gewesen sein:

Abwärts: In den selbst erstellten NEO-RELIQUIEN glaubten die templerischen Kleriker endlich ein Instrument gefunden zu haben, in das sich – so die kabbalistische Theorie – „das Göttliche EN-SOPH ergießt und sich an die SEPHIROT vermittelt",[36] um in das irdische Schicksal der hiesigen Welt – Mikro-Kosmos – einzugreifen.

Aufwärts: Im Gegenzug glaubte man – so der geheime Wunsch aller Kabbalisten und nun auch der templerischen Kleriker –, im Makro-Kosmos wirksam zu werden und von der Göttlichen Vorsehung ... für bestimmte Missionen ausersehen zu sein,[37] ja gegenüber allen sonstigen irdischen Akteuren „Mit-Regent im Makro-Kosmos" zu werden.[38]

MARCO POLO, Richter ... *nach einer Pause*:

Herr Sachverständiger, wenn uns schon kein Bild von den Templer-Idolen vorliegt – haben wenigsten die Kabbalisten ein Bild von dem göttlichen Schädel hinterlassen?

[35] *Sohar: Sifra di Zeni'utha, Nr.11, 12, 17; zit. in: Kabbala, hg. v. Werner, Helmut, Köln 2005., S.147f.*

[36] *Ebd., S.436.*

[37] *Bardon, Franz: Der Schlüssel zu wahren Kabbala. Der Kabbalist als vollkommener Herrscher im Mikro- u. Makrokosmos. Wuppertal 1998, S.25.*

[38] *Bardon, Franz: Frabato. Zit. in: Hodapp, Bran O.: Die Hohe Kabbalah. Darmstadt 2006, S.24.*

PATER ANSELM, Advisor

... blättert in seinen Unterlagen, zieht ein großes Blatt hervor:

Nicht die Kabbalisten des Mittelalters, aber ein christlicher Kabbala-Forscher des 17.Jh., ein Jesuit namens Knorr von Rosenroth. Er hat ein interessantes Kopf-Porträt von dem ALTEN DER TAGE entworfen.[39]

... Pater Anselmus hält einen Bogen hoch in Richtung Richterbank und dann zur Seite der Beklagten. Anschließend nimmt er Platz.

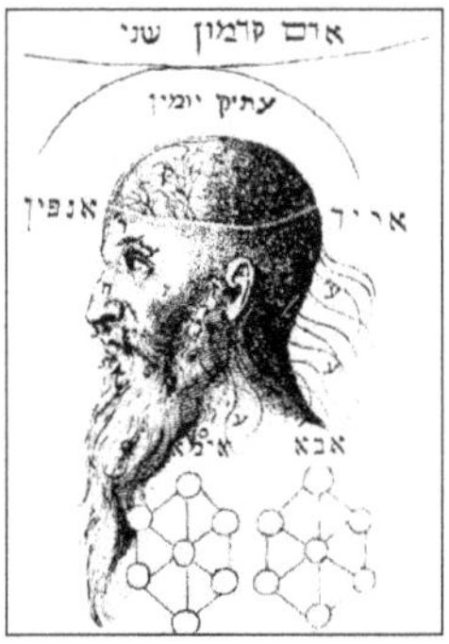

Rekonstruktion des „Alten" durch Knorr v. Rosenroth 1677

JEAN FRANÇOIS HARDI, RFA, Ministerialdirigent:

Herr Sachverständiger, das war sicherlich eine imponierende Vorführung, die übrigens wiederum zeigt, dass Frankreich mit diesen Ereignissen nichts zu tun hat. Gleichwohl folgere ich aus Ihren Ausführungen, dass die christlichen Templer von levantinischen JUDEN unterwandert waren, denn die Kabbala weist in diese Richtung. Oder?

JANICE SIMON, EuRiCo, Sprecherin ... *ist aufgesprungen und betont:*

Monsieur, wenn Sie hier das JUDENTUM ansprechen – Es war der französische König Philipp IV., der vor seiner Vernichtung der Templer bereits 1306 die JUDEN in Frankreich enteignete und dann aus dem Land vertrieb! Stellvertretend könnte das **EuRiCo** auch für diese französischen Bürger mosaischen Glaubens sprechen!

DANTE, Vors. Richter:

Madame, Monsieur, bleiben wir doch bei der vereinbarten Linie. Herr Sachverständiger, wollen Sie die Frage beantworten?

PATER ANSELM, Advisor:

Selbstverständlich. Zwischen Templern und JUDEN bestanden keine besonderen Beziehungen. Aber schon der große Mentor des Ordens, Bernhard von Clairvaux, hatte 1141 den Kreuzfahrern nahe gelegt, die JUDEN nicht zu attackieren.[40] In der muslimischen Welt wurden die JUDEN eigentlich respektiert, und die Kreuzfahrer dort tolerierten sie durch die Verflochtenheit der CHRISTEN mit dem Alten Testament. Der deutsche Historiker Hans Prutz hat schon 1883 errechnet, dass „etwa 7000-8000 JUDEN in den

39 *Abbildungen bei: (1) Kabbala Denudata, ed. Christian Knorr v. Rosenroth (1677). Bd.1. Hildesheim/Zürich/New York 1999, S.231. – (2) Kabbala, ed. Werner, Helmut, a.a.O., S.148.*

40 *Grossmann, Michael: The Reluctant Jew. Bloomington 2007, S.130: „instructed the Crusaders not to attack Jews."*

Kreuzfahrerstaaten" lebten.[41] Die KABBALA hingegen entwickelte sich in der Verborgenheit kleiner Zirkel. Dazu zwei, drei Sätze:
Nach Einführung des TORAH-Verbots im RÖMISCHEN IMPERIUM (ca. 135 n.Chr.) floh ein Rabbiner namens SHIMON BAR YOCHAI, genannt RASHBI,[42] mit seinem Sohn von JERUSALEM nach GALILÄA und versteckte sich etwa 13 Jahre in einer Höhle bei SAFED, weil die römische Inquisition in seinen kabbalistischen Lehren angeblich eine Bedrohung sah.[43] Diese Lehren waren eigentlich nur ein in Aramäisch verfasster mystischer Kommentar zu den fünf Büchern MOSES, Kabbalisten sprechen aber von GÖTTLICHER INSPIRATION[44] oder gar OFFENBARUNG.[45] Das so entstandene Opus, genannt ZOHAR (Glanz), entfaltet die hier angesprochene theosophische Mystik vom göttlichen Schädel mit Bart und seinen Erscheinungen in einem oder mehreren Gesichtern.

THOMAS AQUINO, Richter:
Wenn dies eine Geheimlehre war – wieso gelangte sie durch die Jahrhunderte zu den Templern?

PATER ANSELM, Advisor:
Ein Gerücht besagte, dass ein komplettes ZOHAR-Manuskript nach 1000-jähriger Verborgenheit aus einer galiläischen Höhle per Schiff nach SPANIEN gelangt sei[46], wo es von einem Rabbiner namens MOSES DE LEON tatsächlich um 1280 herausgegeben worden ist.[47] Doch wichtiger sind die Nachrichten darüber, dass sich bereits um 1100 jüdische Zentren in WEST-EUROPA gebildet hatten. So sind 1109 in meinem Kloster CÎTEAUX JUDEN berufen worden, die unsere hebräischen Übersetzungen aus dem ALTEN TESTAMENT überwacht haben.[48]
Diese Spuren jüdischen Lebens waren die Voraussetzung für die Entfaltung der KABBALA in West-Europa, so dass der Jesuit CHRIS LOWNEY feststellen konnte: Die KABBALA blühte schon im 12.Jh. in FRANKREICH und SPANIEN auf.[49]

41 *A.a.O., S.152.*
42 *Akronym: Rashbi = Ra(bbi) Sh(imon) b(ar Yocha)i. Vgl. Rossoff, Dovid: Safed. The Mystical City. Jerusalem 1991, S.230.- Geschätzte Lebenszeit: ca. 100 – 170 n.Chr.*
43 *Wolf, Laibl: Practical Kabbalah. A Guide to Jewish Wisdom for Everyday Life. New York 1999, S.7.*
44 *Dubov, Nissan Dovid: Inward Bound. A Guide To Understanding Kabbalah. Jerusalem/New York 2007, S.23: „Devine Inspiration".*
45 *Berg, M., a.a.O., S.3: „revealed rather than written".*
46 *Dubov, a.a.O., S.24.*
47 *Scholem, Gershom: Zohar. The Book of Splendor. New York 1963, S.XIII-XVI.*
48 *Harding, Stephan: Monitum zur Bibel-Revision. In: Einmütig in der Liebe. Die frühesten Quellentexte ... Langwaden 1998, S.211.*
49 *Lowney, Chris: A Vanished World. Muslims, Christians, and Jews in Medieval Spain. Oxford 2006, S. 184.*

Ebenso der Judaist Gershom Scholem: Das provençalische JUDENTUM machte bereits im 12.Jh. eine Periode hoher Blüte durch.[50]
Die harmonische Symbiose jüdischer Gemeinden in der christlichen Gesellschaft des französischen Südens – Languedoc und Provence – ist auch von jüdischen Historikern bestätigt worden.[51]
Dieser Weg der Kabbala mündete ein in die spanische Stadt Toledo, die 1085 von Alfons VI. zurückerobert wurde und seitdem eine Hochburg der Friedfertigkeit für CHRISTEN, JUDEN UND MUSLIME geworden war[52], in der multi-religiöse Übersetzerteams die bislang verborgenen Texte der alten Kulturen und Religionen aufbereiteten.[53] Als geistiges Zentrum avancierte Toledo zur Stadt der drei Religionen[54] – ein idealer Ort für die Entfaltung kabbalistischer Spiritualität. Die Templer waren dort schon seit 1170.[55]

DSCHALAL AL-DIN RUMI, Richter:

Herr Sachverständiger, auch ich hätte da eine Frage: Das Wort BAPHOMET bzw. BAFFUMERIA ist heute schon einmal angesprochen worden. Ist das nun ein provençalischer oder arabischer Ausdruck? Und was bedeutet BAPHOMET?

JEAN FRANÇOIS HARDI, RFA, Ministerialdirigent

... gereizt, mit erhobener Stimme:

Herr Präsident! Mit Sicherheit ist das kein französischer Ausdruck! Frankreich – ob Republik oder Monarchie – hatte mit solchen Worten, die in keinem Wörterbuch stehen, ohnehin nichts zu tun. Unsere Académie française achtet – mehr als alle anderen Staaten – auf die Reinheit unserer Sprache, und auch aus diesem Grund protestiere ich, dass wir uns dies alles hier anhören sollen.

DANTE, Vors. Richter:

Madame, ich wende mich an Sie als Sprecherin des **EuRiCo**: Trägt eine Untersuchung dieses sprachlichen Gebildes genannt BAPHOMET irgendetwas zur Klärung der Klage bzw. der Beschwerde bei?

50 *Scholem, Gershom: Ursprung u. Anfänge d. Kabbala. Berlin/New York 2001, S.12.*
51 *Cohen, Mark. R.: Unter Kreuz und Halbmond. Die Juden im Mittelalter. München 2005, S.106 u. 125.*
52 *Lowney, a.a.O., S.149.*
53 *Lowney, a.a.O., S.201.*
54 *Clot, André: Das maurische Spanien. Düsseldorf 2004, S.281.*
55 *Martínez Diez, Gonzalo: Los Templarios en los Reinos de España. Barcelona 2006, S.80 ff., 118 u. 134.*

... Janice Simon berät sich mit ihren Kollegen und dem Pater. Anselmus weist auf einen Stapel von Büchern am Rande seines Tisches und nickt. Daraufhin:

JANICE SIMON, EuRiCo, Sprecherin:

Herr Präsident, mir wird versichert, dass eine Analyse der damals in den Verhören genannten Formulierung IN FIGURAM BAFFOMETI letzte Klarheit erbringen kann. Es wird die Templer in ein gänzlich anderes Licht stellen, als man staatlicherseits damals angenommen hat.

DANTE, Vors. Richter ... *blickt etwas gereizt auf die Uhr, dann:*

Dann bitte ich um Ihren Vortrag.

PATER ANSELM, Advisor ... *nachdenklich:*

Hohes Gericht, seit 700 Jahren haben Forscher über dieses Wort gerätselt und sind zurecht der Auffassung beigetreten, dass es sich um eine künstliche Wortbildung handeln muss, die aus dem sprachlichen Umfeld der Templer erwachsen ist.

Was ist damit gemeint? Man muss sich mit den sprachlichen Verhältnissen im Orient vertraut machen:

Der Chronist FULCHER von CHARTRES hat damals den Wirrwarr der europäischen Sprachen aufgezählt, die in den Kreuzzugsheeren vernommen wurden. Dort befanden sich FRANKEN, FLANDERN, FRIESEN, GALLIER, ALLOBROGER, LOTHRINGER, SCHWABEN, BAYERN, NORMANNEN, ENGLÄNDER, SCHOTTEN, AQUITANIER, ITALIENER, DAKER, APULIER, IBERER, BRETONEN, GRIECHEN und ARMENIER.[56]

DANTE, Vors. Richter ... *tippt auf seine Armband-Uhr, dann:*

Herr Sachverständiger, achten Sie auf die Zeit. Sie wollten einen strittigen Begriff aus den Templer-Verhören hinterfragen.

PATER ANSELM, Advisor ... *sich ereifernd:*

Genau – dazu ein kleines Experiment vorab: In seinem mystischen GRALS-EPOS benennt WOLFRAM VON ESCHENBACH – ob nun Templer oder nicht – den geheimnisvollen GRAL ganz bewusst mit der künstlichen Bezeichnung LAPSIT EXILLÎS, was ebenfalls eine sprachliche Korrumpierung gewesen sein dürfte, wozu die Wolfram-Forschung u.a. folgende Ableitungen[57] anbietet:

[56] *Historia Hierosolymitana I.13, 202f. Zit. b. Haas, Thomas: Kreuzzugschroniken .... a.a.O., S.87.*

[57] *Bumke, Joachim: Wolfram von Eschenbach, Stuttgart 1970, S.67.*

Kunstwort ▶	lapsit exillîs	Übersetzungen
1. Versuch:	lapsit ex coelis	Er fiel vom Himmel
2. Versuch:	lapis ex coelis	Stein aus den Himmeln
3. Versuch:	lapis elixir	Stein der Weisen

Diese künstliche Sprachform ist poetisch genial: Sie enthüllt die Vielschichtigkeit des Objekts und schützt es doch vor Enttarnung seiner einzelnen Inhalte. Die gleiche Technik ist nun bei dem künstlichen Templer-Lexem BAPHOMET zur Anwendung gekommen. Wir haben ein Zusammenwirken von griechischen, arabischen und hebräischen Komponenten:

Griechische Komponenten in BAPHOMET:

Der deutsche Templer-Forscher Friedrich Nicolai legte bereits 1782 dar, dass das ominöse Wort BAPHOMET eine Verschmelzung von „βαφη μητοζ" [Baphe Metos] oder „Βαφη Μητις" [Baphe Metis] sein könnte, was in etwa EINTAUCHUNG IN DIE GÖTTLICHE WEISHEIT bedeuten würde,[58] – also eine durchaus vielversprechende Formel, die uns zur Frage führt: Wollten die Templer durch Verehrung des BAPHOMET-HAUPTES in die WEISHEIT eintauchen? Diese Vorstellung passte zu den gnostischen Berührungen des Ordens, erschien aber fragmentarisch, zumal das Morphem „βαφη" kein korrekt griechisches Lexem war. Doch dann ergaben sich neue Aspekte durch das Eintreten einer unerwarteten Ergänzung:

Arabische Komponenten in BAPHOMET:

Der britische Kulturforscher Idries Shah lieferte 1964 eine arabistische Erklärung: Das ominöse Wort BAPHOMET sei „eine entstellte Form des arabischen „Abu Fihamat" أبو فهمة, das im maurischen Spanien als BUFIHIMAT ausgesprochen wurde, und bedeute aufgrund der arabischen FHM-Wurzel „VATER DES ERKENNENS". In Anlehnung an die sufische Terminologie gelange man so auch zu dem Morphem „ras el-fahmat", dem „HAUPT DER ERKENNTNIS".[59] Da bekanntlich WEISHEIT mit ERKENNTNIS korrespondiert, war ein interessantes Indiz gefunden, das aufhorchen ließ, zumal die arabische Form doch in eine ähnliche Richtung tendierte.

Aber dann zeichnete sich noch eine weitere Ergänzung ab:

58 *Versuch ü.d. Beschuldigungen, welche dem Tempelherrenorden gemacht werden, und über dessen Geheimnis. Berlin & Stettin 1782. Teil II, S.58f.*

59 *Die Sufis. Botschaft der Derwische, Weisheit der Magier. Düsseldorf/Köln 21981, S.198.*

Hebräische Komponenten in BAPHOMET:

Der Altertums-Forscher Hugh J. Schonfield machte 1984 eine unerwartete Entdeckung, indem er den – 500 Jahre v. Chr. für das Buch Jeremia als Geheimschrift angewandten – Atbash-Code[60] heranzog, bei dem man die Wörter unter Zugrundelegung des hebräischen Alphabets in umgekehrter Reihenfolge schrieb. Ursprünglich hatte bereits 1855 ein deutscher Gymnasialprofessor namens Redslob eine Hindeutung auf dieses kabbalistische Geheimalphabet ATBASH vorgeschlagen.[61] Für das Wort BAPHOMET ergab sich – bei der althebräisch üblichen Weglassung der Vokale – folgende Buchstabenreihe[62]:

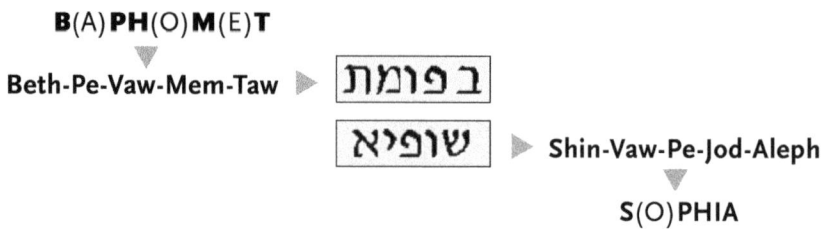

B(A)**PH**(O)**M**(E)**T**

Beth-Pe-Vaw-Mem-Taw ► בפומת

שופיא ► **Shin-Vaw-Pe-Jod-Aleph**

S(O)**PHIA**

Das verblüffende Ergebnis lautete also SOPHIA! SOPHIA ist ein weiteres griechisches Wort für GÖTTLICHE WEISHEIT – was ja ohnehin schon eine zusätzliche Aufwertung von BAPHOMET wäre:

Griechisch:	EINTAUCHEN IN DIE WEISHEIT	
Arabisch:	HAUPT DER ERKENNTNIS	= SOPHIA
Hebräisch:	GÖTTLICHE WEISHEIT	

Doch mit der Decodierung von BAPHOMET als SOPHIA kam nun noch eine weitere Steigerung ins Spiel: SOPHIA war der damals in der gesamten Mittelmeerwelt bekannte Name einer göttlichen Wesenheit, die recht unterschiedliche Interpretationen erfuhr ...

JEAN FRANÇOIS HARDI, RFA, Ministerialdirigent ... *sehr gereizt*:
Hohes Gericht, soll hier wirklich eine neue Gottheit eingeführt werden?
Ich protestiere auf das Entschiedenste!

DANTE, Vors. Richter:
Sollte dies der Fall sein, so breche ich die Verhandlung ab!

60 *Akronym für A(leph-)t(av) b(et)-sh(in); vgl. Samuel, a.a.O., S.41.*

61 *Redslob, Gustav Moritz: Ueber die figura Baffometi der Templer. In: Zeitschrift f. historische Theologie. Gotha 1855, Bd.25, S.595-602. Hier: S.602.*

62 *The Essene Odyssey: The Mystery of the True Teacher and the Essene Impact on the Shaping of Human Destiny. London 1984, S.162-165.*

PATER ANSELM, Advisor ... *beschwichtigend:*
Pardon, verehrte Anwesende, ich skizziere lediglich einen weiteren Urgrund templerischer Tiefgläubigkeit, nämlich die Verehrung der in BAPHOMET erschließbaren SOPHIA, für die es im Orient vier Ausprägungen gab:

❶ **In den gnostisch-koptischen Spekulationen** (1.Jh.)
SOPHIA erschien als URMUTTER WEISHEIT[63] und war eine zentrale Figur im apokryphen Schrifttum der „Pistis Sophia".[64]

❷ **In der esoterisch-kabbalistischen Interpretation** (ab 1.Jh.)
SOPHIA wurde im Sefirot-Baum der kosmischen Emanationen mit der zweiten Sefira CHOKHMAH identifiziert; das ist der hebräische Namen für Weisheit (חכמה).[65]

❸ **In neutestamentlichen Exegesen** (ab 2.Jh.)
SOPHIA galt gelegentlich als der weibliche Aspekt des HEILIGEN GEISTES,[66] was der röm.-katholischen Kurie gar nicht gefiel.

❹ **In der sakralen Architektur** (ab 6.Jh.)
Die Verehrung der HEILIGEN SOPHIA führte zum Bau der HAGIA-SOPHIA-Kirchen, zunächst in KONSTANTINOPEL (532-537), wo der prächtigste Sakralbau seit der Schöpfung entstehen sollte: „ein prophetischer Symbolismus, in dem sich der Himmel über die Erde wölbt,"[67] dann während der Kreuzfahrerzeit in ANDRAVIDA (westlicher Pelepones), in MONEMVASIA (südöstlicher Pelepones) und in NICOSIA.[68]

All diese Variationen der SOPHIA waren im Mittelalter nicht unbekannt, aber sie waren Ausprägungen des HEILIGEN, wie es von der röm.-katholischen Kirche nicht gerade gefördert wurde. So bewegten sich die Templer bei ihrer bescheidenen Suche nach einem KOSMISCHEN JESUS – vorbei an den kirchlichen Reliquien – hin auf eine mystische Ikonisierung,

- in der das griechische BAPHE-METO,
- das arabische ABU-FIHAMAT und
- das hebräisch generierte SOPHIA-Morphem

63 *Schultz, Wolfgang: Dokumente der Gnosis. Augsburg 2000, S.147.*
64 *Walker, Benjamin: Gnosis. Vom Wissen göttlicher Geheimnisse. München 1992, S.51.*
65 *Smoley, Richard: Gnosticismo, Esoterismo e Magia. São Paulo 2004, S.148.*
66 *Amarante, Templários, Bd.1, a.a.O., S.66f.*
67 *„A prophetic symbolism portrays heaven bending to earth". So Bulgakov, Sergei: Sophia. The Wisdom of God. An Outline of Sophiology. Hudson 1993, S.21.*
68 *Setton, Kenneth M.(Ed.): A History of the Crusades, Bd.IV, Madison 1977, S.167, 212, 220.*

zur sprachlichen Annäherung an die über-weltliche Wesenheit der SOPHIA dienten, die man in Form von okkulten NEO-RELIQUIEN zu verehren suchte.

DANTE, Vors. Richter:

Okay, das nehmen wir zur Kenntnis. Kommt da noch irgend etwas?

PATER ANSELM, Advisor:

Oh ja, die Suche nach der SOPHIA führte die Kleriker der Templer zu einem neuen Schöpfungs-Mythos, der vom Bericht der offiziellen Sechs-Tage-Genesis abwich, zumal dieser Mythos ebenfalls im biblischen Schrifttum dokumentiert war ...

THOMAS AQUINO, Richter ... *erbost*:

Ebenfalls biblisch? Das wäre eine Sensation! – oder gar ein Skandal!

PATER ANSELM, Advisor ... *mit entschuldigender Geste*:

Aber so steht es in der Bibel. Demnach hat Gott nicht Adam und Eva als erste Wesen erschaffen, sondern die SOPHIA.
Ich zitiere nur aus dem Alten Testament:

Spr *8,22f.* *3.Jh.v.Chr.*	SOPHIA: „Mich hat **IHVH** geschaffen als Erstling seines Waltens, als frühestes seiner Werke von urher. Ich ward **VOR** aller Zeit gebildet, von Anbeginn, **VOR** den Uranfängen der Erde.“
Sir *24, 9* *2.Jh.v.Chr.*	SOPHIA: „Von der **URZEIT** her, im **ANFANG** ward **ICH** erschaffen, und bis in Ewigkeit vergehe ich nicht.“

Man glaubt es kaum: Mit der im Baphomet-Kult verborgenen Sophia-Verehrung gelangten die templerischen Kleriker weit hinter den sterblichen Adam zurück zur

SOPHIA als dem **ALLERERSTEN** Geschöpf **IHVHs,**

wie jetzt auch eine Theologin betont hat.[69]

[69] *Baumann, Gerlinde: Die Weisheitsgestalt in Proverben 1-9. Traditionsgeschichtliche u. theologische Studien. Tübingen 1996, S.143.*

Dazu möchte ich das geheime Geschichts-Schema der Templer präsentieren:

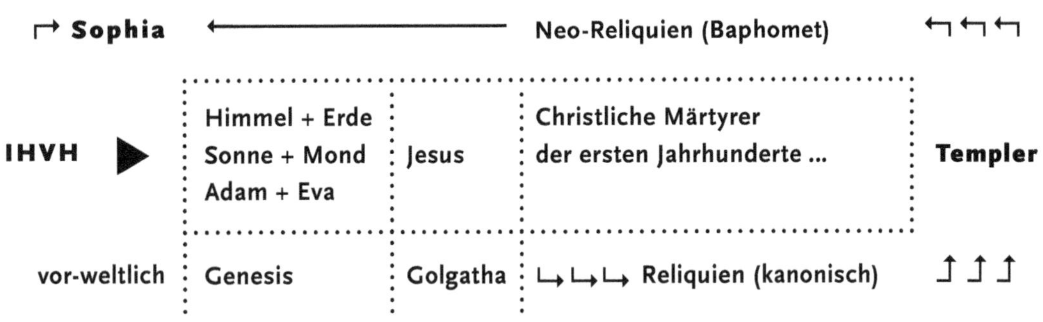

Die Eingeweihten unter den Templern näherten sich damit einer spirituellen Autorität, die laut Hildegard von Bingen – ähnlich dem kabbalistischen EN-SOPH – weit über dem irdischen Geschehen stand, zumal die Äbtissin 1151 schrieb: Die SOPHIA „schaut in die Welt, zu den Menschen herab ... Aber sie selbst kann von keinem Menschen in der Tiefe ihrer Geheimnisse bis zum Letzten erfasst werden".[70] Immerhin: Die katholische Kirche hat jetzt (2012) diese Äbtissin als Kirchenlehrerin anerkannt.

Auch in dieser Hinsicht erwies sich der Templer-Orden als eine orientalische Veranstaltung, die westliche bzw. römische Theologien mied: „The theme of Sophia never had any place in Western theology" – Die Sophia-Thematik war niemals in der westlichen Theologie beheimatet.[71]

Dabei blieb der Templer-Orden stets biblisch konform!

NACHMANIDES, Richter:

Herr Advisor, Ihre vielen Nachweise für eine templerische SOPHIA-Lehre – WEISHEIT, CHOKHMAH, BAPHOMET – sind sicherlich beeindruckend. Aber wie passt das zu einem Orden, der zunehmend als eine dem Reichtum zugewandte Organisation aus Bankern, Schatzmeistern und Kapitalverwaltern von sich reden machte? Weisheit ist ein hohes spirituelles Gut, hingegen bleibt Reichtum eine materielle Ausprägung. Oder?

PATER ANSELM, Advisor:

Und doch gab es einen geheimnisvollen Zusammenhang zwischen biblischer

70 *Wisse die Wege. Scivias. Salzburg 1963, S.306.*

71 *Bulgakov, Sergei: Sophia. The Wisdom of God, Hudson 1993, S.5.*

SOPHIA – Altem Testament – und der figura BAPHOMETI – Reichtum der Templer –, wie ein Vergleich zeigt:

SOPHIA · **Altes Testament**		figura BAPHOMETI · **Templer**
Sprüche *Salomos 8,18/21 3.Jh. v.Chr.*	„Reichtum und Ehre liegen bei mir, stattliches Gut und Gerechtigkeit." „So verleihe ich denen Besitz, die mich lieben, und fülle ihre Speicher."	**Zeuge** ANDREAS ARMANI: Die figura BAPHOMETI [SOPHIA] schenkt dem Orden „Reichtum" und ist ein mächtiger Gott, der selig macht."
Weisheit *Salomos 8,5 50 v.Chr.*	„Ist Reichtum ein begehrenswertes Gut im Leben, was ist reicher als die SOPHIA, die alles schafft?"	**Zeuge** FRANZ RAGONIS DE LANCEIS: Die figura BAPHOMETI [SOPHIA] schenkt dir „Gesundheit, Geld und Pferde."

... nach einigen Minuten der Beratung aller Teilnehmer ergreift der Vorsitzende das Wort.

DANTE, Vors. Richter ... *sichtlich beeindruckt:*
Herr Sachverständiger, Sie haben sich sehr viel Mühe gemacht. Auch wenn es nicht zum Betätigungsfeld des Europäischen Gerichtshofs gehört, Texte dieser Provenienz zu bewerten, so wurde doch deutlich, dass eine – wie auch immer geartete – Beziehung zwischen beiden Traditionen besteht. Gleichwohl wird diese Kammer dazu keine Beurteilung abgeben können.

JANICE SIMON, EuRiCo, Sprecherin ... *moderat:*
Ich habe den Eindruck, dass für alle Anwesenden deutlich wurde, dass die Templer keinem dämonischen Kult verfielen, da sie doch der Verehrung biblischer Figuren anhingen.

JEAN FRANÇOIS HARDI, RFA, Ministerialdirigent:
Wenn wir das richtig verstanden haben, dann fanden diese Vorgänge im Nahen Osten statt, also fern von Frankreich. Ich beantrage – bei allem Respekt – die Einstellung des Anhörungsverfahrens.

Relikte der Templer-Festung Athlit

KURT KINZL, EuRiCo, Rechtsbeistand:
Herr Ministerialdirigent, die scharfsinnigen Analysen des Herrn Sachverständigen haben zwar griechische, arabische und hebräische Sprachdomänen touchiert, aber die Verfolgungen der Tempel-Ritter fanden primär in Frankreich statt und wurden durch den französischen Staat ausgelöst – daran hat sich doch nichts geändert!

MARCO POLO, Richter ... *interessiert, putzt wieder seine Brille*:
Frankreich ... Peleponnes ... Arabisch ... Mich würde es interessieren, wo diese Kulte ihren Ausgang nahmen. Ich meine, darüber haben wir noch gar nichts gehört.

PATER ANSELM, Advisor: ... *hat die kleine Pause sichtlich genossen. Etwas müde stützt er sich an seinem Tisch ab und ruft:*
Athlit ... eindeutig Athlit! Bei der Frage nach dem Ursprungsort der internen Tempel-Kulte fällt der Blick immer wieder auf die uneinnehmbare Felsenfestung von Athlit (Castra Peregrinorum), die – zwischen Haifa und Cäsarea gelegen – strategisch die Ebene von Akkon bis zum Berge Tabor nebst Meeresküste beherrschte: Jerusalem war verloren, die Festung Safed war gefährdet, im überfüllten Akkon war man nicht völlig unter sich, sondern hier lebten die verschiedenen Orden dicht gedrängt nebeneinander, und so wurde in kürzester Zeit (1217-18) das größtenteils vom Meer umgebene Fort Athlit errichtet: Gewaltige Schutzmauern, eigene Süßwasserquellen, Platz für 4000 Krieger, Unterkünfte für Pilger, weshalb es auch Pilgerschloss oder Château Pèlerin genannt wurde.

In ATHLIT konnte man alle Seiten des Templer-Ordens wahrnehmen:
✠ Einerseits die fromme Absonderung von der „sündigen Stadt AKKO, die voll jeglichen Unrats ist“, und die kirchenkonforme Verehrung der RELIQUIEN DER HEILIGEN EUPHEMIA[72], die man bei der Plünderung von KONSTANTINOPEL 1204 beschafft hatte.[73]
✠ Andererseits der ständige Versammlungsort der wichtigsten General-Kapitel, wo die GEHEIMSTEN STATUTEN abgefasst worden sind[74]: Während die Inquisitoren später besonders an einer Auslotung der Aufnahme-Rituale in Outremer interessiert waren[75], bestätigten Tempel-Ritter aus der GASCOGNE, dass die geheimen Statuten auf dem fernen Pilger-Schloss erstellt worden seien.[76] Auch die noch zu erörternden Vorwürfe im Sinne des vierten Maledikts[77] betreffen die apokryphen Aufnahme-Riten von ATHLIT. Aber darüber soll ja erst morgen gesprochen werden.
Diese Exklusivität von ATHLIT haben sich die Templer nie mehr nehmen lassen: Als sich Kaiser FRIEDRICH II. der Burg 1229 bemächtigt hatte, haben die Templer kurzerhand seine Besatzung vertrieben,[78] um unter sich zu bleiben.
Desweiteren bestätigte sich an ATHLIT das hohe Ansehen und der weitreichende Einfluss, den das Pilger-Schloss international besaß: Östlicherseits war der Komtur von ATHLIT qua Amt der Distrikt-Meister für SYRIEN und damit ständiges Mitglied im Templer-Konvent.[79] Westlicherseits reichte sein Einfluss bis nach London, was ein Briefwechsel mit dem englischen König bezeugt.[80]
ATHLIT hat die Einnahme von AKKON (18.Mai 1291) und den Verlust der dortigen Templer-Zitadelle (28.Mai 1291) überlebt und wurde nach dem Verlust des Orients am 14.August 1291 einfach kampflos verlassen. Ihre Reliquien haben die Templer nach ZYPERN überführt, wo sie dem Ordensschatz zu NICOSIA einverleibt wurden.[81] Seitdem versickern die Spuren.

72 *Bulst-Thiele, a.a.O., S.166f.*
73 *Nicholson, a.a.O., S.111.*
74 *Wilcke, a.a.O., S.372.*
75 *Barber, a.a.O., S.200.*
76 *Ebd., S.65.- Auch Prutz vermutet hier die verstärkte Hinwendung zu apokryphen Gebräuchen, evtl. getragen von den sog. Statuten v. Damiette (Kulturgeschichte, a.a.O., S.306).*
77 *Vgl. folgendes Kap. 13.*
78 *Wolf, Int. Templer-Lexikon, a.a.O., S.64.*
79 *Wilcke, a.a.O., S.372.*
80 *Bulst-Thiele, a.a.O., S.347.*
81 *Nicholson, a.a.O., S.111.*

MARCO POLO, Richter ... *indem er sich zurücklehnt:*
Ich danke für diese Übersicht – Knapp war sie nicht, aber informativ.

DANTE, Vors. Richter:
Ich denke, wir haben für heute das zeitliche Limit erreicht. Gibt es noch unbeantwortete Fragen?

ERWIN STEINEBACH, Richter:
Ja, eine Frage bewegt mich noch: Der, dessen Namen ich hier trage – Erwin Steinebach – ist bekanntlich mit der Architektur der Kirchen verbunden. Wenn ich mir heute die Kathedralen ansehe – haben wir da nicht hin und wieder doch Kopf-Idole à la figura BAPHOMETI?

PATER ANSELM, Advisor:
... greift nach einem Blatt und betrachtet es kurz, dann:
Keineswegs. Zwar finden wir von CORNWALL bis nach TOMAR, von der NORMANDIE bis nach BYZANZ immer wieder skurrile Figurationen an und in den Kirchen, sei es als Türgriff, sei es als Wasserspeier, die einen Beweis für den grenzenlosen Einfallsreichtum ihrer Künstler darstellen und meistens warnende oder später schützende Funktionen haben.
Tatsache bleibt aber, dass das Kopf-Idol der Templer mit seiner geheimen Beziehung

- zur göttlichen Weisheit am Anfang der Welt – SOPHIA – und
- zum kabbalistischen Leiter des Kosmos in der Über-Welt – EN-SOPH –

eine okkulte Neo-Reliquie war, die der römisch-katholischen Öffentlichkeit verborgen blieb.
Auffällige Außenexemplare wie an ST. BRIS LE VINEUX in BURGUND oder ST MERRY in PARIS sind nicht in figura BAPHOMETI konzipiert, sondern hier handelt es sich um abschreckende Dämonen oder sie erscheinen als Imaginationen des bösen ASMODÄUS (Tob 3,8)[82] oder sie gehören überhaupt nicht zur Templer-Zeit.[83]

DANTE, Vors. Richter:
Noch Fragen? – Wenn dies nicht der Fall ist, sollten Sie, Herr Sachverständiger, die komplexen Darlegungen von heute auf eine kurze Schlussformel bringen.

[82] *Amarante, Templários. Bd.1, a.a.O., S.312; Gandra, a.a.O., S.34.*
[83] *Dumontier, Michael: Sur les pas desTempliers à Paris et en Ile-de-France. Bd.1. Paris 1979, S.27: Dämonische Figur an St.Merry stammt aus dem 16.Jh.*

PATER ANSELM, Advisor ... *wirkt erleichtert und fasst zusammen:*
Die bei der Aufnahme-Zeremonie zur Wahrnehmung gelangten Kopf-Idole in figura BAPHOMETI waren nicht Instrumente zu einer dämonischen Messe, sondern der Versuch, in Gegenwart von ikonenhaften NEO-RELIQUIEN mit der kosmischen Weisheit SOPHIA und dem über allem Sein befindlichen Ur-Einen EN-SOPH zu respektvoller Verehrung zu kommen.
Die figura BAFFOMETI beschreibt der Templer-Forscher Nicolas de Bonneville schon 1788 als „Dieu Tout-Puissant, Créateur du Ciel et de la Terre" – als den Allmächtigen Gott, den Schöpfer von Himmel und Erde.[84] Und in dem legendären Ausspruch des Jakob von Molay auf dem Scheiterhaufen beruft der Großmeister den Papst Clemens „devant le tribunal du Souverain Juge" – vor das Gericht des Obersten Richters.[85]
„Oberster Richter" – IHVH? ALLAH? EN-SOPH? SOPHIA? KOSMISCHER CHRISTUS? Wir wissen nicht, wen oder was er mit der Formel vom SOUVERAIN JUGE gemeint hat. Der letzte Großmeister appelliert bereits an eine HÖHERE INSTANZ.
Vor der irdischen Gerichtsbarkeit kann ich aber guten Gewissens sagen: Seine Hinrichtung war schändliches Unrecht.

... der Pater hat wieder Platz genommen und greift zu seinem Glas Wasser, während die Zuhörer im Saal Beifall klatschen. Janice und die beiden Kollegen klopfen ihm auf die Schulter. Auf der Richterbank blicken die meisten regungslos in den Saal. Auf der Seite der französischen Regierungsvertreter herrscht frostiges Schweigen. Nach einer kleinen Pause ergreift der Vorsitzende das Wort:

DANTE, Vors. Richter:
Mesdames, Messieurs, ich danke Ihnen für Ihre Ausführungen. Das Gericht hat alles zu Protokoll genommen. Die heutige Anhörung war sehr komplex. Ich hoffe, dass wir morgen eine kürzere Begegnung haben werden.
Beginn: 10.00 Uhr. Die Sitzung ist geschlossen.

Alles erhebt sich. Die Richter verlassen den Saal. Zahlreiche Personen scharen sich um die Bank der Beschwerdeführer. Man will weitere Auskünfte. Erneut wieder-

84 *Le Secret des Templiers du 14° Siecle. London 1788, S.106.*
85 *Dailliez, Laurent: Jacques de Molay, a.a.O., S.165.*

holt Janice Simon bekannte Worte: Während des laufenden Verfahrens werde sie kein Interview geben. Gemeinsam verlässt die Equipe des **EuRiCo** *den Saal. Mark Bride und Kurt Kinzl flankieren die Gruppe.*

Protokoll: *gez.* **Fabian Jaspers**
Für die Richtigkeit: *gez.* **Janice Simon**

MAGISCHE KORDELN? – DIE INITIATION DES TEMPLERS DURCH SPIRITUALISIERUNG SEINER PERSON

La Cour Européenne des Droits de l'Homme
La Salle de l'Audience, Allée des Droits de l'Homme, 67000 Strasbourg
Donnerstag, 5. August, 10.00 Uhr

EUROPEAN COURT OF HUMAN RIGHTS
COUR EUROPÉENNE DES DROITS DE L'HOMME

Public Chamber Hearing

EURICO VS. FRANCE

5. August, Donnerstags-Hearing

MAGISCHE KORDELN?
DIE INITIATION DES TEMPLERS
DURCH SPIRITUALISIERUNG
SEINER PERSON

Referent : Pater Anselm OCist, Advisor

Protokoll : Fabian Jaspers, EuRiCo, Assistant

Der Gerichtssaal ist überfüllt. Gerichtsdiener schaffen weitere Stühle herbei. Die übrigen Besucher verbleiben draußen und sind auf eine akustische Teilnahme angewiesen. Es ist 10.00 Uhr, und die Richter treten ein. Das Publikum erhebt sich, dann nehmen alle Platz.

DANTE, Vors. Richter:
Das vierte Hearing über die Beschwerde des **European Rights Committee** gegen die REPUBLIK FRANKREICH ist eröffnet. Frau Beschwerdeführerin, ich bitte um ihren Vortrag.

JANICE SIMON, EuRiCo, Sprecherin ... *hat sich erhoben, trägt vor:*
Das vierte Maledikt gegenüber den historischen Templern betrifft ... *sie hält sich wieder an die Formulierungen auf einem Zettel ...*

> **... den Vorwurf des okkulten Gebrauchs von magischen Schnüren oder Kordeln oder Gürteln, die nach einer Berührung mit angeblich dämonischen Objekten getragen werden mussten, womit eine konspirative Verbindung mit den gegnerischen Assassinen zum Ausdruck gekommen sei.**

Die Richtigkeit dieser Anklage wird von uns bestritten, zumal die Tempel-Ritter auch ihretwegen Verfolgung und Folterung erleiden mussten. Die französische Regierung hat damals diese Beschuldigungen erhoben, ohne jemals die Bedeutung des Sachverhaltes oder die Hintergründe des Vorgangs überprüft oder aufgeklärt zu haben. Dadurch gerieten die Tempel-Ritter derartig in Verruf, dass sie besonders in Frankreich unter Verachtung und Verfolgung zu leiden hatten. Artikel 3 und 6 der Europäischen Konvention der Menschenrechte sind somit folgenreich verletzt worden.

DANTE, Vors. Richter ... *ausdruckslos:*
Madame, den Beschwerdetenor kennen wir bereits. Und wenn mit den DÄMONISCHEN OBJEKTEN Untersuchungsgegenstände des Vortags gemeint sein sollten, dann sollte sich die heutige Anhörung primär auf die von Ihnen genannten MAGISCHEN SCHNÜRE ODER KORDELN ODER GÜRTEL beziehen. Können wir uns darauf verständigen?

JANICE SIMON, EuRiCo, Sprecherin:
Ja, aber natürlich in Verbindung mit den irrigen Schlussfolgerungen der französischen Regierung.

JEAN FRANÇOIS HARDI, RFA, Ministerialdirigent:
Die französische Regierung, die zu vertreten ich hier die Ehre habe, weist zwar in ihrem Schaubild zur Erklärung der Menschenrechte von 1789 zwei Tafeln mit den berühmten 17 Artikeln auf, die durch eine Lanze mit einer umschlungenen Kordel oder Band umwickelt sind. Über die Explikation die-

Allegorische Darstellung zur Menschenrechts-Erklärung

ser Allegorie können wir gerne sprechen. Das ist Frankreich, Madame. Aber zu irgendwelchen Schnüren von irgendwelchen Personen eines damaligen geistlichen Ordens kann ich und können meine Mitarbeiter nichts sagen. Darüber wissen wir auch nichts. Deshalb wiederhole ich meinen Antrag: Einstellung des Hearings.

JANICE SIMON, EuRiCo, Sprecherin:
Monsieur, diese Darstellung befindet sich in jedem französischen Schulbuch. Wenn Sie die Grafik genauer betrachten, dann entdecken Sie über den beiden Tafeln ganz oben ein DREIECK MIT DEM AUGE GOTTES und seinen STRAHLEN, die alles überschauen, und zwar nicht nur das Jahr 1789, sondern auch das Jahr 1307. Auch dafür ist Frankreich verantwortlich. Herr Vorsitzender, ich beantrage, den Antrag meines Vorredners abzulehnen.

DANTE, Vors. Richter ... *schmunzelnd*:
Mesdames, Messieurs, bitte beruhigen Sie sich. Das AUGE GOTTES oder die Reichweite seiner STRAHLEN sind weder justiziabel noch Gegenstand der heutigen Anhörung. Sofern es durch diese KORDELN und ihre Benutzung zu menschenrechtswidrigen Sanktionen gekommen ist – und das allein kann hier verhandelt werden –, sei Ihnen Ihr Vortrag gestattet.

PATER ANSELM, Advisor: ... *hat bereits seine Materialien – Bücher, Bänder, Kordeln unterschiedlicher Farbe – auf seinem Tisch ausgebreitet und beginnt:*
Hohes Gericht, unter den 123 Anklagepunkten[I] des französischen Königs von 1307 befasst sich der Artikel 58 mit dem bereits hier erörterten KOPF-IDOL, und zwar nun in Verbindung mit den heute angesprochenen KORDELN.
In vielen Protokollen finden wir Zeugenaussagen, die auf etwas Geheimnisvolles hinweisen:
„Ils entouraient cette tête de cordelettes, les lui faisaient toucher; puis ils ceignaient leurs corps de ces cordelettes. On leur enjoignait sous la foi du serment de ne pas révéler ces actes“: „Sie umwickelten dieses KOPF-IDOL mit Kordeln und brachten diese mit ihm in Berührung; dann legten sie diese Kordeln um ihre Körper und geboten allen unter Eid, diesen Vorgang zu verschweigen.“

I *„Articuli, super quibus inquiretur contra ordinem militie Templi“. Zit.b. Schottmüller, Konrad: Der Untergang d. Templer-Ordens. Mit urkundlichen u. kritischen Beiträgen. Bd.2, Abt.III. Berlin 1887, S.148ff.*

Die Aussagen über die Art dieser Gürtel oder Kordeln sind aber eigentlich unverdächtig. So erklärte ein Zeuge anlässlich seiner Aufnahme bei den Templern, dass „ipsos fratres et se ipsum portare cingulos cordularum de filo lineo supra camisiam“: „dass die Brüder und er selbst einen Gürtel aus Kordeln von leinenem Faden auf dem Hemd“ trugen bzw. tragen mussten. In manchen Beiträgen zur Templer-Forschung kommt es hier aber zu Missverständnissen, wenn es dort heißt:

- Im Aufnahme-Ritual wurde den neuen Templern „die Umgürtung mit der weißwollenen Schnur, dem JOHANNISGÜRTEL“ zuteil (Wilcke 1860)[2] oder
- Man band „den Aufgenommenen eine weißwollene Schnur um, die symbolisch den Gürtel JOHANNES DES TÄUFERS darstellt“ (Frick 1973).[3]

Franziskaner mit Gurt © 1904 Gasquet OSB

Ich denke, das war ein Irrtum, denn die weißwollene Schnur führt nicht zu JOHANNES DEM TÄUFER, denn er trug bekanntlich „einen Mantel aus Kamelhaaren und einen ledernen Gürtel“ (Mt 3,4).
Hohes Gericht, aus solchen Widersprüchen ergab sich die Notwendigkeit, diese Frage im damaligen Kontext mittelalterlicher Gürtel-Kulturen zu hinterfragen. Hier ist ein Rundblick, den mir ein geographisch bewanderter Ordensbruder aus unserem Kloster in CÎTEAUX für den heutigen Termin zur Verfügung gestellt hat:

Ort/Zeit	**Bethlehem:** Rachels Grab – seit 13.Jh. v.Chr.
Gruppe	Jüdisches Brauchtum
Objekt	ROTE WOLLSCHNUR 7-mal ums Grab gebunden u. somit geweiht.
Mental	Umgürtung schützte vor dem BÖSEN BLICK (Spr 28,22).[4]
Ort/Zeit	**Jerusalem:** Jüdischer Tempel – ab 500 v.Chr.
Gruppe	Hoher Priester
Objekt	Gewebter ROTER GÜRTEL
Mental	Trennte SYMBOLISCH die oberen von den unteren Organen.[5]

2 *Wilcke, a.a.O., S. 471.*

3 *Frick, Karl R.H.: Die Erleuchteten. Gnostisch-theosophische u. alchemistisch-rosenkreuzerische Geheimgesellschaften. Graz 1973, S. 255.*

4 *Sered, Susan Starr: Rachel's Tomb and the Milk Grotto of the Virgin Mary. Two Women's Shrines in Bethlehem. In: Journal of feminist studies in religion. Bd.2 (1986), S.7-22. - Berg, Yehuda: The Red String Book. The Power of Protection. Los Angeles 2004, passim.*

5 *Teman, Elly: The Red String. The Cultural History of a Jewish Folk Symbol. In: Jewish Cultural Studies. Ed.Bronner, Somon J. Bd.1. Oxford/ Portland 2008, S.40.*

Ort/Zeit	**Indien** – ab 500 v.Chr.
Gruppe	Brahmanen
Objekt	HEILIGE GURT-SCHNUR des brahmanischen Schülers
Mental	Symbolisierte die NABEL-SCHNUR zum persönlichen Guru.[6]

Ort/Zeit	**Indo-iranisches Brauchtum** – ab 500 v.Chr.
Gruppe	Zoroastrier
Objekt	WEISSE BAUMWOLLENE KORDEL, 3-mal um Taille gewunden.
Mental	INITIATION zur Glaubensgemeinschaft mit 15. Lebensjahr[7]

Ort/Zeit	**Indien** – ab 1.Jh. n.Chr.
Gruppe	Hinduismus
Objekt	Heilige Schnur als HÜFT-GÜRTEL; weiße Baumwolle = Priester; rote Baumwolle = Krieger.
Mental	Umgürtung symbolisierte INITIATION zur 2. Geburt.[8]

Ort/Zeit	**Tauris** [Tabris], **Persien** – um 1270 n.Chr.
Gruppe	Mönche des Klosters vom St. Barsamo
Objekt	WEIHUNG GEWEBTER GÜRTEL auf dem Altar des Orts-Heiligen
Mental	Die Gürtel halfen GEGEN GICHTLEIDEN.[9]

Ort/Zeit	**Europa** – ab 1223 n.Chr.
Gruppe	Franziskaner
Objekt	WEISSER DREIFACH GEKNOTETER STRICK[10] (vgl. Abb.)
Mental	Der Mönchsgürtel verlieh KRAFT DER WAHRHEIT und KEUSCHE ZUCHT.[11]

Fazit: Weltweit können Gurte also mehr sein als ein bloßer Gürtel, sie haben dann signalisierende oder schützende oder heilende oder initiierende Funktion. Um so mehr stellte sich die Frage nach der Bedeutung der WEISSWOLLENEN KORDEL, die dem aufgenommenen Templer übergeben oder gar aufge-

6 *Zimmer, Heinrich: Philosophie u. Religion Indiens. Frankfurt/M. 1992, S.149f.*

7 *Boyce, Mary: Zoroastrians. Their Religious Beliefs and Practices. London/Boston/Henley 1979, S.31.*

8 *Michaels, Axel: Der Hinduismus. Geschichte u. Gegenwart. München 1998, S.93-107, 198, 258.*

9 *Polo, Marco: Von Venedig nach China. Die größte Reise d. 13.Jh. [1271-95]. Tübingen/Basel 1972, S.53f.*

10 *Frank, Isnard W.: Lexikon d. Mönchtums u. der Orden. Stuttgart 2005, S.96.*

11 *Forstner, Dorothea: Die Welt der Symbole. Innsbruck/Wien/München 1967, S.461f.*

zwungen wurde und die damit zu einem weiteren Bestandteil des geheimen Aufnahme-Kultus geworden war.

THOMAS AQUINO, Richter:

Herr Sachverständiger, diese Vielfalt von Gürtel-Kulturen kann den Templern doch unmöglich bekannt gewesen sein!

PATER ANSELM, Advisor:

Natürlich nicht. Deshalb möchte ich nun die Aussagen einiger Zeugen heranzuziehen, die vor der Untersuchungskommission mit dem fraglichen Artikel 58[12] konfrontiert wurden:

> **Latein:** „quod aliquod caput dictorum ydolorum cingebant seu tangebant cordulis, quibus se ipsos cingebant circa camisam vel carnem".
>
> **Übersetzt:** „dass sie irgendein Haupt der genannten [BAPHOMET]-Idole umwickelten und dadurch mit Kordeln berührten, mit welchen sie sich [dann] selbst an Hemd und Haut umgaben".

Dazu haben die Ritter zu Protokoll gegeben:

- Die Kordel wurde entweder vorher UM das Kopf-Idol HERUM gewickelt:
  ZEUGE JEAN TAILLEFER 14.04.1308: Während der Einkleidung mit dem Habit wurde ihm eine Kordel von weißen Fäden, welche um das Kopf-Idol gewickelt war, übergeben.[13]
- ... oder dem INNEREN des Kopf-Idols ENTNOMMEN:
  ZEUGE RAYMOND DE NARBONNE 1288: Bei seiner Aufnahme erhielt er einen aus dem Kopf-Idol entnommenen Gürtel zum Tragen über dem Hemd.[14]
- ... und sollte IMMER getragen werden:
  ZEUGE JEAN L'ANGLAIS 15.04.1308: Beim Eintritt wurde ihm eine Kordel aus weißen Fäden übergeben, die um das ominöse Kopf-Idol gewickelt war. Die Kordel sollte er „de die et de nocte", also Tag und Nacht, über dem Habit tragen.[15]

MARCO POLO, Richter ... *unterbricht den Vortrag*:

Herr Sachverständiger, mit Interesse habe ich wahrgenommen, dass Sie die Gürtelweihe im alten Persien zitiert haben, über welche der historische

12 *Schottmüller, a.a.O., S.150.- Artikel 54 in der Anlage des Papstes zur Bulle „Faciens misericordiam"; zit.b. Wilcke, a.a.O., S.692.*

13 *Gandra, a.a.O., S.27.*

14 *Wilcke, a.a.O., S.562.*

15 *Gandra, a.a.O., S.27.*

Marco Polo berichtet hat. Gleichwohl: aus Ihren Darstellungen wird noch nicht die Bedeutung der Gurte oder Kordeln bei den Templern sichtbar – außer dass die Berührung der Kordeln mit den okkulten Kopf-Idolen eine grundlegende Rolle spielte.

PATER ANSELM, Advisor:

In der Tat ist die Berührung von größter Bedeutung, und dieser Sachverhalt führt uns nach PALÄSTINA, nach NAZARETH und erneut auch zum ordenseigenen Templer-Schloss ATHLIT am Mittelmeer:

In den *englischen* Verhören bekannten mehrere Zeugen, dass ihre Gürtel durch Berührung „an der Säule [der Verkündigungskirche] ST.MARIA zu NAZARETH geheiligt" worden seien.[16] Damit wären die templerischen Kordeln ursprünglich – korrekt nach römisch-katholischer Ritualistik – MARIANISCHE BERÜHRUNGSRELIQUIEN gewesen.

In den *französischen* Verhören stoßen wir auf eine kleine Sensation: Der Templer GUIDO aus der NORMANDIE gab an, dass seine Schnur ursprünglich geweiht worden sei „durch Berührung eines Pfeilers, welcher zu NAZARETH auf der – durch die Verkündigung der Maria geheiligten – Stelle stand."

Später aber sei sie *noch einmal*

> durch die Berührung „einer Reliquie geweiht [worden], welche der Orden jenseits des Meeres [also: outre-mer] von dem HL. POLICARP und der EUPHEMIA besaß",[17]

also auf ATHLIT.

Diese Aussage über eine **sukzessiv doppelte Weihe** ist absolut verwunderlich und lässt den historischen Moment erkennen, an dem die Templer in OUTREMER ein neues, sagen wir ein *eigenkirchliches Verhältnis* zum TRADITIONELLEN RELIQUIEN-KULT entwickelten.

Die neuerliche Formulierung: „von einer Reliquie geweiht", die der Orden von zwei anderen Reliquien (hl. POLICARP und der EUPHEMIA) bereits besaß, ist verwirrend und lässt nur einen Schluss zu: Man hatte eine „neue" (= dritte) Reliquie, die von zwei „alten" (= kanonischen) Reliquien durch Berührung geweiht worden war. Man hatte also eine NEO-RELIQUIE (offenkundig die spätere BAPHOMET-IKONE) gebildet und diese an den HEILIGEN RELIQUIEN (von POLICARP und EUPHEMIA) durch Berührung nachträglich geweiht. Diese

[16] *Wilcke, a.a.O., S.562.*
[17] *Wilcke, ebd.*

neuartigen Reliquien, diese NEO-RELIQUIEN, standen, aber nun – durch ihre baphometische Figuration – in direktem Bezug zur kosmischen SOPHIA. Dass die Templer in ATHLIT über Kopf-Reliquien von ST.POLICARP und ST.EUPHEMIA verfügten, ist unstrittig. Auch die späteren Verhör-Akten aus ZYPERN bestätigten mehrfach die HL.EUPHEMIA („sancte Eufemie“) als heilige Ordensfigur in ATHLIT.[18]

In ATHLIT scheint zunächst ein Nebeneinander von ALT-RELIQUIEN und NEO-RELIQUIEN bestanden zu haben. Der Zeuge GUY DELPHINI – befragt, womit seine Kordel geweiht worden sei – betonte erleichtert vor der Kommission, dass seine Kordel *nicht* „had touched the SUPPOSED IDOL of the Templars“, sondern „had touched the relics of ST POLICARP and ST EUPHEMIA“,[19] d.h. nicht durch Kontakt mit dem neuartigen Kopf-Idol der Templer, sondern durch Berührung mit den beiden Märtyrer-Büsten auf dem Templer-Schloss ATHLIT geweiht worden sei: Hier wird deutlich, dass es bereits BEIDE ARTEN VON KOPF-PORTRÄTS nebeneinander gab!

MARCO POLO, Richter:

Warum diese Hinwendung zu artifiziellen Reliquien?

PATER ANSELM, Advisor:

Das war eine Folge des damaligen Werte-Zerfalls. Ich sagte ja bereits:

- der Verlust des WAHREN KREUZES,
- die Brüchigkeit der Idee eines KÖNIGREICHS JERUSALEM,
- der Schwund eines HEILIGEN LANDES in christlicher Hand,

das alles ließ die Hoffnung auf den Fund weiterer ALT-RELIQUIEN verblassen. 1263 wurde dann auch NAZARETH von muslimischen MAMELUKEN vollständig erobert und die alte Verkündigungsbasilika ST.MARIA auf Befehl von Sultan BAIBARS endgültig zerstört. Bald folgte die Vernichtung aller christlichen Kirchen in OUTREMER. An weitere Reliquien aus PALÄSTINA war also nicht mehr zu denken.

In dieser Situation war für einen Orden, der um 1300 n.Chr. etwa 970 Niederlassungen, 7000 Mitglieder und 55.000 Hilfskräfte besaß[20], die Hinwendung zur Herstellung und Weihung *eigener* NEO-RELIQUIEN mit spirituell höhe-

18 *Schottmüller, Bd.2, a.a.O., S.209f. u. S.215: Zeuge LXIII, LXIV, LXXII.*
19 *Nicholson, a.a.O., S.112.*
20 *Barber, Malcom: Supplying the Crusader States: The Role of the Templars. In: The Horns of Hattin. In: The Horns of Hattin. Ed. Kedar, B.Z. (= Proceedings of the 2nd Conference of the Society fort he Study of the Crusades and the Latin East, 2-6 July 1987), S.317.*

rer Reichweite ein willkommener Behelf. Nichts anderes taten heimkehrende Kreuzfahrer, wenn sie in ihren europäischen Ortschaften kleine Kapellen nach dem Muster der Jerusalemer GRABESKIRCHE erbauen ließen: Diese alle waren eigentlich NEO-KIRCHEN vom GRABE CHRISTI, ohne dass irgendjemand daran Anstoß nahm. Damit tritt die tiefere Bedeutung der Templer-Festung von ATHLIT zum Vorschein: Ein geschlossener Orden machte aus der Not eine Tugend und stellte neben die NATÜRLICHEN RELIQUIEN der Christenheit die KÜNSTLICHEN RELIQUIEN der Ordens-Geistlichkeit.
Das abseits gelegene ATHLIT war der hervorragend geeignete Platz für diesen Wandlungsprozess. In einer neueren Untersuchung hat ein Nahost-Forscher noch einmal über die Entscheidung der Templer zugunsten von ATHLIT nachgedacht. Nicht nur strategische Gründe seien ausschlaggebend gewesen, sondern vor allem ein „spirituelles Motiv", nämlich im Kontrast zur sündigen Stadt AKKON ein spirituelles ATHLIT zu begründen, um die neuen „social and economic problems" des Ordens zu lösen.[21]

ALBERTUS MAGNUS, Richter:

„Spirituelles Motiv" – das wäre für den großen Albertus Magnus interessant gewesen, sagt man ihm doch nach, mit der Alchemie sympathisiert zu haben. Wie muss man sich solche Spiritualität bei diesen Schnüren und Kordeln vorstellen?

PATER ANSELM, Advisor:

Wie man sich das vorstellen muss? Indem die Kordeln mit der Reliquie in Berührung kamen, nahmen sie das spirituelle Wesen der Reliquie auf. Und indem sich der Tempel-Ritter mit dieser Kordel umgürtete, erstrahlte diese spirituelle Essenz auch in ihm: Sie schützte ihn, sie stärkte ihn. Das ist die allgemeine Auffassung von den Relikten in dieser Welt ... bis heute ... ein Autogramm vom Dalai Lama, eine Krawattennadel von Charly Chaplin, ein Fingernagel von Johannes dem Täufer – und schon fühlt man die Aura der größeren Persönlichkeit um sich und in sich ...
Der Templer-Forscher WILCKE nannte diesen Vorgang MAGISCH: Die Schnur sei in das hohle Kopf-Idol hineingelegt worden, um so gleichsam magische Kräfte an sich zu ziehen und ein mächtiges Amulett zu werden.[22]

21 *Ehrlich, Michael: Crusader's castles – the fourth generation: reflections on Frankish castle-building policy during the 13th century. In: Journal of Medieval History 29 (2003) 85-93.*

22 *Wilcke, a.a.O., S.462.*

Magisch oder spirituell? Nach Würdigung der verschiedenen Gürtel-Kulte rund ums Mittelmeer fand eher eine spirituelle Wirkung statt: ganz gleich ob der JUDE die Klagemauer berührt oder der CHRIST beim Schwur die Hand auf die BIBEL legt oder der MUSLIM in MEKKA mit seinen Lippen die KAABA berührt: Durch den direkten Kontakt fühlten sich die Betroffenen dieser drei Religionen unmittelbar mit dem Allerhöchsten im Kosmos verbunden. Auf die Ritualistik der späteren Templer übertragen heißt das: Da die Kordeln an einem Kopf-Idol des BÄRTIGEN ALTEN bzw. der HEILIGEN SOPHIA quasi aufgeladen wurden, galt der Glaube ihrer Kleriker, dass die neuen Ritter des Ordens jedes Mal neu mit ihren Kraftimpulsen ausgestattet werden würden. Man erwartete von nun an eine Spiritualisierung des neuen Ritters: Das GEHEIME KOPF-IDOL blieb in der KOMTUREI, aber der PERSÖNLICHE GÜRTEL begleitete jeden Templer hautnah durch die Welt.

DSCHALAL AL-DIN RUMI, Richter:

Herr Advisor, wenn ich das Selbstverständnis der Templer richtig verstehe, handelt es sich bei ihnen „de die et de nocte“, also ein Leben lang, um ein Verbunden-Sein mit einer höheren, einer außerirdischen Instanz. Wieso war das damals nicht der Öffentlichkeit in Europa zu vermitteln? Immerhin spricht oder sprach man damals vom CHRISTLICHEN ABENDLAND.

PATER ANSELM, Advisor:

Gute Frage – Aber wer hätte denn dem Orden zugehört?

- Der französische König PHILIPP? Formal war er „König von Gottes Gnaden“, aber innerlich nur an dem Reichtum des Ordens interessiert.
- Der Papst CLEMENS? Formal war er „Vicarius Christi“, aber als Person nur durch Bestechung ins Amt gekommen, ohne Autorität, ein Gefangener in AVIGNON.
- Der Templer-Orden selber? Er hatte den Zweck einer „militia Christi“ seit 1291 verloren und den mystischen Sinn seiner Lehren vermutlich längst vergessen.

CHARLES COURAGEUR, RFA, Ministerialdirigent:

Hohes Gericht, das alles ist ja recht interessant. Aber warum sitzen wir hier? Doch nicht wegen irgendwelcher Kordeln oder spiritueller Berührungs-Therapien!

JANICE SIMON, EuRiCo, Sprecherin ... *hat sich spontan erhoben*:

Monsieur, wegen dieser Therapien – wie Sie sagen – wurden die Templer verfolgt oder ermordet! Wir verhandeln über das vierte Maledikt!

PATER ANSELM, Advisor:

Das ist leider richtig: Damals haben die Ankläger die Assassinen ins Spiel gebracht, weil auch ihre Mitglieder rituell zum Tragen eines Gürtels verpflichtet wurden. Doch ihr Gurt war rot wie Blut[23], während die initiierten Templer eine weiße Wollschnur trugen, die an Spiritualität und Reinheit gemahnt. Im übrigen waren die Assassinen eine ismaelitische Mördersekte, die den Templern tributpflichtig war und später von den Mongolen vernichtet wurde. Inhaltlich hatten die Templer mit den Mördern nichts zu tun. Aber die Häscher des französischen Königs blieben unbelehrbar.

Erleichterung, ja fast Heiterkeit hat sich bei den Zuhörern eingestellt. Aber niemand steht auf. Alles blickt wie gebannt auf den Pater, der in sich gekehrt seine Materialien zusammenlegt.

DANTE, Vors. Richter:

Mesdames, Messieurs, ich danke allen Teilnehmern für ihre Ausführungen. Das Gericht hat alle Einzelheiten zu Protokoll genommen. Die heutige Anhörung war wieder sehr komplex. Morgen findet das Hearing seinen Abschluss. Beginn: 10.00 Uhr. Die Sitzung ist geschlossen.

Alle Anwesenden erheben sich. Die Richter verlassen den Saal. Zahlreiche Personen scharen sich wieder um die Bank der Beschwerdeführer. Man will auch heute weitere Auskünfte. Erneut wiederholt Janice Simon bekannte Worte: Während des laufenden Verfahrens werde sie kein Interview geben. Gemeinsam verlässt die Equipe des EuRiCo den Saal. Mark Bride und Kurt Kinzl bahnen sich einen Weg und flankieren die Gruppe.

Protokoll: *gez.* **Fabian Jaspers**
Für die Richtigkeit : *gez.* **Janice Simon**

23 *Annan, David: Assassinen u. Tempelritter. In: Geheimgesellschaften, hg.v. MacKenzie, Norman. Genf 1974, S.117.– Meck, Bruno: Die Assassinen. Düsseldorf/Wien 1981, S.162-164.*

HEIMLICHE KETZEREI? – DIE TEMPLER IN DER KONFRONTATION MIT DEM WERTEWANDEL

La Cour Européenne des Droits de l'Homme
La Salle de l'Audience, Allée des Droits de l'Homme, 67000 Strasbourg
Freitag, 6. August, 10.00 Uhr

EUROPEAN COURT OF HUMAN RIGHTS
COUR EUROPÉENNE DES DROITS DE L'HOMME

Public Chamber Hearing

EURICO VS. FRANCE

6. August, Freitags-Hearing

HEIMLICHE KETZEREI? – DIE TEMPLER IN KONFRONTATION MIT DEM WERTEWANDEL

Referent : Pater Anselm OCist, Advisor
Protokoll : Fabian Jaspers, EuRiCo, Assistant

Der Gerichtssaal ist wieder überfüllt. Draußen auf dem Gang haben verspätete Besucher auf bereitgestellten Stühlen Platz genommen. Heute schließen die Gerichtsdiener die beiden Türen nicht, sondern verweilen an den Zugängen. Es ist 10.00 Uhr, die Richter betreten den Saal. Das Publikum erhebt sich, dann nehmen alle Platz.

DANTE, Vors. Richter:
Die fünfte und letzte Sitzung zum Hearing über die Beschwerde des **Euro-**

pean Rights Committee gegen die Republik Frankreich ist eröffnet. Frau Beschwerdeführerin, ich bitte um ihren Vortrag.

JANICE SIMON, EuRiCo, Sprecherin ... *hat sich erhoben, trägt vor:*
Das FÜNFTE MALEDIKT gegenüber den historischen Templern betrifft ... *wieder liest sie wörtlich von einem Zettel ab*

> **... den Vorwurf der Verfälschung von sakramentalen Handlungen wie des ABENDMAHLs und der ABSOLUTION, wodurch sich die Templer gegenüber den Normen der vorherrschenden Religiosität schwerer Sünde schuldig gemacht hätten.**

Die Richtigkeit dieser Anklage wird von uns bestritten, zumal die Tempel-Ritter auch ihretwegen Verfolgung und Folterung erleiden mussten. Die französische Regierung hat damals diese Beschuldigungen erhoben und ihre Verleumdungen auch bei der katholischen Kirche vorgetragen, ohne jemals die Bedeutung der Sachverhalte oder die Hintergründe der fast 200-jährigen Ordens-Entwicklung aufgeklärt zu haben.
Dadurch gerieten die Tempel-Ritter derartig in Verruf, dass sie besonders in Frankreich unter Verachtung und Verfolgung zu leiden hatten. Die Normen von Artikel 3 und 6 der Europäischen Konvention der Menschenrechte sind somit folgenreich verletzt worden.

DANTE, Vors. Richter ... *ausdruckslos:*
Madame, der Beschwerdetenor ist dem Gericht zur Genüge bekannt. Ich muss Sie allerdings darauf hinweisen, dass dieses Gericht sakramentale Handlungen wie „Abendmahl" oder „Absolution" juristisch nicht behandeln kann. Untersuchungsgegenstand kann auch heute nur die Frage sein, inwiefern sich aus den damit verbundenen Vorgängen menschenrechtswidrige oder das Menschenrecht verletzende Handlungen von Staaten oder Institutionen ergeben haben, die heute einer gerichtlichen Stellungname bedürfen könnten.

JANICE SIMON, EuRiCo, Sprecherin:
Ja, natürlich, aber Ihre Formulierung von den „damit verbundenen Vorgängen" erfordert unseres Erachtens eine Erhellung der Begriffe kirchlicher Herkunft, weil sie von Staats wegen strafrechtlich missbraucht worden sind.

JEAN FRANÇOIS HARDI, RFA, Ministerialdirigent:
Namens der französischen Regierung lege ich auch heute Widerspruch ein:

Zu religiösen Begriffen nimmt die Republik Frankreich bekanntlich nicht Stellung. Und für Fragen des katholischen Kirchenrechts ist der Europäische Gerichtshof nicht zuständig. Die Beschwerdeführer betreiben hier ein sehr durchsichtiges Manöver. Ich beantrage, das Anhörungsverfahren jetzt einzustellen.

JANICE SIMON, EuRiCo, Sprecherin:
Monsieur, primär geht es hier ja nicht um Normen kirchlicher Herkunft, sondern um Intrigen politischer Hasardeure und ihre illegitimen Praktiken beim Machterhalt. Das zeigt sich bereits an der Tatsache, dass der französische König PHILIPP IV. am 18.November 1302 durch das wichtigste Dokument des Mittelalters, nämlich die BULLE UNAM SANCTAM, wegen seiner Habgier von dem Papst BONIFATIUS VIII. zurechtgewiesen wurde. Und sein Kanzler NOGARET war während des gesamten, von ihm betriebenen Verfahrens des französischen Staates gegen die Templer exkommuniziert, nämlich von April 1304 bis April 1311. Beide Akteure – König wie Kanzler – hatten also gar kein kirchliches Mandat. Es geht um politisches Unrecht und um Verletzung von Menschenrecht. Und dafür ist Frankreich als politischer Staat und Rechtsnachfolger früherer Regierungen verantwortlich. Herr Vorsitzender, ich beantrage, das Ersuchen meines Vorredners abzulehnen.

Bulle „Unam Sanctam" von Papst Bonifaz VIII. 1302

DANTE, Vors. Richter:
Madame, wir werden ein wachsamen Auges darauf werfen, dass die vereinbarte Verfahrenslinie eingehalten wird. Ich bitte die Antragsteller um ihren Vortrag.

... *Pater Anselm hat aufmerksam zugehört und je nach dem Verlauf des Disputs zwischen Monsieur Hardi und Janice Simon passende Schriftstücke auf seinem Tisch bereit gelegt. Nach einem kurzen Moment erhebt er sich und beginnt mit seinen Ausführungen:*

PATER ANSELM, Advisor:
Herr Vorsitzender, es gab da vor allem zwei Streitpunkte:

Streitpunkt ❶ Die templerische Absolution:

Hohes Gericht, für die Fragestellungen der heutigen Anhörung muss ich noch einmal auf die fundamentale BULLE OMNE DATUM OPTIMUM des Papstes INNOZENZ II. von 1139 zurückkommen. Darin hat die katholische Kirche weit reichende Privilegien zugunsten des Templer-Ordens ausgesprochen:

Der Großmeister sollte eine „militaris et religiosa persona“ sein, d.h. die vom Papsttum erwünschte Ordenskonzeption war von Anfang an so angelegt worden, dass der Großmeister

- ➔ nicht nur der militärische Oberbefehlshaber des Ritterheeres war,
- ➔ sondern gleichzeitig mit der geistlichen Vollmacht über den Templer-Orden versehen wurde.

Und hinzu kam das Placet für die Einstellung eigener Geistlicher!
Da nämlich der Orden zugleich das Privileg erhalten hatte, dass er eigene Kleriker und Priester („clerici et sacerdotes“) aufnehmen durfte, die nicht mehr dem Papst im fernen Rom, sondern ausschließlich dem in Jerusalem ansässigen Templer-Großmeister und seinen Nachfolgern unterstanden, aber selber nicht bei der Ordenspolitik (Kapitel, Ordensrat) mitwirken durften, hatte der Großmeister durch apostolischen Beschluss eine Vollmacht erhalten, die man schon cäsarisch nennen könnte: Auch Cäsar war seinerzeit zugleich Diktator („dictator perennis“) als auch Oberpriester („pontifex maximus“) auf Lebenszeit.
So etwa müssen wir uns die Vollmachten vorstellen, die die mittelalterliche Kirche damals dem „Magister templi“ von Jerusalem, also dem späteren Großmeister aller Templer ganz offiziell zugeteilt hatte, mit Unterzeichnung des Papstes und weiteren neunzehn Unterschriften, zumeist von Kardinälen, im Lateran zu Rom.
So nimmt es nicht Wunder, dass die Ordens-Kultur seit 1139 eigene Wege zu gehen begann, zumal man in der Exotik des Nahen Ostens, in Palästina, auf den Höhen von Galiläa, an den Küsten des Libanons nicht mehr unter kirchlicher Aufsicht stand, sondern auf sich selbst angewiesen war und eigene Umgangsformen entwickelte: Mit dem Kirchenbann belegte Pilger fanden templerische Aufnahme, in Europa exkommunizierte Personen erhielten in Outremer eine templerische Grabesstätte, Verstöße gegen Ordensregeln wurden im einmal wöchentlich tagenden Kapitel gebeichtet, wo dann der Komtur oder Präzeptor oder Visitator die templerische ABSOLUTION aussprach, obwohl die Letzteren primär Kombattanten, also nicht Kleriker waren.

THOMAS AQUINO, Richter:
Stop! – Hatten denn auch diese Amtsinhaber den Status einer „religiosa persona“ oder nicht? Den sollten sie doch nach der BULLE von 1139 haben!

PATER ANSELM, Advisor:

Genau dies war der springende Punkt! Der Orden war ein geistlicher Militär-Orden, die Mitglieder galten mancherorts gar als Mönchs-Ritter, die Ermächtigungsbulle bezeichnete den Meister als religiöse Person, aber was hieß das denn nun konkret? War der Großmeister ranggleich mit einem Bischof? Abt? Prälat? – Die BULLE blieb da unpräzise, aber war von grenzenlosem Optimismus erfüllt!

In geistlichen Dingen war der Großmeister quasi „päpstlicher Vikarius des Ordens"[1], und damit strahlte die „auctoritas papae" qua Person des jeweiligen Großmeisters in den Templer-Orden hinein, und es ist rätselhaft, wieso man später beim Absolutionsrecht dem Templer-Orden eine sakramentale Verfehlung vorwerfen wollte, hatte doch die BULLE von 1139 den Großmeister ganz freimütig als „religiosa persona" ausgewiesen und die Kleriker des Ordens von ihm weisungsabhängig gemacht. Das mochte anderen Kritikern später nicht gefallen, aber die apostolische Entscheidung von 1139 hat nun einmal diese Entwicklung vorbereitet.

Fazit 1: Aufgrund päpstlicher Vollmacht von 1139 waren die vom Großmeister als „religiosa persona" im Ordens-Inneren vorgenommenen Absolutionen und die seiner Vertreter gültig und rechtens. Also keine Ketzerei!

THOMAS AQUINO, Richter:

Danke für diese Auslegungen. Man muss schon sagen: eine sehr eigenartige Verwaltungsstruktur! *Der Richter blättert in Unterlagen auf seinem Tisch; nach einer kurzen Pause:* Nächster Punkt: Was ist mit den schillernden Nachrichten über das ABENDMAHL der Templer? Gab es eine Abkehr von der Formel „Hoc est corpus meum" – Dies ist mein Leib?

PATER ANSELM, Advisor:

Streitpunkt ❷ Das templerisches Abendmahl:

Im 12.Jh. hat es zunächst keine spürbare Abkehr gegeben. Ich habe aber bereits auf die großen spirituellen Erschütterungen im Jesus-Bild hingewiesen, die – jenseits des Meeres „outre-mer" – durch den Misserfolg des WAHREN KREUZES in GALILÄA und durch den Verlust der HEILIGEN STADT JERUSALEM im Jahre 1187 eingetreten waren:

[1] *Wilcke, a.a.O., S.309.*

Durch die beim Abendmahl in der kirchlichen Eucharistiefeier gebräuchliche Formel von BROT UND WEIN – beides verwandelt sich durch die Worte des katholischen Priesters spirituell in LEIB UND BLUT –, sollte die kultische Gegenwart des auferstandenen JESUS bewirkt werden, doch gleich danach vernahmen die Ritter des Ordens die Worte des PAULINISCHEN CHRISTENTUMS, die ihnen als Krieger den wirklichen Tod des Erlösers vor Augen führten:

> „Sooft ihr von diesem Brot esst und aus dem Kelch trinkt, verkündigt ihr den Tod des Herrn" (1 KOR 11,26)

Was hieß das konkret? Ritter wollen siegen und im Abendmahl mit Brot und Wein einen siegreichen CHRISTUS in sich aufnehmen.

Doch hier im PAULUS-Wort nahmen sie den Tod in sich auf.

So jedenfalls hörten sie es in der pastoralen Lesung, und so hatten sie es auch praktisch im Feld erlebt: Die Niederlage von HATTIN und das Scheitern der Kreuzzugsidee im Bewusstsein einfacher Soldaten und wenig gebildeter Ritter verbanden sich mit der Vorstellung, dass der NAZARENER von GOLGATHA – der ja selbst in seinem Todeskampf am Kreuze keine Hilfe von GOTT erfahren hatte – offenkundig ein „falscher Prophet" gewesen sein könnte, der nicht zu Siegen verhalf, sondern vom Tod geprägt war. Man erinnere sich der Worte verschiedener Templer im Verhör: „Glaube nicht an den Gekreuzigten von GOLGATHA, unser Allmächtiger GOTT ist im Himmel"[2] – Das waren schlechte Voraussetzungen für die Praxis der seit 1215 kirchlich geprägten Abendmahl-Feier!

THOMAS AQUINO, Richter:

Vermutlich waren die ordenseigenen Kleriker mit ihrer Aufgabe überfordert.

PATER ANSELM, Advisor:

Vielleicht – aber da war noch ein weiteres Handikap seitens der damaligen Bibel-Exegese, nämlich die vielerorts diskutierte Parole von der „Erfüllten Zeit":
Das traditionelle JESUS-Bild hatte – nicht nur bei den Templern – eine spürbare Einbuße erlitten durch die Verheißung der „Erfüllten Zeit" in den drei synoptischen Evangelien, aus denen gemäß Kanon Nr.9 der Ordens-Regel von 1128 während der Hauptmahlzeit und beim Abendessen allen Templern regelmäßig vorgelesen wurde:[3]

2 *S.o. Kap.10.*

3 *Templer-Kanon 9: „Beim Mittags- und Abendessen soll eine heilige Lesung vorgetragen werden."*

- JESUS in Galiläa (Mk 1,15):
  „Die Zeit ist erfüllet, und das REICH GOTTES ist herbeigekommen."
- JESUS in den Städten (Mt 12,28):
  „So ich aber die Dämonen durch den GEIST GOTTES austreibe, so ist ja das REICH GOTTES zu euch gekommen."

Hohes Gericht! Man versetze sich in die seelische Verfassung von Kriegern, die jeden Morgen draußen in der orientalischen Welt erlebten, dass das Königreich Jerusalem verloren war, aber die als „Milites Xristi", also als Soldaten Christi, im abendlichen Refektorium hörten, das REICH GOTTES ist da, und das sogar schon seit Golgatha und dem Jahre 30 n.Chr. ...

THOMAS AQUINO, Richter:

Nun hat sich der große Aquinate – dessen Ansehen zu vertreten ich hier die Ehre habe – ausführlich mit den Fragen von Brot und Wein befasst. Blieben diese Einsetzungsworte nun förmlich weg?

Der Pater zögert etwas und greift in seine Unterlagen, dann:

PATER ANSELM, Advisor:

Förmlich ja ... aber es gewann eine andere Bibelstelle an Bedeutung. Verschiedene Zeugen[4] haben später dargetan, dass bei der Ausgabe von Brot im Refektorium der Templer nunmehr aus dem vierten Evangelium vorgelesen wurde:

- Jo 6,33: „Das Brot GOTTES ist der, welcher vom Himmel herabkommt und der Welt Leben gibt."
- Jo 6,35: „Ich bin Brot des LEBENS, wer zu mir kommt, wird nimmer mehr hungern, und wer an mich glaubt, wird nimmer mehr dürsten."

Auch dies sind Worte JESU, aber durch die Diktion vom BROTE GOTTES und BROT DES LEBENS verschob sich die Perspektive: Nicht JESUS und TOD, sondern GOTT und LEBEN standen nun im Raum und richteten die Gemüter auf.

Hier zeigte sich deutlich eine Wende der Templer zu einem primär MONO=THEISTISCHEN Gottesbild, das an den früheren Arianismus erinnern mochte: eine Wende

➔ zum LEBENDEN GOTT, zum Schöpfer, eventuell zum kosmischen Christus, der die himmlischen Worte spricht,

➔ aber nicht zu Komponenten, die zum Nazarener, zur Wandlung von Brot und Wein oder zum TOD auf Golgatha führen könnten.

4 *Wilcke, a.a.O., S.471.– Akten im Vatikan.*

Und mehr noch: Andere Zeugen haben berichtet[5], dass bei der Austeilung von Brot die Vorlesungen aus dem Prolog des JOHANNES-EVANGELIUMS erfolgt seien:

- Jo 1,1: „Im Anfang war das Wort, und das Wort war bei GOTT, und GOTT war das Wort."
- Jo 1,6: „Ein Mensch trat auf, von GOTT gesandt, sein Name war JOHANNES."

Auch damit wurde eine MONO=THEISTISCHE Linie visualisiert, die zu GOTT führte und nicht mehr einen Sohn oder einen Propheten ins Bild brachte, auch wenn manche Theologen im gesamten Duktus von Jo 1,1-14 die „figura Jesu" erahnen mochten: Die Templer waren in ihren Abendmahlsfeiern offenkundig auf eine MONO=THEISTISCHE Linie eingeschwenkt, wobei der Mensch JOHANNES – wohl wegen seiner dienenden Beharrlichkeit wie der der Templer selbst – ihre besondere Sympathie errungen hatte, nämlich zum Ordenspatron avancierte.

DSCHALAL AL-DIN RUMI, Richter:
Sehe ich da nicht eine gewisse Annäherung an den MONO=THEISMUS von JUDENTUM und ISLAM? Als Namensträger des großen Mystikers RUMI scheinen wir hier an einen Punkt zu kommen, wo die Ankläger vielleicht doch etwas Richtiges ahnten, wenn sie den Templern eine Entfremdung vom kirchlich gelebten Christentum nachsagten?

PATER ANSELM, Advisor:
Ich sehe keine inhaltliche Annäherung an JUDENTUM oder ISLAM, sondern allenfalls entfernte Parallelen, die sich bekanntlich erst im Un-Endlichen berühren:
Der jüdische Begriff von IHVH wird erst durch die Kenntnisse der KABBALA mystisch erweitert, und dies erst hat wohl auch die Templer angesprochen, wie wir gesehen haben.[6] Und in der koranischen Welt des ISLAM haben die Templer zwar sehr wohl mit Sympathie wahrgenommen, dass ihre Heiligen auch dort Verehrung fanden, z.B. das Haupt des JOHANNES in der großen Moschee von DAMASKUS, aber bei der Animosität von SELDSCHUKEN, SARAZENEN und MAMELUKEN war an tatsächliche Annäherungen nie zu denken. Die Vorwürfe der staatsanwaltlichen Ankläger entbehrten jeglicher Grundlage.

[5] *Ebd.*
[6] *Vgl. Kap.12.*

JEAN FRANÇOIS HARDI, RFA, Ministerialdirigent
... schüttelt wortlos den Kopf.

DANTE, Vors. Richter:
Ich fürchte, hier droht uns das Hearing in die Betrachtung eines sakramentalen Wertewandels abzurutschen.– Sehen Sie ein politisches Moment, das den Templer-Orden zwang, diese seine Linie zu verfolgen?

PATER ANSELM, Advisor:
Oh, ja, es war ein allgemeiner Wertewandel eingetreten. ... *der Pater wühlt in seinem Aktenkoffer, greift Unterlagen auf, verwirft anderes, wird dann fündig und erklärt:* ... Ja – es gab ein Moment, das den Templern – im Orient wie im Abendland – zu letzter Klarheit über ihr JESUS-Bild verhalf: das dramatische Schicksalsjahr 1263!

DANTE, Vors. Richter ... *skeptisch:*
Was Gravierendes soll sich denn da ereignet haben?

PATER ANSELM, Advisor:
Ich nenne zwei Orte: NAZARETH und BARCELONA ...
Im Publikum macht sich Unruhe breit, ungläubiges Lächeln, man schmunzelt.
... Ich möchte das gerne erläutern:

◆ **Zum Orient 1263:**

Im Jahre 1263 fiel NAZARETH in die Hände des ISLAMS, die dortige MARIENSÄULE wurde von den MAMELUKEN zerstört und somit der religiöse Ort der Verkündigung der Ankunft JESU verwüstet. Ein Schock für die CHRISTENHEIT. Wieder ein Signal für die Templer, dass die von JESUS verkündete Verheißung von der ERFÜLLTEN ZEIT im weltlichen Sinne nicht tragfähig war. Der ISLAM hatte obsiegt. Knapp dreißig Jahre später war der ganze ORIENT verloren.

◆ **Zum Abendland 1263:**

Im Juli des gleichen Jahres fand im Königlichen Palast von BARCELONA die mehrtägige von DOMINIKANERN erzwungene öffentliche Disputation zwischen dem ehemaligen JUDEN PABLO CHRISTIANI und dem führenden jüdischen KABBALISTEN RABBI MOSES BEN NACHMANIDES (auch Ramban) statt ...

NACHMANIDES, Richter ... *hat den Pater unterbrochen:*
NACHMANIDES? Herr Advisor, über NACHMANIDES würde ich gerne Näheres erfahren. Ich habe mich nicht ohne Grund für diesen Namen entschieden. Wie weit war er denn mit der KABBALA verbunden?

Ramban in einer Wandmalerei in Akkon © Chesdovi GNU

PATER ANSELM, Advisor:

... zieht ein Buch hervor und schlägt eine markierte Seite auf:

Ich zitiere aus einem Standardwerk der Kabbalistik-Forschung:

NACHMANIDES erörterte „fundamentale Theoreme der kabbalistische Lehre"

... Anselm blättert weiter ... NACHMANIDES und „die KABBALA und deren kontemplative Mystik" gehören untrennbar zusammen.[7]

... der Pater blickt zum Richter, der nickt zum Zeichen der Fortsetzung seines Vortrags. Anselm greift seinen Faden wieder auf:

... Also es kam zu dieser Zwangs-Disputation in BARCELONA: 300 Goldstücke hatte König JAKOB I. von ARAGONIEN dem zugesprochen, der in der Frage obsiege, ob letztlich das JUDENTUM oder das CHRISTENTUM den wahren Glauben besäße. Um es abzukürzen – indem der größte jüdische Gelehrte der damaligen Zeit nachwies,

➔ dass der NAZARENER nicht der jüdischen Messias-Erwartung entsprach,
➔ dass die neutestamentlichen Schriftstücke widersprüchlich seien,
➔ dass sich ferner die Zeit nicht erfüllt habe, zumal es nach dem Erscheinen von JESUS mehr Kriege gegeben habe als je zuvor, besonders unter den christlichen DENOMINATIONEN selber,

wurde der JUDE NACHMANIDES vom CHRISTLICHEN KÖNIG JAKOB I. zum Sieger erklärt. Das war wieder ein Schock für die Christenheit. Und im nachhinein eine Schande für das Abendland, denn NACHMANIDES musste wegen der Repressalien der unfairen DOMINIKANER anschließend EUROPA den Rücken kehren. Ein Politikum ganz und gar!

7 *Scholem, Gershom: Ursprung, a.a.O., S.344 f.*

Dies war ein weiteres Signal für die – stets im Hintergrund verbliebenen – Templer, dass sich die von JESUS verkündete Verheißung von der ERFÜLLTEN ZEIT in der realen Welt nicht als tragfähig erwiesen hatte: diesmal öffentlich disputiert, unter den kritischen Augen von DOMINIKANERN und FRANZISKANERN, und schließlich abgesegnet von einem christlichen König!
Zwei Jahre später, 1265, in der unauffälligen Kapelle der Templer-Komturei BEAUNE (Burgund), wurde JACQUES DE MOLAY in den Orden aufgenommen, und zwar nach dem neuen Ritual, also mit der Verleugnung des Gekreuzigten und mit den apokryphen Küssen.[8]
Fazit 2: Spätestens 1265 feierten die Templer ihr ORDENSEIGENES ABENDMAHL. Die Templer blieben nunmehr unter sich, mieden jegliche disputierende Öffentlichkeit und pflegten längst ihre eigenen Rituale und ihre eigene geheime Ordens-Kultur. Aber ketzerisch waren sie nicht.

NACHMANIDES, Richter:

Danke, Herr Advisor, Ihre Würdigung der historischen Persönlichkeit des Rabbi NACHMANIDES verdient Respekt. Ich danke Ihnen.

Die Richter beraten sich, man nickt sich zu, dann:

ALBERTUS MAGNUS, Richter:

Um die ordenseigene Kultur der Templer nach Abschluss des Hearings rechtlich bewerten zu können, müsste noch geklärt werden, welche Rolle der Templer-Orden im Staat gespielt hat. War er oppositionell oder gar rebellisch?

... *Mark Bride öffnet einen Ordner, blättert in den Seiten, wechselt Blicke mit Janice Simon und dem Pater. Dann erhebt er sich und trägt vor:* ...

MARK BRIDE, EuRiCo, Rechtsbeistand:

Hohes Gericht, die Frage nach dem Verhältnis von Orden und Staat lässt keine greifbaren Vorwürfe erkennen, zu denen der Orden Anlass gegeben hätte – ganz im Gegenteil:

- Am 10. August 1303 kam es zu einem Schutz-Vertrag seitens des französischen Königs zugunsten des Templer-Ordens, wonach alle Ordensangehörigen die besondere Immunität der Krone genossen[9] – Das war Ehre für den Orden!

[8] *Demurger, Alain: Der letzte Templer. Leben u. Sterben d. Großmeisters Jacques de Molay. München 2004, S.48-51.*
[9] *Wolf, Dieter, a.a.O., S.248.*

- Im Oktober 1304 setzte PHILIPP IV. den berühmten Freibrief zugunsten des Ordens auf, in welchem er dem „von Gott eingesetzten heiligen Orden vom Tempel" seine „königliche Freigebigkeit auf den Orden und seine Ritter" zuwendete, was einer Abgabenfreiheit gleichkam[10] – Das war Ansehen für den Orden!
- Im Herbst 1306 gewährten die Templer dem König Zuflucht in der BURG TEMPLE, um ihn vor dem bürgerlichen Aufstand in den Straßen von Paris zu schützen[11] – Das war Respekt vor dem Orden!

Hinzukam die finanzielle Hilfe, die der Orden dem König gewährt hatte: Noch während des Aufenthalts von JACQUES DE MOLAY auf ZYPERN hatte der Schatzmeister des PARISER TEMPLER-HAUSES, JEAN DU TOUR, dem französischen König die Summe von 400.000 Florentiner Gulden geliehen, was bald zu Verstimmungen zwischen Großmeister und König geführt hatte.[12] Aber das rechtfertigte nicht die spätere Verfolgungsmanie von PHILIPP IV.

Noch ein letzter Hinweis:

Ein glaubhaftes Gerücht besagt, dass der französische König nach seiner herbstlichen Flucht in den PARISER TEMPLE nicht nur den Wohlstand des Ordens wahrgenommen hätte, sondern auch den Antrag auf Ehrenmitgliedschaft gestellt hatte, worauf sich der Orden aber nicht einlassen wollte. Zweifellos war das wieder ein Anlass zu Verstimmungen. Aber – ich wiederhole – das rechtfertigte nicht die spätere Verfolgungsmanie von Philipp IV.

Ich fasse zusammen:

Wenn der französische König höchstpersönlich den Templer-Orden als einen „von GOTT eingesetzten heiligen Orden" gewürdigt hatte, ganz zu schweigen vom Erhalt mehrerer Kredite, dann gab es keinen politischen oder theologischen Grund, diesen Orden zu vernichten. So bleibt nur ein Motiv übrig: Habgier nach den Kapitalien und Gütern der Templer.

ERWIN STEINEBACH, Richter:

Dank an den Rechtsbeistand des **EuRiCo**. Die Ausführungen sind schlüssig.– Aber als Namensvertreter des Architekten vom STRASSBURGER MÜNSTER suche ich das geometrische Gleichgewicht. Deshalb: Meine Damen und Herren Regierungsvertreter, haben Sie hier andere Erkenntnisse?

[10] *Charpentier, John: Die Templer. Stuttgart 1965, S.69.*

[11] *Barber, Malcom, a.a.O., S.51f.*

[12] *Demurger, a.a.O., S.223.*

JEAN FRANÇOIS HARDI, RFA, Ministerialdirigent: Hohes Gericht, die heute vorgetragenen Erörterungen sind allgemein bekannt und werden auch unsererseits nicht bestritten. Gleichwohl: Die REPUBLIK FRANKREICH wurde geboren aus dem Geist von Humanität und Zivilisation und hat sich in mühsamen Schritten von der Monarchie verabschiedet: Die Epoche der Kapetinger hat sich mit dem letzten Vertreter dieser Linie im 14.Jh. erledigt. Das alles ist für uns nur noch Museum. Verantwortlich dafür sind nicht wir.

Temple Paris 1734 (Hoffbauer 1882)

CHARLES COURAGEUR, RFA, Ministerialdirigent: Verantwortlich sind nicht wir. Die Templer waren ein geistlicher Orden, also ein Teil der katholischen Kirche. SIE war weisungsbefugt, SIE war verantwortlich.

THOMAS AQUINO, Richter:
Diesen Gedanken möchte ich hier gerne aufgreifen: Welche Rolle spielten denn die Päpste während der fast 200-jährigen Geschichte des Templer-Ordens? Wer kann dazu Auskunft geben?

KURT KINZL, EuRiCo, Rechtsbeistand: ... *erhebt sich, schließt seine Jacke, macht eine galante Verbeugung zur Richterbank*
Ich habe vor Jahren für ORF Wien einen Serienbericht über den Templer-Orden und sein Verhältnis zu Papst und Kaiser abgeliefert und kann hier gerne aushelfen ... *Kurt Kinzl überprüft noch einmal eine Sammlung von Blättern auf ihre chronologische Korrektheit, dann trägt er vor:*
Hoch verehrter Herr Präsident, die Päpste standen stets hinter dem Templer-Orden, denn sie haben die ERMÄCHTIGUNGSBULLE „Omne Datum Optimum" von 1139 im Laufe des 12.Jh. wiederholt zugunsten der Templer bestätigt. Gewiss hat es auch mal kritische Äußerungen gegeben, sie wurden aber stets wieder zu den Akten gelegt. Ich habe hier einen Überblick bis zur Beendigung der orientalischen Mission der Templer. ... *er überreicht dem Gericht und den Beteiligten vorbereitete Bögen, dann trägt er vor:*
1208: Innozenz III.: Brief vom 13.Sept. an den Groß-Visitator der Templer: „Dämonischen Lehren" (doctrinis daemoniorum) und Anzeichen für eine Abkehr vom Reglement.[13]
Konkrete Auswirkungen: Keine!

[13] *Prutz: Kulturgeschichte, a.a.O., S.294f.– Kompletter Brief-Text: Wilcke, a.a.O., S.356f.*

1236: Gregor IX.: Brief vom Juni an den Templer-Orden:
Vorwurf des Kontakts mit der ismaelitischen Sekte der Assassinen.
Konkrete Auswirkungen: Keine!
1245: Kaiser Friedrich II.: Kaiserlicher Brief vom 27.Febr. an Richard v. Cornwall: Die Templer in Übersee hätten „abergläubische Bräuche samt Anrufung Mohammeds".[14]
Konkrete Auswirkungen: Keine ! Im Gegenteil: s.u. 1250!
1250: Kaiser Friedrich II.: Im Testament vom 17.Dez. werden die Templer rehabilitiert und erhalten alle vom Kaiser eingezogenen Güter zurück.[15]
1265: Clemens IV.: Brief an den Großmeister:
Vorwurf „sträflicher Auswüchse" und Warnung vor einer Untersuchung, die ggf. nicht gut ausfallen könnte.[16]
Konkrete Auswirkungen: Keine!
1272: Gregor X.: Votum vom 31.März im Konzil von Lyon:
Im Zuge einer allgemeinen Kirchen-Reform sollten auch Templer (und Hospitaliter) einer Reform unterzogen werden.[17]
Konkrete Auswirkungen: Keine!
1289: Nikolaus IV.: Auch Nikolaus erwägt eine Zusammenlegung von Templern und Hospitalitern.[18]
Konkrete Auswirkungen: Keine!

... alle Beteiligten prüfen die Unterlagen und besprechen sich miteinander, dann:

MARK BRIDE, EuRiCo, Rechtsbeistand:

Was ersehen wir aus dieser Übersicht? Da gab es Anspielungen und Vermutungen, aber immer blieben die Päpste passiv oder waren mit ihren eigenen Problemen überfordert. Dann kam Hals über Kopf der Abzug der Europäer aus dem Morgenland. Bald trat die Verwaisung des Papststuhls ein. Es folgte die Babylonische Gefangenschaft von Papst Clemens V. in Avignon, und von seinem leidenschaftlichen Verhältnis mit seiner Mätresse, der schönen Gräfin Brunisse de Talleyrand de Périgord, will ich gar nicht erst sprechen.

[14] *Brief-Zitat bei Heinisch, Klaus J.: Kaiser Friedrich II. in Briefen u. Berichten seiner Zeit. Darmstadt 1968, S. 586.*
[15] *Testament bei Wolf, Gunther: Stupor Mundi. Zur Geschichte Friedrichs II. v. Hohenstaufen. Darmstadt 1966, S.703.*
[16] *Barthel, Manfred: Die Templer. Gernsbach 2005, S.211.– Wilcke, a.a.O., S.484.– Prutz, a.a.O., S.296.*
[17] *Prutz, a.a.O., S.296.*
[18] *Prutz, ebd.*

Fazit 3: Konkrete Beschuldigungen oder gar Sanktionen der Kirche gegen den Templer-Orden hat es nie gegeben. Und selbst Kaiser FRIEDRICH II. hat auf seinem Sterbebett frühere Vorwürfe zurückgenommen. Wirkliche Ketzerei ist niemals nachgewiesen worden:

Der Templer-Orden ist unschuldig.

... aus dem Publikum vernimmt man Rufe wie „Unschuldig!" ... „Freispruch!"
Pater Anselm bittet durch Handzeichen um das Wort und hat sich nach zustimmendem Wink des Vorsitzenden Richters erhoben:

PATER ANSELM, Advisor:

Hohes Gericht, alle Gesichtspunkte haben Erörterung gefunden. In ständiger Suche auf dem Wege zur göttlichen SOPHIA wurde der Orden zu einer geheimen ELITE GOTTES.

... der Pater ist ergriffen. Er hält einen Moment inne, sammelt sich, fährt fort:
Ich komme zum Schluss: Der Templer-Orden hatte damals viele Bewunderer und noch mehr Neider. Heute hat er viele Nachahmer und falsche Propheten. Aber wie auch immer: Es gab und es gibt keinen Grund, ihn mit Verachtung, Folter, Totschlag oder Mord zu überziehen. Amen.

... Pater Anselm macht eine knappe Verbeugung zur Richterbank und nimmt rasch Platz. Das Publikum zollt ihm Beifall durch anhaltendes Händeklatschen. Einige Richter machen beruhigende Handbewegungen, können aber den Beifall nicht eindämmen. Danach ergreift der Vorsitzende Richter das Wort:

DANTE, Vors. Richter:

Meine Damen und Herren, wir sind am Ende. Es ist guter Brauch, dass die Parteien ein Schlusswort sprechen. Frau Beschwerdeführerin, bitte:

JANICE SIMON, EuRiCo, Sprecherin ... *hat sich erhoben, trägt pathetisch vor:*

Hohes Gericht! Fünf Tage, die uns der Wahrheit näher gebracht haben! Wir danken dem Gericht und allen Beteiligten, dass die Dinge zur Sprache kamen, die uns, aber auch den Templern bislang vorenthalten worden sind. Wir beantragen, dass die REPUBLIK FRANKREICH als Hüterin der ruhmreichen französischen Geschichte ihre Söhne vom Orden der Templer nicht vergisst und die Schandtaten der Täter gebührend ächtet. Ich danke Ihnen.

DANTE, Vors. Richter: ... *etwas unsicher, macht eine Handbewegung zur Staatenbank hin*

JEAN FRANÇOIS HARDI, RFA, Ministerialdirigent:

Hohes Gericht! Wir haben hier in diesen Tagen viel Interessantes vernommen. Auch wir haben zu danken: dem Gericht für unparteiische Loyalität, dem Verein **EuRiCo** für seine Beharrlichkeit in der Sache, dem Pater Anselm von der wunderschönen französischen Abtei Cîteaux für sein wissenschaftliches Engagement.

Der Orden der Templer war eine große Bruderschaft, und wir fühlen stolz, dass hervorragende Persönlichkeiten des Ordens aus Frankreich hervorgegangen sind. Gleichwohl: Wir sind keine Anhänger oder Nachfolger von dem damaligen Regenten oder seinen Gefolgsleuten.

Hohes Gericht, Madame, Frankreich kann sich nicht entschuldigen für etwas, was es nicht getan hat. Aber geben Sie uns die Chance, die Zukunft gemeinsam zu bauen. Hohes Gericht, wir bitten, unser Bekenntnis wohlwollend zu würdigen. Ich danke Ihnen.

DANTE, Vors. Richter:

Vielen Dank an die Parteien. In diesem Verfahren hatte ich für mich den Namen des Dichters der Divina Commedia gewählt, weil keiner so wie er die Menschen von damals beobachtet hat. Auch einige der hier verhandelten Personen unterlagen seiner Kritik. Ich danke den Teilnehmern, dass sie vom Gebrauch kraftvoller Zitate aus seinem Werk Abstand genommen haben.

Das Gericht wird nun die Schlussfolgerungen aus dem Hearing ziehen und das Resultat den Parteien sowie der Öffentlichkeit zu gegebener Zeit verkünden. Das Hearing ist abgeschlossen. Merci et Salut.

... die Richter erheben sich und verlassen den Saal. Besucher, auch Journalisten, umringen die beiden Parteien und decken sie mit Fragen ein. Janice Simon sagt eine Presseerklärung in den nächsten Tagen zu und verweist auf ihre Adresse bei ARTE gegenüber dem Gerichtshof. Alle bedanken sich bei Pater Anselm für die von ihm geleistete Arbeit. Zwei oder drei dunkel gekleidete Herren sind ihm behilflich bei der Verladung seiner Koffer und Kisten in einer schwarzen Limousine, in der auch er Platz nimmt. Dann fährt der Wagen den Schaulustigen rasch davon.

Protokoll: *gez.* **Fabian Jaspers** Für die Richtigkeit: *gez.* **Janice Simon**

UFO:
MENSCHEN, MASKEN, MUMMENSCHANZ

Für Verwandlungen zu einem Gott
oder zu einem Dämon
bedarf der Mensch seiner Masken.

J. E. Cirlot

ARTE G.E.I.E., 4, quai du Chanoine Winterer, 67000 Strasbourg
Freitag, 6. August, 12.55 Uhr

Es war Hochmittag, und der Glanz der vielstimmigen Sonnenstrahlen türmte sich über den Stadtgestaden von Strasbourg und streichelte die angestrengten Saiten unseres Gemüts. Das Gericht lag nun hinter uns. Schon hielt das Taxi vor dem ARTE-Haus, wir stiegen aus und umarmten Janice: „Ihr wollt wirklich nicht hereinkommen?"

Danke, merci, au revoir! Überglücklich, aber müde nahmen wir Abschied: „Diese Woche hat viel Kraft gekostet. Jetzt ruft die Heimat: Auch Templer sind mal müde."

Lächelnd verabschiedeten wir uns von Janice, die uns nachwinkte: „Ich melde mich bei Euch per Handy! Gute Heimreise!"

Während sich der Wagen dem pulsierenden Verkehr anpasste und seinen Weg zum Bahnhof suchte, vertiefte sich Mark in die aktuellen Offerten seines Handys.

„Sooo schnell wird sich Janice nicht bei Dir melden", grinste Kurt von der Seite und lockerte seine Krawatte.

Doch Mark ließ sich nicht beirren: „Ich suche im News-Ticker nach den neuesten Nachrichten". Und dann rief er aus: „Oh my God! What's that?"

Besorgt blickten wir beide zu ihm hin, selbst der Fahrer warf einen scheuen Blick in den Rückspiegel, und dann sprudelte es nur so aus Mark heraus: „Wir sind drin! In den Schlagzeilen! ... RÉSURRECTION DES TEMPLIERS sagt LE FIGARO!"

„Du erlaubst dir einen Scherz mit uns – britischer Humor am Mittag!", meinte Kurt unsicher.

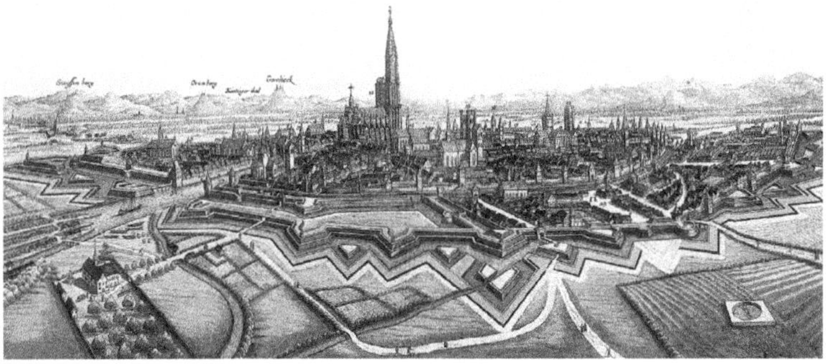

Das alte Strasbourg von 1644

„No, my friend, it's the **EuRiCo**! Und hier ist La Libération: UNE BOMBE! titelt sie morgen!"

Der Taxifahrer erreichte den Bahnhofsvorplatz und war beim Stichwort „Bombe" froh, dass er uns los wurde. Kurt bezahlte, wir stiegen aus und umringten Mark, der eine dritte Titel-Meldung vorlas: „EN FINIR AVEC LES VIEUX STÉRÉOTYPES schreibt LeParisien, das heißt etwa: Schluss mit den stereotypen Ansichten über die Templer".

„Das sind die fleißigen Presseagenturen", brachte Kurt voller Anerkennung heraus.

LeParisien? – Da hatte Merve Duvall ihre Finger im Spiel! schoss es mir durch den Kopf. Ich musste schnellstens nach Paris! Auch wenn es hier beim Europäischen Gerichtshof noch kein Urteil gab, so war doch viel zu berichten über die Templer und wie sie wirklich waren ...

Beflügelt durch die Nachrichten betraten wir Drei die Bahnhofshalle, noch ein paar freundliche Worte, ein letztes Zunicken, und schon strebte jeder seinem eigenen Bahnsteig zu, ich war allein.

Einige Minuten blieben mir noch. Bald entdeckte ich an einem Wagen das Zuglaufschild „Strasbourg-Nancy-Paris Est", erleichtert suchte ich mir ein leeres Abteil und begann zu träumen ...

Unmerklich hatte der Zug Fahrt aufgenommen, das gleichmäßige Rattern der Räder auf den Gleisen lullte mich ein, Landschaften glitten heran und eilten vorbei, Gärten der Wehmut, und Baumkronen, die Erinnerungen gebaren: an die letzten Tage im Gericht, die gesetzten Worte der Richter und die notorischen Einsprüche der Regierungsvertreter, die immer beflissene Stimme von Pater Anselm ...

Anselm? Natürlich! Er wusste ja noch nichts von den morgigen Schlagzeilen! Könnte er schon in Cîteaux angekommen sein? Kaum. Und warum war er so schnell weg? Und wer waren die beiden Herren, die ihn abgeholt hatten? Der Zug näherte sich Nancy. Ich begann, eine Nachricht zu basteln, doch das fiel mir schwer: Meine Finger schmerzten noch von den vielen Niederschriften der letzten Tage im Gerichtshof.

In Nancy stiegen Leute zu, es war ja Wochenende, und der Rückreiseverkehr hatte eingesetzt. Müde und doch erleichtert fiel mein Blick auf die Marne, die neben uns einher glitt, aber der Zug war schneller ...

Wieder wandte ich mich der geplanten Botschaft für Anselm zu und tippte in mein Handy mit Kopie an das Trio von **EuRiCo**:

✣ „Vénérable pater, EuRiCo ist im News-Ticker der Presse-Agenturen! Figaro, Libération und LeParisien titeln morgen: BOMBE und RÉSURRECTION DES TEMPLIERS! Herzlichen Dank für Ihre Expertisen in Strasbourg. Und gute Erholung. Au revoir, Fabien ."

Keine Antwort. Jeder war wohl mit sich selbst beschäftigt. Der Zug hatte bereits Châlons und Epernay passiert, bald würden wir Paris erreichen. Verträumt blickte ich wieder auf die Kulisse vorbeigleitender Ortschaften in der Nachmittagssonne, als sich dann doch noch mein Handy meldete und eine SMS von Janice preisgab:

✣ „Mes chers amis, der PressClub of France hat uns für Dienstag zum Vortrag geladen. Kommt bitte alle nach Paris. Volles Haus wird zugesagt. Have a nice week end. Salut, Janice."

Aber hallo! Das war ja eine kleine Sensation! Würde unsere Arbeit an den Templern weitergehen? Obwohl das Straßburger Urteil noch gar nicht vorlag? Und warum wählte Janice nun auch englische Wörter?

Doch Antworten fand ich nicht, der Zug begann zu vibrieren, die Bremsen quietschen: Ich war in Paris.

La Maison accueillante, Rue de la Gaïté, 93400 Saint Ouen
Samstag, 9. August, 10.35 Uhr

Schlafen, schlafen, schlafen.

Wie von ferne drangen Klänge an mein Ohr, die sich langsam als das Läuten meines Handys entpuppten und mich unsanft weckten: Es war Samstag-Vormittag, 10.35 Uhr. Um mich herum: mein unaufgeräumtes Zimmer – und die Knochen noch voller Müdigkeit aus den Tagen von Strasbourg ...

Im Display entdeckte ich eine lange SMS, aber nichts ging über ein solides Frühstück, und so brühte ich Kaffee auf und lächelte aufmunternd meinem Toaster zu. Allmählich erwachten meine Lebensgeister, und langsam machte ich mich an das Entziffern der SMS:

✤ „Hello dear companions: BBC hat eine Anfrage von einem Mr.Hunt vom amerikanischen PEN. Will uns engagieren. Oder den Pater Anselm. Oder die Rechte an unserer Geschichte. On the other hand: BBC erwägt eine Sendereihe über die LETZTEN RÄTSEL DER TEMPLER. Wer macht mit? Ich komme Dienstag. Greetings, Mark."

Die Letzten Rätsel der Templer? Das hörte sich gleich wieder spektakulär an. Vielleicht eine Chance zum Auffinden des Templer-Code? Und der PEN? War eine internationale Vertretung von Autoren: **P**oets, **E**ssayists, **N**ovelists. Aber was wollte man von uns? Am Montag wollte ich mir Rat bei Merve Duvall holen ...

Samstag, 9. August, 14.10 Uhr

Am Nachmittag meldeten sich auch die anderen Mitglieder unseres Teams. Zunächst Kurt:

✤ „Küss die Hand aus Wien! Unser ORF zögert: Flops & Quoten-Verlust bei historischen Themen. Allenfalls an Co-Operation interessiert. Bin Dienstag entre nous. Servus, Kurt."

Und wenig später Janice:

✤ „Bon jour aus Strasbourg. Habe mit ARTE verhandelt. Sympathie für europäische Co-Operation. Bringt Vorschläge mit! Salut, Janice.
P.S.: Ein Mr.Hunt vom PEN hat auch hier angeklopft.
An Fabien: Kommst du auch?"

Natürlich würde ich kommen! Aber ich wollte erst meinen Status bei LeParisien abklären. Und das würde erst am Montag möglich sein ...

LeParisien, 25, avenue Michelet, 93408 Saint Ouen
Montag, 9. August, 10.04 Uhr

„Hallo Merve – hallo", sagte ich leise, denn ich hatte möglichst unauffällig die Auslandsredaktion betreten, wo heute die Damen und Herren bereits vor ihren Monitoren saßen und mich nicht bemerkt hatten.

Erstaunt blickte sie von ihrer Geschäftspost auf, bot mir sofort einen Platz am Schreibtisch an und sagte vehement: „Bonjour, mon templier, nun erzähl' aber mal, von Anfang an, die Presse ist ja voll des Lobs über euch!" Irgendetwas an ihr war verändert. Sie hat eine neue Frisur, dachte ich, konnte mir aber jetzt ihren früheren Style nicht in Erinnerung rufen. Schon schob sie mir eine Tasse Tee zu, der Duft einer neuen Teesorte stieg mir in die Nase, und wieder forderte sie mich auf: „Nun erzähl' doch, ihr habt ja richtig Furore gemacht!"

Tja, so lieferte ich einen Bericht über unsere Tage in STRASBOURG, unsere Eindrücke vom Gericht für Menschenrechte, vor allem über Pater Anselm und seine fundamentalen Kenntnisse über die Templer.

Merve machte sich einige Notizen, lächelte, unterbrach mich aber nicht. Dann wollte sie Näheres über den Pater wissen, über seine Art oder seine Methode.

„Methode? Hat er nicht. Wir waren ja auf die Untersuchungsthemen beim Hearing vorbereitet."

„Ja, schon ... aber wie hat er denn auf die Gegenfragen oder auf plötzliche Einwürfe reagiert?"

„Erstaunlich gut – er hatte viele Bücher und Akten dabei, alles auf seinem Tisch ausgebreitet. Er wusste immer schnell, um was es ging."

Merve hielt inne, dachte nach. Dann:

„Wann kommt das Urteil?"

„Wissen wir nicht, weiß niemand."

„Très bien", hauchte sie hin, „du köntest für uns eine Reportage schreiben. Über Eure Gerichtsverhandlungen und Menschenrechte. Titel:

TAGE IN STRASBOURG. DIE TEMPLER KLAGEN AN."

Jetzt musste ich nachdenken und zögerte etwas.

„Hast du Probleme damit? Das ist eine Chance für dich. Deine Mitstreiter werden Ähnliches in ihren Redaktionen abliefern."

„Nee, das wäre schon reizvoll. Aber da kommt wohl eine neue Situation auf uns zu." Und so berichtete ich ihr von den neuen Nachrichten aus London und von ARTE, und dass wir morgen Abend einen öffentlichen Termin beim PARISER PRESSCLUB OF FRANCE haben werden.

„Mon Dieux, ihr seid ja nicht zu bremsen! Incroyable! – Unglaublich!" Wieder dachte sie nach, ich trank meinen Tee, der Berg der Briefpost auf ihrem Tisch war noch immer unerledigt, einen Anrufer vertröstete sie auf ihren Rückruf in zehn Minuten. Dann formulierte sie langsam und mit Bedacht:

„Du hast ja noch immer einen Presseausweis von LEPARISIEN? Okay, du bist noch immer Praktikant bei uns. Nimm an allem teil! Da bahnt sich Großes an. Halte mich auf dem Laufenden. Sieh dich als freier Mitarbeiter von uns an. Reportagen darfst du uns jederzeit anbieten. Möchtest du noch eine Tasse Tee?"

Wieder surrte ihr Telefonapparat. Ich erhob mich, herzlicher Abschied, ein intimes Augenzwinkern von Merve, das alle Versprechungen ihres Namens übertraf: Merve ... Merveille ... Merveilleux: lauter zauberhafte Klänge des Wunderbaren ...

Draußen auf der AVENUE MICHELET konnte ich nun endlich folgende Antwort an unser Trio absenden:

✜ „Danke für eure Infos. Bin morgen im Club dabei. Ciao, Fabien."

Dann schlenderte ich Richtung PARIS. Ich hatte noch einiges zu tun. Auch ein neuer Haarschnitt war fällig ...

Press Club de France, 19, rue du Commandant Mouchotte, 75014 Paris
Dienstag, 10.August, 18.30 Uhr

Gleich hinter dem Eingangsportal befand sich eine silberne Tafel mit großen Lettern:

19.00 → 20.30 UHR
FACE AU PRESS CLUB
INVITÉ: EURICO

Ich folgte den Wegweisern und erreichte einen größeren Saal, in dessen abgetönter Beleuchtung einzelne Gruppen standen oder schon Platz genommen hatten. Verschiedene Stühle waren mit Zeitungen reserviert worden, und so zögerte ich nicht länger und fand in der dritten Reihe eine passable Sitzgelegenheit.

Nach und nach nahmen die Besucher ihre Plätze ein. Ein Kellner in weißem Smoking stellte vorne auf den erhöhten Konferenztischen Erfrischungsgetränke und kleine Schreibblöcke ab. Dann erblickte ich Mark und Kurt, die sich in der ersten Reihe niederließen. Jetzt war es 19.00 Uhr. Jäh wurde die Beleuchtung ganz hoch gedreht, das Podium betraten die Club-Direktorin und ein Geschäftsführer, gefolgt von Janice, lächelnd, ausgeruht, in einem hochgeschlossenen Kostüm in Türkis.

Der Begrüßungsapplaus ebbte ab, die Türen schlossen sich, alles nahm Platz, die Direktorin begann:

„Mesdames et Messieurs, wir haben le Grand Plaisir, heute Madame Simon vom **European Rights Committee** begrüßen zu dürfen, welches vorige Woche vor dem Europäischen Gerichtshof für Menschenrechte in Strasbourg für die Ehre und die Unschuld des Ordre du Temple plädiert hat. Wie Sie alle der Presse entnommen haben, steht das Urteil noch aus. Um so mehr freuen wir uns, wenn wir heute neue Informationen aus erster Hand erhalten dürfen."

Dann wandte sie sich an Janice und sagte: „Madame, wie war es zu dieser Anrufung des höchsten Gerichts gekommen?"

Jetzt war Janice dran, und sie machte ihre Sache wirklich gut: Sie gab eine prägnante Darstellung der einzelnen Schritte, die zum Hearing in Strasbourg geführt hatten, dann einen knappen Bericht über die sogenannten FÜNF MALEDIKTE der Templer sowie ihre Widerlegung durch den sachverständigen Zisterzienser-Pater Anselm von Cîteaux.

Das Auditorium dankte mit Beifall. Anschließend ergriff der Geschäftsführer das Wort und erklärte die Fragestunde für eröffnet. Sofort kamen zahlreiche Wortmeldungen, wobei sich die Fragensteller mit Nennung ihres Presseorgans vorstellten:

ANDREW COLLINS, TIME MAGAZINE:

„Wer ist dieser Pater? Wieso verfügt er über solch reichhaltiges Wissen über die Templer, was den aktuellen Autoren offensichtlich fehlt?"

LENA GERNET, NEUE ZÜRCHER ZEITUNG:
„Was wird das **EuRiCo** tun, wenn die Beschwerde vom Gericht verworfen wird?“

ANDERS ANDERSSON, SVENSKA DAGBLADET:
„Warum richteten sich Ihre Attitüden nur gegen Frankreich und nicht auch gegen den Vatikan als Nachfolger von Papst Clemens V.?“

FRANCESCA GIOLITTI, CORRIERE DELLA SERA:
„Wie stehen Sie zu den übrigen Rätseln, ich meine den sagenhaften Schatz der Templer oder den Gral?“

JACQUES MÛRIER, LE MONDE:
„Wird das **EuRiCo** in Zukunft ähnliche Themen aufgreifen, etwa das Unrecht an den Hugenotten? Oder das Rätsel um die Jungfrau von Orleans?“

Diese und ähnliche Fragen wurden von Janice diplomatisch und doch informativ beantwortet. Dabei wies sie wiederholt darauf hin, dass das Urteil noch aussteht und man gegenüber dem Gerichtshof Respekt zu erweisen habe.

Es war 20.30 Uhr geworden, was die Club-Direktorin zu einem Schlusswort veranlasste: „Mesdames et Messieurs, unsere heutige Veranstaltung FACE AU PRESS CLUB hat ihr Ende erreicht. Unser Gast, Janice Simon, wird gleich noch einen weiteren Termin hier im Hause wahrnehmen. Ich darf Ihnen, Madame, und Ihnen allen im Saal sehr herzlich für Ihr Engagement danken und sage au revoir bis zum nächsten Mal.“

Beifall im Saal und Hand shaking auf dem Podest. Die Saaltüren öffneten sich, und die Besucher wandten sich dem Ausgang zu. Janice hatte uns erspäht und winkte uns heran: „Schön, dass Ihr gekommen seid. Folgt mir, wir haben ein Séparée.“

Eine Minute später saßen wir auf bequemen Ledersesseln in einem schmalen Konferenzzimmer. Kaffee, Tee, Limonaden und Biskuits standen zur Verfügung, und so nahmen wir entspannt Platz.

„Bedient Euch bitte, ich brauche noch eine kleine Pause“, sagte Janice und konzentrierte sich auf den Kaffee. Und so ergriff Mark das Wort und kam sofort zum Thema:

„In London hat sich einiges getan in den letzten Tagen: BBC ist durchaus an historischen Themen interessiert. Ich erinnere an die sehr teure Co-Produktion von BBC und RAI mit dem Titel ROM aus dem Jahre 2005, die dann bis 2007 europaweit ausgestrahlt worden ist.“
Er rührte in seinem Tee und fuhr dann fort:

„Das britische Publikum glaubt nun mal an britische Templer-Legenden:

- die englischen Templer-Stories vom GRAL,
- die volkstümlichen ARTHUR-SAGEN,
- die SCHOTTISCHEN TEMPLER-LEGENDEN,
- das TEMPLER-GERÜCHT von ROSSLYN.

Es gibt nur eine Auflage: Man will keinen Film mit teuren Schauspielern, sondern hat sich in unsere Idee eines Hearings verliebt."

„Genau wie bei ARTE", warf Janice ein: „Man hat bei uns die historische Serie DIE TUDORS produziert, die jetzt in Europa zur Ausstrahlung kommt, aber auch nach Kanada und in die USA verkauft worden ist. Die Templer-Thematik ist bei ARTE ein Dauerbrenner, aber man will nicht wieder einen Film, sondern preiswertere Formen wie eine Diskussion oder ein Round-Table-Gespräch. An Themen fehlt es auch uns nicht:

- Templer und die BUNDESLADE,
- Templer und die GOTIK,
- Templer und der SAGENHAFTE SCHATZ."

Und Kurt fügte launig hinzu: „Oder

- Templer und das GRABTUCH VON TURIN."

„Well – an Themen fehlt es nicht im NEW AGE EUROPE", bekräftigte Mark. „Wie sieht es denn mit den Sendern in WIEN aus?"

Kurt Kinzl wurde sichtlich verlegen. Ein Biskuit auf der Zunge, öffnete er seine Manschettenknöpfe und lockerte seine Krawatte: „ORF zögert noch – man scheut eigene historische Serien, wäre aber an Coproduktionen interessiert.

„Da ist noch eine merkwürdige Story", brachte Mark zum Ausdruck: „In verschiedenen Redaktionen von BBC ist ein Mr. Hunt aus NEW YORK vorstellig geworden, der sich nach Pater Anselm und nach mir erkundigt hat. Entweder will er die Rechte an unseren Erlebnissen erwerben ... oder er will einen Film drehen ... oder er hat Autoren im Rücken, die unsere Arbeit dokumentieren wollen – ich weiß es nicht."

„Ja, irgendwie mysteriös", bestätigte Janice, „telefonisch hat der auch bei ARTE genervt. Er tritt als Vertreter des amerikanischen PEN auf und wirkt sehr aufdringlich. Gesprochen habe ich ihn nicht."

Kurt horchte auf: „Da scheint mir Eile geboten. Wenn dieser Mr. Hunt so rührselig ist, sollten wir uns hier rasch einigen, bevor der ‚seine eigene Firma' aufmacht."

„Vor allem sollten wir Pater Anselm warnen“, warf ich ein, „ich habe ihm am Samstag eine SMS geschickt, aber keine Antwort erhalten.“
„Vorschlag!“ – entfuhr es Mark, „wir haben bei BBC London eine Sendereihe, die sich „Outlook“ nennt, was soviel wie „Ausguck“ bedeutet. So etwas Ähnliches könnten wir als eine Co-Produktion von BBC + ARTE + ORF konzipieren. Kein Film, kein Drehbuch, keine Schauspieler – nur eine Diskussionsrunde, die sich die nötigen Gruppen einfach einlädt und kostengünstig interviewt.
„Etwas mit O für Outlook“, dachte ich laut in der Runde.
„Ja, du bist doch Linguist“, provozierte Kurt und grinste mich an: „Mach mal“.
„Also gut – O steht fest. Wir brauchen einen zweiten Vokal und dazwischen einen Reibelaut wie W oder F oder V“, murmelte ich, „also OWU ... AFO ... UFO ...“
„**UFO** gibt es schon“, lächelte Kurt: „Unidentified Flying Object“.
„Wait a moment!“, warf Mark ein, „**UFO** ist gar nicht so schlecht, wir bräuchten dann nur noch passende Wörter für **U** und **F**, und schon hätten wir den gewünschten Ohrwurm“.
„**U** ist Ultimativ!“
„Und **F** steht für Fabelhaft?“
„Fabulous, gute Idee! Die neue Sendereihe heißt

Ultimate Fabulous Outlook oder einfach **UFO**.

That’s a new feature. Many thanks“, frohlockte Mark erleichtert, und nun fand die Lösung allgemeine Zustimmung.
So müde wir auch schienen – wir waren glücklich über die Geburt von **UFO**, der neuen europäischen TV-Reihe **Ultimate Fabulous Outlook**.
Damals wusste ich noch nicht, dass wir mit **UFO** nun allen Wunderlichkeiten irdischer Figurationen begegnen würden, nämlich: Menschen, Masken und Mummenschanz ...

CHARTRES: ESOTERISCHE TEMPLER-GOTIK? – DIE GILDE DER ARCHITEKTEN

Die Sphinx bewacht eifersüchtig ihre Geheimnisse, aber eines Tages werden wir das Wort des Rätsels finden.

Abbé Moreux

LeParisien, 25, avenue Michelet, 93408 Saint Ouen
Donnerstag, 12. August, 15.05 Uhr

Heute Nachmittag hatte ich den herbeigesehnten Termin bei Merve Duvall im Pressehaus von LeParisien, wo ich ihr von der neuen TV-Produktion **UFO** berichten wollte.

„**UFO**? Du machst Witze, Fabien“, war ihre lakonische Antwort.

„Nein, **UFO** ist bei uns die Kurzform für die neue europäische Sendereihe **Ultimate Fabulous Outlook**, in der die Repräsentanten der MODERNEN NEO-TEMPLER zu Wort kommen sollen: die Grals-Sucher ... die Schatz-Sucher ... die – ach, ich weiß nicht, was sonst noch alles gesucht wird ...“

Merve lächelte und schüttelte erstaunt ihren Kopf: „**UFO** – wer hätte das gedacht! Wer produziert denn diese sagenhafte Serie?“

„Es wird eine Co-Produktion von BBC, ARTE und ORF. Die Koordination liegt bei BBC in London. Ich warte stündlich auf meine Verwendung“.

Merve zog mit einem Stift ihre Lippen nach und fragte tonlos: „Verwendung?“

„Ja, ich darf als Assistent mitmachen. Europäische Co-Produktion ... wird später an viele Sender verkauft.“

„Du als Praktikant? – Tolle Chance für dich. Auf so etwas warten viele, und plötzlich fällt dir das in den Schoß. Du bist ein Glückspilz, mon très cher ami!“

Ihr Handy klingelte, und sie vertiefte sich in ein Gespräch, das kein Ende nehmen wollte. Schließlich deutete ich eine Kusshand an und machte mich wieder auf den Weg.

Draußen auf der avenue Michelet musste ich meine Sonnenbrille aufsetzen: Der Nachmittagsverkehr hatte begonnen, und im Lack der vorbeifahrenden Automobile spiegelten sich die grellen Phantasien der Augustsonne ...

Terminus Nord, 23, rue de Dunkerque, 75010 Paris
Freitag, 13. August, 12.14 Uhr

Kleine Mittagspause am Nordbahnhof. Ein Kommen und Gehen. Es war Freitag, die Leute waren in Eile. Dann meldete sich mein Handy, und ich fand eine interessante SMS von Mark aus London:

✣ „Hallo an alle: Startschuss für UFO No.1: Sensationelles Thema: ‚Haben Templer die Gotik vom Orient importiert?'. Round Table discussion im ARTE-Haus Strasbourg am 19.8. Ein esoterischer Architekt aus Chartres nimmt Stellung. Auch Mr. Hunt vom PEN (USA) will kommen. Wer von uns nimmt teil? Greetings, Mark."

Sofort sandte ich meine Antwort an das Trio:

✣ „Danke für die Einladung. Ich nehme teil. Was soll ich vorbereiten? Ciao, Fabien."

Gleichwohl – das Thema erschien mir rätselhaft: Der gotische Kathedralstil von Templern im Heiligen Land entdeckt? Gotik als Mitbringsel? Und was ist ein esoterischer Architekt? Heute war Freitag und zu spät für den Besuch der Nationalbibliothek. Am Montag würde ich dort vorsprechen und mich mit der Gotik vertraut machen.

La Maison accueillante, Rue de la Gaïté, 93400 Saint Ouen
Sonntag, 15. August, 11.22 Uhr

Stille des Sonntags. Ich war in meine eigenen Templer-Bücher vertieft und versuchte, Spuren einer templereigenen Architektur zu sammeln. Doch das war schwer. Da meldete sich mein Handy mit einer SMS aus Strasbourg:

✣ „Mes chers amis, der Termin 19.8. ist fest gebucht: 11h00, Studio 2. Als wissenschaftlichen Berater wurde der Orientalist und Templer-Forscher Prof. Natot (Jerusalem) gewonnen, der z.Z. Europa bereist. An Fabien: Lies alles über die Kirchen-Architektur der Templer! Salut, Janice."

Okay. Das war mein erster **UFO**-Auftrag! Bis zum Studio-Termin hatte ich von Montag bis Mittwoch Zeit zum Forschen, und so verbrachte ich die nächsten Tage in der Bibliothek am QUAI FRANÇOIS-MAURIAC, las alles über Gotik und Architektur, Bau-Geheimnisse, Maurer-Gilden, natürlich auch Esoterik.

Aber das alles wuchs mir dann doch über den Kopf: Mehr Widersprüche als Einsichten! Verzweifelt schrieb ich abends eine SMS an das **UFO**-Trio:

✣ „Mes chers amis: TEMPLER & GOTIK – ein Flop?
In Chartres: nur geringe Templer-Spuren! Salut, Fabian."

So – jetzt war mir leichter! Sollte doch dieser „esoterische Architekt" seinen Kopf hinhalten, nicht ich ...

Am Donnerstag früh saß ich im Zug nach STRASBOURG, ein Taxi brachte mich zum Sendezentrum am QUAI DU CHANOINE WINTERER mit dem überdimensionalen Schriftzug über dem Portal.

arte **ARTE G.E.I.E., 4, quai du Chanoine Winterer, 67000 Strasbourg, Donnerstag, 19. August, 10.45 Uhr**

Natürlich war ich noch immer aufgeregt. Welche Rolle sollte ich spielen? Und was würde man mich fragen? Schon am Eingang wurde mein Name in irgendeiner Liste abgehakt. Ich bekam einen Laufzettel und eine freundliche Wegbeschreibung zu Studio 2, wo verschiedene Personen mit Kameras und Scheinwerfern beschäftigt waren.

UFO No. 1
BBC · ARTE · ORF

Am Portal prunkte eine Tafel, die jeglichen Zweifel ausschloss. Irgendwo sprach jemand Zahlen für eine Tonprobe, als mich Janice erblickte und mich gleich zur Maske schickte.

„Maske?", fragte ich verwundert.

„Zum Make-up! Du bist schön, Fabien, aber unsere Make-up Artists holen das Beste aus dir heraus", lächelte Janice und wies auf eine Türe auf der gegenüberliegenden Seite des Gangs. Und dann lief alles routiniert ab, schon saß ich neben anderen Herren auf einer Art Drehstuhl, wurde mit Puder betupft und abgebürstet, dann ging es zurück in den Aufnahmeraum, wo ich nun auch Mark erkannte, der mich besorgt fragte: „Bist du auf Gotik vorbereitet?“

„Klar“, reagierte ich etwas verwundert auf seine Direktheit und blickte verlegen auf den nierenförmigen Tisch mit sechs Namensschildern.

„Okay, readiness is all“, meinte der Profi Mark und war schon wieder woanders engagiert. Ein Techniker trat an mich heran und befestigte ein fast unsichtbares Mikrofon an meinem Hemdkragen.

Neben mir stand ein hagerer Herr mit randloser Brille – das mochte der Professor sein. Ein anderer Gentleman war pausbäckig, kurzer Haarschnitt, fast Army Look – vermutlich war es der ominöse Mr. Hunt. Ich sollte recht behalten.

Jetzt war es wohl soweit: Die Techniker verließen den Raum, die Kameraleute gingen in Position, und Janice verwies uns auf die Namensschilder auf dem Studiotisch:

FABIAN JASPERS Assistent	HUMPHREY L. HUNT PEN	MARK BRIDE BBC	LUCIEN FLAMBEAU Architecte	JANICE SIMON ARTE	PROF. JEREMY A. NATOT

Wir nahmen unsere Plätze ein, und ich spürte es sofort: Unter den Scheinwerfern würde es warm werden, aber ich wagte nicht, mein gepudertes Gesicht zu berühren. Nach einigen Sekunden hörten wir eine elektronische Stimme aus der Regiekabine hinter der Glasscheibe herunter zählen: „Fünf, vier, drei, zwei, eins – Aufzeichnung“: Bei der mittleren Kamera ging nun ein rotes Lämpchen an, langsam rollte die Apparatur auf Mark zu, der nun zu sprechen anfing. Die Aufzeichnung hatte begonnen:

„Guten Abend, meine Damen und Herren, willkommen bei **UFO**, der neuen Serie **Ultimate Fabulous Outlook**. In 14-tägiger Folge wird **UFO** den noch ungelösten Rätseln der Templer-Forschung nachgehen. Wahrheit oder Fabel? Geschichte oder Legende? Das fragen sich die Gralsforscher und Schatzsucher auch unserer Tage. Unser heutiges Thema lautet:

**„Die Gotik der Kathedralen –
ein Mitbringsel der Templer?“.**

Ich darf Ihnen zunächst unsere Teilnehmer vorstellen. Zu meiner Linken begrüße ich den Gast des heutigen Abends, Herrn Architekt Flambeau von der TEMPLER-GILDE DER ARCHITEKTEN DER ESOTERISCHEN GOTIK. Monsieur Flambeau wird uns hoffentlich heute Abend die Geheimnisse der Kathedrale von CHARTRES verraten ... *die Kamera fixierte einen Moment lang sein Namensschild auf dem Studiotisch.*

Neben ihm logiert meine geschätzte Kollegin, Madame Simon vom Sender ARTE, die sich in den letzten Monaten als Sprecherin des **EuRiCo** verdient gemacht hat.

Ferner begrüße ich Herrn Professor Jeremy A. Natot aus JERUSALEM, der sich mit der Geschichte der Kreuzfahrer befasst und zur Zeit mit Forschungsaufgaben in EUROPA betraut ist.

Mir zur Linken heiße ich den Teilnehmer mit der weitesten Anreise willkommen, nämlich Herrn Humphrey L. Hunt vom amerikanischen PEN CENTER, der mit großem Interesse die Verhandlungen über die Templer-Frage vor dem EUROPÄISCHEN GERICHTSHOF beobachtet hat.

Neben ihm begrüße ich unseren jungen Kollegen Fabian Jaspers, Volontär bei der Zeitung LEPARISIEN und hilfreicher Assistent in den Prozesstagen von STRASBOURG.

Meine Damen und Herren – genug der Worte! ... *mit Blick auf den Gast* ... Wieso ist die Gotik ein Mitbringsel der Templer? Monsieur Flambeau, was macht Ihre Templer-Gilde in CHARTRES, und wieso vertreten Sie diese These?"

LUCIEN FLAMBEAU, Architekt:

„Zunächst herzlichen Dank für die Einladung.– Unsere Architekten-Gilde ist ein Team von Freunden der Gotik und arbeitet im Turm der SOCIÉTÉ ARCHÉOLOGIQUE in der RUE JEHAN POCQUET zu CHARTRES. Ja, wir sind zutiefst überzeugt von einer Kosmischen Vision, mit der die Templer die Gotik nach Frankreich brachten. Wir verdanken diese Kenntnisse unserem großen Vorbild, dem Forscher LOUIS CHARPENTIER."

JANICE SIMON, Production Manager:

„Charpentier? Pardon, Monsieur, seine Bücher hinterlassen nur Fragezeichen: Nachdem der fleißige ABBÉ MOREUX 1923 seine ASTRONOMISCHEN OFFENBARUNGEN DER CHEOPSPYRAMIDE VERKÜNDETE[1], griff Charpentier seine These auf und sprach 1967 von einer KOSMISCHEN FOR-

[1] *Moreux, Théophile: La Science mystérieuse des Pharaons. Paris 1923, S.55 ff.*

MEL, die von den ägyptischen Pyramiden angeblich bis hin zum Bau der Kathedrale von CHARTRES geführt habe[2]. Wie kam diese wunderbare Formel nach FRANKREICH? Da hilft uns derselbe Autor vier Jahre später mit einer phantastischen Enthüllung: Die ersten Tempelritter hätten die verschollenen Steintafeln der Zehn Gebote in Jerusalem ausgegraben. Und jetzt zitiere ich wörtlich: ‚Diese Gesetzestafeln enthalten die WELTFORMEL, nach der die Kathedrale errichtet wurde'.[3] Monsieur, ich frage Sie: Wo ist denn diese WELTFORMEL?"

HUMPHREY HUNT, PEN Center ... *kam dem Architekten zuvor*:
„Sorry, wenn ich mich hier einmische, aber wir vom PEN CENTER sind all diesen Autoren zu Dank verpflichtet: Sie suchen für uns die MYSTERIES OF LIFE, und es gibt eine große Literary Community für diese Art von Science-Fiction."

LUCIEN FLAMBEAU, Architekt:
„Ja, genau das wollte ich betonen. Wir stehen nicht allein. Neulich ist in Deutschland ein Buch erschienen, das dieses Wunderwerk von CHARTRES als eine spirituelle Fortsetzung des Bauwerks der CHEOPS-PYRAMIDE ansieht. Auch diese Autorin betont, dass es hier esoterische Beziehungen gebe, die ‚nicht zufällig sind, sondern einem Plan folgen'.[4] Die WELTFORMEL ist ein templerischer Plan."

JANICE SIMON, Production Manager ... *verwundert*:
„Ein Plan? Wo denn?" ... *Ich erinnerte mich: Dieses Buch hatte ich neulich in der Bibliothek gefunden. Meine Hände wurden feucht, aber ich meldete mich und sah, wie mich die rechte Kamera fixierte. Schnell trug ich vor:*

FABIAN JASPERS, Assistent:
„Dieses Buch kenne ich. CHARPENTIER wird oft darin zitiert. Mir fiel freilich auf, dass sich die Autorin immer wieder gegen Wissenschaft und gegen Aufklärung aussprach."[5]
... bei der rechten Kamera erlosch wieder das rote Lämpchen. Ich konnte durchatmen, ich war nicht mehr im Bild.

2 *Charpentier, Louis: Macht u. Geheimnis d. Templer. Bundeslade, Abendländische Zivilisation, Kathedralen. Olten 1967, S.40.*

3 *Derselbe: Die Geheimnisse d. Kathedrale v. Chartres. Köln 1972, S.55.*

4 *Klug, Sonja Ulrike: Kathedrale d. Kosmos. Die Heilige Geometrie v. Chartres. Bad Honnef 2008, S.135.*

5 *Achtmal wird hier Wissenschaftskritik geäußert: S.35, 57, 64, 81, 87, 88, 160 u. 211.*

MARK BRIDE, Moderator ... *wandte sich nach links außen:*
„Professor Natot ist noch gar nicht zu Wort gekommen. Herr Natot, inwiefern sind Ihre Forschungen von unserer Fragestellung berührt worden?"

JEREMY NATOT, Professor ... *putzte seine Brille und blickte nun in die Runde:*
„Ich kenne die Publikationen von CHARPENTIER und war von Anfang an erstaunt über seine These, dass da fünf oder sieben Kathedralen mit dem Namen NOTRE DAME – allein durch ihre Standorte – das Sternbild der Jungfrau widerspiegeln sollten.[6] Immerhin gibt es in Frankreich ca. 80 Kathedralen, davon 67 mit dem Namen NOTRE DAME oder MARIE, und die geographische Skizze von CHARPENTIER für seine astronomischen JUNGFRAU-KATHEDRALEN konnte mich nie überzeugen."

LUCIEN FLAMBEAU, Architekt:
„Da sind auch unsererseits Zweifel gekommen. Inzwischen gibt es einen deutschen Journalisten, der eher für eine Verteilung zugunsten des Sternbilds des Drachens votiert."[7]

MARK BRIDE, Moderator ... *erstaunt*:
„Für eine solche Verteilung von Kathedralen sollen die Templer verantwortlich zeichnen?"

LUCIEN FLAMBEAU, Architekt ... *beherzt*:
„Naturellement, ja, denn dieser Autor weist darauf hin, dass der letzte Templer-Großmeister ‚im Gefangenenturm der Burg GISORS die Graffiti von Jungfrau und Drache in den Stein der Wände' eingeritzt hatte."[8]

JEREMY NATOT, Professor ... *lächelnd*:
„Das ist abwegig. Seit 40 Jahren weiß die historische Forschung, dass die Graffiti von GISORS Imitationen aus dem 16.Jh. sind[9] – also keine Produktion der historischen Templer".

MARK BRIDE, Moderator ... *resolut*:
„Okay, lassen wir das mal so stehen. Zurück zur GOTIK: Wieso soll die Gotik ein Import der Templer aus dem Orient sein?"

LUCIEN FLAMBEAU, Architekt ... *emphatisch*:
„Ganz einfach: Mit der Rückkehr der ersten Tempel-Ritter – fünf Ritter um

6 *Geheimnisse d. Kathedrale, a.a.O., S.26.*
7 *Wabbel, Tobias Daniel: Der Templerschatz. Eine Spurensuche. Gütersloh 2010, S.184.*
8 *Ebd., S.185.*
9 *Heron de la Chesnaye: Les graffiti de la tour du Choudray à Chinon. In: Revue Atlantis. Nr.268, Mai-Juni 1972, S.304.*

1128 – begann hier die architektonische Wende der Kathedralen zur Gotik: Saint-Denis (1130), Laon (1150), Paris (1163), Chartres (1194), Reims (1211) Amiens (1218) ..."

JEREMY NATOT, Professor ... *mit wippendem Zeigefinger*:

„Entschuldigung, wenn ich mich hier einschalte, aber bereits dieses weitgespannte Zahlenfeld bedeutet doch, dass die Gotik nicht plötzlich um 1130 da ist, sondern nach und nach auf viele Generationen verteilt war. Das hat doch mit fünf Touristen anno 1128 überhaupt nichts zu tun!"

HUMPHREY HUNT, PEN Center ... *verunsichert*:

„Vielleicht gibt es verschiedene Stufen der Gotik. Oder ist sie – wie wir Amerikaner sagen – ein UNEXPLAINED PHENOMENON? Was ist Gotik? Ist das schon gesagt worden?

MARK BRIDE, Moderator:

„Well, wer liefert eine knappe Definition?" ... *Mark blickte zu mir herüber. Deshalb brachte ich schnell hervor:*

FABIAN JASPERS, Assistent:

„Die meisten Lehrbücher sprechen der Gotik einen französischen Ursprung zu und beziehen sich dabei auf den Abt Suger von Saint-Denis, weil er und sein Architekt ‚erstmals burgundische Spitzbögen und normannische Rippengewölbe stringent vereinigten'. Gotik ist primär eine französische Veranstaltung."[10]

JEREMY NATOT, Professor ... *mit zufriedener Miene*:

„Da hören wir es: burgundisch und normannisch, nicht orientalisch oder gar islamisch."

... jetzt beschleunigte sich mein Puls, denn da war ja noch ein brisanter Aspekt, den ich vortragen musste. Als ob der Kameramann dies ahnte: Ich wurde optisch fixiert, das rote Lämpchen ging an, und ich hörte mich sagen:

FABIAN JASPERS, Assistent:

„Ohne einem neuen 100jährigen Krieg zwischen Frankreich und England Vorschub leisten zu wollen: Die Kunsthistoriker weisen bei der frühen Gotik auch auf die englische Kathedrale von Durham hin, die eigentlich Church of Christ, Blessed Mary the Virgin and St. Cuthbert heißt. Erbaut wurde sie ab 1093 – da gab es noch gar keine Templer –, und ab 1128 begann man im Langhaus mit der Errichtung von erstmals gotischen Kreuzrippengewöl-

[10] *Die Kunst d. Gotik. Architektur, Skulptur, Malerei. Hg. v. Rolf Toman, Köln 1998, S.9.*

ben – da gab es noch gar nicht den gotischen Baubeginn im französischen Saint-Denis. Übrigens: 1986 wurde die normannisch beeinflusste Kathedrale von Durham von der UNESCO zum Welterbe der Menschheit erklärt. Gotik ist somit jedenfalls eine west-europäische Kreation".

JANICE SIMON, Production Manager:
„Meine Herren, danke für diese ersten Informationen, aber der 100jährige Krieg ist endgültig passé. ... *Sie blickte zu Humphrey Hunt.* „Mister Hunt, Sie scheinen mit diesem Zwischenergebnis nicht sonderlich glücklich zu sein?"

HUMPHREY HUNT, PEN Center ... *grübelnd*:
„Of course, die Tempel-Ritter hatten viele Jahre ihren Sitz in the Holy City of Jerusalem. Und sie ließen bauen eigene Burgen und eigene Kirchen. Dann haben sie sicherlich importiert ihre eigene Gotik. Das ist meine Meinung!"

JEREMY NATOT, Professor ... *schüttelt resigniert den Kopf, schweigt aber.*

MARK BRIDE, Moderator:
„Dürfen wir da noch einmal bei unserem Assistenten nachfragen?"
... *wieder schwenkte die Kamera auf mich, und diese Frage konnte ich parieren:*

FABIAN JASPERS, Assistent:
„Also, die Gotik wurde nicht von den Templern nach Europa mitgebracht. Aber es gibt Einflüsse anderer Art:
Unter dem Titel L'Architecture des Templiers hat ein Professor von der Sorbonne festgestellt, dass die Templer viele RUNDKIRCHEN besaßen, was auf die Rotunde der Grabeskirche zu Jerusalem hinweisen dürfte, aber ebenso bejahten sie eine OKTOGONALE GRUNDFORM, was an den Felsendom in Jerusalem erinnert. Viermal haben sie aber auch eine polygonale Grundstruktur vorgezogen.[11]
Im nord-französischen Laon finden wir eine oktogonale Templer-Kapelle, übrigens im Stil der Romanik. Im nord-spanischen Eunate hingegen wurde von den Templern im 12.Jh. eine polygonale Kirche errichtet, ebenfalls romanisch geschlossen.[12]
Andererseits, in England, haben die Templer Rundkirchen bevorzugt: in Northhampton, in Little Maplestead, ferner bei der romanischen Kirche St. Sepulchre in Cambridge und vor allem beim zunächst romanisch

[11] *Lambert, Èlie: L'Architecture des Templiers. Paris 1955, S.5; 22f.; 11.*
[12] *Bayard, Jean-Pierre: La Tradition cachée des cathédrales. Du symbolisme médiéval à la réalisation architecturale. St-Jean-de-Braye 1990, S.119 f.*

begonnenen Bau der Temple Church in London.[13] Was bedeutet das alles? Ganz einfach: Die Templer waren auf einen bestimmten Baustil überhaupt nicht fixiert."

LUCIEN FLAMBEAU, Architekt ... *wirkt konsterniert, macht sich Notizen*

FABIAN JASPERS, Assistent:

Darf ich noch etwas zu CHARTRES anfügen?

MARK BRIDE, Moderator ... *blickt auf die Uhr, dann:*

„Bitte, ja."

FABIAN JASPERS, Assistent:

„Ich bin in der National-Bibliothek zu Paris auf eine Studie über die Templer in CHARTRES gestoßen. Aber das Resultat ist eher dürftig: Es hat um CHARTRES dorfähnliche Flecken gegeben – BUSLOUP und SOURS – die 1195 durch Geschenk des ROBERT DE CHARTRES zu einer Domäne der Templer wurden.[14]

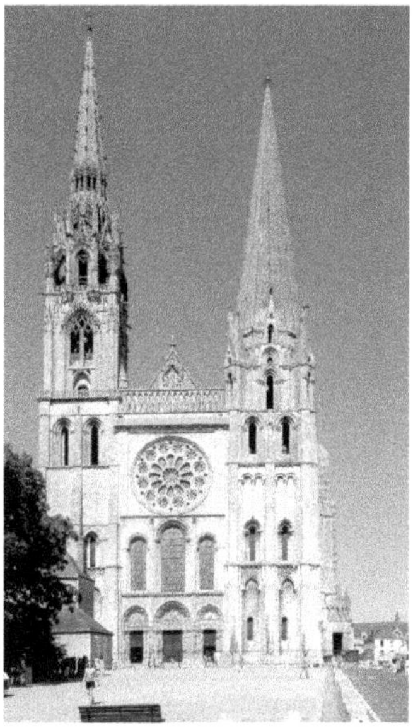

Kathedrale von Chartres © 2007 Schorle (GNU-Lizenz)

Aber bei dem später (1373) ermittelten Gebäuderesten eines HOSPITAL ANCIEN wusste man nicht mehr, ob es ein Relikt der Templer oder Hospitaliter war.[15] Die Spuren sind mager, ganz zu schweigen von irgendeiner architektonischen Einflussnahme durch Templer."

MARK BRIDE, Moderator:

„Danke für diese Informationen! – Ich möchte gerne einen weiteren Punkt der ESOTERISCHEN GOTIK zur Sprache bringen: Wer finanzierte den Bau der gotischen Kathedralen in Europa?"

LUCIEN FLAMBEAU, Architekt:

„Geht die Frage an mich, Mr. Bride? Bestimmt tut sie das! Also: Wir Architekten sind uns alle einig: Der Finanzaufwand für die Kathedralen würde heute in die Millionen wenn nicht in die Milliarden gehen. Eine Schätzung für die Kathedrale von CHARTRES im Jahre 1985 geht von 300 Millionen Dollars aus. Hier sieht man: Architektonische Esoterik ist nicht nur eine Sache der Phantasie, architektonische Esoterik hat ebenso eine handfeste Seite aus Fleiß und Schweiß."

13 *Ranking, Devey Fearon de l'Hoste: Some Notes on various gnostic sects, and their possible influence on Freemasonry. In: Acta Quatuor Coronatorum (London) 24 (1911), S.229.*

14 *Folliot, Pierre-Marie: Les Templiers dans la baillie de Chartres. In: Bulletin de la Société archéologique d'Eure-et-Loir. Mémoires XXIX-1/2. No. 96/97. S.114.*

15 *Ebd. S.32.*

JANICE SIMON, Production Manager:
„Nun gut, Monsieur, heraus mit der Sprache: Woher kam das Geld?"

LUCIEN FLAMBEAU, Architekt:
„Also, LOUIS CHARPENTIER – er ist nicht unser Guru, aber doch unser Mentor – hat uns seit 1971 zwei Antworten hinterlassen:

Einerseits:

- Die Menschen waren damals spendenfreudiger, denn sie waren tief religiös.

Andererseits:

- Die Spenden reichten nicht aus, so beschafften sich die Templer das Silber aus Mexiko."

JEREMY NATOT, Professor ... *aufgebracht*:
„Toll und nochmal toll – wie begründet dieser Mensch seine exotische These?"

LUCIEN FLAMBEAU, Architekt:
„Ganz einfach: die Menge des in Umlauf befindlichen Silbers war bis 1100 ziemlich gering, hatte aber bis um 1500 beträchtlich zugenommen. Daraus folgert CHARPENTIER, dass mit der im ATLANTIKHAFEN LA ROCHELLE stationierten Templer-Flotte das ‚Silber aus mexikanischen Minen' heimlich importiert worden sei.[16] Eine weitere Studie des esoterischen Anthropologen JACQUES DE MAHIEU von 1979 hat diese Schlussfolgerungen bekräftigt".[17]

JEREMY NATOT, Professor ... *ereifert sich*:
„Sorry, das sind hübsche Phantasien für belletristische Verlage. Wo bleiben die Beweise?"

HUMPHREY HUNT, PEN Center:
„Hurray! Ich finde es großartig, dass unsere Autoren alle Möglichkeiten erschöpfend untersuchen. Wieso sollen die Templer nicht auch bei uns in AMERIKA gewesen sein? Unsere modernen Autoren schreiben unter dem FREEDOM OF INFORMATIONS ACT (FOIA), dem amerikanischen Recht auf Informationsfreiheit."

JANICE SIMON, Production Manager:
„Sir, es geht hier doch nicht um journalistische Freiheit, sondern um journalistische Korrektheit: Wer wie der Esoteriker MAHIEU dem französischen Templer-Siegel mit der lateinischen Inschrift SECRETUM TEMPLI und der

[16] *Charpentier: Geheimnisse d. Kathedrale, a.a.O., S.155.*

[17] *Mahieu, Jacques de: Les Templiers en Amerique. Paris 1981.*

gnostischen ABRAXAS-FIGUR versehentlich einen mexikanischen INDIO andichtet[18] oder wer uns an indianischen Steinschriften in ARGENTINIEN bzw. PARAGUAY das KREUZ DER KATHARER (Croix cathare) einreden möchte,[19] der stiftet nur Verwirrung".

JEREMY NATOT, Professor ... *um Sachlichkeit bemüht:*
„Wir müssen bei den Tatsachen des Alltags bleiben: Die historischen Templer waren eine ritterliche Schwurgemeinschaft aus dem europäischen Adel, also

- keine hochseekühnen Matrosen,
- keine muskulösen Hafenarbeiter,
- keine verschwitzten Metallgießer,
- keine geschulten Münzpräger!

Ein solches Personal braucht man aber, wenn man von 1130 bis 1305 regelmäßig im transatlantischen Schiffsverkehr Silber von Mexiko nach Frankreich transportieren und dort unauffällig in gültige Währungen hätte verwandeln wollen.
Vor allem: alle diese Werktätigen standen – mangels eigener Ritter-Eignung – niemals unter Eid, hätten aber 175 Jahre lang über interne Betriebs-Geheimnisse geschwiegen? Wer soll das glauben? Selbst der französische KÖNIG PHILIPP IV., der 1307 allen irrationalen Gerüchten nachgegangen war, ist auf einen solch abstrusen Verdacht nicht einmal in seinen kühnsten Phantasien gekommen, obwohl er zwölf UNDER-COVER-AGENTS in den Templer-Orden hatte einschleusen lassen".[20]

MARK BRIDE, Moderator:
„Okay, das mexikanische Silber und die Idee einer ständigen Westpassage 200 Jahre vor COLUMBUS sind damit vom Tisch. Bleibt die Frage: Wer bezahlte die wandernden Maurergesellen, die Steinschneider und die Fensterglaser an den Baustellen der werdenden Kathedralen? Hatten wenigstens dort unsere Templer als Financiers ihre Hand im Spiel? – Was hat unser Assistent da herausfinden können?"

FABIAN JASPERS, Assistent:
„Also, zunächst einmal muss man zur Kenntnis nehmen, dass es an den Kathedral-Baustellen sehr viele Pausen gab, so dass sich die Arbeiten u.U.

18 *Ebd. S.43, Fig.3.*
19 *Ebd. S.150, Fig.25 u. 26.*
20 *Barber: Trial, a.a.O., S.66.*

hunderte von Jahren hinzogen. In solchen durch Geldmangel bedingten Pausen wurden keine Löhne fällig, die freien Maurer gingen auf die TOUR DE FRANCE, d.h. zu anderen Bauhütten. Beispielsweise NOTRE DAME DE PARIS: Dort wissen wir von vier Bauphasen in der langen Zeit von 1163 – 1345. Es gab also keinen karitativen Templer-Konzern, der den ständigen Finanz-Mangel an all den europäischen Baustellen hätte überbrücken können!
Vielleicht darf ich – exemplarisch für viele Baustellen – einfach mal aus dem Kunstführer für CHARTRES zitieren:
... Damals weilte der PÄPSTLICHE LEGAT in CHARTRES. Seine begeisterte Ansprache an Volk und Klerus ließ die Menschen ihre persönlichen Verluste vergessen. Einmütig gelobten sie: die Kathedrale sollte in neuem Glanze erstehen! BISCHOF REGNAULT DE MOUÇON und die Domherren gaben auf drei Jahre ihre Einkünfte. Die gesamte Bürgerschaft folgte ihrem Beispiel. Könige und Edelleute steuerten ebenso freigiebig zum Bau der neuen Kathedrale bei. Ergriffen vom Geist des Glaubens und der Buße zogen die Einwohner von CHARTRES schwere, mit Steinen beladene Karren zur Baustelle. Unter der Leitung des unbekannten Architekten schritt der Bau mit ungewöhnlicher Schnelle voran ... [21]
Oder blicken wir nach SAINT-DENIS. Dort berichtete der ABT SUGER vom:
... Zustrom einfachster Werkmaurer, die plötzlich in großer Zahl erschienen und als fleißige Zementarbeiter, Steinschneider oder Skulpteure PAR LA GRÂCE DE DIEU, also unter der Gnade Gottes tätig wurden ... [22]
Generell kann man für alle Kathedral-Baustellen der Gotik sagen: Sie alle standen im architektonischen Wettbewerb mit den benachbarten Bauvorhaben, sie alle erhofften Zuwendungen durch den König, durch die Barone in ihrer Region, durch die Anwohner des Ortes und durch die Pilger aus dem Umland. Diese alle waren die Geldgeber! – Die Templer hatten andere Aufgaben.“

JEREMY NATOT, Professor:
„D'accord, darin entfaltete sich das von allen Schichten des Volkes getragene Ethos der Gotik: Tiefe Religiosität, irdische Entbehrung, spirituelle Vertikalität – Sehe ich genau so!“

[21] *Houvet Étienne: Monographie de la Cathédrale du Chartres. Übers. v. Anna Maria Renner, Chartres 1990, S.13.*

[22] *Sculpteurs au Moyen-Age. Ed. l'Instant Durable. Clermont-Ferrand 2007, S.74.*

MARK BRIDE, Moderator ... *blickt auf die Uhr; wirkt etwas hilflos*:
„Und was hat es nun mit der ESOTERIK IN DER GOTIK auf sich?"

LUCIEN FLAMBEAU, Architekt:
„Ich denke, wir haben nur einige wenige Aspekte der Gotik angesprochen. Blicken wir noch einmal auf die Kathedrale von CHARTRES:
Bereits CÄSAR bezeichnete diesen Ort unter dem Namen AUTRICUM als das Zentrum von GALLIEN, an dem in prähistorischen Zeiten das jährliche Treffen der DRUIDEN stattfand. Die keltische Heilquelle dort zog auch im Mittelalter Pilger und Gläubige an. Und seit dem 16.Jh. hat die örtliche Kirche die DRUIDEN-KULTE in die Liturgie übernommen:[23] So liegt ein esoterischer Zauber über dem Ort.
Mehr noch: Im Inneren der Kathedrale ruht das KREISRUNDE BODEN-LABYRINTH, auf dem die Pilger kniend zum Zentrum – als Ersatz für JERUSALEM – zustrebten. Übrigens: Der große OKKULTIST FULCANELLI hat das Labyrinth als ALCHEMISTISCHE FIGUR, als das GROSSE WERK DER ALCHEMISTEN gewürdigt.[24]

Das Boden-Labyrinth © 2012 Jeff Saward (Labyrinthos.net)

Es wird noch esoterischer: Die SCHWEIZER GEOBIOLOGIN BLANCHE MERZ hat zahlreiche Kultstätten der Welt auf kosmo-terrestrische Energien hin untersucht, und siehe da: beim Zugang vom innersten Umkreis zum Zentrum des Labyrinths von CHARTRES springen die Vibrationen von 2000 auf 18.000 Einheiten hoch: ‚Dies entspricht dem Initiationsort des Pharaos in Ägypten!'[25]

[23] *Sanfaçon, André: Le Renouveau de la Carhédrale de Chartres et de son Pèlerinage aux 19 et 20 Siècles. In: Bulletin de la Société archéologique d'Eure-et-Loir. No.107, 201, S.25 & 27.*

[24] *Fulcanelli (vermutlich: Jean-Julien Hubert Champagne): Das Mysterium der Kathedralen u. die esoterische Deutung d. hermetischen Symbole d. Großen Werks. Basel 2004, S.63.*

[25] *Merz, Blanche: Orte der Kraft. Stätten höchster kosmo-terrestrischer Energie. Aarau 3 2002, S.103.*

Also – wenn Sie mich fragen: Die Gotik ist voller Esoterik, und unsere Guilde emplière des Architectes de l'Ésotérisme Gothique hat noch viel Aufklärungsarbeit zu leisten."

MARK BRIDE, Moderator ... *lächelnd, dann diplomatisch:*
„Dafür wünschen wir Ihnen und Ihrer Gruppe viel Erfolg! ... *Mark blickte nun in die mittlere Kamera, die langsam auf ihn zufuhr.*
Meine Damen und Herren, wir nähern uns dem Ende unserer heutigen Sendung über die verborgenen Bau-Geheimnisse der Templer. In meinen Händen halte ich eine Broschüre, die am Portal zur Kathedrale von Chartres den Besuchern feil geboten wird. Sie trägt den Untertitel: Hasard ou stricte Géométrie, das heißt so viel wie Strenge Geometrie oder glücklicher Zufall.[26]
Das Büchlein kommt zu keiner Entscheidung, und ich bin sicher, auch unsere Zuschauer werden weiterhin ihren eigenen Weg zur Gotik beschreiten wollen. Und vielleicht hat unsere Sendung Ihnen dazu einige Anregungen geliefert.
Meine Damen und Herren, ich danke den Teilnehmern in dieser Runde und ich danke Ihnen draußen in Europa für Ihre Aufmerksamkeit.
Dies war **UFO No.1.** Ich hoffe, es hat Ihnen bei uns gefallen.
Beehren Sie uns wieder bei **Ultimate Fabulous Outlook**, wenn wir uns erneut auf die Suche nach Spuren der Templer begeben.
Danke und Auf Wiedersehen."

Dies war das Ende unserer ersten Aufzeichnung, die demnächst über die Sender ARTE, BBC und ORF gehen würde. Schön, dass ich nun einmal hinter die Kulissen hatte schauen dürfen: Die grellen Scheinwerfer erloschen, Techniker in Jeans strömten herein und befreiten uns von den Mikrofonen, ein Serviertisch wurde herein gerollt, der mit Erfrischungsgetränken und Finger Food beladen war.

Während ich meine Stimmbänder mit kühler Schorle reanimierte, traten Janice und Mark an mich heran: „Danke, Fabien, saubere Arbeit. Gelungener Start. Die Sendung wird ein Erfolg."

„Wann ist denn die erste Ausstrahlung? Diesen Esoteriker möchte ich noch mal sehen!"

[26] *Villette, Jean: Le Plan de la Cathédrale de Chartres. Hasard ou stricte Géométrie? Chartres 1991.*

„In zwei oder drei Monaten. Vorher produzieren wir aber noch die nächsten Folgen, hoffe ich", lächelte Mark, der ebenfalls sichtlich erleichtert schien, sich dann aber dem Architekten zuwandte, um ihn zu verabschieden.

Mr. Hunt vom PEN Center wirkte mürrisch und redete auf den Professor ein, der ihm irgendetwas erklären wollte, wobei er in seinem Terminkalender blätterte.

Auch Janice war zufrieden: „Die Maske wird dir nebenan wieder abgenommen. Stand dir aber gut. Unter den Scheinwerfern beginnen die Cremes und Farbtupfer zu verschwimmen, man wird langsam impressionistisch verfremdet. Übrigens: Ich sende dir in den nächsten Tagen ein Formblatt zu. Bitte ausfüllen und an mich zurück: ein paar persönliche Daten, Bankverbindung, Kontonummer – ist für die Abrechnung des Produzenten. Copyright-Verzicht musst du auch unterschreiben. Wie hat es dir gefallen?"

„Jetzt geht es mir besser. Am Anfang war mir ziemlich flau im Magen."

„Und in den Beinen", lächelte Janice, „das legt sich von Mal zu Mal."

Die Zeit war fortgeschritten. Und dem **Templer-Code** war ich nicht näher gekommen.

Mit Hand Foot und Trinkglas bewaffnet schlenderte ich langsam zum Flur, dann über den Gang und versuchte, die Atmosphäre des ganzen Hauses zu erschnuppern. Überall war nüchterne Geschäftigkeit, gelegentlich undefinierbare Musik, oder auch Lautsprecherstimmen. Niemand sprach mich an. Nach einer Weile schlenderte ich zurück, doch im Studio waren bereits andere Personen zugange.

Unten an der Rezeption wurde meine Laufkarte wieder eingezogen. Ich fragte nach Madame Simon und Mister Bride. Die Dame an der Rezeption blätterte im Anwesenheitsbuch:

„Bedaure, Monsieur, die Herrschaften sind bereits ausgetragen".

BORDEAUX: DIE LARMENIUS-SAGA – TEMPLER VON NAPOLEONS GNADEN?

„Und viele falsche Propheten
werden auferstehen
und viele irreführen …"

Mt 24,11

LeParisien, 25, avenue Michelet, 93408 Saint Ouen
Donnerstag, 9. September, 10.00 Uhr

Einige Wochen waren vergangen, ohne dass ich etwas von unserem Trio gehört hatte. Schlimm war das nicht: Ich hatte begonnen, unsere Story niederzuschreiben, und bei LEPARISIEN war mir versichert worden, das Buch später als Reportage in Fortsetzungen zu veröffentlichen. So gingen die Tage ins Land, als plötzlich mein Handy klingelte und mir eine Nachricht von Janice präsentierte:

✤ „Liebe UFO-Kollegen: Jetzt haben uns sogenannte Neo-Templer auf ihr Schloss Sogeant bei Bordeaux zum Interview eingeladen. Jeder nennt sich Chevalier, alle seien Jesus-Nachfolger. Ziemlich snobistische Leute. Termin unklar. Salut, Janice."

CHEVALIER? Das heißt RITTER. Gab es die denn noch? Und was waren **Neo-Templer**? Ich begab mich ins Internet und fand endlos viele Informationen über Gruppen, die sich heute noch oder heute wieder **Templer** nannten, aber sich gegenseitig diesen Status streitig machten. Ziemlich verwirrend! Konnte es denn überhaupt noch **Templer** geben, da doch der PAPST CLEMENS V. den Templer-Orden 1312 aufgehoben hatte? Irritiert sandte ich eine SMS an unser Trio:

✤ „Frage an UFO-Redaktion: Was konkret soll ich da vorbereiten?
Im Internet sind viele Neo-Templer. Und: Wann ist der Termin?
Salut, Fabien."

Auf meinem Schreibtisch begannen sich Berge von Notizen über neue Templer zu türmen: in Kanada und Australien, in Portugal und Kroatien … In man-

chen Ländern gab es bis zu fünf konkurrierende Templer-Verbände! Besaßen sie etwa den **Templer-Code**?
Eine besondere Komik lag auf ihren Ursprungslegenden: Alle wollten sie von dem damals inhaftierten Großmeister JACQUES DE MOLAY mit der Fortsetzung des Ordens beauftragt worden sein – mindestens drei solcher Personengruppen rühmten sich dieser Ehre ...
Noch zwei Tage vergingen, dann waren neue Direktiven eingetroffen, diesmal aus London:

- „Dear you all: Unser 2.UFO-Treff findet doch wieder bei ARTE in Strasbourg statt. Termin: Sa., 18.9., 10h00. An Fabian: Erforsche alles über einen Mr. John Mark Larmenius. Bye, Mark."

LARMENIUS? War das nicht einer der drei angeblichen Nachfolger des damals verhafteten Templer-Großmeisters? Jetzt lag detektivische Kleinarbeit vor mir: Es war gerade 9.20 Uhr. Um 10.00 Uhr könnte ich also wieder in der Nationalbibliothek sein und einen Leseplatz besetzen. Also auf zum QUAI FRANÇOIS-MAURIAC: Abschriften anfertigen, Kopien erstellen – die verbleibenden vier Tage müssten mir reichen ...

La Maison accueillante Rue de la Gaïté, 93400 Saint Ouen
Freitag, 17. September, 15.40 Uhr

Meine Vorbereitungen waren inzwischen abgeschlossen. Ich hatte die wortreichen Selbstdarstellungen neo-templerischer Vereinigungen kennengelernt: stolze Erklärungen, feierliche Straßenaufzüge, festliche Kirchenszenarien. Und dieser LARMENIUS? Zweifel hatten mich beschlichen angesichts von Widersprüchen in den Quellen, aber das sollte morgen der CHEVALIER oder CAVALIERE vertreten, der sich bei **UFO** eingeladen hatte ...

Schnellzug TGV Train à grande vitesse, Paris – Strasbourg
Samstag, 18. September, 8.04 Uhr

Ich musste im Zug eingeschlafen sein, denn plötzlich riss mich das Handy aus meinem Dämmerschlaf. Gab es eine Absage? War jemand erkrankt?

Doch es war nur der Life-Ticker, den ich inzwischen in meinem Gerät aktiviert hatte:

„Coca-Cola-Geheimnis gelöst. Radio-Moderator verriet Rezept von 1886".

Okay, aber eigentlich hatten wir andere Geheimnisse zu lösen. Noch zwanzig Minuten Fahrtzeit, aber an Schlaf war wohl nicht mehr zu denken. Ich schloss wieder die Augen und versuchte zu träumen, und bald drängten sich mir Figuren auf ... weiße Mäntel mit rotem Kreuz ... Gruppenfotos mit Standarte ... Dann hörte ich Schritte, mal lauter, mal leiser. Irgendwo wurde gehustet. Zwischen den Vorhangschlitzen kroch unaufhaltsam die Morgendämmerung ins Zugabteil. Bald ratterten wir über Weichen, es folgte die große Rechtskurve vor dem Bahnhof, Bremsen schienen zu greifen, wir näherten uns der großen Gare de Strasbourg ...

Neo-templerischer Dekor von heute

ARTE G.E.I.E., 4, quai du Chanoine Winterer, 67000 Strasbourg
Samstag, 18. September, 9.01 Uhr

Pünktlich betrat ich das ARTE-Haus und wunderte mich über die zahlreichen Damen und Herren im Foyer, die mit Templer-Insignien ausgestattet waren: auf Krawatten oder auf der Herzpartie ihrer Jacketts. Einige Herren hatten Reitersporen an den Stiefeln ...
An der Rezeption verwies man mich wieder zu Studio II. Ich kannte schon die Prozedur, und so folgte ich dem Wegweiser

UFO No. 2
BBC · ARTE · ORF

zu unserer Sendung und begab mich gleich in den Raum mit Aufschrift „Maske". Neben mir saß bereits ein majestätischer Mensch mit doppeltem Kinn und dunkler Hornbrille, dem die breiten Schuppen von der Schulter weggebürstet wurden.
Wenig später erblickte ich ihn wieder im bereits belebten Studio: breite Krawatte mit Templer-Kreuz, ein Glas Limonade in seiner Hand, an der sich ein massiver Goldring bemerkbar machte: mit rotem Kreuz auf weißer Gravurplatte.

Jetzt kam auch Mark Bride auf mich zu: „Hallo Fabian, ich hoffe, du bist gut präpariert".
„Readiness is all", konterte ich lächelnd und schnipste mit zwei Fingern. Mark schien besorgt: „Ich hoffe, wir haben ein Fair Play, es gab viel Ärger vorher". Nachfragen konnte ich nicht mehr, denn Mark begrüßte bereits unsere Round-Table-Akteure Mr. Hunt und Prof. Natot. Dann wurden wir von den Technikern mit den Mini-Mikrophonen verkabelt, und während die Scheinwerfer hochgefahren wurden, erschien Janice an meiner Seite, in ganz hellem Kostüm mit roter ARTE-Brosche, und wies mir mit sphinxhaftem Lächeln meinen Platz an:

FABIAN JASPERS Assistent	HUMPHREY L. HUNT PEN	MARK BRIDE BBC	CHEV. LUCIEN D'HÉLÈNE	JANICE SIMON ARTE	PROF. JEREMY A. NATOT

Auch die anderen Teilnehmer nahmen ihre Plätze ein, und ich spürte wieder die lästige Wärme des Studiolichts. Die drei Kamera-Teams suchten noch ihre ideale Platzierung. Dann hörte man die schon bekannte elektronische Stimme aus der Regiekabine hinter der Glasscheibe herunter zählen: „Fünf, vier, drei, zwei, eins – Aufzeichnung":
Bei der mittleren Kamera ging wieder ein rotes Lämpchen an, langsam rollte die Apparatur auf Mark zu, der nun ruhig und klar in die Kamera sprach:
„Guten Abend, meine Damen und Herren, willkommen bei einer weiteren Ausgabe von **UFO**, der neuen Serie **Ultimate Fabulous Outlook**. Wieder geht **UFO** den noch ungelösten Rätseln der Templer-Forschung nach. Wahrheit oder Fabel? Geschichte oder Legende? Das fragen sich die Gralsforscher und Schatzsucher unserer Tage. Unser heutiges Thema lautet:

„Die Larmenius-Saga – Templer von Napoleons Gnaden?".

Ich darf Ihnen zunächst unsere Teilnehmer vorstellen. Zu meiner Linken begrüße ich den Gast des heutigen Abends, Herrn Chevalier Lucien d'Hélène, vom ORDEN DER TEMPLER DES RITTERS LARMENIUS aus Bordeaux: Monsieur d'Hélène wird uns hoffentlich heute Abend in die GEHEIMNISSE DER LARMENIUS-SAGA einführen können.
Neben ihm befindet sich meine geschätzte Kollegin, Madame Simon vom Sender ARTE, die sich in den letzten Monaten als Sprecherin des **EuRiCo** ei-

nen Namen machte und für heute einige interessante Fragen vorbereitet hat. Daneben begrüße ich vom INSTITUTE FOR THE STUDY OF THE CRUISADES AND THE LATIN EAST Herrn Professor Natot aus JERUSALEM, der sich mit der Geschichte der Kreuzfahrer befasst und zur Zeit mit Forschungsaufgaben in EUROPA betraut ist.
Mir zur Linken heiße ich den Teilnehmer mit der weitesten Anreise willkommen, Herrn Hunt vom amerikanischen PEN CENTER, der mit großen Ohren die europäische Diskussion über die Rolle und das Ansehen moderner Autoren bei der Templer-Frage verfolgt.
Neben ihm begrüße ich unseren jungen Kollegen Fabian Jaspers, Volontär bei der Zeitung LEPARISIEN und hilfreicher Assistent in den zurückliegenden Prozesstagen neulich hier in STRASBOURG.
Meine Dame, meine Herren, kommen wir gleich zur Sache! ... *nach links gewandt:* Monsieur d'Hélène, warum nennen Sie sich Chevalier?"

LUCIEN D'HÉLÈNE, Chevalier:

„Weil ich von den Templern im CHÂTEAU SOGEANT zu BORDEAUX zum Ritter geschlagen worden bin. Ich bin CHEVALIER."

MARK BRIDE, Moderator:

„Nun wissen wir aber aus der Geschichte, dass die historischen Templer niemanden zum Ritter schlugen, sondern nur bereits zum Ritter erhobene Personen als Mitglieder aufnahmen."

LUCIEN D'HÉLÈNE, Chevalier:

„Ja ... schon ... aber da wir heute nicht mehr in einer Ritter-Gesellschaft leben, übernehmen wir selber den Ritterschlag. Wir haben unsere Satzungen entsprechend geändert."

JANICE SIMON, Production Manager:

„Die heutige Sendung nimmt auch Bezug auf NAPOLEON. Was haben die modernen Templer mit NAPOLEON zu tun?"

LUCIEN D'HÉLÈNE, Chevalier:

„Sehr viel, Madame Simon. NAPOLEON war ein GENTILHOMME. Der ist durch den Vatikan gegangen, hat dort die Unschuld der Templer festgestellt und uns in PARIS wieder anerkannt. Wir in BORDEAUX haben auch nicht vergessen, dass er die von der Revolution geschlossene Universität wieder eröffnet hat."

MARK BRIDE, Moderator:

„Was tun **Neo-Templer** heute?"

LUCIEN D'HÉLÈNE, Chevalier:
„Heute kämpfen wir nicht mehr mit dem Schwert sondern mit dem Wort. Wir begleiten nicht mehr Pilger auf ihrem Weg nach JERUSALEM, sondern wir stehen der Gesellschaft zur Seite bei ihrem Weg zu den Werten des CHRISTENTUMS, das auch heute durch den Mammon bedroht ist. ... *Er macht eine Pause und guckt dann sehr schwermütig:* Aber, Madame, uns gefällt gar nicht die Bezeichnung **Neo-Templer**: Wir sind nicht **neue Templer** im Sinne eines neuen Automobil-Modells, sondern wir sind die legitimen Nachfolger von JACQUES DE MOLAY und seinen alten Templern, wie aus der berühmten CHARTA DES LARMENIUS hervorgeht: Er ist alleiniger Nachfolger des letzten Großmeisters."

MARK BRIDE, Moderator:
„Sehen Sie, Monsieur, das verstehen wir nicht. Nicht nur, dass der damalige PAPST CLEMENS den geistlichen Militärorden der Templer 1312 wieder aufgehoben hatte, und zwar für alle Ewigkeit, sondern dass MOLAY, obwohl als Gefangener strengstens bewacht, gleich dreimal – an völlig verschiedene Personen – eine Nachfolge organisiert haben könnte: das verstehen wir nicht. ... *mit Blick auf Fabien Jaspers* ... Was hat denn unser Assistent dazu herausgefunden?"

Bei der rechten Kamera ging das rote Lämpchen an. Sie fixierte mein großes Namensschild auf dem Nierentisch und steuerte dann aufwärts zu meinem Gesicht. Und schon hörte ich mich sprechen:

FABIAN JASPERS, Assistent:
„In der Geschichtsschreibung gibt es wohl drei Personen, die angeblich einen Nachfolgeauftrag vom inhaftierten Großmeister erhalten haben wollen:

Nr.1: Da wäre einmal der PRÄZEPTOR DER AUVERGNE, Templer PIERRE D'AUMONT, der „vom eingekerkerten MOLAY den Auftrag bekommen haben" will, den Orden fortzuführen, und somit 1310 heimlich nach IRLAND und weiter nach SCHOTTLAND geflohen sein soll.[1] Diese Legende nährte spätere Sagen, wonach sich die Templer in SCHOTTLAND reorganisiert hätten.

Nr.2: Noch abstruser gestaltet sich die Legende um einen sonst unbekannten Neffen MOLAYS namens GRAF FRANZ VON BEAUJEU, der von dem inhaftier-

[1] *Findel, Joseph Gabriel: Der Orden der Tempelherren u. die Gerüchte seiner angeblichen Fortdauer. In Findel: Das Zeitalter der Verirrungen im Mauerbunde. Leipzig 1892, S.160.- Ebenso nun Wolf: Int. Templer-Lexikon, a.a.O., S.67.*

ten GROSSMEISTER „insgeheim in den Orden aufgenommen und in das innerste Geheimnis des Ordens eingeweiht" worden sein soll. Er soll mit neun entronnenen Templer-Brüdern „die Urkunden des Ordens" gerettet und die „Asche seines Oheims" einem mysteriösen Grabmal am 11. März 1314 zugeführt haben[2], während der wirkliche GROSSMEISTER erst am 19. März 1314 zu Tode kam. Dieses peinliche Konstrukt diente der späteren Fabel über eine angebliche Fortsetzung des Templertums in Schweden.

Nr.3: Eine dritte Variante dieser Legenden erreichte uns in der CHARTA DES LARMENIUS: Ein in den historischen Quellen völlig Unbekannter namens JEAN MARC LARMENIUS will vom inhaftierten GROSSMEISTER den phantastischen Auftrag erhalten haben, den Orden weiter zu führen, und er will das angebliche Mandat 1324 an einen wiederum Unbekannten namens THEOBALD VON ALEXANDRIEN weitergereicht haben, und so sei eine Liste entstanden, die 1705 bereits 18 Namen von angeblichen Nachfolgern im Großmeisteramt aufweise. Diese Variante wurde von französischen **Neo-Templern** bevorzugt, um die schottischen und schwedischen Ansprüche abzuwehren."[3]

LUCIEN D'HÉLÈNE, Chevalier:
„Einspruch, Monsieur, LARMENIUS ist nicht Figur einer Legende, denn die CHARTA gibt es tatsächlich, und sie endet auch nicht mit dem Jahre 1705, sondern sie reicht bis zum Jahre 1804 und damit zur Protektion unseres Ordens durch unseren verehrten KAISER NAPOLEON. Und 1853 hat schließlich NAPOLEON III. uns anerkannt. Das alles sind keine Legenden, sondern Tatsachen."

HUMPHREY HUNT, PEN Center:
„Dies möchte ich unterstreichen: Es gibt viele mitgliederstarke Templer-Organisationen in den UNITED STATES, welche ihre Geschichte von dieser CHARTA herleiten und entsprechende Patente für ihre Tochter-Organisationen ausstellen."

JEREMY NATOT, Professor:
„Meine Herren, das sind neue Geschichtchen, sehr amüsant, vielleicht auch etwas kurios, aber mit den historischen Templern hat das wirklich nichts zu tun. Ich darf für unsere Zuschauer noch einmal in Erinnerung rufen:

2 *Findel, ebd. S.161.- Wolf: Templer-Lexikon, a.a.O., S.124.- Wilcke, a.a.O., S.622f.*

3 *Findel, ebd., S.161-164.- Wolf: Templer-Lexikon, a.a.O., S.199.- Wilcke, a.a.O., S.626 ff.*

1) 1312 hat der damalige Papst als CHEF ALLER RÖMISCH-KATHOLISCHER ORDEN den Templer-Orden aufgehoben. Seitdem gibt es ihn nicht mehr. Das ist ein Faktum.

2) Seit 1312 befand sich der GROSSMEISTER weiterhin in Haft und rechnete – wie alle gefangenen Templer – aufgrund seiner 1308 erhaltenen Absolution mit seiner Freilassung. Es gab also keinen Grund, dass er aus dem Gefängnis heraus eine oder zwei oder gar drei andere Personen beauftragen musste, irgendeine Funktion zu übernehmen, die er nicht selber bald hätte wahrnehmen können.

Jacques de Molay als Gefangener – Repro: Moskowiter Templer

3) Während seiner Gefangenschaft stand er stets unter schärfster Bewachung. Selbst bei der Anhörung durch die drei papsttreuen Kardinäle auf der Burg Chinon am 20. August 1308 war der königstreue Kanzler Nogaret anwesend und machte seine Notizen. Auch von diesem Umstand her ist es abwegig, zu glauben, der GROSSMEISTER hätte in der Gefangenschaft interne Verhandlungen, Ordens-Aufnahmen, strategische Beratungen, Ermächtigungen oder gar Verschwörungen einmal oder zweimal oder gar dreimal durchführen können.

4) Im übrigen zeugen diese Legendenbildungen von Unkenntnis über die tatsächlichen Statuten des Ordens: ein nur vom GROSSMEISTER ernannter neuer Großmeister wäre bedeutungslos und ohne jegliche Anerkennung, weil nur der Templer-Konvent einen Großmeister wählen konnte."

JANICE SIMON, Production Manager:

„Entschuldigung, wenn ich mich hier einmal einschalte – Habe ich das so zu verstehen: Selbst wenn der inhaftierte Jacques de Molay in einem unbeobachteten Moment seiner Gefangenschaft einem Besucher namens Larmenius den Auftrag zur Ordensweiterführung erteilt hätte, wäre dieser Akt bedeutungslos und der Auftragnehmer ohne jegliche Anerkennung?"

JEREMY NATOT, Professor:

„So bedeutungslos wie ein Fliegenschiss auf der Nase der Freiheitsstatue in New York".

LUCIEN D'HÉLÈNE, Chevalier ... *sehr erregt:*

„Einspruch, Monsieur le Professeur, schon 100 Jahre vor der Ära des Großen Napoleon kam die imposante Bedeutung der CHARTA zum Vorschein, als die Franzosen den Templer-Orden wieder zur Schau stellten und 1705 in Versailles den neuen **Ordre du Temple** proklamierten, an dessen Spitze dann der neue Großmeister Herzog Philipp von Orleans stand, der somit offiziell auf die LARMENIUS-AKTE verweisen konnte." ... *an dieser Stelle verspürte ich das dringende Verlangen, eine Korrektur anzumelden. Ich machte ein Handzeichen und sprach in die Kamera:*

FABIAN JASPERS, Assistent:

„Pardon – aber unter den Historikern findet das Jahr 1705 eine eher kritische Bewertung: Nachdem es adligen Kreisen 1682 nicht gelungen war, die Petite Résurrection des Templiers, also eine kleine Wiederauferstehung des Ordens politisch durchzusetzen, ließ 20 Jahre später der Herzog Philipp durch den antiquarisch bewanderten Jesuitenpater Bonani aus Italien die CHARTA TRANSMISSIONIS herstellen und als angeblichen Autor den Namen Larmenius erfinden. Als 18. GROSSMEISTER hat sich dann dieser Herzog mit der phantastischen Formel Ego Philippus, dux Aurelianensis, Deo juvanle, supremum magisterium acceptum habeo, 1705 auf diesem Pergament verewigt.[4]"

HUMPHREY HUNT, PEN Center:

„Also ... das sind doch wieder so ... italienische ... oder jesuitische ... Verschwörungstheorien! Woher haben Sie das denn?"

FABIAN JASPERS, Assistent:

„Aus New York, Sir, aus Coil's Encyclopedia, die auch in Ihrer Library of Congress registriert ist." ... *Hunt wirkte irritiert. Er senkte den Blick, ärgerlich machte er sich Notizen auf seinem Schreibblock.*

LUCIEN D'HÉLÈNE, Chevalier:

„Also, wir im Orden der Templer des Chevalier Larmenius kennen solche Attitüden. Es gibt immer wieder Menschen, die solches schreiben, weil sie es nicht ertragen, dass sich andere Menschen zu großen Zielen und Werten erheben. Jedesmal, wenn wir uns auf dem Château Sogeant in St Caprais de Bordeaux treffen, haben wir dort auch einen Buchbasar, wo wir die neuesten Editionen prüfen und Empfehlungen aussprechen oder unsere Leser warnen. Sie alle hier sind dort herzlich willkommen."

JANICE SIMON, Production Manager:

„Was ich noch immer nicht verstehe: Welche Rolle spielte Napoleon bei diesem neuen Ordre du Temple?"

[4] *Coil, Henry Wilson: Coil's Masonic Encyclopedia. Ed. by W.M.Brown et al. New York 1961, S.348.*

LUCIEN D'HÉLÈNE, Chevalier:

„NAPOLEON hat die geistlichen Orden wie zum Beispiel die ZISTERZIENSER oder die MALTESER aufgehoben und ihr Vermögen verstaatlicht. Die Templer hingegen waren schon seit 1312 enteignet worden und standen nun unter seinem Schutz, was vor allem seinem Hofarzt DR.FABRÉ zu verdanken ist."

JEREMY NATOT, Professor:

„Sprechen Sie von BERNARD-RAYMOND FABRÉ-PALAPRAT (1770-1838)? Um diese Person machen wir Historiker einen sehr, sehr großen Bogen!"

... der Professor war grimmig geworden und begann, seine Notizen zusammenzupacken, wie wenn er seinen Platz räumen wollte. Mark zog erstaunt seine Augenbrauen hoch und war sichtlich um einen Ausgleich bemüht:

MARK BRIDE, Moderator:

„Monsieur le Professeur, wenn Sie etwas zur Wahrheit beitragen können, so bitte ich Sie, uns und vor allem unsere Zuschauer daran teilhaben zu lassen. Bitte, Monsieur!"

JEREMY NATOT, Professor:

„Die strenge Geschichtswissenschaft hält sich an Fakten. Und von daher kann ich sagen: Wir kennen kein Dr.-Diplom dieses Herrn, sondern wir wissen, dass er als Hühneraugen-Operateur (Chiropodist oder Pedikeur) am Hofe NAPOLEONS tätig war. Über einen Arzt namens LEDRU gelangte er an die obskure LARMENIUS-CHARTA, mit deren Hilfe er die Gründung eines neuen Ordre du Temple arrangieren wollte. Dazu sammelte er auf den Trödelmärkten in Paris diverse Antiquarien zusammen und gab sie als RELIQUIEN DES JACQUES DE MOLAY aus, so die angeblichen Knochen des 1214 verbrannten Großmeisters, ferner dessen Schwert, dessen Sturmhaube, insgesamt zwölf angebliche Relikte, z.T. bei einem Alteisenhändler erstanden."[5]

Bernard-Raymond Fabré-Pralaprat - Bild von 1896

... Mr. Hunt schien entsetzt und machte sich Notizen, während Monsieur d'Hélène offensichtlich nach Worten suchte. Janice fand als erste zur Sprache zurück:

JANICE SIMON, Production Manager:

„Pardon – für einen Moment bleibt mir da die Sprache weg ... Wie war das in der französischen Gesellschaft nur möglich?"

[5] *Lennhoff, Eugen / Posner, Oskar: Internationales Freimaurer-Lexikon. Wien/München 1975 (Reprint von 1932), Sp.1163-1164.- Coil, a.a.O., S.348.- Wilcke, a.a.O., S.631.*

JEREMY NATOT, Professor:
„Das war der neue Empire-Stil, Madame: 1804 krönte sich Napoleon zum Kaiser, seine Verwandten zu Prinzen, seine Generäle zu Marschällen ... bald gab es da 31 Herzöge, 451 Grafen, 1500 Barone – Glauben Sie, dass sich da jemand für die Echtheit eines angeblichen Dr.-Diploms eines höfischen Hühneraugen-Pflegers interessiert hätte?
... *der Professor kramte in seinen Unterlagen und zog eine Art Kopie hervor:* Es kommt noch toller: Für seine sogenannten Neo-Templer zauberte Monsieur Fabré eine eigene Bibel hervor, nämlich die 1831 in Paris gedruckte Publikation ... *er ließ sich den Titel auf der Zunge zergehen:*

LÉVITIKON – OU EXPOSÉ DES PRINCIPES
FONDAMENTAUX DES CHRÉTIENS
CATHOLIQUES PRIMITIFS

Dieses skurrile Opus war ein sich von PETRUS abwendendes und auf JOHANNES hin orientiertes NEO-EVANGELIUM, in dem er eine neue apostolische Sukzession von JESUS an aufwärts bis auf Fabré-Palaprat, also bis auf sich selbst fabriziert hatte.[6]“

HUMPHREY HUNT, PEN Center ... *war neugierig geworden:*
„JESUS of Nazareth – the Son of God?“

JEREMY NATOT, Professor ... *blätterte in seinen Unterlagen:*
„JESUS, Fils de Dieu steht hier! Ich habe die bedeutsamen Stellen dieser Liste kopiert. Sie ist von vorne bis hinten ein zusammengebasteltes Mach-Werk:

Nr. 01	**Jesus, le Christ,** Fils de Dieu	S.254
↓		
Nr. 70	**Hugues de Payens**	S.257
↓↓		
Nr. 93	**Jean-Marc Larménius** de Jérusalem	S.258
↓↓↓		
Nr. 115	**Fabré-Palaprat** als Pontifex Nr.115	S.259

6 *Fabré-Palaprat, Bernard-Raymond: Lévitikon, ou Exposé des Principes Fondamentaux de la Doctrine des Chrétiens-Catholiques-Primitifs. Paris: Machault 1831.*

Das ist die pseudo-apostolische Herrlichkeit seiner neo-templerischen Veranstaltung. Hier haben Sie den Gipfel dieser Saga.“

LUCIEN D'HÉLÈNE, Chevalier:

„Ach, Monsieur, das müssen Sie doch verstehen: Das war damals eine schwierige Zeit, auch für Frankreich und Europa.

... er betupfte mit einem Seidentüchlein seine Wangen. Dabei kamen seine Manschetten zum Vorschein: Goldene Klipse mit rotem Templer-Kreuz. Er fuhr dann fort: Mit NAPOLEON III. konnte aber vieles überwunden werden: Bereits 1841 hatten wir die Statuten geändert, so dass auch nicht-katholische Christen Zutritt bekamen, und wenig später hat uns der Kaiser NAPOLEON III. mit Dekret vom 13. Juni 1853 offiziell anerkannt. Im Laufe der Zeit gaben wir uns auch einen neuen Namen. Wir änderten die französische Phrase **L'Ordre du Temple** in eine lateinische Fassung um: **Ordo Supremus Militaris Templi Hierosolymitani (OSMTH)**.

JANICE SIMON, Production Manager:

„Monsieur, folgt nicht aus alle dem: Je mehr an den Statuten geändert wurde, desto mehr hatte man sich von den historischen Templern entfernt und war längst eine noble Gesellschaft von napoleonischen Gnaden geworden?“

HUMPHREY HUNT, PEN Center ... *kam dem Chevalier zuvor:*

„Madame, solange ich das rote Kreuz auf weißem Feld erkenne und solange ich die Hymne NON NOBIS höre, sind das alles Templer für mich! Ändern müssen wir uns alle: Erst war die Kerze, dann die Petroleum-Lampe, dann die Glühbirne von unserem THOMAS ALVA EDISON und schließlich die milde Neon-Röhre – ganz anders als diese grellen Scheinwerfer hier im Studio! ... Sorry ... It's a joke! ... Okay! ... Ich will sagen: Wir haben heute viele **OSMTH Groupes**, und sie alle denken an unser armes Brother JAMES OF MOLAY. So mote it be“.

MARK BRIDE, Moderator:

„Das könnte ein Schlusswort sein, aber wir haben noch eine kleine Exkursion vor uns. Ich habe hier das vom Kanzler des DEUTSCHEN GROSSPRIORATS autorisierte Kompendium des **OSMTH 2002** vor mir. Da lese ich – ich zitiere: ‚Um 1850 wurde die CARTA [des LARMENIUS] unter unbekannten Umständen nach England gebracht‘ und dort den Freimaurern von MARK MASONS

Hall, St. James Street, London übergeben.[7] Aber meine Nachforschungen bei BBC London ergaben, dass dieser Mr. Crowe überhaupt erst 1864 geboren wurde. Wie das?"

... ich war wie elektrisiert: Auf den Namen Crowe war ich in Paris gestoßen, deshalb meldete ich mich vorsichtig und trug vor:

FABIAN JASPERS, Assistent:

„Hier kann ich aushelfen und vielleicht auch ein Schlusswort anbieten: Über einen Historiker namens Frederick Joseph William Crowe habe ich in der Nationalbibliothek einiges gefunden: Er wurde 1864 in Chichester geboren und ist am 8. November 1909 zum Vorsitzenden der Londoner Forschungsloge Quatuor Coronati gewählt worden. Als zeitweiliger Hüter der LARMENIUS-CHARTER hat er lange an ihre Echtheit geglaubt, ist aber schließlich in Zweifel geraten. Soll ich das hier ausführen?"

JEREMY NATOT, Professor ... *rasch und interessiert:*

„Ja, bitte, das würde ich gerne hören."

FABIAN JASPERS, Assistent:

„Crowe hat 1911 seine Forschungsergebnisse über die LARMENIUS-CHARTER vor den Wissenschaftlern der Großloge der englischen Freimaurer vorgetragen. Dabei kritisierte er zunächst den deutschen Freimaurer-Forscher Findel, der bereits 1892 dargelegt hatte, dass die LATINITÄT der LARMENIUS-CHARTA nicht aus dem 14. Jh. stammt.[8] Beispielsweise ist die im Larmenius-Text benutzte Formulierung AD MAJOREM GLORIAM DEI nicht templerisch, sondern das Motto der späteren Jesuiten, die erst 1534 begründet wurden, was wieder auf den Jesuiten Bonani hinweisen würde – "

HUMPHREY HUNT, PEN Center ... *fiel ins Wort:*

„Latinität ... Jesuiten ... hinweisen würde – das sind doch wieder nur jesuitische Spitzfindigkeiten, die nichts beweisen!"

FABIAN JASPERS, Assistent:

„Sorry, die Pointe kommt noch: Um sicher zu gehen, hat sich Crowe damals an Sir George Frederick Warner (1845-1936), Archivar des Britischen Museums, gewandt, um den Text sprachgeschichtlich zu untersuchen. Crowe hat dann bei den Freimaurern zu Protokoll gegeben: Sir George Warner ...

7 *Fazzio, Robert Dale: Kompendium d. Ritterordens d. Templer von Jerusalem – OSMTH. Norderstedt: Book on Demand 2002, S.63.*

8 *A.a.O., S.162.*

is one of the greatest experts, und Warner habe ihm erklärt: Die Sprache des Texts weise hin auf ‚the latter part of the fifteenth century[9]'. Damit ist klar: der Larmenius-Text ist nicht 1324 entstanden, sondern eine spätere Fälschung."

MARK BRIDE, Moderator:

„Uff – das mir hier vorliegende **OSMTH**-Kompendium hat den guten SIR WARNER offensichtlich ganz falsch verstanden."[10]

JEREMY NATOT, Professor ... *lehnte sich entspannt zurück:*

„Of course, aber Tote können sich bekanntlich nicht mehr wehren."

JANICE SIMON, Production Manager:

„Alors, Messieurs, auf meinem Notizzettel stehen noch das kritische Zentrum der ÉTUDES ET DES RÉCHERCHES TEMPLIERES IN CAMPAGNE-SUR-AUDE VON 1997 sowie weitere LARMENIUS-Kritiker wie PETER PARTNER[11] und JOHN ROBINSON[12]. Aber neue Erkenntnisse sind da wohl nicht mehr zu erwarten. Oder?"

MARK BRIDE, Moderator:

„Nein – es sei denn, jemand wünsche noch das Wort?

LUCIEN D'HÉLÈNE, Chevalier ... *resignativ, fast sich entschuldigend:* „Nur ein Nachtrag – heute gibt es vor allem zwei **OSMTH**-Gruppen: eine portugiesische und eine atlantische Gruppierung."[13]

MARK BRIDE, Moderator ... *höflich lächelnd:*

„Danke für diese Ergänzung."

... *Mark schaute zu beiden Seiten, aber das Thema war offensichtlich erschöpfend durchforstet worden, so blickt er zu mir:*

„Hier wurde ein Schlusswort angeboten? Gilt diese Offerte noch?"

FABIAN JASPERS, Assistent:

... *Kamera 2 schwenkte ruckartig zu mir her, und so sagte ich mutig:*

„Am Ende seines Berichts über die LARMENIUS-CHARTA schloss der Freimaurer-Forscher CROWE – vielleicht etwas resigniert – mit den Worten: Mir bleibt nichts anderes übrig, als mich von meinen Lesern zu verabschieden

9 *Crowe, Frederick Joseph William: The Charta Transmissionis of Larmenius. In: Transactions of the Quatuor Coronati Lodge. London 24 (1911), S.196.*

10 *Fazzio, a.a.O., S.66: Crowe und Warner werden als erfolgreiche Advokaten der Authentizität des Larmenius-Papiers offeriert: „Die Sensation war wider Erwarten perfekt!"*

11 *Partner, Peter: The Knights Templar and their Myth. Oxford 1981.*

12 *Robinson, John J.: Born in Blood. The Lost Secrets of Freemasonry. London 1989.*

13 *Hodapp, Christopher / Kannon, Alice von: The Templar Code for Dummies. Hoboken NY 2007, S.206.*

mit der Empfehlung, ‚to form their own conclusions'[14], also dass jeder seine eigenen Schlussfolgerungen ziehen möge."

... Kopfnicken und Schmunzeln machten sich in der Runde breit, dann sagte Mark:

MARK BRIDE, Moderator:

„Das tun wir! Schönes Schlusswort – danke an unseren Assistenten.

... Kamera 1 fuhr langsam auf ihn zu:

Meine Damen und Herren, das war wieder **UFO**, heute mit Blick auf die NEO-TEMPLER und ihre phantastische LARMENIUS-CHARTA, die seit über 100 Jahren in London hinterlegt sein soll. Ich hoffe, in unserem Round-Table-Gespräch konnten einige Missverständnisse ausgeräumt werden. Wir freuen uns über Ihre weiteren Fragen oder Anregungen. Bleiben Sie uns treu:

Guten Abend und auf Wiedersehen!"

Und jetzt war es ähnlich wie letztes Mal: Nach einem Augenblick der Ruhe wurden die grellen Scheinwerfer abgeblendet, Techniker und Assistentinnen strömten herein und befreiten uns von den Mikrofonen, wieder wurde ein kleiner Serviertisch heran gerollt, der mit Erfrischungsgetränken und Finger Food beladen war.

Am mobilen Buffet kam ich mit dem Professor ins Gespräch, der meine Vorbereitungen würdigte: „Wo haben Sie Geschichte studiert?"

Ich erzählte ihm von meinem Journalismus-Volontariat bei LeParisien und meinen Linguistik-Studien in Saint-Etienne und von meinen Erfahrungen bei **EuRiCo**.

„**EuRiCo**? Große Sache, die Ihr da vor dem Gericht angestoßen habt. Wird das irgendwo dokumentiert?"

„Ich habe alles protokolliert, aber die Umformung in ein Sachbuch wird sich noch hinziehen", gab ich zur Antwort und biss herzhaft in eine kleine Baguette: Salami, Kopfsalat und Käse. Er prostete mir mit einem Glas Orangensaft zu, aber im Gedränge verloren wir uns bald aus den Augen. Durch die geöffnete Studiotüre erblickte ich draußen einige NEO-TEMPLER, die den CHEVALIER LUCIEN D'HÉLÈNE begeistert zu seinem Auftritt von soeben beglückwünschten: Schulterklopfen, Tätscheln an der Wange, Wegstreichen von Haarschuppen ...

[14] *Crowe, a.a.O., S.198.*

Gerade wollte ich noch zum Schminkraum, um mich von der Puderung zu befreien, als Janice und Mark auf mich zutraten: „Großes Kompliment, der Aufnahmeleiter ist sehr zufrieden. Wir haben eben einige Sequenzen nochmal angesehen. Eine gesunde Mischung aus Temperament und Sachverstand."
Dann sprachen Sie mich über den nächsten Aufnahmetermin an: diesmal über den Schatz der Templer.
„Schatz? Gibt es den denn überhaupt?"
„Die Leute glauben daran. Und die Zuschauerpost rechtfertigt eine solche Sendung allemal. Lies dich da mal ein, in Paris hast du ja alle Möglichkeiten."
„Wann kommt unser Urteil vom Europäischen Gerichtshof?" fragte ich vorsichtig.
„Nicht ‚unser' Urteil, aber es wird kommen, nur Geduld", lächelte Janice.
„Ich melde mich per Handy. Gute Heimfahrt, und nochmal vielen Dank", sagte Mark augenzwinkernd.
Die beiden wurden bereits von anderen Mitarbeitern angesprochen, ich hob noch die Hand zum Abschied, aber im Kommen und Gehen von Personen ließ ich mich dann treiben, langsam kam ich nach unten, wo die Chevaliers in mondäne Wagen mit Templerkreuz-Aufklebern stiegen und entschwanden.
Der Tag war gut gestartet: Es war 12.10 Uhr, und die Mittagssonne ließ den quai du Chanoine Winterer in bestem Licht erscheinen. Ich nahm im Taxi Platz und sagte zum Chauffeur: „Notre Dame de Strasbourg."
„La cathédrale? Avec plaisir, Monsieur!"

GISORS: GOLD IM KELLER? – DER SCHATZ DER TEMPLER

Euer Gold und Silber
ist verrostet, und der Rost
daran wird zum Zeugnis
wider euch dienen.

Iac 5,3

LeParisien, 25, avenue Michelet, 93408 Saint Ouen
Dienstag, 28. September, 9.30 Uhr

Seit Tagen war ich wieder in mein Buchvorhaben vertieft: nämlich die Darstellung der Arbeit des **EuRiCo** vor und während des Templer-Prozesses beim Europäischen Gerichtshof. Heute saß ich schon in aller Frühe tief unten im Archiv von LeParisien und arbeitete die früheren Presse-Berichte über unsere Tage in Strasbourg durch.
Kürzlich hatte ich unseren Pater Anselm vom Kloster Cîteaux telefonisch erreicht und vom Projekt **UFO** gesprochen. Er schien bereits über alles informiert, sagte aber nicht viel dazu. Hatte er ein Redeverbot? Vom Prior des Klosters? Vom General-Abt der Zisterzienser? Oder gar vom Papst in Rom? Bevor ich mich in solchen Phantasien verlieren konnte, meldete sich mein Handy. Es war der News-Ticker mit neuer Eil-Meldung:

„Internationales Forscherteam hat das Erbgut des Kakaobaums entziffert (*Nature Genetics*)“.

Wow – Was es nicht alles gab! Sogar ein ‚Internationales Forscherteam‘? So etwas waren ja auch wir! Und schon fasste ich mir ein Herz und sandte eine SMS an unser Trio:

„Dear you all – wann kommt UFO Nr.3? Pater Anselm wünscht Glück, bleibt aber wohl reserviert. Gibt es schon das Urteil aus Strasbourg? Salut, Fabien.“

Erneut widmete ich mich meinen Archivalien hier unten im Pressehaus: Editionen wälzen, Artikel kopieren, Materialien sortieren.

Gegen Mittag stellte sich eine Antwort ein:

✤ „Hello dear friends: UFO No.3 findet diesmal in GISORS statt: Sa., 09.10. /THEMA: SCHATZ DER TEMPLER/ An Janice: Erbitte Informationen über die CHERCHEURS DU TRÉSOR TEMPLIER/ An Fabien: Sammle alle Daten über das BARGELD-VERMÖGEN der Templer (ab 1300)/ An Kurt: Macht ORF mit?/ P.S.: Prof. Natot will über die SCHATZ-LEGENDEN referieren/ Greetings from London, Mark."

Hoppla, da kam einiges zusammen: ein Ortstermin in Gisors! Lag etwa 70 km nördlich – für ein Kamera-Team von Paris aus schnell zu erreichen. Die SCHATZ-LEGENDEN? Die hatten mich immer schon interessiert, feine Sache. Aber das BARGELD-VERMÖGEN der späten Templer? Das wäre schon eine richtige Forschungsarbeit!
Umgehend schickte ich eine kurze Bestätigung an unser Trio:

✤ „Thanks. I'll do my very best. Greetings, Mark."

Bibliothèque nationale, 13, Quai François Mauriac, 75011 Paris
Mittwoch, 29. September, 9.24 Uhr

Diesmal hatte ich auf ein Taxi verzichtet.
Mit einem Vier-Tage-Ticket kommt man preiswert und schnell per Metro Linie 13 von der Porte de Saint-Ouen zum Umsteigebahnhof Montparnasse-Bienvenue, und von dort mit der Linie 6 zum Quai de la Gare, von wo man nach zehn Minuten an der Seine entlang die neue Nationalbibliothek erreicht: ein imposantes Viergespann von achtzig Meter hohen Ecktürmen, die sich aus der alten urbanen Landschaft erhoben hatten und zu einer Demonstration des Geistes geworden waren – zweifellos!
Ich begab mich in den mir schon vertrauten Lesesaal: Wieder spürte ich die wohl temperierte Atmosphäre wohlwollender Sachlichkeit, viele Plätze waren noch frei, bald fand ich einen freien Monitor und gab in die Suchmaske passende Schlüsselwörter ein.
Eine schier unendliche Menge von Buchtiteln quoll mir entgegen! Wie sollte ich erkennen, welcher dieser Vorschläge weiter helfen würde?

Unschlüssig wählte ich aus den Offerten zwanzig vielversprechende Titel aus und machte mich auf den Weg, um sie zu beschaffen: immerhin hatte ich zwölfmal Erfolg.
Dann arbeitete ich mich langsam in die Bücher ein, indem ich nach markanten Begriffen forschte: Templer & Schatz, Gold & Silber, Kredit & Schulden, Livre & Gold-Florin ... und langsam wurde ich fündig: Ich legte kleine Zettelchen in die Bücher und markierte so die Stellen, die ich kopieren wollte. Langsam kam ich dem Bargeld-Umlauf auf die Spur.
In all den kleinen Gefechten mit den Buchseiten hatte ich die Zeit vergessen: eine leibliche Erholung würde mir gut tun, doch eine erste Überschlagrechnung wollte ich doch noch vorher wagen. So addierte ich, versuchte mich in Umrechnung von Livres und Gold-Florins, ich rechnete und rechnete, und dann hatte ich das Ergebnis: Seit 1300 wurden die Kapital-Abflüsse bei den Templern durch monitäre Einnahmen nicht mehr aufgefangen! WAREN DIE TEMPLER PLEITE?
Langsam legte ich meine Kopien zusammen und schlenderte zur nächsten Cafeteria im Hause. Eine sensible Botschaft brachte ich auf den Weg:

✤ „Liebe Kollegen: dramatisches Zwischen-Ergebnis: ab 1300 floss den Templern das Bar-Vermögen rapide fort! Ab 1307 waren sie eigentlich pleite. Weiteres folgt. Gruß, Fabian".

LeParisien, 25, avenue Michelet, 93408 Saint Ouen
Montag, 4. Oktober, 16.12

Nach drei Tagen fleißiger Recherchen in der Bibliothek hatte ich endlich die Bilanz der Templer auf dem Tisch und erlebte die ganze Misere hautnah: Alle hatten die Templer geplündert: der Papst, der französische König, der englische Kronprinz ...
Heute Mittag hatte ich auch Merve Duvall über dieses Ergebnis unterrichtet, schließlich war sie meine Chefin bei LeParisien: „Templer pleite? Das ist eine kleine Sensation, die du da ausgegraben hast. Bin gespannt, wie es bei euch weitergeht. Was macht dein eigenes Buchprojekt?"
„Steter Tropfen höhlt den Stein", war meine ausweichende Antwort. Sie zwinkerte mit den Augen, war aber schon wieder unterwegs zu einem Lokalter-

min. Und so zog ich mich zurück ins Zeitungsarchiv: Hier fand ich die nötige Ruhe, um nachzudenken, und man hatte sich daran gewöhnt, dass ich dort unten beschäftigt war. Und wieder trudelte eine Nachricht ein:

> ✥ „Hallo Companions! Koordinaten für UFO No.3 --> Ort: Château de la Rapée, Bazincourt-sur-Epte, 27140 Gisors. --> Zeit: Oktober 9, 11h00 a.m. Bitte um 10h00 eintreffen! Good luck, Mark."

Am Samstag 10.00 Uhr in Gisors! Wieder spürte ich das Lampenfieber in mir aufsteigen. Morgen wollte ich schon mal den passenden Zug zum Drehort heraussuchen …

Château de la Rapée Bazincourt-sur-Epte, 27140 Gisors
Samstag, 9. Oktober, 10.07 Uhr

Heute war Aufnahme-Tag!
In einem ziemlich rustikalen Taxi hatte ich die etwa vier Kilometer vom Bahnhof Gisors zum Château de la Rapée überbrückt: Nun stand ich vor etlichen Kleintransportern, Koffern und Kabeln, die überhaupt nicht zum neoenglischen Stil des dahinterliegenden spitzgiebligen Herrensitzes passten: eine Mischung aus Romanze und Tristesse …

UFO No. 3
BBC · ARTE · ORF

Ich folgte den Kabeln und gelangte in einen geräumigen Saal aus dem 19.Jh., wo es recht lebhaft zuging: Vor den dunkelroten Tapeten wurde ein Ensemble aus Sesseln und Tischen zusammengestellt, in der Mitte hantierten Techniker mit Kameras und Lampengestängen, und an der Fensterfront waren Damen mit Spiegeln und Puderdosen beschäftigt – alles andere als ein verträumtes Stillleben alter Meister …
„Hallo Fabian, ausgeschlafen? Wenn nicht – drüben steht der Getränkewagen mit starkem Kaffee. Aber zuerst nimm mal dort in der Sesselgruppe Platz, damit die Technik die passende Einstellung findet!"

Turm des Château von Gisors © 2006 Tristan Nitot (GNU-Lizenz)

Typisch Mark, dachte ich, kommandiert wie Richard Löwenherz in der Fremde auf dem Schlachtfeld! Aber als junger Knappe folgte ich natürlich der Aufforderung, und von meiner neuen Position aus hatte ich Einblick in den Saal nebenan und erblickte dort Janice und einen unbekannten Herrn, beide in angeregter Unterhaltung vertieft.

Plötzlich legte mir jemand von hinten seine Hand auf die Schulter: „Hallo Fabian, how are you?" Es war Humphrey Hunt, der mir freudestrahlend die Hand schüttelte und hinzufügte: „A nice place: Gisors's city and the ancient castle, full of mysteries, very amazing." Er klopfte mir auf die Schulter und wandte sich leicht humpelnd ab zum Getränkewagen.

Janice und der Gentleman betraten den Saal, ihrer Mienen nach musste es ein angenehmes Gespräch gewesen sein, das sie beide geführt hatten, denn der Gentleman ging lächelnd, fast artifiziell zu dem Standort von Drinks und Snacks.

„Guten Morgen, Fabien", lächelte Janice, sie trug heute das blaue Kostüm, das ich schon im Strassburger Gerichtssaal an ihr gesehen hatte: „Bleibt es bei der von dir angekündigten Sensation?"

„Ich fürchte: ja – DIE TEMPLER WAREN PLEITE."

„Und ich fürchte, wir werden heute ein ganzes Bukett von Sensationen erleben. Warten wir's ab."

Nun erblickte ich unseren Professor am Saaleingang und ging langsam auf ihn zu: „Bon jour, Monsieur, hatten Sie eine gute Anreise?"

„Bon jour, ich bin schon seit einigen Tagen in der Region. Wo gibt es etwas zu trinken?"

Indem ich wieder alleine stand, trat die Maskenbildnerin an mich heran und betupfte mich mit Sorten ihres Puders, wobei sie mit sonorer Stimme kurze Instruktionen gab, die ich aber nicht verstand.

Langsam wich die Hektik. Janice hatte die Plätze wieder mit Schildern versehen, die dem Fernsehzuschauer Orientierung verschaffen sollten:

FABIAN JASPERS Assistent	HUMPHREY L. HUNT PEN	MARK BRIDE BBC	DIPL. ING. RENÉ CHAVEYEUR	JANICE SIMON ARTE	PROF. JEREMY A. NATOT

Sie schärfte uns noch einmal ein, dass die Aufzeichnung an irgendeinem Abend ausgestrahlt werden würde, dass wir uns also bei entsprechenden Zeitangaben gleich nicht verwundern sollten.

Jetzt war es soweit: Wir nahmen unsere Plätze ein, dann zählte vom Team jemand herunter: „Fünf, vier, drei, zwei, eins – Aufzeichnung“:

Diesmal ging bei allen drei Kameras das rote Lämpchen an, langsam rollten sie auf uns zu, und Mark begann ruhig und klar in die Kamera zu sprechen: „Guten Abend, meine Damen und Herren, willkommen bei unserer dritten Ausgabe von **UFO**, der mosaikreichen Serie **Ultimate Fabulous Outlook**. Wieder geht **UFO** den noch ungelösten Rätseln der Templer-Forschung nach. Wahrheit oder Fabel? Geschichte oder Legende? Das fragen sich die Gralsforscher und Rosslyn-Pilger unserer Tage. Unser heutiges Thema lautet:

„Gisors: Gold im Keller? – der Schatz der Templer“.

Ich darf Ihnen zunächst die Teilnehmer der heutigen Runde vorstellen. Zu meiner Linken begrüße ich den Gast des heutigen Abends, Herrn Dipl. Ing. René Chaveyeur von der ASSOCIATION DES CHERCHEURS DU TRÉSOR TEMPLIER aus GISORS.

Monsieur Chaveyeur wird uns heute Abend in seine Suche nach dem Templer-Schatz einführen, wie ich hoffe.

Neben ihm befindet sich meine geschätzte Kollegin, Madame Simon vom Sender ARTE, beredte Sprecherin des **EuRiCo** und wesentlich beteiligt an den Vorbereitungen zu unserem heutigen Treffen.

Ferner begrüße ich Herrn Professor Natot aus Jerusalem, der sich mit der Geschichte der Kreuzfahrer befasst und sich schon einige Tage hier in GISORS aufgehalten hat.

Mir zur Linken begrüße ich auch heute wieder gerne den Teilnehmer mit der weitesten Anreise, nämlich Herrn Humphrey Hunt vom amerikanischen PEN Center, der die Interessen von Autoren und Verlagen herzhaft verteidigt.
Des weiteren heiße ich unseren jungen Kollegen Fabian Jaspers willkommen, Volontär bei der Zeitung LeParisien und bereits bewährt als hilfreicher Assistent in unseren früheren Templer-Recherchen für **UFO**.
Monsieur Chaveyeur, Sie vertreten die Association des Chercheurs du Trésor templier. Was machen Sie da?"

DIPL. ING. RENÉ CHAVEYEUR, ACTT:
„Madame, Messieurs, zunächst herzlichen Dank für Ihr Interesse an unserem Ort, wo Sie das Mittelalter noch hautnah erleben können. Hier finden Sie noch Spuren der Merowinger, dann der berühmten Prieuré de Sion und schließlich der Templer, und seit der Veröffentlichung des berühmten Werks DIE TEMPLER SIND UNTER UNS[1] durch Ihren verehrten Kollegen Gérard de Sède im Jahre 1962 erfreuen wir uns täglich an Besuchern, die uns helfen möchten, den Templer-Schatz zu heben. Er war es, der den Gerüchten nachging, wonach der Schatz in einer unterirdischen Kapelle im Burgmassiv von Gisors liege."

JANICE SIMON, Production Manager:
„Glaubt man das noch immer, obwohl selbst die französische Armee die Suche 1964 eingestellt hat?"

DIPL. ING. RENÉ CHAVEYEUR, ACTT:
„Wir haben fast 12.000 Einwohner: Die einen glauben an unseren Schatz, die anderen glauben nicht; die, die glauben, haben Clubs gebildet: das Centre équestre des Templiers, ferner den Lions Club des Templiers, dann einen Poney Club des Templiers und schließlich gibt es noch die Templiers du Goût."

MARK BRIDE, Moderator:
„Ja, gut, aber was können Sie noch tun? Auch die Armee ist abgezogen."

DIPL. ING. RENÉ CHAVEYEUR, ACTT:
„Die Armee hat nicht gesagt, da sei nichts, sondern die Pioniere von Rouen zogen ab, weil das ganze Berg- und Turm-Massiv einzustürzen drohte. In unserem Verein arbeiten Ingenieure, die zeigen möchten, wie man technisch doch noch zu der unterirdischen Kapelle gelangen kann."

1 *Sède, Gérard de: Die Templer sind unter uns oder das Rätsel von Gisors. Berlin / Frankfurt/M / Wien 1963.*

HUMPHREY HUNT, PEN Center ... *begeistert:*
„Congratulations! Ich habe mich gestern noch einmal vergewissert: Der Gärtner von diesem Schloss hatte 1946 in den tiefen Schächten einen Blick in diese Kapelle werfen können und dabei nicht nur die Statuen von Jesus Christ und den Aposteln gesehen, sondern auch 19 Steinsarkophage und 30 TRUHEN, die MIT GOLD VOLLGEPFROPFT sind.[2] Das ist der Templer-Schatz!"

JEREMY NATOT, Professor ... *sarkastisch:*
„Nicht denkbar! Wie soll der Templer-Orden rechtzeitig vor der Verhaftung Goldbestände im Volumen von 30 Truhen in dieser angeblichen unterirdischen Kapelle eingelagert haben können? Man schätzt doch, dass dieser abenteuerliche Gärtner im Laufe von Jahren etwa 50 TONNEN SCHUTT hätte wegräumen müssen, um überhaupt an seine OBSKURE KRYPTA gelangen zu können!"

DIPL. ING. RENÉ CHAVEYEUR, ACTT ... *selbstbewusst:*
„Pardon, Monsieur, erstens ist der Gärtner nicht abenteuerlich sondern hat wirklich gelebt: ROGER LHOMOY, KASTELLAN, Führer und Gärtner der Gemeinde von GISORS, zweitens wissen wir, dass am Abend vor der Razzia, also am 12. Okt. 1307, ein Ausritt erfolgte, auf dem der SCHATZ vom TEMPLE IN PARIS nach GISORS verbracht worden ist."

... Jetzt kam mein Lampenfieber zurück: Dies war so ein Punkt, an dem die Kiosk-Autoren ihren Templer-Phantasien stets freien Lauf ließen. Ich meldete mich:

FABIAN JASPERS, Assistent:
„Nein, das ist abwegig! Richtig ist wohl, dass am Vorabend die beiden Tempel-Ritter GÉRARD DE VILLERS und HUGUES DE CHÂLONS mit drei mit Stroh beladenen Wagen und 42 Reitern ausgefahren sind.[3] Und bekannt ist DE SÈDES Vermutung, dass diese Gruppe über Nacht nach GISORS geritten sei.[4] Aber der imaginäre SCHATZ DER LHOMOY'SCHEN KAPELLE kann nicht unter dem Stroh dieser Wagen gelegen haben, denn der Gärtner hatte damals gesagt, die 30 TRUHEN wären eigentlich LIEGENDE SCHRÄNKE und jeder wäre 2,50 m lang x 1,80 m hoch x 1,60 m breit, das heißt: jeder Schrank hätte demnach ein Volumen von je 7,2 m^3 gehabt. Wenn man von

2 *Sède, a.a.O., S.20 f.*

3 *Ebd., S.136.- De Sède erwähnt dazu sogar die 46. Zeugen-Aussage vor dem Papst in Poitiers Ende 1308, die aber 1867 in den Geheimarchiven des Papstes nicht mehr auffindbar war (S.137).- Wolf: Templer-Lexikon, a.a.O., S.133 u. 164*

4 *Sède, a.a.O., S.139.*

den luftigen Lücken zwischen Münzen absieht, hätte jede Truhe 13,9 to Gold enthalten: Die 30 Truhen insgesamt hätten also 417 TONNEN GOLD ausgemacht. Das heißt doch im Klartext: Niemals hätten zwei Tempel-Ritter eine solch immense Ladung mit drei hölzernen Karren durch die Nacht befördern können."

HUMPHREY HUNT, PEN Center ... *verblüfft*:
„Was soll denn sonst in den drei Wagen gewesen sein?"

FABIAN JASPERS, Assistent:
„Sicher keine schweren Schätze. Ich vermute: Archivalien, prekäre Dokumente und interne Ritual-Gegenstände wie beispielsweise die PARISER NEO-RELIQUIEN. Zu recht fragt ja PROF. DEMURGER in seinem letzten Buch: ‚Sind demnach in Frankreich Dokumente absichtlich vernichtet worden?'[5] Bei den späteren Nachforschungen war alles verschwunden – so auch die BAPHOMET-IDOLE."

DIPL. ING. RENÉ CHAVEYEUR, ACTT:
„Eben. Vieles ist verschwunden, und unsere Vereinigung will zur Aufklärung beitragen, denn die Templer waren ja auch hier."

JEREMY NATOT, Professor ... *hebt warnend die Hand*:
„Auch da muss ich zur Vorsicht raten: Ich fand gestern hier in Ihrem Stadtarchiv das Flugblatt der AMIS DE GISORS, also der Freunde von GISORS, die freimütig darlegen, dass das CHÂTEAU nur etwa drei Jahre unter der Verwaltung der Templer stand, nämlich von 1158 bis 1161[6], danach kam es in englische Hand, und später diente es dem französischen König als Gefängnis, was der letzte Templer-Großmeister dann ja auch zu spüren bekam."

JANICE SIMON, Production Manager:
„Meine Herren, wenn der hier in GISORS diskutierte Schatz nicht von den Templern stammt, aber auch nicht in PARIS gefunden wurde – wo könnte der tatsächliche Templer-Schatz sich denn sonst befinden?"

JEREMY NATOT, Professor ... *als ob er sich entschuldigen wollte*:
„Glauben Sie mir, ich habe mir alle diese Legenden angesehen und denke, dass die finanzielle Kraft der Templer nicht aus einem märchenhaften Schatz erwuchs, sondern aus dem europaweit gestreuten Besitz an Immobilien.
Ich gehe diese Legenden mal telegrammstilartig durch. Es sind etwa zehn

5 *Demurger: Der letzte Templer, a.a.O., S.194.*
6 *„Les Amis de Gisors" vous présentent leur Château. Gisors: Imp. R. Jullien (August) 1969, S.1.*

Orte ... *er zieht seine Notizen hervor,* an denen sich der angebliche Templer-Schatz aus dem PARISER TEMPLE befinden soll:

Atlantik: La Rochelle

- **Hypothese:** Die drei Wagen wären am Vorabend mit berittener Eskorte zum Templer-Hafen abgereist, um DEN SCHATZ dort auf den Schiffen zu verstecken.
- **Resultat:** NEIN, viel zu gefährlich, da 480 km entfernt und die wichtigsten Straßen ab dem 13.10.1307 unter polizeilicher Beobachtung standen.

Nordküste: Le Havre

- **Hypothese:** Der nämliche Templer-Trupp vom Vorabend des 12.10.1307 hätte alternativ den nächsten nördlichen Hafen anvisiert, um von dort nach England zu gelangen.
- **Resultat:** NEIN, zu riskant, da ein Wagen-Transport von 220 km immerhin noch 3-4 Tage durch die königstreue Normandie hätte geführt werden müssen.

Ile de France: Gisors

- **Hypothese:** Mit dem Templer-Ausritt vom Vorabend des 12.10.1307 hätte man via Nachtmarsch einen Ortswechsel nach GISORS geplant.
- **Resultat:** NEIN, unwahrscheinlich, denn wie der TEMPLE VON PARIS lag auch die BURG VON GISORS im unmittelbaren Kronland des wachsamen Königs.

Provence: Nizza

- **Hypothese:** Gemäß einem Zettel-Fund in einem alten französischen Gebetbuch befände sich der TRÉSOR DE L'ORDRE DES TEMPLIERS im Untergrund eines CHÂTEAU namens VAL-DE-CROIX.
- **Resultat:** NEIN, die Ruine einer 1307 zerstörten Templer-Burg namens CHÂTEAU DE VALCROS nördlich von Nizza im Departement HAUTE-VAR wurde später entdeckt und überprüft, aber ohne Ergebnis.[7]

Pyrenäen: Rennes-le-Château

- **Hypothese:** Syndrom einer WESTGOTISCH-MEROWINGISCH-KATHARISCHEN SCHATZ-KONSTRUKTION in der Nähe zur Ruine der angeblichen Templer-Burg LE BÉZU.

7 *Piekalkiewicz, Janusz: Da liegt Gold. Millionenschätze, die noch zu finden sind. Wiesbaden 1979, S.343f.*

• **Resultat:** NEIN, statt eines templerischen Hintergrundes hat sich der plötzliche Reichtum des Dorfpfarrers von RENNES-LE-CHÂTEAU als Ergebnis von ominösen ‚Zahlungen aus den Kassen des Vatikans' herausgestellt.[8]

Schottland:

• **Hypothese:** ‚Möglicherweise'[9] sei der ‚Ordensschatz' von fliehenden Templern nach Schottland verbracht worden, weil der schottische König ROBERT BRUCE 1306 vom Papst exkommuniziert worden war und somit die päpstliche Aufhebungsbulle nicht anerkannt hatte.

• **Resultat:** NEIN, bekannte Spekulation, für die aber nur das Vorhandensein einiger Templer-Grabsteine in Schottland spricht. Man vergisst gerne, dass die Templer nach der Aufhebung des Ordens europaweit bei allen anderen Orden eintreten konnten, z.B. bei den Johannitern.

Portugal:

• **Hypothese:** Sowie die Mittelmeer-Flotte der Templer nach dem 13.10.1307 westwärts nach Portugal flüchtete,[10] so könnten Ritter, Ordensgüter und Schiffe aus LA ROCHELLE südwärts nach PORTUGAL gelangt sein, wo der papstkritische König DINIZ für ehemalige Templer bald den Christusritter-Orden begründete.

• **Resultat:** NEIN, in PORTUGAL hatten die Templer drei Häfen in Gebrauch: PORTO, LISSABON und SAGRES,[11] so dass ein südwärts gerichtetes Ausweichen der etwa 17 Schiffe aus dem Hafenbecken von LA RO CHELLE durchaus denkbar wäre, aber einen Nachweis oder gar Spuren eines Schatzes hat es auch dafür nie gegeben.

Äthiopien, Kanada, Mexiko:

• **Hypothese:** Die Templer könnten sich mit ihrem Ordensgut nach AKSUM (nördliches Äthiopien), OAK ISLAND (Ost-Küste Kanadas, Nova Scotia) oder MEXIKO (Mahieu-These) verzogen haben.[12]

• **Resultat:** NEIN, Spekulationen von Belletristik oder Science Fiction. Historisch wertlos."

8 *Onusseit, Frank: Tempelritter für Dummies. Weinheim 2008, S.156f.*

9 *Wolf: Templer-Lexikon, a.a.O., S.298.- Analog: Onusseit, a.a.O., S.163.*

10 *Wolf, ebd., S.302.*

11 *Castañe i Mestres, Jordi: A Comenda Templária. In: Codex Templi. Os Mistérios Templários à Luz da História e da Tradição. Rd. Alexandre Gabriel. Sintra 2007, S.142.*

12 *Onusseit, a.a.O., S.161.- Mahieu, a.a.O.- Piekalkiewicz, a.a.O., S.349.*

MARK BRIDE, Moderator:
„Vielen Dank, Professor, vielen Dank für diese Übersicht. Da ist ja wirklich für jeden etwas drin. Okay, was sagt uns das für die Geschichte von Gisors?“

DIPL. ING. RENÉ CHAVEYEUR, ACTT:
„Wir bleiben bei unserem Programm. Wir glauben nach wie vor, dass der Kastellan Lhomoy eine Wahrnehmung gemacht hat, von der er sich nie mehr hat abbringen lassen!“

HUMPHREY HUNT, PEN Center:
„Ob nun Gisors oder woanders – der PEN Club wird immer die Freiheit der Autoren verteidigen, und irgendwann wird einer den Templer-Schatz finden. Ich glaube an den SCHATZ und den TEMPLER-CODE.“

JANICE SIMON, Production Manager:
Vorsicht! – „Es bleibt die Frage, ob die Templer überhaupt jemals solch einen Schatz hatten.

JEREMY NATOT, Professor:
„Da gibt es durchaus seriöse Aussagen: Unser Kollege Prof. Barber von der Universität in Reading hat darauf aufmerksam gemacht, dass bereits seit 1147/48 die Finanzverwaltung der Templer und die Steuerverwaltung des französischen Königtums in einer Hand lagen. Damals flossen erstmals 30.000 Livres als eine als LEIHGABE deklarierte Auslage an den französischen König.[13] Die Krone begann, den Orden als finanzielle Ressource zu benutzen. Aber seit dem Verlust des Orients 1291 schwand die kreative Geldschöpfung des Templer-Ordens. So stellte die Tempel-Forscherin Dr. Bulst-Thiele von der Universität Heidelberg fest, dass der Orden seit seiner Positionierung auf Zypern ‚Schwierigkeiten‘ hatte und dass man seitdem von einem ‚mehr vermuteten als tatsächlich vorhandenen Reichtum‘ des Ordens ausgehen müsse.[14] Und Prof. Demurger von der Universität Sorbonne hat sehr schön herausgearbeitet, dass der letzte TEMPLER-GROSSMEISTER 1293 nach West-Europa reiste, um die Königshäuser um Unterstützung zu bitten: ‚So musste er Geldmittel auftreiben, damit der Orden fortbestehen und seinen traditionellen Auftrag erfüllen konnte‘.[15] Das klingt schon sehr nach Finanznot. Erfrischend nüchtern hat es neulich ein jüngerer Autor ausgedrückt: ‚Es gab

[13] *Barber: Trial, a.a.O., S.12.*
[14] *Bulst-Thiele, Marie-Luise: Sacrae Domus, a.a.O., S.308 u. 317.*
[15] *Demurger: Der Letzte Templer, a.a.O., S.126.*

gar keine Schätze und Reichtümer mehr, weil nach dem Verlust des Heiligen Landes 1291 die ZUWENDUNGEN DER WELTLICHEN HERRSCHER [an die Templer] ausblieben'.[16]

HUMPHREY HUNT, PEN Center ... *erbost:*
„My Goddess! Ich fasse es nicht! Hier in Gisors liegen 417 Tonnen Gold herum, und in Paris und auf Zypern hatte man keinen Cent, um sich einen Cowboy-Sattel zu kaufen!"

DIPL. ING. RENÉ CHAVEYEUR, ACTT ... *erleichtert, winkt ihm zu:*
„Danke, Sir, dass wenigstens Sie an uns und unser Gold glauben!"

JANICE SIMON, Production Manager:
„Messieurs, aus all diesen Hinweisen wird doch sichtbar, dass man sich bislang ein falsches Bild von der finanziellen Liquidität des Templer-Ordens gemacht hat. Das überrascht mich nun doch."

MARK BRIDE, Moderator:
„Liquidität ist das Stichwort – Wir sollten hier unseren Assistenten hören. Vor Tagen hatte ich gebeten, den HAUSHALT DER TEMPLER der letzten Jahre unter die Lupe zu nehmen. Was ist dabei herausgekommen?"

... endlich! Ich spürte, wie alle drei Kameras auf mich gerichtet wurden. Ich schluckte noch einmal und begann vorzutragen:

FABIAN JASPERS, Assistent:
„Herausgekommen ist eine ganz überraschende NEGATIV-BILANZ: Der Templer-Orden erfuhr in den letzten Jahren nur einmal eine wichtige Bar-Aufstockung, aber 6-mal zunehmend schmerzliche KAPITAL-ABFLÜSSE durch Päpste und Könige. Ich habe dazu eine Übersicht ausgedruckt.

... ich überreichte den Anwesenden je einen Bogen meiner Aufstellung; eine Kamera versuchte, meine Aufstellung zu fixieren:

Geldpolitische Vorgänge d. Templer 1297 – 1307

Nutznießer	**1297** (*8.Febr.*): **Papst Bonifaz VIII.**
Titel	Apostolische Forderung einer Bar-Summe
Zweck	Abwehr des stadtrömischen Adels
Summe	**6.000 Gold-Florin**
Gewicht	**21,24 kg Gold**

[16] *Onusseit: Tempelritter für Dummies, a.a.O., S.145.*

Bilanz +/-	➘ ✠-Verlust, da Keine Rückzahlung
Quelle	Päpstliche Chronik, zit. b. Bulst-Thiele (1974)[17]

Nutznießer	**1298** (*3.Mai*) : **Papst Bonifaz VIII.**
Titel	Apostolische Forderung einer Bar-Summe
Zweck	Unterwerfung der römischen Colonna
Summe	**12.000 Gold-Florin**
Gewicht	**42,48 kg Gold**
Bilanz +/-	➘ ✠ - Verschuldung bei Florentinischen Bankiers
Quelle	Papst-Regesten, zit. b. Bulst-Thiele (1974)[18]

Nutznießer	**1305** : ♛ **König Philipp IV.**
Titel	Königlicher Eingriff in das ✠ - Bar-Vermögen
Zweck	Heereskosten vs. Bürgerprotest in Flandern
Summe	**150.000 Gold-Florin**
Gewicht	**531 kg = 1/2 to Gold**
Bilanz +/-	➘ ✠ - Verlust d. Reserve f. neuen Kreuzzug
Quelle	Zeugen-Bericht, zit. b. Pet. Partner (1982)[19]

Nutznießer	**1306** (*Juni*) : ♛ **König Philipp IV.**
Titel	Darlehn vom ✠ - Schatzmeister Jean de la Tour (ohne Plazet d. ✠-GM) an ♛ in Paris
Zweck	Deckung d. königlichen Budgets
Summe	**„iiijcm" = 400.000 Gold-Florin**
Gewicht	**1,4 to Gold**
Bilanz +/-	➘ ✠ - Verlust: ✠ - Schatz-Meister = ♛ -Fin.-Minister
Quelle	Chronist von Tyrus (ed. 1887)[20] = zit. b. Malc. Barber (1994)[21] = Al. Demurger (2002)[22]

17 *Bulst-Thiele, a.a.O., S.308.*
18 *Ebd.*
19 *Partner, Peter: The Murdered Magicans. The Templars and their Myth. Oxford / New York" 1982, S.66.*
20 *Chronique du Templier de Tyr, ed. Société de l'Orient latin. Genf 1887, S.329. Im Original steht tatsächlich: „[...] iiijcm flourins d'or, mais je ne say s'il furent mains [...]."*
21 *Barber, Malcom: Die Templer. Geschichte u. Mythos (1994). Düsseldorf 2005, S.250.*
22 *Demurger: Letzter Templer, a.a.O., S.223.*

Nutznießer	**1306** (*Nov.*) : Templer-Orden (*Paris*)
Titel	✠ - GM bringt das Bar-Depot von Zypern
Zweck	Verlagerung d. Hauptquartiers
Summe	**a) 150.000 Gold-Florin** **b) 10 Maultiere mit Silber**
Gewicht	**a) 1/2 to Gold** **b) 1,2 to Silber**
Bilanz +/-	➚ ✠ - Gewinn: Aufstockung d. Eigenkapitals
Quelle	Internationales Templer-Lexikon (2003)[23]

Nutznießer	1307 (*Juli*) : Künftiger ♛ Eduard II.[24]
Titel	Plünderung des Temple in London
Zweck	Persönliche Bereicherung
Summe	**50.000 Pfund**
Gewicht	**20 to Silber**
Bilanz +/-	➘ ✠ - Verlust im englischen Ordens-Budget
Quelle	Chronik Angliae, zit. b. Mal. Barber (1994)[25]

Nutznießer	1307 (*7.Juli*) : ♛ König Philipp IV.
Titel	Öffentlich bekannte Leihgabe an fr. Krone
Zweck	Mitgift für Tochter Isabell ⚭ ♛ Eduard II.[26]
Summe	**500.000 „Francs"**
Gewicht	**161 kg Gold**
Bilanz +/-	➘ ✠ - Verlust, da Entnahme aus Rest-Bestand
Quelle	Grouvelle (1805)[27], zit b. F.Wilcke (1860)[28]

JANICE SIMON, Production Manager:
„Hop là! Da braucht man ja richtige Lesezeit!"

FABIAN JASPERS, Assistent:
„Wenn ich das erläutern darf: Der Papst als religiöses Oberhaupt hat das Vermögen des religiösen Templer-Ordens wie sein persönliches Eigentum benutzt, und der französische König als Herr der staatlichen Steuern hat infolge

23 *Wolf: Int. Templer-Lexikon, a.a.O., S.278.*
24 *Mithilfe seines Freundes Piers Gaveston.*
25 *Barber: Die Templer, a.a.O., S.238.*
26 *(Zeichen) 25.01.1308 in Kathedrale von Boulogne-sur-Mer.*
27 *Grouvelle, Philippe-Antoine: Mémoire historique sur les Templiers. Paris 1805, S.203: Philipp entnahm „cinq cent mille francs (monnaie actuelle)" als Mitgift für die Tochter.*
28 *Wilcke, a.a.O., S.495.*

der gemeinschaftlichen Geldverwaltung den Schatzmeister der Templer ausschließlich als seinen weisungsabhängigen Finanzminister missbraucht."

JANICE SIMON, Production Manager ... *bestürzt:*
„Die vielen Ausgaben werden ja durch die Aufstockung vom November 1306 nicht mehr gedeckt!"

HUMPHREY HUNT, PEN Center ... *erbost:*
„God damn that king! Alle haben sie unseren Order of the Knights Templar geplündert – schlimmer als Al Capone!"

DIPL. ING. RENÉ CHAVEYEUR, ACTT:
„Trotzdem – es fragt sich doch, wieso der Templer-Orden es immer wieder schaffte, neue Bar-Mittel aufzubringen!"

JEREMY NATOT, Professor:
„Das ist kein Rätsel: Durch seine zahlreichen Immobilien hatte der Orden ständige Pachteinnahmen, und durch das Einsammeln von Steuern im Auftrage des Königtums waren effektiv ja auch Gelder vorhanden."

FABIAN JASPERS, Assistent:
„Ja, ähnlich argumentiert die französische Templer-Forscherin Pernoud: Es gab damals seit langem eine Vermischung vom Trésor du Temple ✠ und Trésor du Louvre ♛ [29]

MARK BRIDE, Moderator:
„Das hat dieser französische Monarch schändlich ausgenutzt, zweifellos."

JANICE SIMON, Production Manager:
„Und trotzdem hat es ihm nie ausgereicht, denn er wagte ja weitere Schritte:

- **1291** Erpressung der **lombardischen Kaufleute**,
- **1297** Abpressung des Zehnten von den **französischen Geistlichen**,
- **1306** Enteignung und Vertreibung der **französischen Juden** ...

DIPL. ING. RENÉ CHAVEYEUR, ACTT:
„Ich möchte fast sagen: Wie gut, dass dieses Ungeheuer nichts von unseren Truhen im Souterrain von Gisors erfahren hatte. So dürfen wir von der Association des Chercheurs du Trésor templier weiter unsere Forschungsarbeit hier verrichten."

MARK BRIDE, Moderator ... *lächelte höflich und sagte dann:*
„Meine Dame, meine Herren, wir haben heute wieder viel Neues über die

[29] *Pernoud, Régine: Les Templiers (1974). Paris 31983, S.91.*

Templer erfahren. Angesichts der schrecklichen Begehrlichkeiten fällt es nicht leicht, ein gefälliges Schlusswort zu bilden ..."

... an dieser Stelle meldete ich mich mit einem Handzeichen und sagte lächelnd:

FABIAN JASPERS, Assistent:

„Pardon, ich hätte da etwas Biblisches vom weisen KÖNIG SALOMON vorzuweisen: ‚Wer Schätze sammelt mit Lügen, der wird fehlgehen und ist unter denen, die den Tod suchen' (*Sprüche 21,6*). Das trifft hier wörtlich zu: Beiden Akteuren – PAPST CLEMENS und KÖNIG PHILIPP – haben Lügen und Reichtum nichts genützt: Nach dem Feuertod des letzten GROSSMEISTERS der Templer am 19.März 1314 wurden sie beide noch im selben Jahr vom Tode ereilt."

MARK BRIDE, Moderator:

„Danke, danke!

Dank an KÖNIG SALOMON, dank an unseren Gast, danke Ihnen allen! Dies war wieder **UFO**, heute aus GISORS, der Stadt, in der noch immer nach einem großen Schatz gesucht wird. Verehrte Zuschauerinnen und Zuschauer, wir freuen uns schon heute auf ein neues Round-Table-Gespräch demnächst mit **UFO** aus London. Bleiben Sie uns treu! Guten Abend und auf Wiedersehen!"

Die Kameras fuhren langsam zurück, noch einige Sekunden, dann erloschen ihre kleinen roten Lämpchen, die Scheinwerfer verloren ihr beißendes Licht, die Türen wurden geöffnet: Die Aufzeichnung war im Kasten, wie man unter Kameraleuten so sagt.

Mark lockerte seine Krawatte, öffnete seinen Hemdkragen und lehnte sich weit zurück: „Danke, Fabian, für diesen Wust an Zahlen. Das war ein High Light für **UFO**!"

Auch Janice nickte mir zu: „Das würde sogar Pater Anselm zum Staunen bringen!"

Ich wollte antworten, doch meine Stimme war eingetrocknet, und so arbeitete ich mich zum Getränkewagen vor, der von allen Teilnehmern schnell umringt war: Der Ingenieur redete auf den Professor ein, Janice und Mark hielten Manöverkritik, und Mr. Hunt hatte mich im Blick und klopfte mir wieder auf die Schulter:

„You did a good job, my friend! Ich werde im PEN Center Bericht geben von diesem Meeting. Darf ich dieses Papier – er zeigte auf den ausgehändigten Bogen – in unserem Year Book publizieren?"

„Yes, Sir, it's an honor for me."

Während das Hotelpersonal begann, die Möbelgarnituren wieder zu ordnen, kamen Mark und Janice und zogen mich in einen anderen Raum, in dessen gedämpftem Licht ich ein Bar-Ambiente mit Wand-Gemälden und Holzvertäfelungen wahrnahm.

Mark unterbrach sie: „Warst du schon mal in Schottland? Unsere nächste **UFO**-Präsentation ist wahrscheinlich nicht in London, sondern in Edinburgh oder in Roslin – "

„Rosslyn Chapel?"

„Ah, du bist schon im Bilde!? Also, hör zu: Janice ist terminlich verhindert, Kurt hat sich noch nicht gemeldet, Du und ich, wir beide wären die einzigen vom **EuRiCo**, die das managen könnten. Wärest du bereit? In zwei Wochen etwa."

Janice kam mir zuvor: „Du bekommst das Flugticket, vier Tage Hotel und einen Honorarcheck. Einverstanden?"

„Welche Vorbereitungen wären denn nötig?"

„Das ist der Punkt!" sagte Mark.

„Was denn?"

„Viele Schotten glauben an eine direkte Verbindung von den historischen Templern zu Rosslyn Chapel. Kannst du das recherchieren?"

In diesem Moment betrat ein Kellner den Raum: „Madame Simon? Dürfen wir Sie jetzt zum Dinner bitten?"

Ich musterte die erwartungsvollen Blicke von Mark und Janice, und dann sagte ich spontan: „Ja, ich fange gleich am Montag an."

Janice seufzte erleichtert auf:

„Wunderbar! Kommt rüber, es ist für uns gedeckt".

EDINBURGH: VON LOCH NESS BIS ROSSLYN – IM SCHATTEN DER TEMPLER

Denn nichts ist verhüllt,
was nicht enthüllt,
und nichts verborgen,
was nicht bekannt werden wird.

Mt 10,26

Bibliothèque nationale, 13, Quai François Mauriac, 75011 Paris
Montag, 11. Oktober, 14.10 Uhr

Ein neuer Versuch: **das Geheimnis von Rosslyn Chapel!**
Seit dem frühen Nachmittag saß ich wieder in der National-Bibliothek wie einst HIERONYMUS im Gehäuse. Was manche vielleicht nicht wissen: Man sitzt hier zusammen mit 12 Millionen Büchern und 300.000 Zeitschriften auf 400 Regalkilometern, und zwar zwischen den vier Glastürmen, die der Architekt DOMINIQUE PERRAULT seinerzeit mit universellen Namen versehen hatte: die ZEIT, die GESETZE, die ZAHLEN, die BUCHSTABEN ...
Zurück zu den Notizen in meiner Hand – ich merkte sofort: Unser neues Thema war ganz anders geartet: keine Zahlen-Kolonnen, keine esoterische Architektur, keine Urkunden-Fälschung – und doch: Esoterik war wohl auch hier im Spiel:
Rosslyn Chapel: eine kleine Kirche in ROSLIN, südlich von EDINBURGH, Baubeginn um 1450, geheimnisvolle Kapelle in so vielen Romanen – was hatte sie mit dem Tempel des SALOMO zu tun? Und was mit den Templern von Schottland? Und wieso mit den Freimaurern von heute?
Ich wandte mich an die ältere Dame am Informationstisch. Sie verstand nur Französisch, zumindest tat sie so, und ich musste die Sektionen meiner Literaturgebiete genau präzisieren. Das Ergebnis für Rosslyn Chapel war voluminös: Schottische Nationalgeschichte, Templer-Legenden in den keltischen Highlands, Bauplan des salomonischen Tempels in Jerusalem, Geburtswehen der Großloge von Edinburgh, und dann noch Berge von Romanen, Sagen, Legenden – kein Wunder, dass es irgendwo dort das UNGEHEUER VON LOCH NESS immer noch gab ...

National-Bibliothek in Paris
© 2008 Ed Hawco

Bibliothèque nationale, 13, Quai François Mauriac, 75011 Paris
Mittwoch, 13. Oktober, 10.05 Uhr

Zwei arbeitsame Tage in Paris waren vergangen. Inzwischen hatte ich viele Informationen per Internet-Recherche gesammelt, aber war ich dadurch sicherer geworden?

Während der damaligen Verhaftungswelle in FRANKREICH waren Templer auch nach SCHOTTLAND gekommen, das bewiesen die vielen anonymen Grabsteine mit den Schwert-Graffiti aus dem 14.Jh. an der Westküste von ARGYLLSHIRE.[1] Andererseits hatten die Templer schon von Anfang an eine Basis in SCHOTTLAND: Bereits 1127, also zwei Jahre vor ihrer Anerkennung durch den Papst, hatte der erste Großmeister HUGUES DE PAYENS von KÖNIG DAVID I. die Ortschaft BALANTRODOCH erhalten, die – südlich von EDINBURGH, östlich von ROSLIN – nach und nach von den Templern zur Komturei, dann Präzeptorei, dann Hauptquartier ausgebaut worden war. Bezeichnenderweise heißt dieser schottische Ort auch heute noch: „**Temple**".

Doch rätselhaft blieben mir die widersprüchlichen Vorstellungen über eine eventuelle Fluchtroute einiger Templer auf den siebzehn Templer-Schiffen von LA ROCHELLE anno 1307:

■ **Manche meinten:** durch den Ärmelkanal in die Nordsee zum FIRTH OF FORTH, dann nach EDINBURGH und schließlich per Fußmarsch landeinwärts

[1] *Baigent, Michael /Leigh, Richard: The Temple and the Lodge. London 1989, S.2-5: Orte wie Kilmartin, Kilneuair, Kilmory.- Ebenso Wolf: Int. TO-Lex., a.a.O., S.298.*

weiter nach Balantrodoch und Roslin. Aber das schien mir gefährlich, weil englische Schiffe eine Seesperre gegen Schottland wegen seines Handels mit Flandern verhängt hatten.[2]

■ **Andere glaubten:** durch eine Segelfahrt in die Irische See zu der einsamen Küstengegend von Argyll. Doch auch diese Passage war fraglich: Hier wurde das Meer bewacht von MacDougalls of Lorn, einem Parteigänger des englischen Königs Eduard II.[3],

■ **Dritte plädierten:** durch die Umsegelung der irischen Atlantik-Küste und eine allmähliche Übersiedelung in die Highlands von Schottland, wo unter dem exkommunizierten König Robert the Bruce die päpstlichen Anordnungen wenig Beachtung fanden und wo der Bruce freundliche Lord Aonghas Óg MacDonald of Islay die nordwestlichen Küsten sicherte.[4]

Das Handy erlöste mich aus dem Grübeln:

✜ „Hallo Mark: Dein Flugticket Paris-Edinburgh ist gebucht. Bitte abholen bei AFP, 13 Place Bourse, 75002 Paris, Mme. Ivonne Vivier. Abflug: Mittwoch, 20.Okt., 17h10 CDG. Bitte bestätigen! Greetings, Mark."

AFP? Das war die älteste Nachrichtenagentur der Welt: Agence France Presse an der Place de la Bourse auf der anderen Seite der Seine. Und CDG? Das war die international bekannte Abkürzung für den Flughafen Charles de Gaulle. Aber Abflug schon am Mittwoch? Das reduzierte meine Zeit für Recherchen doch erheblich! Stress kam wieder auf!

Bibliothèque nationale, 13, Quai François Mauriac, 75011 Paris
Freitag, 15.Oktober, 16.14 Uhr

Inzwischen lagen einige Tage intensiver Studien hinter mir und füllten in Form von Notizen und Abschriften, Kopien und Landkarten meinen Ordner. Selten, nein noch nie war ich mit so vielen Widersprüchen konfrontiert worden wie hier in den Stories um Rosslyn und in der Geschichte der Schotten: Überall wurden mir Mutmaßungen über **Templer in Schottland** aufgedrängt, und ebenso oft wurden sie mir von anderen Autoren ausgeredet.

2 *Baigent, a.a.O., S.69.*
3 *Cooper, Robert L.D.: The Rosslyn Hoax? Viewing Rosslyn Chapel from a new Perspective. Surrey 2007, S.262.*
4 *Baigent, a.a.O., S.69.- Ebenso Wolf: Int. TO-Lex., a.a.O., S.298.*

Heute war ein herbstlicher Freitag, ich mag den Herbst, aber immer noch hatte ich keine neuen Instruktionen von Mark. Ich fasste mir ein Herz und wagte rasch eine Anfrage per SMS, schließlich ging es auf das Wochenende zu. Promt summte da mein Handy und bescherte mir die neusten Informationen:

✤ „Hallo Fabian, hier sind deine Daten: B&B = Old Rosslyn Hotel, Main Street / Kontakt-Gruppe: »The Ancient Templars of Rosslyn« / Head Master = MBE. Guten Flug! Bye, Mark."

Auf der Karte fand ich das Hotel sofort: ROSLIN war eine sehr kleine Ortschaft, verlaufen würde ich mich dort nicht. B&B bedeutete Bett & Frühstück. Aber MBE? Ich gab die Buchstaben in die Suchwort-Maske ein und erhielt: ORDER OF THE BRITISH EMPIRE, das war ein Verdienstorden der englischen Königin für hervorragende Leistungen von Personen des britischen Commonwealth. Die Mitglieder durften sich „Sir" oder „Lady" nennen und fügten hinter ihrem Familiennamen das MBE an: MEMBER OF THE BRITISH EMPIRE. Sorgfältig packte ich meine sieben Sachen zusammen und machte schon mal Pläne.

Edinburgh Airport, Jubilee Road, Edinburgh EH12 9DN
Mittwoch, 20. Oktober, 17.55 Uhr

Über England war der Flug ruhig verlaufen.
Aber jetzt im schottischen Luftraum leuchteten die Over Head Displays auf: Vorzeitig mussten wir uns anschnallen! Je mehr wir uns Edinburgh näherten, desto windiger wurde es. Bedächtig stellte ich meine Uhr eine Stunde zurück und warf vorsichtige Blicke aus dem kleinen Fensterchen zu meiner Linken: dunkle Waldstriche, abgemähte Felder, dahinter hügelige Landschaften, vermutlich die Pentland Hills. Unwillkürlich kamen mir die herbstlichen Verse aus der geheimen Nationalhymne der Schotten in den Sinn:

The Hills are bare now,
And Autumn leaves
lie thick and still,
O'er land that is lost now ...

Dann setzte der Flieger auf, endloses Rollen auf rauem Beton, dann Warten an irgendeinem Point of Stop, plötzlich helles Licht, Gedränge zum Ausgang

der Maschine, frische Brise auf der mobilen Gangway, im Zubringerbus entspannte Mienen, Glastüren, Welcome to Edinburgh, Gänge, Türen, Gänge, Follow the signs for arrivals, endlich das Förderband für die Koffer aus Paris. Draußen war es dämmrig geworden. Wieder ein großes Schild mit den Buchstaben „Welcome to Edinburgh“, weiter hinten in angeregtem Gespräch mit dem Wind: die blauweiße Fahne von Schottland ...
Schnell fand ich ein Taxi. Eigentlich wollte ich mir noch die City ansehen, aber der Fahrer sprach von dreißig Minuten Fahrtzeit, und angesichts der späten Stunde entschied ich mich für Roslin, und so verließ unser Wagen bald die Glasgow Road und schwenkte in den City of Edinburgh Bypass ein: eine Umgehungsstraße ähnlich der ringförmigen Períphérique von Paris.

The Original Rosslyn Hotel, 2-4, Main Street, Roslin EH25 9LE
Mittwoch, 20. Oktober, 19.12 Uhr

In Roslin wirkte alles beschaulich und verträumt, als wären wir noch im Mittelalter. Und vielleicht waren wir das hier auch.
In der herbstlichen Abendstille blickte mir eine goldlächelnde Gemütlichkeit aus den parzellierten Hotelfenstern entgegen, so dass ich mit meinem bescheidenen Köfferchen erwartungsvoll eintrat.
Vom BBC-Team war noch niemand da, aber in der Rezeption erhielt ich meinen Schlüsselbund, einen Brief von BBC London und eine Einladung vom örtlichen Rosslyn Chapel Trust, einer Art Stiftung zum Erhalt der alten Kirche.
Beim Abendessen – ich war bereits beim Dessert – reichte mir der Kellner das örtliche Tourenprogramm: „Buchungen bitte an der Rezeption, Sir.“
Erstaunt las ich die Offerten:

Route 1: King Bruce Tour

Rosslyn Chapel – Edinburgh Castle – Bannockburn Battle –
Heritage Centre – Rosslyn Bar

Route 2: Da Vinci Tour

Rosslyn Chapel – Balantrodoch Church at Temple –
Dalhousie Castle – Rosslyn Bar

Route 3: Loch Ness Tour

Rosslyn Chapel – Templar Highlands – Temple Pier –
Loch Ness Exhibition Centre – Rosslyn Bar

Als der Kellner wieder in meiner Nähe war, fragte ich nach, was es mit der ROSSLYN BAR auf sich hätte, die stets als Endstation angegeben war.
„The Bar Room? Unsere ROSSLYN TOURS enden stets nebenan bei der Bar, wo unsere Gäste nach einem gediegenen Mal den Tag mit einer Bottle THE ROSSLYN'S TEMPLAR SCOTCH beschließen, Best Whisky von der Glenkinchie Distillery", dabei wies er mit der Hand in Richtung Osten und lächelte tiefsinnig.

The Rosslyn Chapel, Chapel Loan, Roslin EH25 9PU
Freitag, 22. Oktober, 15.35 Uhr

Blick von Nord-West © 1995 Robert Lomas

Mittlerweile hatte ich verschiedene Ortschaften besucht. Heute endlich stand die Kapelle auf meinem Plan.
Punkt 17.00 Uhr würde die Kirche verschlossen werden, und so machte ich mich rechtzeitig auf den Weg und betrat leise das nicht allzu große Westportal. Stumme Gesichter blickten von den Wänden, gedrungene Ornamentik, eigenwilliges Dekor. Außer meinen Schritten hörte ich nichts. Auf dem Boden lag ein Strauß frischer Herbstblumen, aber niemand schien da zu sein.
Bevor ich von unsichtbarer Hand eingeschlossen werden würde, zog es mich nach draußen, und ich fand zwischen den Wiesen eine Anhöhe, auf der ich mich niederließ. Viele Gedanken gingen mir durch den Kopf: Waren die Templer wirklich in diese Kirche verliebt gewesen?
Jetzt im milden Schein der Abendsonne erschien mir dieses Kirchlein zerbrechlich und hatte so gar nichts von der Massivität der Temple-Church in LONDON oder von der Wuchtigkeit der Templer-Burg in TOMAR. Und das provisorische Schutzdach über ihren Firsten machte sie noch baufälliger und war ein Beweis, dass der gierige Zahn der Zeit auch in ROSLIN nagte.
War ROSSLYN CHURCH zum Beten gebaut?
An den Mauern außen, an den Wänden innen: Die vielen Skulpturen und Symbole, die Allegorien und Grotesken – hier war nicht ein Laboratorium des Glaubens, sondern ein Museum voll des Geglaubten.
Es war kühler geworden, die Schatten wurden länger, aber der Wind hatte sich gelegt. Morgen würde hier also unsere schottische **UFO**-Sendung produziert?

Was hatte ich nicht alles in den letzten zwei Tagen besucht: BANNOCK-BURN, das Heritage Centre für den Nationalhelden ROBERT THE BRUCE, die Ruinen von BALANTRODOCH im Ort **Temple**, den Krönungsort SCONE, die templerischen Spuren bei DALHOUSIE CASTLE. Auch nach dem **Temple-Code** hatte ich mich erkundigt, aber bislang nur Kopfschütteln geerntet ...

Nun war die Sonne verschwunden: Niemand weit und breit, die Schweigsamkeit von ROSSLYN CHAPEL wirkte geheimnisvoll, und die verblasste Umgebung war von gespenstiger Einsamkeit befallen, die auch mich zu erfassen versuchte. Jetzt spürte ich es: Ein Frösteln hatte meinen Körper überkommen.

Nichts hielt mich mehr hier fest. Der Wunsch nach einem zünftigen Kaminfeuer und heißem Tee lockte mich zurück ins Hotel ...

The Original Rosslyn Hotel, 2-4, Main Street, Roslin EH25 9LE
Samstag, 23. Oktober, 9.07 Uhr

UFO-Tag! Während meine Aufmerksamkeit ganz dem BRITISH BREAKFAST galt, nahm ich doch schon die in den Nebenräumen anlaufenden Zeremonien wahr: Techniker vom BBC OFFICE EDINBURGH trugen Studio typische Gerätschaften durch den Flur in irgendeinen Tagungsraum, wo die Aufzeichnung wohl beginnen sollte.

Dann betraten auch Mr.Hunt und Prof.Natot den gut besuchten Frühstücksraum, winkten mir zu und hantierten am Büffet. Ob sie gestern Abend noch eingecheckt hatten?

Noch einmal warf ich verstohlen einen Blick auf den Zettel mit meinen Notizen über das Adelsgeschlecht von ROSLIN CASTLE:

● Ein WILLIAM SINCLAIR, BARON VON ROSLIN, hatte mit dem Bau der Kirche um 1446 begonnen und die Fertigstellung des Baus bis zu seinem Tode 1484 beaufsichtigt.[5] Einer Legende nach soll er durch Urkunde von KÖNIG JAKOB II. seit 1441 der ERSTE GROSSMEISTER der FREIEN MAURER VON SCHOTTLAND[6] bzw. der PATRON UND PROTEKTOR der schottischen Steinmetze[7] gewesen sein. Aber was hatte er mit den Templern von 1307 zu tun?

5 *Cooper, a.a.O., S.201.*
6 *Turnbull, Michael T.R.B.: Rosslyn Chapel Revealed. Stroud 2009, S.144.*
7 *Cooper, a.a.O., S.109f.*

● Rund 300 Jahre später gab es in dieser Familie einen William St. Clair of Roslin, der 1736 der erste, durch Logen gewählte GROSSMEISTER DER GROSSLOGE DER FREIMAURER VON SCHOTTLAND wurde.[8] Doch wo war der Bezug zu den Templern?
Das alles war doch sehr verwirrend! Noch einmal tief durchatmen – dann verließ ich den Frühstücksraum, und indem ich der unüberhörbaren Studio-Akustik folgte, gelangte ich zu unserer **UFO**-Tafel, die mir den Weg zu einem festlichen Raum mit bequemer Bestuhlung wies.

UFO No. 4
BBC · ARTE · ORF

Für ein Round-Table-Gespräch waren auch bereits die bekannten Namensschilder aufgestellt:

FABIAN JASPERS Assistent	HUMPHREY L. HUNT PEN	MARK BRIDE BBC	SIR ROBERT TALERMAN MBE	PROF. JEREMY A. NATOT

Vorne hantierten Ton-Techniker und Kameraleute, diesmal wieder nur zwei Kameras, ganz hinten stand Mark Bride im Gespräch mit einem Gentleman in imposantem Schottenrock: grüne und blaue Felder mit Templer-roten Streifen durchwebt. Sein gälisches, sonnengebräuntes Gesicht zierte ein roter Zirbelbart. Das musste der MBE sein!
Was mir auffiel: Es gab hier keine Studio-Damen mit Puder und Tupfer, vielleicht in dem etwas rauen Klima von Schottland auch gar nicht üblich?
Jetzt sah mich Mark und winkte mich heran:
„Good morning, Fabian. Gut geschlafen, you are alright? Ich darf bekannt machen: Dies ist Mr.Jaspers, der beste Assistent von **UFO**, Experte für Geschichte und Linguistik. Und hier haben wir Sir Robert Talermann, einen modernen Templer."
Der Sir strahlte freundlich und gab mir die Hand: „Sind Sie ein Alien vom **UFO** oder ein Human Being?"

8 *Cooper, a.a.O., S. 114. - Turnbull, a.a.O., S.144.*

„I hope, a human being, Sir", lächelte ich zurück. Und so kamen wir beide in einen Plausch über die örtliche Kapelle und die Templer in Schottland und über die Millionen Touristen, die seit dem **DaVinci Code-Film** täglich nach Roslin kamen.

Inzwischen hatten sich auch der Professor und Mr.Hunt dem betrieblichen Durcheinander zugesellt. Ich stellte die beiden dem Gentleman vor und beantwortete ihm Fragen nach unseren bisherigen **UFO**-Serien.

Dann war es soweit: Mark klatschte in die Hände:

„Gentlemen, darf ich Sie um die Einnahme Ihrer Plätze bitten. Richten Sie noch einmal Ihre Krawatten, blicken Sie nicht in die Kameras, und vergessen Sie nicht: Wir sprechen für eine spätere Abendsendung! Es ist Abend!"

Die Türen wurden geschlossen. Langsam nahmen wir die Plätze an unseren Namensschildern ein, die Scheinwerfer leuchteten auf, es wurde still. Irgendjemanden hörte ich zählen: „**Five, Four, Three, Two, One – Go**!"

Und dann vernahmen wir Marks Stimme – souverän wie immer:

„Guten Abend, meine Damen und Herren, willkommen bei unserer vierten Ausgabe von **UFO**, der internationalen Serie **Ultimate Fabulous Outlook**. Erneut geht **UFO** den noch ungelösten Rätseln der Templer-Forschung nach, heute aus dem schottischen Roslin, dessen geheimnisumwitterte Kirche Rosslyn Chapel durch Dan Browns Roman **Da Vinci Code** weltberühmt geworden ist. Liegt hier der Templer-Schatz vergraben? Wurde hier der HEILIGE GRAL verborgen? Ist hier die letzte Ruhestätte für den einbalsamierten Schädel von JESUS? Fragen wir die ehrwürdigen Teilnehmer unserer heutigen Runde. Unser heutiges Gespräch steht unter dem Titel:

„Von Loch Ness bis Rosslyn – im Schatten der Templer".

Ich darf Ihnen zunächst die Teilnehmer der heutigen Runde vorstellen. Zu meiner Linken begrüße ich den Gast des heutigen Abends, Sir Robert Talerman, Member of the Order of the British Empire, hier in seiner Eigenschaft als Prior der Ancient Templars of Rosslyn.

Sir Robert wird uns heute Abend die schottische Version der Templer-Frage erschließen helfen.

Daneben heiße ich Herrn Professor Natot aus Jerusalem willkommen, der sich mit der Geschichte der Kreuzfahrer befasst und das templerische Europa bereist: Mir zur Rechten begrüße ich den Vertreter des amerikanischen PEN

Centers, Herrn Humphrey Hunt, der wortgewaltig für die Belange der Autoren und Verlage eintritt: Und last but not least begrüße ich unseren jungen Assistenten Fabian Jaspers, von dem ich mir lebhafte Unterstützung erhoffe: Dear Sir Robert, was alles haben die Tempelritter in Rosslyn Chapel versteckt?"

SIR ROBERT TALERMANN, MBE:

„Zunächst möchte ich Dank sagen bei BBC und den europäischen Sendern für die freundliche Einladung. Gerne beantworte ich alle Fragen, bin aber für Loch Ness nicht zuständig, obwohl wir Templer auch dort eine Station hatten, nämlich Temple Pier.

Nun zu Ihrer Frage: Hier in Roslin befinden wir uns in der herrlichen Grafschaft Midlothian und damit inmitten eines alten Einflussgebietes der Templer, die sich durch Einladung von König David I. bereits 1127 hier niederlassen durften und in Balantrodoch eine Kirche bauten und eine Präzeptorei errichteten. Sechs Meilen südlich von Roslin stoßen wir auf diesen Ort Balantrodoch, der heute bezeichnenderweise **Temple** heißt.

Und nur vier Meilen östlich von Roslin finden wir Dalousie Castle bei Bonnyrigg, wo nach internen Quellen[9] unser ruhmreicher König Robert the Bruce von den Templern in der Kampftechnik ausgebildet worden ist.

Und zwölf Meilen nördlich von Roslin haben wir den Hafen von Edinburgh, von wo die Templer einen schnellen Zugang zum Meer besaßen. Modern gesprochen: Roslin liegt im Fokus – wir befinden uns auf Templer-Land!"

... *der Sir lehnte sich stolz zurück und strich zärtlich über seinen Zirbelbart.*

MARK BRIDE, Moderator ... *lächelnd:*

„Deshalb führt ja wohl auch die **DaVinci Code Story** mit ihrer sogenannten BLUT-LINIE nach Rosslyn Chapel zur Templer-Familie St. Clair."

JEREMY NATOT, Professor:

„Einspruch! – Hier ist Vorsicht geboten: Ein schottischer Bibliothekar hat herausgefunden, dass die St. Clair-Familie das Land nicht vom Templer-Orden geschenkt, sondern von hiesigen Clans erworben hat[10] und dass ein Sir William Sainteclaire, auch wenn seine Grabesplatte hier in Rosslyn Chapel die Schwert-Gravur aufweist, kein Tempelritter war."[11]

9 *Fundort: Stella Templum Archiv, geöffnet 1987. Zit. b. Gray, Iain: Scottish crusaders and the Freemasonry link / Masonic parable and legend of the pillar. In: The Heraldscotland, 4./5.Oktober 1989. - Ferner: Baigent, a.a.O., S.197 & S.283f.*

10 *Cooper, a.a.O., S.104.*

11 *Copper, a.a.O., S.190f.*

SIR ROBERT TALERMANN, MBE:
„Unser geliebter SIR WILLIAM SAINTECLAIRE hatte gute Beziehungen zu den Templern, immerhin starb er als Kreuzfahrer auf einer Pilgerfahrt im südspanischen TEBA.[12]"

HUMPHREY HUNT, PEN Center ... *will vermitteln:*
„Vorsicht geboten ist auf allen Seiten. Im Flugzeug las ich, dass man die von Phantasie beflügelten Darstellungen schnell als ‚modern myth'[13] oder ‚popular hypothesis'[14] abtut. Beispiel: Befindet sich nun das HAUPT von JESUS in ROSSLYN CHAPEL oder nicht? Der ROSSLYN TRUST schweigt, folglich blüht die Phantasie der Dichter!"

SIR ROBERT TALERMANN, MBE:
„Meine Herren, ich kann das aufklären: 1998 kam das Gerücht auf, der einbalsamierte Kopf von Jesus liege unter einer der Säulen von ROSSLYN CHAPEL. Und die Sonartechnik hatte tatsächlich angenommen, dass sich Hohlräume im Fundament befinden. Im Oktober 2005 hat dann aber die Archeologische Kommission von SCHOTTLAND mittels Bodenradar GPR festgestellt: ‚No significant archaeological features were encountered' – also: keine archeologisch signifikanten Abweichungen tun sich an ROSSLYN CHAPEL auf[15]."

FABIAN JASPERS, Assistent:
„Dieses Verfahren war ja wohl nicht befriedigend, denn vor Abflug aus PARIS las ich auf der Homepage der Großloge von SCHOTTLAND: ‚Menschliche Knochen' wurden in ROSSLYN CHAPEL gefunden ... Aber dann: ‚The Rosslyn Chapel Trust has refused to make any comment of the discovery of the bones', also: der Trust schweigt über die Bedeutung dieses Funds[16]."

HUMPHREY HUNT, PEN Center ... *braust auf:*
„Eben! Der Trust weicht aus, und wenn dann unsere Autoren ihre Phantasie spielen lassen, dann sind sie wieder die Bösen!"

MARK BRIDE, Moderator:
„Herr Professor, sind Sie denn während Ihrer Europa-Reisen zu näheren Kenntnissen gelangt?"

[12] *Turnbull, a.a.O., S.152.*
[13] *Cooper, a.a.O., S.298.*
[14] *Cooper, a.a.O., S.103.*
[15] *Reg.-No. NT26SE 129 27357 63066. Evaluation NT 274 631. Okt. 2005. Archive to be deposited in NMRS. Sponsor: Mentorn TV.*
[16] *www.grandlodgescotland.com. News: 19.Februar 2010.*

JEREMY NATOT, Professor:
„Über JESUS in SCHOTTLAND? Die gesamte Thematik einer JESUS-BLUTLINIE oder eines einbalsamierter JESUS-SCHÄDELS in Europa oder sonst wo gehört meines Erachtens ins Reich der Phantasie, und – mit Verlaub – einer nicht gerade gesunden Ausprägung von Phantasie.
Leider stoßen wir Historiker in Schottland immer wieder auf solche Widersprüche. Das liegt vielleicht an den Highlands oder an den Nebelschwaden vom LOCH NESS oder am schottischen WHISKY ...
... *Sir Robert glättete beidhändig seinen Zirbelbart. Der Prof. fuhr fort:*
Auch ich habe da ein Beispiel:
BANNOCK-BURN – große Schlacht am 23. – 24.Juni 1314 zwischen KÖNIG ROBERT und KÖNIG EDWARD II.: Haben beim Sieg der SCHOTTEN eventuell versprengte Templer mitgewirkt? Oder war es ein nationales Wunder, dass ROBERT eine dreifache Übermacht der Engländer besiegte? Das Thema erfährt bis heute widersprüchliche Bewertungen!"
MARK BRIDE, Moderator ... *mit Blick auf mich:*
„Haben wir hier denn eine widersprüchliche Quellenlage?"
FABIAN JASPERS, Assistent:
„Ja und Nein – historisch kann eine Mitwirkung der Templer an dieser Schlacht nicht nachgewiesen werden[17]. Und doch gibt es immerhin **fünf Argumente**, die für den Templer-Auftritt von 1314 sprechen:

❶ **Faktum der disparaten Truppenstärke:**
Bislang hatten die Schotten stets gegen England verloren. In der entscheidenden Schlacht von BANNOCK-BURN stand ROBERT mit 6.000 Speermännern und 500 leicht bewaffneten Reitern einer englischen Übermacht von 16.000 Infanteristen und 2.500 Rittern zu Pferde gegenüber. Dass dieser aussichtslose Kampf am zweiten Tag für die SCHOTTEN siegreich ausging, wird unausgesprochen dem Einwirken der ‚ex-kommunizierten Tempel-Ritter' zugedacht, die in dem exkommunizierten KÖNIG ROBERT ihren Garanten unterstützen wollten.
❷ **Gerücht von der frischen Streitmacht:**
Als die Schlacht verloren schien, war eine ‚frische Streitmacht' auf dem Hügel erschienen und hatte die Engländer in die Flucht geschlagen. Um

[17] *Z.B. Cooper, a.a.O., S.83f.*

den National-Charakter des Erfolgs zu wahren, wird offiziell von einem Aufgebot aus ‚Freisassen, Kindern, Marketendern und anderen Nichtkämpfern' gesprochen, so auch im BANNOCKBURN HERITAGE CENTER. Aber gegenläufige Argumentatoren erkennen in diesem plötzlichen Auftritt die Unterstützung durch ‚waffenerprobte Tempel-Ritter'. Für diese Zuordnung spricht auch eine Archiv-Quelle von 1987.[18]

❸ Fama vom irischen Nachschub:

Historisch belegt ist die Tatsache, dass die SCHOTTEN Nachschub aus IRLAND erhielten, weshalb sich LONDON bei der irischen Regierung beschwerte[19], was von den Argumentatoren als Indiz für eine diskrete Kooperation IRISCHER und SCHOTTISCHER Tempel-Ritter nach der Ordensaufhebung verstanden wird.

❹ Legende von den 63 Rittern:

Nach einer freimaurerischen Legende wurde die frische Streitmacht auf dem Hügel als ‚body of sixty-three knights' bezeichnet, also als **63 Tempel-Ritter**, die plötzlich aus dem Verborgenen hervortraten und die die Regentschaft von ROBERT in einem unabhängigen SCHOTTLAND sichern wollten.[20]

❺ Mythos vom esoterischen Orden:

Diese Legende hat sich derartig in der esoterischen Sagenkultur SCHOTTLANDS verfestigt, dass ROBERT BRUCE als Begründer des Ordens vom KNIGHT OF THE ROSY CROSS gilt, welchen er unmittelbar nach dem Sieg von BANNOCKBURN eingerichtet habe zur Erinnerung an die KNIGHTS AND MASONS[21] bzw. an die KNIGHTS TEMPLAR AND FREEMASONS[22], welche ihm alle ‚in the great victory'[23] geholfen hätten[24]. Auch diese templerisch orientierte Legende bleibt mysteriös, denn ROBERT verstarb 1329, der ROYAL ORDER OF SCOTLAND, zu dem der ROSY CROSS-Orden gehört, wurde aber erst um 1741 in London begründet,[25] und auch diese Ursprünge liegen im Dunkeln.[26]

18 *Zit. b. Gray, a.a.O (Heraldscotland, 4./5. Oktober 1989).*

19 *14.Januar 1310; vgl. Baigent, a.a.O., S.33 & S.272.*

20 *Legenden-Bericht der Provincial Grand Lodge of the Royal Order of Scotland of the USA (Online: www.roosusa.org/info.html).*

21 *Jackson, Keith B.: Beyond the Craft. Shepperton 1980, S.61.*

22 *Legenden-Bericht s.o. Anm.21.*

23 *Jackson, ebd.*

24 *Evola, Julius: Le Mystère du Graal et l'idee impériale gibeline. Paris 1985, S.257.*

25 *Jackson, a.a.O., S.57.*

26 *Cooper, a.a.O., S.45.*

JEREMY NATOT, Professor:
„Schön recherchiert, aber, sorry, das sind Legenden aus der nach-templerischen Zeit. Andererseits zeigt uns dies, dass Legenden auch heute, nach 200 Jahren, noch lebendig sind. In diesem Lichte sehe ich auch die mysteriöse Bilder-Vielfalt gleich hier um die Ecke in Rosslyn Chapel:
Legenden, Grotesken, Mythen ...“

SIR ROBERT TALERMANN, MBE ... *entrüstet*:
„Was heißt hier nach-templerischen Zeit? Wir Templer waren und sind nachwievor in Schottland – bis auf den heutigen Tag!“

HUMPHREY HUNT, PEN Center:
„Sir, meinen Sie das im Sinne irgendeiner BLUT-LINIE aus der Romanwelt?“

SIR ROBERT TALERMANN, MBE:
„Nein, für Romane ist unsere Vereinigung der Ancient Templars of Rosslyn nicht zuständig. Wir kassieren auch kein Schweigegeld von den Autoren und ihren Verlagen. Vielmehr erforschen wir die **drei historischen Phasen der templerischen Gestaltung** Schottlands.“

JEREMY NATOT, Professor ... *ungläubig lächelnd*:
„**Drei Phasen**? Darüber würde ich gerne mehr hören!“

SIR ROBERT TALERMANN, MBE ... *stolz und selbstsicher*:

■ **Die 1. Phase: „Sie war sichtbar:**

Der schottische König David I. vermachte **1127** dem ersten GROSSMEISTER der Templer den Ort Balantrodoch in Midlothian, wo das **sichtbare** Hauptquartier der Templer entstand. Weitere Präzeptoreien folgten, nämlich Temple Liston, nahe Edinburgh Airport, dann Temple Denny in der Nähe von Falkirk, ferner Thankerton in Lanarkshire und Maryculter in Aberdeenshire. Alle diese Orte liegen nahe der Ostküste und dienten der Rekrutierung von neuen Rittern sowie als Anmeldestelle für Pilger.“

MARK BRIDE, Moderator ... *ironisch*:
„Die Orientierung zur Ost-Küste ist dann wohl auch ein Indiz dafür, dass die Templer keine maritimen West-Reisen unternommen haben?“

SIR ROBERT TALERMANN, MBE:
„West-Reisen? Kanada? Amerika? Wir nehmen an solchen Hoax-Debatten überhaupt nicht teil. Ost-Schottland war und ist originäres Templer-Gebiet.“

FABIAN JASPERS, Assistent:
„Dazu eine kleine Ergänzung: Es gab da Untersuchungen über Abbildungen von Pflanzen in Rosslyn Chapel, die es nur in Nord-Amerika geben soll, was belletristische Autoren wieder einmal zur These phantasievoller West-Reisen der Templer animiert hat. Auch dieser Verdacht ist widerlegt worden, und zwar von den Botanikern ... *ich blickte auf meinen Zettel* ... Dr.Dyer und Dr. Moffat."[27]

JEREMY NATOT, Professor:
„Okay, okay. Rosslyn Chapel ist also definitiv kein Beweis für angebliche Amerika-Reisen der Templer! Und die zweite Phase?"

SIR ROBERT TALERMANN, MBE:

■ ■ Die 2. Phase: „Sie war diskret:

Der schottische König Robert the Bruce war seit **1306** exkommuniziert, und die Templer erlebten ihre eigene katholische Verfolgung ab Oktober **1307** und fanden über Nord-Irland erstmals die Zuflucht zur schottischen West-Küste bei Argyllshire – ein diskretes Refugium, das wir heute an den templerischen Grabsteinen in Kilmartin, Kilneuair, Kilmory usw. nachweisen können. Ich glaube, das ist hier in unserer Gesprächsrunde nicht strittig – ein **diskretes** Refugium."

Robert the Bruce in einer viktorianischen Darstellung

HUMPHREY HUNT, PEN Center ... *begeistert*:
„Bitte weiter, jetzt wird's spannend."

JEREMY NATOT, Professor:
„Ja, denke ich auch, bitte Ihre dritte Phase!"

SIR ROBERT TALERMANN, MBE:

■ ■ ■ Die 3. Phase: „Sie war verborgen:

Sie begann wenig später mit den Verhören. Schon **1309** fiel auf, dass überhaupt nur **zwei Templer** einer Untersuchung in der Abteikirche von Holyrood bei Edinburgh zugeführt wurden. Unter dem Vorsitz von Bischof Lamberton, einem Vertrauten von König Robert the Bruce, konnte **keine Schuld** der Templer festgestellt werden.[28] Seitdem blieben die schottischen

[27] *Turnbull, a.a.O., S.138.*
[28] *Turnbull, a.a.O., S.150.- Baigent, a.a.O., S.64.*

Templer **verborgen**: eine **geheime Elite Gottes** im unsichtbaren Hintergrund der schottischen Gesellschaft.
Wenn man bedenkt, dass der Templer-Orden **519 Immobilien** in SCHOTTLAND besaß, also weit verbreitet und so mit großem Einfluss ausgestattet war, wird erkennbar, dass hier vom Wunsch einer effektiven Verfolgung der schottischen Templer nicht mehr gesprochen werden kann. Hier begann das große Schweigen. Abgesehen von einer vielleicht personellen Verlagerung von Ost- nach West-Schottland ist die **Zahl der Templer in Schottland konstant** geblieben bzw. ist seit der zweiten Phase durch Zustrom kontinentaler ex-Templer sogar unauffällig angestiegen!

HUMPHREY HUNT, PEN Center ... *wieder begeistert*:
„Das klingt überzeugend!"
SIR ROBERT TALERMANN, MBE:
„Nun zu dem templerischen Besitz: Gemäß der Aufhebungsbulle von VIENNE 1312 sollte der immobile Besitz des Ordens überall in das Eigentum der JOHANNITER übergehen. Das ist bekanntlich von den Königen in PORTUGAL und SPANIEN größtenteils verhindert worden. Was geschah nun in SCHOTTLAND?! Nach einer späteren Bestandsliste des JOHANNITER-ORDENS aus dem Jahre 1338 besaßen die Hospitaliter bzw. JOHANNITER keine TEMPLAR PROPERTIES IN SCOTLAND[29], also auch in SCHOTTLAND hat es keinen nominellen Eigentumswechsel gegeben. Wie der Edinburgher Antiquar JAMES MAIDMENT im 19.Jh. festgestellt hat, wurden die Templer-Güter wohl den JOHANNITERN äußerlich beigesellt, blieben aber Immobilien mit einem **Status sui generis** und sind vermutlich weiterhin von **ex-Templern** verwaltet worden, die formal auf Johanniter-Latifundien wohnten. Dafür spricht auch eine Charta von KÖNIG JAKOB IV. von **1488**, in der der König die bestehenden Rechte **beider Orden** erneut **bestätigte**: „Sancto **Hospitali** de JERUSALEM, et **fratribus** ejusdem **militia(e) Templi Salomonis**",[30] d.h. der schottische König bestätigte 176 Jahre nach der römisch-katholischen Vernichtung des Templer-Ordens die bestehenden Grundrechte dem „Heiligen **Hospital** von Jerusalem" (= unpersönliche Note) und gleichzeitig den „**Brüdern** der Ritterschaft vom **Salomonischen Tempel**" (= persönliche Note)."

[29] *Baigent, a.a.O., S.96.*
[30] *James Maidment, zit. b. Baigent, a.a.O., S.96f. & S.275.*

FABIAN JASPERS, Assistent:
„Das ist korrekt: Linguistisch betrachtet, steht hier der schottische König den Templern tatsächlich näher, denn er nennt sie Brüder, die Johanniter hingegen spricht er nur in der Funktion des Hospitals an."

SIR ROBERT TALERMANN, MBE:
„Und noch einen Nachsatz, bitte: In diesem Jahre **1488** war ROSSLYN CHAPEL quasi fertig! Die Templer waren also immer noch da, und sie sind es bis heute hin. Amen!"

HUMPHREY HUNT, PEN Center ... *hoch begeistert*:
„Bravo, Respect, Wonderful!"

JEREMY NATOT, Professor:
„Zumindest eine interessante Exkursion! Meiner bescheidenen Kenntnis nach gibt es da freilich einen Bibliothekar in EDINBURGH, der diesen lateinischen Text insofern angreift, als er sagt, er sei nur ein Indiz dafür, dass man die territorialen Altbestände in Schottland halt weiterhin ‚templerisch' benannt habe."[31]

FABIAN JASPERS, Assistent:
„Ja, habe ich auch gelesen. Aber der Autor übersieht die linguistische Hervorhebung: KÖNIG JAKOB sprach hier wirklich von den ‚Brüdern', damit bekam das Wort eine ‚viel stärkere Bedeutung'. Er sprach 1488 lebende Personen an, also schottische Templer 150 Jahre ‚nach' der offiziellen Auflösung ihres Ordens."

Blick auf Temple Pier © Highland Libraries & Am Baile

MARK BRIDE, Moderator ... *blickt nach rechts und links*:
„Meine Herren, ich denke, wir haben doch ein ganz ansehnliches Ergebnis zu Tage gefördert – "

HUMPHREY HUNT, PEN Center ... *unterbricht lächelnd*:
„Und was ist mit Nessie?"

MARK BRIDE, Moderator ... *blickt verblüfft zu mir*:
„Tja, was ist mit dem Biest?"

FABIAN JASPERS, Assistent ... *mit einem Grinsen*:
„Tja, was ist damit? – Wie ROSSLYN CHAPEL hat es seit Jahren den Tourismus befördert, aber anders als die Templer ist es nur eine Schön-Wetter-Nessie und wurde nur bei Sonnenschein und ruhiger See erblickt.[32] Da lobe ich mir echte Templer: Die sind immer da – so oder so."

[31] *Cooper, a.a.O., S.288.*
[32] *Hauf, Monika: Nessie. Das Ungeheuer von Loch Ness. Leipzig 2003, S.49.*

MARK BRIDE, Moderator:
„Schönes Schlusswort, herzlichen Dank an alle Teilnehmer dieser Runde. Herzlichen Dank an unsere Zuschauer. Meine Damen und Herren, das war **UFO** auf den Spuren der Templer in SCHOTTLAND. Ich denke, wir haben alle viel gelernt. Guten Abend und auf Wiedersehen."
Die eine Kamera fuhr langsam zurück, die andere schwenkte von links nach rechts, dann erloschen ihre kleinen roten Lämpchen, das Licht der Scheinwerfer verblasste, wir durften uns bewegen.
Das Hauspersonal öffnete die Fenster, und Oktoberwind unter bewölktem Himmel wirbelte in unser improvisiertes Studio – kein Wetter für Nessie. Eigentlich wollte ich den MBE noch nach dem **Templer-Code** befragen, doch in diesem Augenblick meldete sich mein Handy, und ich erspähte den News-Ticker mit einer Eil-Meldung:

„Vulkan Grimsvötn auf Island ausgebrochen. Flugasche bedroht Luftverkehr über Schottland."

Auch andere Personen im Raum hatten die Meldung empfangen, und so begann allerseits ein rascher Aufbruch. Ich konnte Mark am Ärmel erfassen und erklärte ihm die Situation:
„Okay, Fabian, guten Rückflug. Wichtig: Befasse dich nun bitte mit dem GRAL. Nächstes **UFO**-Meeting vermutlich in LONDON: Alte Rivalität zwischen ENGLAND und SCHOTTLAND. Du verstehst. Nochmal: Guten Flug, und vielen Dank für deine Beiträge heute, war professionell, bye bye, dear friend."
Rasch versuchte ich mich bei unserer Runde zu verabschieden, aber in dem Gedränge erreichte ich nur Humphrey Hunt, der wohl noch einige Tage in ROSSLYN bleiben wollte.
Wenig später saß ich mit meinem Köfferchen im Taxi, das auf den Airport zuraste. Regenwolken flogen uns entgegen, aber Asche oder Staub konnte ich nicht ausmachen. Der Taxifahrer war die Ruhe in Person: „Wir kennen den Berg, aber der ist weit weg, der droht nur."
Schon verließen wir die GLASGOW ROAD und bogen in die Zufahrt zum Airport ein. Vor dem Terminalgebäude beruhigte mich der Fahrer noch einmal: „9 million passengers per year. We do a good job. There's no problem. Have a good flight".
„Thanks."

In der Halle schien alles geordnet. Mein Rückflug war noch nicht storniert: Abflug 14.14 Uhr, Ankunft Paris CDG 16.55 Uhr, Flugdauer 1.40. Klar: Da war wieder eine Stunde Verlust, durch den Wechsel der Zeitzone.

Am Flugschalter nahm man freundlich meinen Koffer entgegen. Nach dem Check-in kam die Security-Abteilung: fünf Laufbänder, auf denen man Uhr, Münzen, Gebiss und sonstiges Metallgut ablegen musste.

Endlich erreichte ich die Departure Lounge, wo man Kaffee oder andere Drinks bestellen konnte. Langsam ließ ich das Mineralwasser an meinen vertrockneten Stimmbändern herabgleiten: Luftasche aus isländischen Vulkanen macht durstig. Im Stativ neben mir lagen Zeitungen aus: The Scotsman (Edinburgh) und The Herald (Glasgow), doch über Templer oder Vulkane fand ich nichts.

Dann war Boarding Time. Diesmal hatte ich einen Sitz am Mittelgang. Wir waren bis auf den letzten Platz ausgebucht. Wieder meldete sich das Handy mit einer Eilmeldung. Hatte die Flugasche Edinburgh erreicht? Ängstlich las ich:

„Frau im Vatikan: Papst Benedikt XVI. hat neue Köchin."

Da lag auch schon der Arm der Stewardess auf meiner Schulter: „Stop, Sir, no mobile phone, please."

Ich klappte das Handy zu. Dann schloss ich die Augen. Mit donnernden Motoren stieg unsere Maschine steil aufwärts in die Wolken aus Regen, Wind und verdächtigen Böen ...

GLASTONBURY: WER HÜTET DEN GRAL? – DAS TEMPLER-SYNDROM

Glastonbury ist das Herzchakra
der Erde, das mystischen Avalon und
das englische Jerusalem ...

Örtlicher Volksmund

La Maison accueillante, Rue de la Gaïté, 93400 Saint Ouen
Montag, 25. Oktober, 9.10 Uhr

Ich erwachte ... und fand mich wieder in meiner bescheidenen Ein-Zimmer-Unterkunft am Rande von Paris. Grauer Oktober-Himmel klebte an den Scheiben, es war kühl, und Frühstück war auch nicht bereitet.
Die TV-Aufzeichnung über die schottischen Templer war sicherlich längst fertig geschnitten und lag nun als Konserve bei der **UFO**-Redaktion von BBC London, aber hier auf meinem Arbeitstisch türmten sich die unerledigten Notizen über mein Buch-Projekt, und die Vorstellungen an eine baldige Rückkehr ins unterirdische Archiv von LeParisien vermochten meine Stimmung nicht zu verbessern: Ich hatte einen Burn-Out.
Kurz gesagt: In den nächsten Tagen wollte ich nichts mehr über Templer hören oder lesen! Einfach raus, durch die Straßen bummeln, meinen Scheck einreichen, mich treiben lassen ...

Place de la Concorde Verkehrsinsel, 75008 Paris
Mittwoch, 27. Oktober, 14.01 Uhr

Zwei Tage später ...
Soeben erreichte ich die Verkehrsinsel im Zentrum der unaufhörlich von Wagen befahrenen Place de la Concorde, als sich mein Handy räusperte. Jetzt war es Mark, der eine merkwürdige SMS geschrieben hatte:

✣ „Hallo Fabian: BBC plant den nächsten UFO-Treff: The Holy Grail Temple!!! King Arthur, Gral, Jesus: Alle sind in Glastonbury gewesen. Termin: Freitag, 5. November. Bitte bestätigen. Eilt, Mark."

Mein Atem stockte: Ich vergaß die quirligen Autos um mich herum und klammerte mich wie ein Betrunkener an einen der Laternenmasten, um diese Nachricht noch einmal zu lesen, und noch einmal ... Meinte Mark den König Artus aus den Legenden? Den GRAL aus den Romanen? Und JESUS aus der Bibel? Rätselhaft, Mark hatte wohl immer noch schottischen Whisky im Blut! Die Laterne umklammernd, tippte ich mühsam in mein Handy:

✥ „Hallo Mark, wo ist Gladstonebury? Und wieso Jesus? Wie heißt deine Whisky-Marke? Fabian."

Der Straßenverkehr hatte zugenommen, deshalb presste ich mein Handy ans Ohr, um den Rückruf nicht zu versäumen. Prompt kam die Antwort:

✥ „Nicht Gladstone... sondern Glastonbury. Heiligster Ort im UK. Liegt in Somerset, Süd-England. Dein Flughafen: Bristol. Kosten trägt BBC. Lies alles über GLASTONBURY. Termin o.k.? Mark."

Das saß! The Holy Grail Temple in England? Und JESUS VON NAZARETH in Somerset? Voller Skepsis war ich neugierig geworden. Fast freundschaftlich klopfte ich an meinen neuen Freund, den Laternenmast, und winkte ein Taxi heran: „Bibliothèque Nationale, s'il vous plaît."

Bibliothèque nationale, 13, Quai François Mauriac, 75011 Paris
Mittwoch, 27. Oktober, 15.00 Uhr

In der Farblosigkeit jenes Oktobernachmittags wirkten die Glasfassaden der vier turmhohen Bibliotheksgebäude ziemlich fahl. Aber wen störte das schon, wenn man die Fährte zum Gral gefunden hatte? Vielleicht fand ich nun die Spuren zum **Templer-Code**?
Am erst besten Monitor gab ich das Zauberwort ein: Glastonbury. Und siehe da: Der Drucker hörte gar nicht mehr auf, seine Weisheiten auszuspucken: Druiden und Kelten, Hügel und Quellen, Alchemie und Astronomie, Gral und Tempel, Jesus und Joseph, Nazareth und Arimathia, Rot und Weiß, Artus und Guinevere, Erden-Welt und Über-Welt ... eine schier endlose Flut aus Buch-Vorschlägen zu Glastonbury breitete sich vor mir aus, und entsetzt rechnete ich nach: Bis zum 5.November blieben mir noch fünf oder sechs Tage, um meiner Rolle als Assistent annähernd gerecht zu werden.

Zögernd entschloss ich mich zu einer SMS nach Strasbourg und Wien:

✤ „Janice & Kurt, hallo: Hattet ihr schon mal Berührung mit dem Namen Glastonbury? Mysteriöser Ort in England. Mein UFO-Termin: 5. Nov. Gruß, Fabian."

Eine Antwort bekam ich nicht. Mit zwei Taschen voller Bücher machte ich mich auf den Heimweg.

Bibliothèque nationale, 13, Quai François Mauriac, 75011 Paris
Freitag, 29. Oktober, 10.16 Uhr

Freitag in Paris ...
Inzwischen war die freundliche Sonne zurückgekehrt und ließ den Oktober goldfarben schimmern. In der Bibliothek hatte ich mir einen festen Arbeitsplatz eingerichtet, der mir einen Blick auf die Seine erlaubte. Hier hatte ich verschiedene Ordner abgestellt, denen ich die einzelnen Ergebnisse zuführen konnte. Langsam nahmen meine Vorstellungen Gestalt an ...
Was mich trotzdem sehr verwunderte: Zu dem von Mark genannten Begriff vom Holy Grail Temple fand ich keinen Nachweis für England, wohl aber für die schluchtenreiche Region des Grand Canyon im Staate Arizona, wo es bestimmt keine Tempel-Ritter gab! Wieder so ein Rätsel, das noch zu lösen war!
Punkt elf Uhr traf eine SMS von Kurt aus Wien ein:

✤ „Hallo Janice & Fabian, einen guten Morgen aus Wien! Glastonbury ist bekannt für jährliche Musikfeste. Auch magische Heil-Quellen. Wünsche UFO viel Erfolg. Charmante Grüße, Kurt. PS: Wann kommt das Urteil aus Strasbourg?"

Ach ja – an das ausstehende Urteil aus Strasbourg hatten wir gar nicht mehr gedacht, so sehr waren wir von der Arbeit am **UFO**-Programm gefangen genommen. Immerhin konnte ich etwas Licht in die vermeintliche Jesus-Story bringen und so fertigte ich mir eine Skizze an und gelangte zu folgender Sortierung:

Legende A:

der JUNGE JESUS sei mit seinem Onkel Joseph von Arimathia während einer Westreise in Glastonbury gesehen worden,

Legende B:
der Metall-Kaufmann JOSEPH VON ARIMATHIA betrieb seinen Handel auch in CORNWALL und GLASTONBURY,
Legende C:
der Häftling JOSEPH VON ARIMATHIA erlangte vom auferstandenen JESUS den GRALS-KELCH, verblieb selbst aber in PALÄSTINA,
Legende D:
sein Schwager BRON und dessen Familie brachten den GRALS-KELCH nach GLASTONBURY,
Legende E:
der jüdische Ratsherr JOSEPH VON ARIMATHIA vergrub den GRALS-KELCH zum Schutz vor Juden und Römern in GLASTONBURY.

Während ich über diese wirren Widersprüche noch sinnierte, trudelte eine SMS aus London ein:

✤ „Hallo Fabian: Mr.Hunt & Prof. sind eingeladen. – Flug-Ticket Dienstag ab 12.00 Uhr wieder bei AFP. – Flug: Donnerstag 10h10 von Airport CDG. – Hotel & Round Table: Abbey House, Chilkwell Street, Glastonbury. – Holy Grail Temple = das spirituelle Zentrum der Tempel-Hüter von Glastonbury. – Nice weekend, Mark."

Okay, die irdischen Dinge waren damit geklärt. Aber wieso fand ich hier nichts über diese HOLY GRAIL TEMPLE PEOPLE von GLASTONBURY?
Für den heutigen Nachmittag hatte ich mir die historischen Templer von ENGLAND vorgenommen und wälzte Buch um Buch: Tatsächlich waren zahlreiche Templer-Komtureien über ENGLAND verteilt, aber in der Region um GLASTONBURY wurde ich nicht fündig. **Wo waren dort die Templer?**
Inzwischen war es 17.00 Uhr geworden, der Lesesaal leerte sich allmählich, und so nahm ich mir vor, das Templer-Problem am kommenden Montag zu lösen. Während ich meine Materialien zusammenlegte, rührte sich das Handy: endlich eine SMS von Janice aus Strasbourg:

✤ „Cher Fabien: ARTE-Archiv meldet zu Glastonbury: Artus-Legenden und Heil-Quellen. Im Mittelalter Pilger. Auch viel Folklore. Bon chance, Janice."

Bibliothèque nationale, 13, Quai François Mauriac, 75011 Paris
Dienstag, 2. November, 15.15 Uhr

Nach wenigen Tagen hatte ich nun doch an Übersicht gewonnen: Also in ENGLAND hat es etwa **25 Komtureien** und ferner viele Landpartien der historischen Templer gegeben. Aber in SOMERSET war alles anders: Entweder wirkten die Templer dort im Verborgenen, oder sie hatten ganz andere Pläne gehabt. Aber welche? Am Freitag im Round-Table-Gespräch würden wir sicherlich mehr erfahren.
Mein Flugticket hatte ich seit 12.00 Uhr in der Tasche: Abflug Donnerstag 10.10 Uhr vom AIRPORT PARIS CDG, Flugzeit eine Stunde und vierzig Minuten, hoffentlich mit bester Oktobersonne und ohne Vulkanasche ...

Bristol Airport Winford, Bristol, Somerset BS48 3DY
Donnerstag, 4. November, 10.50 Uhr

Pünktliche Landung im Lande von KÖNIG ARTHUR und seiner Tafelrunde. Draußen vor der Flughafenhalle aber hielt ich vergeblich Ausschau nach den RITTERN GAWAIN, PARZIVAL oder LANCELOT ...
Im Taxi nach GLASTONBURY fragte ich den Fahrer nach den Rittern vom HOLY GRAIL TEMPLE, doch er zog es vor, seine Straßenkenntnisse über BRISTOL auszubreiten:
„Wo früher unsere TEMPLE CHURCH stand, befindet sich heute der Bahnhof BRISTOL TEMPLE MEADS ... 6 Millionen Fahrgäste im Jahr ... ältester Bahnhof der Welt. Dort gibt es TEMPLE CIRCUS, TEMPLE GATE, TEMPLE STREET. Und vor allem den langen TEMPLE WAY UNDERPASS. Ich fahre Sie gerne dorthin."
„Vielleicht ein anderes Mal", murmelte ich beeindruckt.
Nach einer Phase kurvenreichen Fahrens fügte er hinzu:
„BRISTOL ist eine alte Stadt."
„Und GLASTONBURY?"
Er antwortete nicht sofort und wirkte geheimnisvoll, dann meinte er höflich: „GLASTONBURY? A very old place, much music, many mysteries." Ha, der Mann kann Linguistik, dachte ich: 4 x M = **m**uch **m**usic **m**any **m**ysteries ...
Eine knappe Stunde später stand ich am Portal eines mit hellen Sandsteinen

Berg mit „Tor“ © 2000 Daniel Boulet - bouletfermat.com

erbauten Abtei-Hauses, das durch seine hohen Fenster im Old English Style wohltuend auffiel. Man hatte mich bereits erwartet: Freundlich wurde ich begrüßt und zu einem gemütlichen Zimmer geführt.

Bald war es 12.30 Uhr geworden. Im Salon nahm ich eine Stärkung zu mir und erkundigte mich nach den Sehenswürdigkeiten, über die ich so viel gelesen hatte.

Ein älterer Housekeeper bot seine Hilfe an und erklärte mir die Wege zu den beiden Quellen, zu den Ruinen der alten Abtei und aufwärts zu dem berühmten Berg mit dem archaisch klingenden Namen TOR, über den er mir sofort einen kleinen Vortrag hielt:

„Glastonbury dates back more than 4,000 years, Sir, dort drüben ist unser HEILIGER BERG, 158 m hoch, mit konischer Form, früher in der Zeit der Kelten war das alles eine HEILIGE INSEL, die man nur bei Ebbe besuchen konnte.

Oben auf der Spitze befand sich eine Kirche, die bis 1275 in Betrieb war. Verstehen Sie, ganz oben eine Kirche, jeden Sonntag bergauf bergab für Jung und Alt ... Heute steht nur noch der Turm von St Michael dort oben ... schöne Aussicht, heiliges Land ...“

Ich wagte ihn zu unterbrechen: „Wo ist denn hier der GRAL vergraben?“

„The Holy Grail?“ entfuhr es ihm laut, fast schrill – dann lächelte er nur, wandte sich ab, wie wenn er von einer unsichtbaren Stimme abberufen worden wäre.

Abbey House, Chilkwell Street, Glastonbury, Somerset BA6 8DH
Donnerstag, 4.November, 19.00 Uhr

Zum Abendessen hatte man im Salon für einzelne Gruppen und Familien gedeckt. An meinem Tisch kam ich mit einem Reiseführer ins Gespräch, der zum morgigen Freitag eine Touristengruppe erwartete, um das örtliche Sightseeing-Programm zu präsentieren:

„Was ist mit den HOLY GRAIL TEMPLARS?“ fragte ich beiläufig.

„Das ist eine Korporation. Die nennt sich THE TRUE GUARDIANS OF THE HOLY GRAIL TEMPLE, also DIE WAHREN WÄCHTER DES HEILIGEN GRALSTEMPELS – eine elitäre Gruppe innerhalb der zahlreichen Gralsmythologien.“

„Und wo haben die ihren Tempel? Und wie viele sind es?

„Weiß nicht so recht, ich habe noch keinen von ihnen gesehen. Man sagt, sie seien immer da, aber unsichtbar, doch das muss wohl ein Scherz sein“, dabei stopfte er seine Pfeife, zündete sie aber nicht an. „Was gibt es sonst noch über die Templer in GLASTONBURY zu sagen?“ wollte ich wissen.

„Beispielsweise ihre beiden Quellen hier: Sie liefern ROTES und WEISSES HEILWASSER, das sind die Farben der alten Templer“, dann erhob er sich: „Sie entschuldigen mich bitte: After dinner rest a while, after supper walk a mile.“ Damit verbeugte er sich höflich, ergriff seine Pfeife und entschwand.

Zum Abschluss des Mahls wurde Tee mit Sandgebäck geboten. Ich widmete mich dem Tee, wünschte mir Mr.Hunt oder den Professor herbei und dachte über diese neue Nachricht nach: Templer, die unsichtbar sind und doch den GRAL hüten: Bestimmt würde ich heute Nacht davon träumen ...

Abbey House, Chilkwell Street, Glastonbury, Somerset BA6 8DH
Freitag, 5.November, 8.00 Uhr

Endlich **UFO**-Tag: Ich hatte gut geschlafen, aber nichts geträumt. Das englische Frühstück war reichhaltig: Egg and Bacon, Cakes and Coffee. Aber unter den Gästen im Speiseraum konnte ich kein bekanntes Gesicht entdecken.

Um 9.30 Uhr schlenderte ich in die Ankunftshalle und nahm junge Leute in Jeans und Pullover wahr, die Kisten und Kabel aus einem hellen Klein-Transporter mit der Aufschrift

BBC BROADCASTING HOUSE BRISTOL

hereintrugen. Ich ging den Studio-Leuten nach und betrat einen hochräumigen Salon mit schlanken Sprossenfenstern, die zur Lüftung hochgeschoben waren: Offensichtlich entstand hier wieder ein mobiles Aufnahme-Studio.
Eine Dame vom Kitchen Team schob einen viktorianisch anmutenden Servierwagen mit Kannen und Tassen herein, sie lächelte schüchtern unter ihrer Haube und versuchte, den Kabeln am Boden auszuweichen, was ihr nur mühsam gelang.
Dann klopfte mir jemand auf die Schulter. Ich drehte mich um – und sah in das verschmitzte Gesicht von Mark: „Morning, Fabian, you are okay?" Die blaue UFO-Tafel hatte er lässig unterm Arm.

UFO No. 5
BBC · ARTE · ORF

„Endlich ein bekanntes Gesicht", scherzte ich zurück, „aber sonst ist niemand gekommen."
„Doch, unsere beiden Freunde wohnen im King Arthur, sind gleich hier."
„Und der Gralstempler?"
„Steht im Türrahmen."
Tatsächlich betrat ein sympathisch wirkender Herr in dunklem Cord-Anzug den Salon: Etwa fünfzig Jahre alt, weißes schütteres Haar, sportlicher Gang, im Arm hielt er ein dunkles Buch, vielleicht ein Gebetbuch oder eine Bibel?
Sofort machte uns Mark miteinander bekannt: „Mr. Fabian Jaspers, Assistant of the **UFO**-department – Reverend Father Patrick Saint-Cloude, speaker of the True Guardians of the Holy Grail Temple."
In diesem Moment erschienen auch der Professor und Mr.Hunt, so dass Mark uns kurz allein ließ. Der Reverend musterte mich freundlich: „Sie sind das erste mal hier in England?"
„Ja. Ich hatte aber neulich in Edinburgh zu tun, in Roslin, einige Tage."
„Oh, yes, Roslin, welchen Eindruck haben Sie gewonnen?" Er blickte sehr interessiert, aber ein Zug von leichter Skepsis spannte seinen Oberlippenbart.
Unschlüssig hob ich die Hände: „It's a long story."
„Indeed, very long", zwinkerte er mir zu und wandte sich Mr.Hunt und dem Professor zu: Freundliche Begrüßungen allerseits, warmherzige Bemerkun-

gen über die wohltuende Atmosphäre des Abtei-Hauses, das an den feudalen Stil eines Manor House aus dem 18.Jh. erinnerte.
Das BBC TEAM schien mit den Vorbereitungen fertig zu sein: Die Plätze waren mit den üblichen Namensschildern versehen, man schloss die Fenster und zog die schweren Gardinen vor. Rasch nahmen wir unsere Plätze ein, wo wir sofort von Scheinwerferlicht überflutet wurden:

FABIAN JASPERS Assistent	HUMPHREY L. HUNT PEN	MARK BRIDE BBC	REV PATRICK SAINT-CLOUDE	PROF. JEREMY A. NATOT

Es war still geworden. Dann vernahm man die Stimme der Aufnahmeleiterin hinter den beiden Kameras: „**Five – Four – Three – Two – One – Go!**"
Und wieder staunte ich über die klar distinguierte Stimme von Mark:
„Ladies and Gentlemen, guten Abend, und herzlich willkommen bei unserer fünften Ausgabe von **UFO**, der internationalen Serie **Ultimate Fabulous Outlook**. Wieder einmal geht **UFO** den noch ungelösten Rätseln der Templer-Forschung nach, heute aus dem englischen GLASTONBURY, am Fuße des heiligsten Berges der britischen Nation, dem Berge TOR, wo wir der Frage nach den englischen Tempel-Rittern und dem HEILIGEN GRAL nachgehen wollen. Unser heutiges Gespräch steht unter dem Titel:

„Wer hütet den Gral? – das Templer-Syndrom".

Zu meiner Linken begrüße ich den Gast des heutigen Abends, Reverend Father Patrick Saint-Cloude, Sprecher der WAHREN HÜTER DES HEILIGEN GRALTEMPELS.
Daneben heiße ich Herrn Professor Natot aus Jerusalem willkommen, einen hervorragenden Kenner des templerischen Europas.
Mir zur Rechten begrüße ich den Vertreter des amerikanischen PEN Centers, Herrn Humphrey Hunt, der auch heute wieder über die Freiheit und Rechte von Autoren und Verlagen wachen wird.
Und zu seiner Rechten begrüße ich unseren jungen Assistenten Fabian Jaspers, der sich mit Fragen des Grals ausgiebig befasst hat.
Dear Reverend, bei der Eingabe von HOLY GRAIL TEMPLE führen uns die Suchmaschinen des Internets zu einem beeindruckenden Berg im GRAND CANYON des Staates ARIZONA. Warum ist dort Ihr Hauptquartier?"

Holy Grail Temple in Arizona © 2008 Hal Janzen

REV. PATRICK SAINT-CLOUDE ... *lachend*: „Bitte dort nicht weiter suchen! Uns erreicht man über die Adresse des hiesigen Abtei-Hauses von GLASTONBURY, das eine Stiftung der ANGLICAN CHURCH ist. Das Arbeitsfeld der Wahren Hüter des HOLY GRAIL TEMPLE ist gleich hier vor Ort die heilige Region um den einzigartigen Berg TOR in unserer Stadt GLASTONBURY."

MARK BRIDE, Moderator ... *lächelnd*: „Wieso kam aber Ihr Eigenname in den CANYON, wo sich Kojoten, Bären und Schlangen Gute Nacht sagen?"

REV. PATRICK SAINT-CLOUDE:
„Ganz einfach: Viele Auswanderer brachten die Erinnerungen aus ihrer englischen Heimat mit in die Staaten. So finden wir im GRAND CANYON Namen aus unserer Gegend wie KING ARTHUR CASTLE, MERLIN ABYSS oder GAWAIN MOUNTAIN. Die Bezeichnung HOLY GRAIL TEMPLE für einen majestätisch anmutenden Berg im Canyon stammt von einem Mitglied unserer Gralsritterschaft, das sich in den USA von dem Namen unseres Tempels nicht trennen wollte. – Aber zurück zu Ihrer Frage: Durch solche Missverständnisse entstehen die Verfälschungen des Grals-Gedankens in der Rambo-Szenerie der europäischen Fast Food Book Shop Production."

HUMPHREY HUNT, PEN Center:
"Wow, hören wir da ein persönliches Feindbild heraus?"

REV. PATRICK SAINT-CLOUDE:
„Ach nein, wir brauchen keine Feinde, um uns ein Bild vom GRAL zu machen. Allein die Flut der vielen Vorschläge über andere Grals-Burgen mutet uns wie eine Inflation von Koch-Rezepten aus Großmutters Zeiten an.
Was haben wir denn da?

■ Für die vom deutschen Epiker WOLFRAM VON ESCHENBACH benannte Grals-Burg MUNSALVÆSCHE[1] wird oftmals die Burg-Ruine auf MONTSÉGUR in den französischen Pyrenäen benannt[2] .

[1] *Wolfram v. Eschenbach: Parzival. Berlin 1965. Vers 793,29.*
[2] *Godwin, Malcom: Der heilige Gral. Ursprung, Geheimnis u. Deutung einer Legende. Augsburg 1996, S.159.*

■ Andere Sachbuch-Autoren votieren für die BURG WILDENBERG im deutschen Odenwald oder das BERGKLOSTER SAN JUAN DE LA PEÑA in den spanischen Pyrenäen.
■ Besonders rührig waren unsere britischen Konkurrenten, wenn ich höre von ST. MICHAELS MOUNT in CORNWALL, BAMBURGH CASTLE in NORTHUMBERLAND, WINCHESTER CASTLE in SÜD-ENGLAND und CADBURY CASTLE in LLANGOLLEN in NORD-WALES am Fluss DEE – das sind alles nette Konkurrenten, aber doch keine Feindbilder."

JEREMY NATOT, Professor ... *amüsiert*:
„Haben Sie ein besseres Angebot?"

REV. PATRICK SAINT-CLOUDE:
„Unser GLASTONBURY! – Es gilt als der heiligste Ort auf dieser britischen Insel. Gestatten Sie mir, dass ich die fünf Mosaiksteine zusammentrage."

MARK BRIDE, Moderator ... *verwundert*: „Fünf Steine?"

REV. PATRICK SAINT-CLOUDE:
„Fünf Mosaik-Steine! Oder besser: fünf Wurzeln, nämlich:

➊ die Keltische Wurzel: Mythos und Magie:

Bereits in KELTISCHER ZEIT vermuteten die Menschen hier auf dem Berge TOR so etwas wie DAS VERLORENE PARADIES: So bildete sich der Mythos von einem SEGENSREICHEN FÜLLHORN,[3] aus dem jedermann gespeist werde – ein Motiv, das später zum 6.Jh. in der Merlin-Legende als MAGISCHE SCHALE mit ‚jedweder Speise' wieder auftauchte.[4] Dieses Motiv deckte sich mit dem Topos von der VASE TRÈS PRÉCIEUX, das heißt einem sehr kostbaren Gefäß, das seit dem 2.Jh. in der Bretagne für sakrale Kulte in Gebrauch gewesen war.[5] Sie ahnen es sicherlich schon: Das Ur-Bild des GRALSKELCHES wurde hier geboren."

JEREMY NATOT, Professor ... *etwas ungehalten*:
„Pardon, aber ich kann keine Verbindung zum Thema TEMPLER UND GRAL erkennen."

HUMPHREY HUNT, PEN Center: „Aber eine tolle Story, bitte mehr davon!"

3 *Godwin, a.a.O., S.17.*
4 *Godwin, ebd. S.52.*
5 *Rigaud, Louis: Naissance du Graal en Angleterre. In: Lumière du Graal. Études et textes. Genève 1977, S.87.*

REV. PATRICK SAINT-CLOUDE: „Gerne:

❷ die Orientalische Wurzel: Apokryphe Legenden:

Eine geradezu dramatische Verstärkung fanden diese hiesigen Vorstellungen durch die vom Orient einfließenden JOSEPH-LEGENDEN. Dabei handelte es sich um den in allen vier Evangelien bezeugten[6] JOSEPH VON ARIMATHIA, der gemäß dem apokryphen Nikodemus-Evangelium[7] nach dem Verschwinden des Corpus Christi von der jüdischen Gemeinde Jerusalems in Haft genommen worden sein soll."

MARK BRIDE, Moderator:
„Wann gelangten diese Orient-Legenden nach Europa?"

REV. PATRICK SAINT-CLOUDE:
„Nach den Evangelien des 1.Jh. erschien im 2.Jh. die apokryphe Nikodemus-Geschichte über die Haft des JOSEPH, zumal der Zustrom des Christentums in BRITANNIEN nach Angaben des KIRCHENVATERS TERTULLIAN schon im 2.Jh. erfolgt sein muss".[8]

MARK BRIDE, Moderator:
„Sir, wie kommt hier der GRAL ALS CHRISTLICHER KELCH ins Spiel?"

REV. PATRICK SAINT-CLOUDE: „Also gut, der Kelch:

❸ die Eucharistische Wurzel: Christliche Sakralisierung:

Den GRAL verdanken wir dem anglo-normannischen Erzähler ROBERT DE BORON: In seinem altfranzösisch verfassten ROMAN DU SAINT GRAAL entwickelte er aus dem apokryphen Nikodemus-Evangelium den Mythos vom Abendmahlskelch, in dem am biblischen Karfreitag einige Tropfen Blut von JESUS aufgenommen worden sein sollen. Dieses somit heiligste Relikt ließ er nunmehr unter dem Namen GRAAL[9] in das LAND GEGEN WESTEN ... IN DIE TÄLER VON AVALON[10] gelangen, damit die neue Gemeinde dort das PARADIES erleben könne.[11] Die Geschichte geht noch weiter: Dieser JOSEPH VON

6 *Mt 27,57-60; Mk 15,43-46; Lk 23,50-54; Jo 19,28-42.*

7 *Nikodemus-Evangelium. In: Die verbotenen Evangelien. Apokryphe Schriften. Hg.v. Ceming, Katharina / Werlitz, Jürgen. Wiesbaden 2004. S.162-201.*

8 *Apologetischer Traktat „Adversus Judaeos".*

9 *Boron, Robert de: Geschichte des Heiligen Gral. Aus dem Altfranzösischen übers. v. K.Sandkühler. Stuttgart 1964, S.61.*

10 *Boron, ebd. S.74.*

11 *Ebd., S.75.*

ARIMATHIA erreichte demnach AVALON, also GLASTONBURY, und vergrub den mitgebrachten GRAL am Fuße des hier vor uns liegenden Berges TOR – "

HUMPHREY HUNT, PEN Center:
„Warum das denn?"

REV. PATRICK SAINT-CLOUDE:
„Er tat dies zum Schutz des GRALS vor möglichen Nachstellungen durch pharisäische JUDEN – seien sie nun in JERUSALEM oder in der EUROPÄISCHEN DIASPORA – und ferner im Misstrauen gegenüber den heidnischen Gott-Kaisern des römischen Reiches, das damals immerhin auch in ENGLAND seine Autorität noch ausübte. Der GRAL musste geschützt werden." ... *Ich hatte in Paris einen weiteren Ansatz gefunden und warf ihn jetzt in die Diskussion:*

FABIAN JASPERS, Assistent: „Da ist noch ein Aspekt:

❹ die Esoterische Wurzel: Universaler Missionismus:

Der englische GRAL war nicht nur ein örtliches Relikt, sondern von ihm wurde auch eine universelle Mission erwartet, nämlich – ich zitiere: ‚libérer l'Angleterre et le monde entier'[12] – also England und die ganze Welt zu befreien, was immer das auch heißen mochte."

HUMPHREY HUNT, PEN Center:
„Das wäre ja in der Tat eine universelle Geschichte ..."

REV. PATRICK SAINT-CLOUDE ... *triumphierend:*
„Mehr noch: Auch **Erden-Welt** und **Über-Welt** wurden beteiligt:

① das CHRISTENTUM erlebt im GRAL einen HIMMLISCHEN KELCH, der das Blut Jesu aufnahm und so zur aktuellen Verbundenheit mit dem GÖTTLICHEN dient,[13]

② der ISLAM erkennt in den Speisen aus dem GRAL den HIMMLISCHEN TISCH, den ALLAH im Koran den Gott-Gläubigen zur Erde herab sendet,[14]

③ im JUDENTUM korrespondiert mit dem GRAL die kabbalistische SHEKHINAH, welche die mystische Gegenwart des generell unsichtbaren GÖTTLICHEN symbolisiert[15]."

[12] *Evola, Julius: Le Mystère du Graal et l'idée impériale gibeline. Paris 1985, S.85.*
[13] *Burdach, Konrad: Der Gral. Forschungen über seinen Ursprung. Darmstadt 1974, S.128.*
[14] *Koran, 5.Sure, Vs.113-116.*
[15] *Ponsoye, Pierre: L'Islam et le Graal. Étude sur l'ésotérisme du Parzival de Wolfram von Eschenbach. Milano 1976, 139.*

JEREMY NATOT, Professor:

„Sorry, aber es dürfte sich hier doch weitgehend um arabeske Legenden-Bildungen handeln, die an JOSEPH VON ARIMATHIA festgemacht werden – ein Historiker kann damit wenig anfangen."

REV. PATRICK SAINT-CLOUDE:

„Diese Einwände sind uns bekannt, Sir, aber sie schmerzen uns nicht, denn wir können uns auf RABANUS MAURUS berufen, den großen Gelehrten am Hofe KARLS DES GROSSEN und späteren ERZBISCHOF VON MAINZ, der um 830 tatsächlich die Route des JOSEPH VON ARIMATHIA über ROM und MARSEILLES bis nach BRITANNIEN rekonstruiert hat. Übrigens: Das Original dieser Dokumentation befindet sich heute nicht weit von hier in der Bibliothek der UNIVERSITÄT VON OXFORD.[16]
Kein Zweifel: JOSEPH VON ARIMATHIA kam mit dem GRAL nach GLASTONBURY, wo er gleich nebenan die erste Kirche der Welt erbauen ließ und wo sich sein Wanderstab aus dem Holze eines orientalische Dornbusches – als er ihn in die Erde steckte – in einen blühenden Baum verwandelt haben soll. Noch heute blühen diese HEILIGEN DORNBÜSCHE bis zum 5. Januar eines jeden Jahres in GLASTONBURY, und blühende Zweige dieser Büsche werden stets zu Weihnachten der Königsfamilie in London übersandt."

MARK BRIDE, Moderator:

Wo aber ist denn nun der eigentlich ‚templerische Hintergrund' bei diesem phantastischen GRALS-BERG hier vor unserem Hause?"

REV. PATRICK SAINT-CLOUDE:

„Genau diesem Punkt nähern wir uns jetzt!

❺ die Biblische Wurzel: die Gralstempel-Mission:

Ein wesentliches Indiz war die **Weiß-Rot-Färbung** der Quellen seit der Eingrabung des GRALS im Berg TOR: Am Fuße des Bergs, wo der GRAL vergraben wurde, entfaltete sich der CHALICE WELL, das heißt übersetzt der KELCH-QUELL, eine Quelle mit **rotem Wasser**, das bis heute aus der Erde fließt[17] und als ein Indiz für das Blut Jesu gesehen wurde. Nicht weit davon, etwas höher gelegen, befindet sich der WHITE SPRING, die **Weiße Quelle**, die – ebenfalls

[16] *Life of Mary Magdalene. MS. Laud 108. Bodleian Library of Oxford University.*

[17] *Zugang: The Chalice Well, 85-89 Chilkwell Street, Glastonbury, Somerset BA6 8DD.*

bis heute aktiv[18] – mit den Schweißtropfen von Jesus assoziiert wird. Damit entstand eine doppelte Zuordnung:

- einmal für JESUS, denn der Kirchenvater Ambrosius sagte:[19] ‚Jesus rubicundus et candidus est', **Jesus ist rot und weiß**;
- einmal für die TEMPLER, denn sie trugen das **rote Kreuz** auf **weißem Mantel**.

Sehr früh haben damals die Pilgerströme nach Glastonbury eingesetzt, um JESUS und seinen TEMPEL-RITTERN nahe zu sein.
Eine weitere, noch deutlichere Anspielung auf die Templer ergab sich aus der altfranzösischen Perlesvaus-Dichtung, die etwa um 1230 anonym erschien. Hiernach gelangte der GRAL auf eine mythische Insel, wo der Held Perlesvaus von 33 Rittern in WEISSEN GEWÄNDERN mit ROTEM KREUZ auf der Brust empfangen wurde und von wo er später von einem Schiff mit einem roten Kreuz auf weißem Segel abgeholt werden wird. Da auch das mythische Avalon ursprünglich eine Insel war, springt die poetische Zuordnung von Tempel-Rittern und Glastonbury auch hier ins Auge."

JEREMY NATOT, Professor ... *sarkastisch*:
„Poetische Zuordnung! – Sie sagen es. Wir bewegen uns hier in einem poetischen Gefilde. Aber schlimmer noch: Die unterschiedlichen Färbungen der beiden Quellwassersorten kann auf unterschiedliche Erdschichten, nämlich eisen- und kalkhaltige Bodenlagen zurückgehen, wie ich gestern Abend noch in einem Hotel-Prospekt lesen konnte. Und das ist nicht Poesie, sondern Chemie".[20]

REV. PATRICK SAINT-CLOUDE:
„Poesie schwingt immer mit, mein Herr, und sie ist es, die neue Wirklichkeiten erschafft: Die Ritter von Artus' Tafelrunde haben hier den GRAL gesucht, und so ist es kein Wunder, dass die Benediktiner-Mönche der hiesigen Abtei 1184 die irdischen Überreste von König Arthur und seiner Frau Guinevere hier im Untergrund entdeckten,[21] ferner ein bleiernes Kreuz mit der Inschrift: ‚Hic iacet sepultus inclitus rex Arturius in insula Avalonia',

[18] *Zugang: The White Spring, Well House Lane, Glastonbury, Somerset BA6 8BL.*
[19] *Nach dem Hohenlied 5,10.*
[20] *Mann, Nicholas T./Glasson, Philippa: The Red and White Springs of Avalon. A Guide to the Healing Waters of Glastonbury. Watchet/Somerset 2010, S.22.*
[21] *Matthews, a.a.O., S.61.*

also: ‚Hier liegt der berühmte König Artus auf der Insel Avalon begraben'. Die Umbettung in eine neue Gruft ist zwar 1278 anlässlich eines Besuches von König Edward I. erfolgt, leider sind die königlichen Relikte in der späteren Reformation verloren gegangen."

HUMPHREY HUNT, PEN Center ... *leicht resignativ*:

„Das alles ist ja doch sehr verwirrend: Hat man diesen GRALS-BERG nicht mal mit moderner Technik durchleuchtet? Also Boden-Radar? Erd-Magnetismus? Metall-Detektoren? Auch die Lage des GRALS müsste sich ja messtechnisch bestimmen lassen, oder?"

REV. PATRICK SAINT-CLOUDE:

„Der Legende nach hat sich damals ‚dreißig Mönchen' während einer Kantate in der alten Abteikirche eine Wandöffnung gezeigt, der sie behände folgten und seitdem im Berg verschwunden blieben. Nur drei von ihnen ist später die Rückkehr gelungen, aber sie waren verwirrt, verrückt, verloren.
Seitdem wachen wir Hüter des Holy Grail Temple täglich darüber, dass Wünschelrutengänger, Schatzsucher oder New Age Alchemisten unseren Berg nicht unberufen durchlöchern. Sicher ist, dass es Hohlräume gibt."

HUMPHREY HUNT, PEN Center ... *verwirrt*:

„Okay. Wo hatten denn die Templer in Glastonbury ihre Niederlassungen?"

MARK BRIDE, Moderator:

„Diese Frage reiche ich gerne an unseren Assistenten weiter, der ihr ausführlich nachgegangen ist."

... innerlich angespannt, doch mir auch der Ehre bewusst, zog ich meine in Paris angefertigte Unterlage aus der Tasche und trug vor:

FABIAN JASPERS, Assistent:

„Also, es hat etwa **25-30 Stützpunkte der Templer in England** gegeben, die eigentlich gleichmäßig auf ganz England verteilt waren. Ich nenne die wichtigsten:

Nördlich von Glastonbury: Hier hatten die Templer Stützpunkte in Bristol und standen mit einer größeren Templer-Präzeptorei namens Garway in Herefordshire.

Östlich von Glastonbury: Hier befanden sich starke Templer-Präzeptoreien, zum Beispiel Templecombe.

Weiter östlich: Das spätere Templer-Hauptquartier in London mit der bekannten Temple Church.

Mittel-England: Dort gab es bei OXFORD die bedeutsame Templer-Präzeptorei TEMPLE COWLEY mit TEMPLE ROCKLEY.

Weiter nördlich: Die große Templer-Präzeptorei TEMPLE BALSALL,

Noch nördlicher: Bei LEICESTER die Templer-Präzeptorei ROTHLEY TEMPLE.

Ost-England: Nördlich von LONDON hat es eine ganze Gruppe von Templer-Stützpunkten gegeben, nämlich die oft zitierte Präzeptorei CRESSING TEMPLE mit den Templer-Latifundien WITHAM, KELVEDON und RIVENHALL.

Weiter nördlich: Dort gelangte man zur Templer-Abtei DENNY bei CAMBRIDGE.

Noch weiter nördlich: Bei LINCOLN zur küstennahen Station TEMPLE BRUER.

Das heißt: In ganz England stößt man auf die Relikte von Templer-Präzeptoreien und den ihnen unterstellten Terrains, die landwirtschaftlich genutzt wurden, aber in SOMERSET und vor allem in GLASTONBURY sind keine Spuren des alten Templer-Ordens nachweisbar. Sorry, aber es ist so – **keine Templer in Glastonbury!**"

... die Diskussionsteilnehmer blickten gespannt zu mir herüber und zollten hörbar Beifall für diese Übersicht.

MARK BRIDE, Moderator: „Danke, fleißige Detailarbeit. ... *mit Wendung zum Reverend*: Father Patrick, sind Sie mit diesem Bericht einverstanden?"

REV. PATRICK SAINT-CLOUDE ... *hoch erfreut*:

„Völlig korrekt: Die ENGLISCHEN TEMPLER, unsere Brüder, konnten sich überall systematisch ausbreiten, weil sie etwa ab 1150 vom König oder von reichen Landbesitzern Boden geschenkt bekamen. Beispielsweise östlich von uns die Präzeptorei COMBE TEMPLARIUM, heute der Ort TEMPLECOMBE, wurde 1185 Ordensgebiet, weil der private Landbesitzer SERLO FITZ ODO den Templern ein gutes Stück Land überschrieb.[22]

Anders in GLASTONBURY: Der einzige Landbesitzer war hier die BENEDIKTINER-ABTEI, und die hielt an ihrem Besitz und ihrer damaligen Wächterrolle über den GRAL eisern fest, bis auch sie von der Auflösung durch die Reformation im 16.Jh. überrascht worden ist."

[22] *[Templecombe:] ‚House of Knights Templar: The preceptory of Templecombe'. In: A History of the County of Somerset: Volume 2 (1911), pp. 146-147. (Internet: www.british-history.ac.uk).*

JEREMY NATOT, Professor:
„Also, wie schon vermutet – **Keine Templer in Glastonbury**: Die örtlichen Legenden sind also Ausdruck romantischer Heimat-Poesie?"

REV. PATRICK SAINT-CLOUDE:
„JA und NEIN: Die weltlichen Ordenstempler mit ihren 25-30 Domänen in ENGLAND hatten einen militärischen Auftrag, nämlich die Pilgerwege nach dem irdischen JERUSALEM zu sichern und dazu wehrfähige Ritter, Materialien und Kapital zu sammeln. Ihr Ziel war stets das orientalische JERUSALEM. Hingegen kam das Wort GRAL bei den historischen Templern überhaupt nicht vor – in keinem Dokument, in keinem Ritual."

JEREMY NATOT, Professor:
„Korrekt, das stimmt. Es ist kein historisches Wort."

HUMPHREY HUNT, PEN Center:
„Und wo bleibt das JA?"

REV. PATRICK SAINT-CLOUDE:
„Das JA bezieht sich auf die andere Art von Ritterschaft, nämlich auf die Ritterschaft vom HEILIGEN GRALSTEMPEL. Diese Bruderschaft hatte einen spirituellen Auftrag, nämlich die Pilgerwege nach dem HIMMLISCHEN JERUSALEM zu erforschen und zu schützen. Ihr Ziel war und ist das NEUE JERUSALEM, das bereits kluge DRUIDEN DER VORZEIT und geläuterte PILGER DES MITTELALTERS hier erwarteten, hier, wo ein jüdischen Ratsherr – in persönlicher Abkehr vom orientalischen JERUSALEM – den GRAL hier vergrub."

MARK BRIDE, Moderator:
„Zugegeben – das wäre eine ganz neue Sichtweise ... Gibt es dafür greifbare Anhaltspunkte?"

REV. PATRICK SAINT-CLOUDE:
„Ja, gibt es, und zwar im Sprach-Profil eines Dichters: Die häufige Zuordnung von GRAL und TEMPLERN folgt einer weitverbreiteten Anlehnung an die um 1210 entstandenen PARZIVAL-DICHTUNG des WOLFRAM VON ESCHENBACH: WOLFRAM nannte seine ritterlichen Hüter des GRALS TEMPLEISEN, was alle Welt verführte, dabei an den historischen Templer-Orden zu denken.
Doch das ist falsch, denn das Wort TEMPLEISEN bezieht sich nicht auf den exoterischen Templer-Orden, der auch bei WOLFRAM niemals genannt wird, sondern auf den esoterischen Tempel in seiner poetischen Gralsburg:
Die von ihm benutzte mittelhochdeutsche Formulierung

tempel vür den grâl[23]

bestätigt den spirituellen Rahmen, wonach sich auf seiner fiktiven Burg ein interner **Tempel vor dem Gral** befand. Wenige Interpreten werden diesem spirituellen Gedanken gerecht."

FABIAN JASPERS, Assistent:

„Ich kann das bestätigen: Ein französischer Gralsforscher betonte, dass Wolframs Templeisen weder Templer noch Katharer waren, sondern Hüter des Temple intérieur de la Connaissance éternelle[24], also eines inneren Tempels des ewigen Wissens. Ähnlich meinte ein englischer Autor: In der Parzival-Dichtung gelangen wir von der weltlichen Ritter-Welt in eine transzendentale Gedanken-Welt".[25]

REV. PATRICK SAINT-CLOUDE ... *begeistert:*

„Interieur, Spirituell, Transzendental – das sind Code-Wörter, in denen ich unsere Gralsritterschaft wiedererkenne: Wir behüten diesen Berg TOR, seine Quellen, seine unberührte Gestalt vor Missbrauch, vor Zugriffen der Gesellschaft, vor heimlichen Schatzgräbern. Damit bewahren wir auch die dynamische Kraft des hier verborgenen GRALS, von der Ihr Assistent anfangs einmal gesprochen hatte."

HUMPHREY HUNT, PEN Center:

„Es gibt Ihren Tempel also nicht wirklich?"

REV. PATRICK SAINT-CLOUDE:

„Doch, es gibt ihn, aber er ist – wie die Dichter sagen – für Uneingeweihte unsichtbar. Der HEILIGE GRALSTEMPEL steht unsichtbar über diesem Gralsberg da draußen und wird eines Tages über ihm in herrlichster Sichtbarkeit erscheinen. Einheimische Esoteriker sprechen hier vor Ort vom EARTH TEMPLE, vom STAR TEMPLE oder gar vom TEMPLE OF THE COSMOS[26]. Das tun wir nicht. Seit den Pilgerströmen des Mittelalters wissen wir von dem spirituellen HOLY GRAIL TEMPLE, der eines Tages hier vor uns draußen erscheinen wird."

JEREMY NATOT, Professor ... *skeptisch, fast sprachlos:*

„Wann soll das sein? Und wo?"

[23] *Wolfram: Parzival, a.a.O., Vs.816,9.*
[24] *Rivière, Patrick: Sur le sentiers du Graal. Paris 1984, S.127.*
[25] *Godwin, a.a.O., S.138.*
[26] *Mann, Nicholas R. / Glasson, Philippa: The Star Temple of Avalon. Glastonbury's Ancient Observatory Revealed. Wells/Somerset 2007, S.1 ff.*

REV. PATRICK SAINT-CLOUDE ... *er schlägt das vor ihm liegende Buch auf:*
„Das steht in der Bibel, mein Herr. Ich zitiere:

Am Ende der irdischen Geschichte werden jeder Berg und jede Insel von ihren Plätzen weggerückt. Apc 6,14

Also wird auch der Berg Moria im orientalischen Jerusalem verschwinden. Und dann nähert sich der Engel dem Apokalyptiker Johannes ... *er zitiert aus dem Buch:*

Und er entrückte mich im Geiste auf einen großen und hohen Berg und zeigte mir die heilige Stadt Jerusalem, die aus dem Himmel von Gott herabstieg. Apc 21,10

JEREMY NATOT, Professor ... *fassungslos:*
„Und dieser Berg soll hier sein?"
REV. PATRICK SAINT-CLOUDE ... *er blättert in den Seiten:*
„Eindeutig JA. Der große Visionär Johannes nennt nicht Berge, die er damals schon kannte, also etwa Moria, Tabor, Nebo oder Sinai. Er spricht von einem great, high mountain oder lateinisch montem magnum et altum. Und exakt an diesem Berg hat nun einmal Joseph von Arimathia den HEILIGEN GRAL deponiert, und deswegen wird dieser Berg hier von uns allen verehrt. Und wir bewahren hier den GRAL – für uns alle. So mote it be. Amen."
... der Reverend hatte die Bibel abrupt zugeklappt. Er erhob sich und verbeugte sich nach beiden Seiten. Die Teilnehmer an unserer Tischreihe waren sichtlich bewegt. Mark fasste sich als erster und leitete rasch die Schlussmoderation ein:
MARK BRIDE, Moderator:
„Meine Damen und Herren, das war unsere Sendung zur spannenden Frage

„Wer hütet den Gral? – das Templer-Syndrom".

Ich danke allen Teilnehmern für ihre beherzten Beiträge, die uns viel Anlass zu weiteren Gesprächen geben werden. Bitte beehren Sie uns wieder bei einer nächsten Runde von **UFO** auf den verborgenen Spuren der Templer. Guten Abend und auf Wiedersehen." Die Kameras rollten zurück, ihre kleinen roten Lämpchen erloschen, die Aufzeichnung war beendet.
Mark eilte zum Servierwagen und labte sich an einem Getränk. Ich folgte seinem Beispiel, bald standen wir alle dort, verlegen, respektvoll, lächelnd.

Offensichtlich hatte niemand mit einer APOKALYPTISCHEN WENDE im Verlauf der Gesprächsrunde gerechnet. Am glücklichsten schien der Reverend, der seinen Auftritt sichtlich genoss.
Die Studio-Leute öffneten die Fenster und bauten – zügig wie immer – die Geräte ab. Gespannt musterte ich die Diskussionsteilnehmer:
Der Professor war unzufrieden und ging dem Reverend aus dem Weg. Dann lächelte er und sprach mich freundlich an: „Eine schöne Übersicht, die Sie da über die historischen Templer in England herausgearbeitet haben."
Jetzt näherte sich Mark, der sich inzwischen wohl etwas erholt hatte: „GLASTONBURY werde ich so schnell nicht vergessen, Fabian, Table Talk mit überraschendem Finale, aber gut vorbereitet. Thank you."
Mittlerweile verabschiedete sich der Reverend von den einzelnen Diskutanten: „Die Pflicht ruft, Termine hier, Aufgaben dort. Alles Gute und noch viel Freude in GLASTONBURY! Have a good time. **God bless you!**"
Mit einer weitschweifigen Handbewegung verschwand er, die Bibel ans Herz gedrückt. Ein glücklicher Ritter im Cordanzug. Waren solche Leute im Besitz des **Templer-Codes**?
Hunt hatte wohl Freude an den Snacks gefunden. Mit vollem Mund nickte er mir freundlich zu: „Fine Food, Fabian ... good for templars after fight."
Ich holte mir einen cup of coffee. Am Servierwagen hantierte Mark, der schon wieder kurz vor dem Aufbruch stand. Er steckte mir einen Umschlag mit dem vereinbarten Scheck zu: „Ich schwirre gleich wieder ab. Werde im BBC-Studio London erwartet. Kann ich dich irgendwohin mitnehmen?"
„Danke, Mark, aber ich habe hier noch mein Zimmer und fliege erst morgen nach Paris zurück. Ich sehe mir hier alles noch einmal an – mit neuen Augen." Beide zwinkerten wir uns zu: Lächeln, Hand Shaking, Schulterklopfen. Und weg war er.
Langsam schlenderte ich hinaus und vernahm das Geräusch meiner Schritte auf dem Kiesweg, und so wechselte ich hinüber auf den Rasen, der seit Jahrhunderten gepflegt sein mochte. Allmählich rückten die örtlichen Häuserzeilen näher, die mir irgendwie zu klein erschienen, wie wenn sie in ihrem Wachstum irgendwann einmal stehen geblieben wären. Bald erreichte ich die Straßen ... die HIGH STREET ... die BENEDICT STREET ... Oh, ja, GLASTONBURY war schon eine Little Magic City, wo die Menschen, Shop für Shop, von frommen Pilgern oder gläubigen Neo-Heiden lebten ...

Glastonbury Tor from Walton Hill © 2009 Steve Barnes

Kein Zweifel: Dies war die Stadt von Merlin dem Zauberer und von Joseph dem Gralsbringer und von Artus dem Ritterkönig ...
Nach einigen Schritten blieb ich stehen:
Langsam drehte ich mich in Richtung Glastonbury Tor, wo sich in der Ferne für alle Eingeweihten der Holy Grail Temple sichtbar erheben müsste ... War ich nun eingeweiht? ... Ganz langsam wandte ich mich nach dort hin um ... in Erwartung eines erhabenen Anblicks ... Und nachdem sich meine Augen auf die weite Distanz eingestellt hatten, erblickte ich in der dunstigen Ferne – nur die bekannten Konturen des kegelförmigen Berges im milden Schein der Novembersonne ...

DORNACH:
DIE OKKULTE 666 ODER
DIE TEMPLEISEN VOM GOETHEANUM

Was in den Templern lebte,
konnte nicht ausgerottet werden.
Geistiges Leben kann nicht
ausgerottet werden.

Rudolf Steiner

La Maison accueillante, Rue de la Gaïté, 93400 Saint Ouen
Montag, 8. November, 9.15 Uhr

Keine Frage – Der Herbst war endgültig in Europa eingezogen: Ein milchiger Montag trübte die Dächer von Paris, in den Straßen hatte sich der November breit gemacht.
Heute wollte ich meine Arbeit bei LEPARISIEN wieder aufnehmen: Ich freute mich auf die schon mehrmals aufgeschobene Begegnung mit Merve Duvall, erhoffte mir einen ihrer fruchtigen Tees, und dann wollte ich ihr endlich von meinen britischen Abenteuern berichten.
Doch es kam anders. Mein Handy meldete eine SMS – mit Eilvermerk:

- „An Kurt & Fabien: 1.Ausstrahlung der UFO-Serie ab Februar! Noch drei Aufnahme-Termine bis zum 31.12. bewilligt! Nächstes Thema 16.Nov. in Dornach (Basel): ‚Die Templeisen-Sektion vom Goetheanum'. Mark ist verhindert. Könnt ihr beide? Salut, Janice."

Wieder und wieder las ich diese Meldung: Was hatte Janice mit uns vor? Vielleicht sollte ich Merve zu dieser Thematik befragen. Oder gar Pater Anselm, der so vieles von den Templern wusste? Aber bis zum 16.November war selbst dafür zu wenig Zeit!
Doch ich wurde aus meinen Selbstzweifeln erlöst. Es war eine SMS von Kurt:

- „Guten Morgen nach Strasbourg: Der Auftrag gefällt mir. Habe neulich eine Reportage über Wiener Anthros gemacht. ORF-Titel: ‚Empedokles oder die Arbeit im Zirkel'. Alles nette Esoteriker. Fans von Kaspar Hauser. Welche Schwerpunkte sind vorzubereiten? Gruß aus Wien, Kurt."

Goetheanum? Empedokles? Anthros? – ich verstand nur Bahnhof! Sorgenvoll brütete ich folgende SMS aus:

✤ „Hallo Janice: Danke, ich mache mit, wenn Kurt moderiert. Erbitte weitere Informationen zum Thema. Und: Wer zahlt unser Honorar und die Spesen? Salut aus Paris."

Ein skeptischer Blick durch das Fenster konnte meine Stimmung auch nicht mehr heben: Die farblose Silhouette der immer noch verschlafenen Häuser in der Rue de la Gaîté hatte sich den trüben Launen des milchigen Montags ganz und gar angepasst ...

LeParisien, 25, avenue Michelet, 93408 Saint Ouen
Montag, 8. November, 10.20 Uhr

„Mon Cher, endlich sieht man dich mal wieder bei der Arbeit", wurde ich von Merve in der Redaktion augenzwinkernd begrüßt: „Nun erzähl' aber mal, und lass' nichts aus. Aus dir ist ja ein weit gereister Tempel-Ritter geworden!" Mit diesen Worten schob sie mir eine leere Tasse zu, wobei ich wieder mal ihre geschmeidigen Hände und die Eleganz ihrer Bewegungen beim Eingießen des Tees bewunderte. Ein Seidenschal mit den gedämpften Farben des Herbstes rankte wie angegossen über ihren Schultern.
„Erzähl! – Oder hat sich der junge Ritter an fremden Höfen verliebt oder verlobt?"
Stotternd begann ich zu berichten von dem neuen Terminauftrag, und wie ein ungeübter Knappe stolperte ich über die Notizen auf meinem zerknitterten Zettel: Dornach, Anthros, Empedokles, Goetheanum, – Amüsiert, fast mitleidig legte sie ihre Hand auf meinen Arm und gab mir eine kurze Einführung in die Weltvorstellungen einer Société Anthroposophique hier in Paris. Und während ich den würzigen Hibiskus-Tee schlürfte – eine ayurvedische Kräutermischung –, zauberte sie auf ihrem Monitor das Bild eines imposanten Bauwerks hervor, das schwungvolle Dynamik und außerirdische Schwermut zu vereinen schien und französisch untertitelt war:

Goethéanum, situé à Dornach, près de Bâle

© 2008 Wladyslaw (GNU-Lizenz)

„Das ist dein Goetheanum, mein Lieber, da hast du dir ja mächtig was vorgenommen."
Wie auch immer – ihr kompetenter Ton und die Handfestigkeit ihrer Auskünfte strahlten eine Sicherheit aus, die sich zunehmend auf mich übertragen hatte.
„Noch eine Tasse, Cher?"
„Danke, merci, aber ich mache mich gleich auf den Weg zur Bibliothèque Nationale. Bin froh, dass ich heute bei dir war."
„Vom Gral hast du jetzt noch immer nichts erzählt, aber ich verstehe: Du hast einen neuen großen Job!"
„Wir holen alles nach", antwortete ich beim Aufstehen.
„Bleib gesund, mon chevalier, rufe mich an, wenn du was brauchst."
Mit einem eher symbolischen Kuss auf jede Wange verabschiedeten wir uns. Von den anderen Arbeitstischen schaute kaum jemand herüber. An der Türe warf ich noch einen Blick zurück: ein scheuer Handkuss, ein letztes Augenzwinkern, ich zog wie ein Templer ins ferne, ungewisse Outre-Mer ...

Bibliothèque nationale, 13, Quai François Mauriac, 75011 Paris
Montag, 8.November, 11.49 Uhr

Unschlüssig stand ich am Ufer der Seine und blickte hinauf zu den Türmen der Bibliothek. Wo sollte ich anfangen? Am besten bei Kurt. Also fragte ich per SMS:

✤ „Liebster Kurt, erkläre mir ein paar Stichwörter: Was tun Anthros? Wer ist Empedokles? Wozu dient eine Templeisen-Sektion? Gruß, Fabian."

Prompt kam eine Antwort:

✤ „Fabian, hier die Stichwörter! Anthros: Glauben an Luzifer und Ahriman. Schwören auf Wiedergeburt. / Empedokles: Aus theosophischer Loge mutierter Anthro(posophen)-Zweig in Wien, diskutiert Vorträge von Rudolf Steiner (†1925) / Templeisen-Sektion: Elitäre Gruppe in Dornach, pflegt okkulte Templer-Theorien. Viel Erfolg! Gruß, Kurt."

Nun denn, das war immerhin ein Anfang. Sichtlich frei von okkulten Wirkkräften, sog ich tief die Novemberluft ein und betrat die Bibliothek.
Bald saß ich vor zahlreichen Büchern, und ich staunte nicht schlecht: Tatsächlich hatten die Anthroposophen den mittelalterlichen TEUFEL abgeschafft und glaubten an jemanden namens LUZIFER, einen intellektuellen Widersacher, der im 3. Jahrtausend vor Chr. auf die Erde gekommen sei, und andererseits an die materiellen Verführungen eines anderen Widersachers[1] namens AHRIMAN, der persönlich aber erst im 3. Jahrtausend nach Chr. erscheinen werde[2] – eine recht schablonenhaft anmutende VORHER-NACHHER-DÄMONOLOGIE, wie mir schien, aber ich würde ja in Dornach nachfragen können.
Nach einem Imbiss im Etagen-Bistro widmete ich mich dem nächsten Problem – der These von Wieder-Geburt bzw. Re-Inkarnation:
Auch wenn ich das mit den Templern noch nicht in Verbindung bringen konnte: Was bedeutete Re↘Inkarnation konkret? Gab es denn überhaupt Wieder↘Geburten auf der Erde? Und wie sollte das funktionieren? Kurt beim ORF wollte ich nicht schon wieder belästigen. Und vom Empedokles-Zweig aus Wien war auch niemand im Lesesaal. Und vor allem: **Was hatten Templer damit zu tun?**
Mühsam arbeitete ich mich durch die anthroposophischen Bücher hindurch und stieß tatsächlich auf sogenannte **Ketten von je „vier Inkarnationen ei-**

1 *In der anthroposophischen Esoterik nehmen diese geistigen ‚Widersachermächte' Einfluss auf die esoterischen Körperhüllen (Astralleib bzw. Ätherleib) des Menschen und prägen damit seine individuelle Geschichte (Miers, Horst E.: Lexikon d. Geheimwissens. München 1993. S.33f. u. S.390).*

2 *Steiner, Rudolf: The Incarnation of Ahriman. The Embodiment of Evil on Earth. London 2009, S.17f. (Vortrag v. 27.Okt.1919 in Zürich). Ebenso Linde, Frank: Die Impulse d. Bösen am Jahrtausendende. Flensburg 1998 (Flensburger Hefte Bd.60), S.137.*

ner Individualität", also auf das Schicksal von Menschenseelen, die angeblich „durch die verschiedenen Erdenleben hindurch" gegangen waren.[3] Verwundert schrieb ich einige solcher Vierer-Ketten heraus:

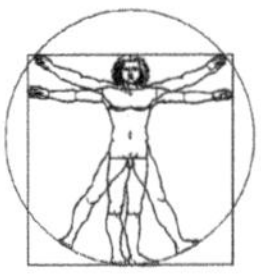

NR.1: **Kosmos** ↘ **Erde** $A_1 \rightarrow B_1 \rightarrow C_1 \rightarrow D_1$:

In Worten hatte STEINER dazu 1910 ausgeführt: Ein Individuum mit „**keltischer Geheimschulung (= A)**" sei "in der griechischen Kultur als ein **Schüler der Orphischen Mysterien (= B)**" re↘ inkarniert, dann „als Philosophin **Hypatia (= C)**" wieder↘ geboren worden (†415 n.Chr.) und schließlich als „Scholastiker **Albertus Magnus (= D)** im 13.Jh." re↘ inkarniert.[4]

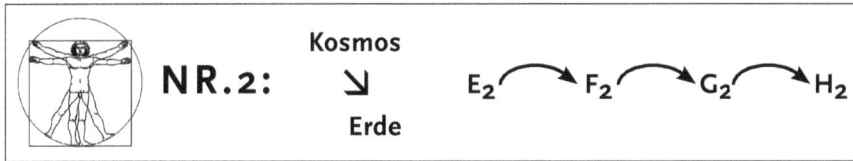

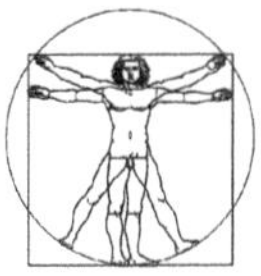

NR.2: **Kosmos** ↘ **Erde** $E_2 \rightarrow F_2 \rightarrow G_2 \rightarrow H_2$:

Noch erstaunlicher war mir die biblisch-romantische Inkarnationskette von **Elias (= E)** aus dem Alten Testament über **Johannes dem Täufer (= F)** im Neuen Testament zu dem italienischen Renaissance-Maler **Raphael (= G)** bis hin zur Wieder↘ Geburt als früh-romantischer Dichter **Novalis (= H)**.[5]

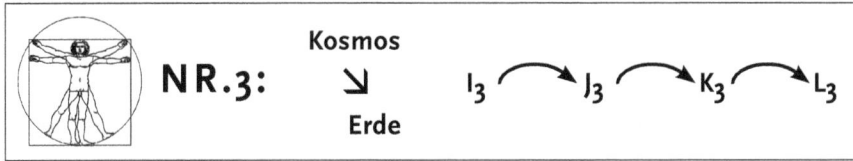

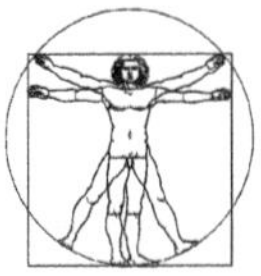

NR.3: **Kosmos** ↘ **Erde** $I_3 \rightarrow J_3 \rightarrow K_3 \rightarrow L_3$:

Meine Verwirrung wurde grenzenlos bei STEINERS Versuch, den alt-orientalischen **Hiram (= I)** aus der Freimaurer-Legende wieder↘ geburtlich nach **Lazarus (= J)** zu überführen, diesen wiederum bei dem Täufer **Johannes (= K)** anzusiedeln, um ihn schließlich in **Christian Rosenkreutz (= L)** wieder aufle-

3 *Hammacher, Wilfried: Die Uraufführung der Mysteriendramen von und durch Rudolf Steiner. München 1910-13. Dornach 2010, S.625.*

4 *Ebd., S.233 . Vorträge v. 27. & 29.12.1910. Titel: „Okkulte Geschichte" (= Steiner-GA 126).*

5 *Ebd., S.625. Vortrag v. 30.08.1912 (= Steiner-GA 138).*

ben zu lassen, jener legendären Figur der mysteriösen **Rosenkreuzer**.[6] Unfassbar! Ich traute meinen Augen nicht mehr! Unauffällig hob ich meinen Kopf und schaute mich vorsichtig um. War ich nun ein Eingeweihter? Oder einfach nur ein bisschen verrückt? Oder besaß ich jetzt einen Vorteil gegenüber den sterblichen Lesern hier im Saal?
Und was wussten diese Anthros von den **Templern**? Erschöpft klappte ich die Bücher zusammen und strebte nach draußen:
Es war kühl geworden. Ich tauchte meine Hände in den Fluss und benetzte mein Gesicht. Keine Wellen, kein Wind ... nur ein paar Vögel vom letzten Sommer ... und etwas Herbstlaub auf den Kieseln ...

La Maison accueillante, Rue de la Gaïté, 93400 Saint Ouen
Dienstag, 9. November, 11.14 Uhr

Heute Morgen saß ich an meinem Laptop und sammelte wichtige Ergänzungen für meine Assistenz in Dornach, als mich eine ausführliche SMS aus Strasbourg überraschte:

✤ „Bonjour Kurt et Fabian, hier eure Koordinaten: Anreise 14.11. nach Basel / Unterkunft: Kloster Dornach gebucht / Montag: Besichtigung Goetheanum / Dienstag 11h00: UFO No.6 im Kloster: »Die okkulte 666 und die Templer vom Goetheanum«. Kontakt: Dipl.-Herbologe Theophil B.Aldrian/ Mr. Hunt-PEN & Prof. Natot sind eingeladen / Rückflug: 17.11./ Viel Erfolg. Salut Janice.“

Okay, die irdischen Dinge wären also geregelt. Aber was hatte es nun auf einmal mit dieser **Zahl 666** auf sich? Aus dem Internet rief ich zahlreiche Literaturhinweise ab, und nach einer hausgemachten Stärkung war ich schon wieder unterwegs zu den vertrauten Etagen der BIBLIOTHÈQUE FR. MITTERAND.

Bibliothèque nationale, 13, Quai François Mauriac, 75011 Paris
Dienstag, 9. November, 14.35 Uhr

Heute sollte es biblisch werden: Die **Zahl 666** führte mich zu der APOKALYPSE DES JOHANNES, die vom Ende der Welt handeln soll. Dort gibt es ein bösarti-

[6] *Ebd., S.628.*

ges Tier, das ‚aus der Erde' aufsteigt und dessen Name eine Zahl sei. Es heißt in der Offenbarung:

Es ist die Zahl eines Menschen. Und seine Zahl ist 666 Apk 13,18

War diese Geheimzahl der gesuchte **Code der Templer**?
Ich forschte bei den Exegeten der Bibel. Die Mehrzahl von ihnen prognostizierte eine Identifikation der **666** mit NERO, dem bösartigen Kaiser des damaligen Rom. Denn wenn man für die griechische Bezeichnung von NERON KAISAR, also für Νερων Καισαρ, den hebräischen Wortlaut wählte, also **Nrwn Qsr**, und dafür dann – von rechts nach links – die hebräischen Buchstaben einsetzte, so ergab sich eine für Theologen relevante Folge von Zeichen und Ziffern:

	ר	ס	ק	ן	ו	ר	נ
	Resch	**Samech**	**Qof**	**Nun**	**Waw**	**Resch**	**Nun**
666 ←	+ 200	+ 60	+ 100	+ 50	+ 6	+ 200	+ 50

Die Summe betrug tatsächlich Σ = **666**[7] – mit der Geheimzahl hatte der Apokalyptiker also den grausamen Kaiser NERO gemeint, den Schlächter von PETRUS UND PAULUS, den Verfolger der FRÜHEN CHRISTEN.
Okay, dachte ich, der antike Nero! Aber wo war der Bezug zu den Templern des Mittelalters?
Die Eingabe von **Nero** und **Templer** in die Suchmaschinen führte dann zu einer verblüffenden Entdeckung – Die ANTHROS machten nämlich eine ganz andere Rechnung auf:

1. Das bösartige Tier aus der **Erde** (= biblische Apokalypse) sei eher ein bösartiger Dämon aus der **Sonne** (= R. Steiner).
2. Die **666** folge eher einer anderen Quer-Summe, nämlich:

	ת	ר	ו	ס
	Thav	**Resch**	**Wav**	**Samech**
666 ←	+ 400	+ 200	+ 6	+ 60

was zwar wieder zu Σ = **666** führte, aber – korrekt von rechts nach links gelesen – Sorat ergab, den in der Esoterik gehandelten Namen eines Sonnen-Dämons.[8]

3. Im christlichen Jahres-Kalender habe die Zahl **666** und ein Mehrfaches von ihr eine **bösartige** Bedeutung. Deshalb sei der Templer-Orden unter

[7] *Werlitz, Jürgen: Das Geheimnis d. heiligen Zahlen. Ein Schlüssel zu den Rätseln d. Bibel. München/Wiesbaden 2003, S.191-199.*

[8] *Linde, Frank: Die Impulse d. Bösen am Jahrtausendende. Flensburg 1998 (Flensburger Hefte Bd.60), S.69.*

Wirkung dieser Zahl – nämlich 2 x 666 = **1332 n.Chr.** – zugrundegegangen.[9] Verstehen konnte ich auch das nicht, zumal die Templer schon 1307 verfolgt worden sind. Oder sollte ich die ältere Bibliothekarin mit ihrer streng gestylten Brille nach SORAT fragen? Besser nicht. Vielleicht war sie gar eine Komplizin von diesem okkulten SORAT? Oder den Anthros?
Von all dem machte ich Kopien, packte die kuriosen Materialien zusammen – für einen neuen Studienanlauf zu Hause, vielleicht am Wochenende ...

Bibliothèque nationale, 13, Quai François Mauriac, 75011 Paris
Mittwoch, 10. November, 10.15 Uhr

Ein neuer Tag.
Heute wollte ich meine Vorbereitungen beenden und fragte mich: Mit welchem Verständnis von ‚Wissenschaft' hatten wir nächste Woche bei der **Templeisen-Sektion** in DORNACH zu rechnen?
Bei STEINER las ich:

Rudolf Steiner 1909 · *Vortrag*:
„Und all der Inhalt der **Geistes-Wissenschaft** ... ist im wesentlichen Inhalt der **Mysterien-Weisheit**. Wer seine Seele in geeigneter Weise schult, um in höheren Welten Beobachtungen zu machen, der ist ein Eingeweihter."[10]
→ **Frage:** Wissenschaft durch mysterienhafte Initiation?

... und ebenso 100 Jahre später im Wortlaut eines Anhängers ...

Peter Tradowsky 2008 · *Ansprache*:
Steiner hatte gesagt: „die Geheim-Wissenschaft, die Geistes-Wissenschaft, die Grals-Wissenschaft, die Anthroposophie, das ist eigentlich dasselbe."[11]
→ **Frage:** Wissenschaft durch skurrile Komplexion?

Worin begründete dieser esoterische Schriftsteller seinen Anspruch auf den angeblichen Besitz eines persönlichen Zugangs zur **geistigen Überwelt**?

[9] *Steiner, Rudolf: 8.Priester-Vortrag vom 12.09.1924 in Dornach (GA 346, S.114-125) [Freies Online-Nachlass-Archiv: fvn-rs].*

[10] *Steiner, R.: Die europäischen Mysterien u. ihre Eingeweihten. Berlin, 6. Mai 1909 (= Rudolf-Steiner-Online-Archiv , 4. Auflage 2010, S.2).*

[11] *Tradowsky, Peter: Rudolf Steiner als Gralswissenschaftler. Berlin 2008, S.1.*

Es war spät geworden, aber schließlich wurde ich auch in dieser Hinsicht fündig:
In einer über 500 Seiten starken Biographie hob der Verfasser immer wieder STEINERS lebenslänglichen Konflikt mit der philosophischen Kritik des großen Philosophen IMMANUEL KANT hervor. Nach KANT erleben wir nur die **Welt für uns**, aber niemals das **Ding an sich**: das ‚Wesen der Gegenstände' bleibt uns verborgen. Diese wiederholten Auseinandersetzungen mit Kant[12] führten den Biographen ZANDER zu der Feststellung:

> „Man kann STEINERS Biografie als einen lebenslangen Versuch lesen, die von KANT in die Wege geleitete Vertreibung aus dem Paradies eines unmittelbaren Zugangs zur Welt wieder rückgängig zu machen."[13]

Weiter las ich bei dem Biographen: Überwunden hat STEINER die weltweite Anerkennung seines Antipoden nie, weshalb er für den großen Philosophen KANT eine **Straf-Inkarnation**[14] vorgesehen hatte, nämlich in einer für STEINER ‚degenerierten Rasse zu re➘inkarnieren'[15]: als ‚Neger'[16]. Wie gut, dass KANT kein Templer war!
Jetzt hatte ich genug gelesen! Ich legte meine Notizen und Kopien zusammen, räumte meinen Arbeitsplatz und fuhr mit dem Lift nach unten. Morgen würde ich Kurt kontaktieren.

Agence France Presse, 11, Place de la Bourse, 75002 Paris
Donnerstag, 11. November, 11.05 Uhr

Im Pressehaus von Agence France Presse prüfte ich den dort hinterlegten Umschlag und war zufrieden: Flugticket Paris-Basel hin und zurück. Ferner ein großzügiger Honorarscheck, den ich gleich meinem Bank-Konto gutschreiben lassen wollte.
Ich setzte mich ins Bistro der Agentur, wo ich während einer Tasse Kaffee eine SMS an Kurt auf den Weg brachte:

[12] *Zander, Helmut: Rudolf Steiner. Die Biografie. München/Zürich 2011, S.22, 37, 84, 151 u. 186.*
[13] *Ebd., S.22.*
[14] *Ebd., S.186.*
[15] *Ebd., S.22.*
[16] *Ebd., S.22 (Rudolf-Steiner-GA 126, S.35).*

✣ „Hallo Kurt, Vorbereitungen für UFO No.6 abgeschlossen.– Welche Erfahrungen hast du mit Anthros gemacht? Kennst du ihren Templer-Code 666? Am 14.11. warte ich auf dich im Airport-Restaurant.
Gruß Fabian."

Dann verrührte ich die Milch in meiner Tasse und wartete und wartete. Bei der zweiten Tasse endlich traf die erwartete Antwort aus WIEN ein:

✣ „Hallo Fabian, Anthros nennen ihre Welt-Anschauung : Welt-Durchschauung ;-) / 666 ist ihr Welt-Code, funktioniert aber nicht / Treff im Restaurant: ok. Gruß, Kurt."

Langsam leerte ich meine Tasse und entschied, mir ein, zwei freie Tage in PARIS zu genehmigen.

EuroAirport (BSL) Basel Mulhouse Freiburg, Flughafenstrasse
Sonntag, 14. November, 19.05 Uhr

„Hallo Fabian, bist du es? Hast dich gewaltig verändert!" Mit diesen Worten kam Kurt zu meinem Platz im Airport-Restaurant und begrüßte mich herzlich. Ich war erleichtert: Jetzt waren wir zu zweit.
Sofort brachen wir auf, und per Taxi waren wir 20 Minuten später in DORNACH und bezogen in der weißgetünchten Anlage der Kloster-Stiftung an der Amthausstraße 7 unsere Zimmer.

Goetheanum, Rüttiweg 45, CH–4143 Dornach 1
Montag, 15.November, 10.12 Uhr

Es war ein kühler Tag im November, doch die mild gewordene Sonne gab sich wirklich Mühe, um den Tag freundlich zu gestalten. Keine Spur von einem Sonnen-Dämon namens SORAT.
Je mehr wir uns dem DORNACHER HÜGEL näherten, wie die Ortsansässigen diese kalkhaltige Bodenerhebung nannten, desto imposanter wuchs das Bauwerk des GOETHEANUMS hervor, dessen Konturen ich schon auf einem Monitor in LEPARISIEN bewundern durfte: eine architektonische Konzeption aus schwungvoller **Dynamik** und außerirdischer **Schwermut**.

Nirgendwo ein rechter Winkel, selbst die geschnitzten Türgriffe an den großen Portalen entzogen sich geometrischer Regularität.

Westtreppenhaus © 2011 Taxiarchos228 (art libre)

Neugierig betraten wir die ungewöhnliche Räumlichkeit und ließen die so andersartige Innenarchitektur auf uns wirken, in deren organisch eingebetteten Parzellierungen wir verschiedene Zweckräume wahrnehmen konnten: den Empfang, eine Buchhandlung, eine Cafeteria und die Information am Südeingang.

Um uns bewegten sich Besucher, die ihre Kursräume suchten oder auf den Gängen pausierten und sich unterhielten.

„Die Herren kommen zurecht?"

Eine etwas untersetzte Fee in einem himmelblauen Seiden-Kostüm hatte uns angesprochen – Ein dunkelrotes Stirnband mit irischen Zeichen umfasste ihr weißes Haar, und ihre Augen musterten uns, wie wenn sie uns erwartet hätte: „Sie sind bestimmt zum ersten Mal hier?"

Kurt fand sofort die richtigen Worte: „Ja, wir sind gestern angekommen und möchten dem Goetheanum einen Besuch abstatten."

„Aber gerne, meine Herren, wir freuen uns über jeden Besuch."

Und schon führte sie uns durch einige Areale des Bauwerks, wir benutzten Treppen am gedrungenen Roh-Beton, wir bestaunten die rötlich bemalten Wandstrukturen im Verwaltungstrakt. Sollte ich diese Fee nach den Templern befragen? Oder nach dem Code 666?

Das Goetheanum
Wochenschrift für Anthroposophie

Logo von Karl Lierl für die Wochenschrift „Das Goetheanum" © 2005 Allgemeine Anthroposophische Gesellschaft

„250 Erden-Menschen arbeiten auf dem Campus", sagte sie stolz, „150.000 Menschen-Seelen pilgern jedes Jahr zu uns. 800 Veranstaltungen finden jährlich statt."

„Achthundert?" fragte ich erstaunt zurück.

„Ja: Kolloquien, Tagungen, Kurse."

„Dafür ist das heute aber relativ leer", wagte Kurt zu bemerken.

„Das liegt am Montag", erklärte sie beflissen: „Da tagen nur Dachverbände, oder einige Kurse beginnen. Heute z.B. haben wir die internationale Konferenz der anthroposophischen Ärzte im Haus. Besuchen Sie uns mal samstags oder sonntags: Da sind alle Räume belegt."

Die Dame mit dem feenhaften Lächeln öffnete eine seitliche Tür, und unverhofft befanden wir uns in einem großen mystischen Theatersaal: links oben auf einer Empore eine majestätische Orgel, rechts unten ein magischer Bühnenraum. Durch vier große farbige Fenster flutete von draußen das Licht herein und füllte den Raum mit einer mystisch-magischen Aura, die uns erstaunen ließ.

„Der Große Saal", sagte sie leise. „Fast 1000 Menschen finden hier Platz und ihre Seelen erleben hier den **Mittelpunkt der Welt**, wie es der Meister einmal selber gesagt hatte."[17]

Ehrfürchtig schauten wir auf die leeren Theatersitze und schwiegen.

Dann begann es in meinem Kopf zu arbeiten: ‚Mittelpunkt der Welt'? – Und sofort begriff ich: Was für die MUSLIME MEKKA, für die GRALSSUCHER GLASTONBURY, für die TEMPLER JERUSALEM, das war für die ANTHROS offensichtlich DORNACH! Apropos Templer – ich fragte spontan:

„Gibt es hier nicht eine **Templeisen-Sektion**?"

Sofort war die Stille im Großen Saal zum Bersten gespannt. Dann sagte sie knapp: „Meine Herren, eine Übersicht über unsere Sektionen finden Sie unten an der Information. Ich begleite Sie gerne dorthin."

Schon schloss sie die Türe zum Saal, rasch gelangten wir auf einer Treppe mit kunstvollem Handlauf nach unten, prompt standen wir an der Information.

„Meine Herren, hier finden Sie alle Veranstaltungen unserer Sektionen, ich wünsche Ihnen noch einen fruchtbaren Aufenthalt im Goetheanum. Guten Tag!"

[17] *Steiner hatte Dornach bzw. das Goetheanum als Mittelpunkt anempfohlen, „so dass dieser Mittelpunkt durch Euch in die Welt wirken kann." Zit. b. Selg, Peter: Der Vorstand, die Sektionen u. die Gesellschaft. Welche Hochschule wollte R. Steiner? Arlesheim 2011, S.38.*

Damit war die gute Fee entschwunden. Lakonisch meinte Kurt:
„Da hast du in irgendetwas hinein getreten." Und lakonisch war meine Antwort: „Klar, in ein Fettnäpfchen."
Wir betraten die Cafeteria und stärkten uns schweigsam. Jeder musste seine Eindrücke verarbeiten. Nach einer Weile meinte ich:
„Die Speisen hier sind jedenfalls von dieser Welt."
Und Kurt merkte an: „Mein Appetit ist auch von dieser Welt!"
So hatten wir unsere Sprache wiedergefunden und beide mussten wir lachen.
Dann bereiteten wir unsere Strategie für morgen vor: Fragetechnik, Themenwahl, Publikumsinteresse ...
Irgendwann sind wir fertig geworden. Ruhigen Schrittes verließen wir den heiligen Ort. Draußen hatte es sich abgekühlt. Kein Wunder, wir waren ja in der Nähe der Alpen. Auf halbem Wege warf ich einen scheuen Blick zurück: Dunkle Tannen, verschachtelte Hausdächer, und vereinsamt dahinter durchschimmernd die aufgetürmten Beton-Fragmente von Konturen einer dynamischen Schwermut ...

Stiftung Kloster Dornach, Amthausstraße 7, 4143 Dornach/Basel
Dienstag, 16. November, 10.45 Uhr

Heute war **UFO**-Tag. Seit etwa 10.00 Uhr hatten im großen Seminarraum des ehemaligen Kapuziner-Klosters rege Geschäftigkeiten begonnen: TV-Techniker von Studio Basel trugen Filmgerätschaften aus einem Kleintransporter mit dem plakativen Aufdruck SRF ins Kloster, wo sie recht professionell ein mobiles Studio eingerichtet hatten.
Kurt und ich begrüßten den Gast unserer Round-Table-Diskussion, einen Herrn Theophil Aldrian, der sich uns als Diplom-Herbologe vorstellte und in alle Himmelsrichtungen gute Laune ausstrahlte.

UFO No. 6
BBC · ARTE · ORF

Der Start unserer Diskussion hatte sich aber etwas verzögert, weil Mr.Hunt und Prof.Natot noch nicht von ihrer Visite beim Goetheanum zurückgekehrt waren. So standen wir drei zusammen, tranken Tee und plauderten mit dem

Herbologen über die verschiedenen Kräuter und Wildpflanzen, die in den Tälern und auf den Hängen der Alpen wuchsen.
Doch dann erblickte ich unsere bekannten Co-Akteure im Flur: Mr.Hunt und der Professor stapften, bepackt mit Büchern aus der Buchhandlung des Goetheanums, zielstrebig auf uns zu und entschuldigten sich für die Verspätung. „Meine Herren, trinken wir erst einmal eine gute Tasse Tee, dann geht es uns allen gleich viel besser", meinte Kurt mit einladendem Lächeln, so dass sich die beiden Nachzügler ungezwungen mit dem freundlichen Herrn Aldrian bekannt machen konnten.
Aber dann wurde es doch ernst: Eine Mitarbeiterin vom SRF bürstete unsichtbare Schuppen von unseren Schultern, ich sah die mir schon bekannten Namensschilder auf dem Tischensemble, vermutlich hatten Janice oder ARTE alles fernmündlich organisiert:

FABIAN JASPERS Assistent	HUMPHREY L. HUNT PEN	KURT KINZL ORF	DIPL.-HERB. THEOPHIL B. ALDRIAN	PROF. JEREMY A. NATOT

Entsprechend setzten wir uns ganz ordentlich hin. Wieder quälten uns die Scheinwerfer. Als es still geworden war, zählte eine männliche Stimme im Schweizer Dialekt: „**Fünf – Vier – Drei – Zwei – Eins – Ab!**"
Sekunden später hörte ich das weiche Timbre in der Stimme von Kurt:
„Meine sehr verehrten Damen und Herren, guten Abend, und herzlich willkommen zu unserer sechsten Ausgabe von **UFO**, der internationalen Serie **Ultimate Fabulous Outlook**. Heute befinden wir uns in Dornach bei Basel und wollen mit dem bewährten Team von **UFO** den noch ungelösten Rätseln der Templer-Forschung nachgehen. Unser heutiges Gespräch steht unter dem Titel:

„Die okkulte 666 oder die Templer vom Goetheanum".

Zu meiner Linken begrüße ich den Gast des heutigen Abends, den ehrenwerten Vorsitzenden der Templeisen-Sektion von Dornach, Herrn Theophil B. Aldrian, Dipl.-Herbologe in Dornach.
Ihm zur Seite heiße ich Herrn Professor Natot aus Jerusalem, einen ausgewiesenen Kenner des templerischen Europas, willkommen.
Mir zur Rechten begrüße ich den Vertreter des amerikanischen PEN Centers,

Herrn Humphrey Hunt, der immer wieder weltweit über die Freiheit und Rechte von Autoren und Verlagen wacht.
Und zu seiner Rechten darf ich unseren jungen Assistenten Fabian Jaspers begrüßen, der sich mit Aspekten der anthroposophischen Templer-Forschung befasst hat. Hoch verehrter Herr Aldrian, warum tagt Ihre Templeisen-Sektion nicht drüben im Goetheanum, sondern hier im ehemaligen Kloster?"

DIPL.-HERB. THEOPHIL B.ALDRIAN:

„Zunächst muss ich einige Dinge zurecht rücken: Ich bin nicht Vorsitzender unserer Sektion, sondern einer ihrer Lektoren, denn Hierarchien lehnen wir ab, und ferner versteht sich unsere Templeisen-Sektion als unabhängig, sie tagt nicht am Goetheanum, sondern hat in diesem gästefreundlichen Kloster eine verständnisreiche Aufnahme gefunden. Wir beschreiten unseren eigenen Weg, weltoffen und frei von Dogmen."

KURT KINZL, Moderator ... *freundlich lächelnd*:

„Und doch bleiben Sie in Dornach – ein diskretes Zugeständnis an Steiners Idee von Dornach als **Mittelpunkt der Welt**?"

DIPL.-HERB. THEOPHIL B.ALDRIAN:

„Dornach ist schon ein besonderer Ort, nicht nur wegen der bedeutsamen Schlacht von 1499 und der damit verbundenen Abtrennung der Schweizer vom Heiligen Römischen Reich deutscher Nation. Freunde wie Gegner sprechen hier von einer sakralen Topographie[18]. Darauf kann aber niemand einen besonderen Anspruch erheben, zumal Rudolf Steiner keinen Nachfolger für seine Hochschule ernannt hat. Wir Templeisen sind souverän und gehen unseren eigenen Weg. Wir könnten auch ebenso gut auf der Osterinsel oder am Kap der Guten Hoffnung oder sonst wo auf der Welt tagen."

KURT KINZL, Moderator:

„Sehr interessant – Schauen wir uns kurz um in dieser Welt. Gibt es Anthroposophen in den USA, Mr. Hunt?"

HUMPHREY HUNT, PEN Center:

„Wir haben das Anthroposophical Movement in New York. Generell dürfte es rund 120 Waldorfschulen in Nordamerika geben. Ihre Anhänger gelten als Freunde von **Spiritual Science**[19], also spiritueller Wissenschaft."

[18] *Zit. b. Zander, a.a.O., S.321.*

[19] *Steiner, R.: Ansprache z. Eröffnung d.1.Hochschulkurses am 26.Sept 1920 in Dornach, zit. in: Der Europäer, Jg.15, Nr.2/3, Basel 2010/2011, S.11.*

KURT KINZL, Moderator ... *blickt zur anderen Seite*

JEREMY NATOT, Professor:

„In Israel ist die Bewegung umstritten. Auf der einen Seite gibt es davon wohl 50 Kindergärten und etwa 20 Schulen. Das Kibbuz Harduf hat sich seinerzeit die Kolonie auf dem Dornacher Hügel zum Vorbild genommen. Auf der anderen Seite wird die Bewegung als HEIDNISCHER NEW AGE-KULT angesehen. Man lobt Steiner wegen seiner Fürsprache in Sachen Alfred Dreyfuss, man hat aber nicht übersehen, dass seine Schriften rassistische Passagen enthalten, z.B. gegenüber negroiden Populationen. – Aber deswegen sind wir ja sicherlich nicht hier."

KURT KINZL, Moderator:

„Sicher nicht. – Steigen wir in die Templer-Thematik ein. Anlässlich einer Reportage über den Wiener Empedokles-Zweig wurde ich Zeuge eines Vortrags über das Mittelalter, in dem nicht die Templer die Akteure der Geschichte wären, sondern zwei mysteriöse Prinzipien, nämlich LUZIFER und AHRIMAN, welche da in die Geschichte eingegriffen hätten. Hochverehrter Gast, wie darf man das verstehen?"

DIPL.-HERB. THEOPHIL B.ALDRIAN:

„Als Herbologe ist mir AHRIMAN als der Verursacher aller spontan auftretenden **organischen** Krankheiten, z.B. von Krebs, bekannt, während sein LUZIFERISCHER BRUDER für die **neurotischen** Krankheiten in unserer Gesellschaft verantwortlich ist."

JEREMY NATOT, Professor ... *streng*:

„Sorry, aber die Frage ist nicht herbologisch sprich kräuterkundlich, sondern gilt den historischen Templern im Mittelalter."

DIPL.-HERB. THEOPHIL B.ALDRIAN:

„Natürlich. ... *blickt auf einen größeren Handzettel, dann ...*

In seinem Templer-Vortrag von 1916 führte Steiner aus, dass der Templer-Orden ‚in seiner Ausdehnung von Jerusalem über die europäischen Länder zu einer gewissen DURCHGEISTIGUNG, ja DURCHCHRISTUNG des europäischen Lebens' gelangen wollte.

Aber es habe Gegenkräfte gegeben. Steiner sprach dabei von ZWEI WIDERSACHERN. Er sagte und ich zitiere: Wir hatten damals ‚gewaltig aufstrebend geistiges Leben [...] ein guter Anhaltspunkt für die LUZIFERISCHE VERSUCHUNG'.

In ‚derselben Zeit … haben wir im WESTEN EUROPAS die Möglichkeit scharfen Einsetzens AHRIMANISCHER MÄCHTE‘. Dazu benannte STEINER PHILIPP IV., der – ich zitiere – eine AHRIMANISCHE GOLD-INITIATION hatte.
… *Aldrian macht eine Pause, blickt etwas unsicher nach links und rechts und fährt dann unbekümmert fort:*
STEINER argumentierte hier universal-historisch, wenn er hinzufügte: Die Templer wären zu früh gekommen. Die Templer wollten ‚die Impulse von WEISHEIT, SCHÖNHEIT, STÄRKE‘, doch dazu ‚war die Menschheit zu Templer-Zeiten noch nicht reif‘. Der von den Templern gesuchte Eintritt in die ‚GEISTIGE WELT … wäre zu schnell errungen worden, wie es LUZIFERISCHE ART ist‘.“

JEREMY NATOT, Professor … *schüttelt den Kopf:*
„Was soll das denn alles heißen?“

DIPL.-HERB. THEOPHIL B.ALDRIAN … *fährt rasch fort:*
„Schließlich zog Steiner daraus ein Fazit. Ich zitiere wörtlich:

‚Wir sehen wirklich einen der bedeutungsvollsten Zusammenstöße LUZIFERS und AHRIMANS:

- LUZIFER die Templer gleichsam hineindrängend in ihr Unglück,
- AHRIMAN per Inspiration durch PHILIPP IV., den Schönen, wirksam.

Wir sehen ein bedeutsames Zusammenstoßen in der Weltgeschichte‘[20].“

JEREMY NATOT, Professor … *gereizt:*
„Hoppla, soll damit gesagt werden: Nicht der damals regierende KÖNIG PHILIPP war der verantwortliche Akteur, sondern irgendeine phantastische Figur namens AHRIMAN? Und wie stellt man diesen Mister AHRIMAN vor Gericht?“

HUMPHREY HUNT, PEN Center … *erstaunt:*
„Und meine Frage wäre: Was hatten denn Templer mit den freimaurerischen Idealen »WEISHEIT, SCHÖNHEIT UND STÄRKE« zu tun? Ist das nicht eine plumpe Unterstellung von Mister Steiner?“

KURT KINZL, Moderator:
„Bevor unser Gast antworten sollte, möchte ich das Wort an unseren Assistenten geben, der sich mit vielen solcher Fragen beschäftigt hat.“

20 *Steiner, Rudolf: Templer-Vortrag v. 25.09.1916 in Dornach (29-seitiges Online-Original), hier: S. 6-16.*

FABIAN JASPERS, Assistent:

„Ja, gerne – Die bei Freimaurern bekannte Trias von »WEISHEIT, SCHÖNHEIT und STÄRKE« ist eher etwas, was STEINER schon ab 1905 im freimaurerischen System des MEMPHIS-MISRAÏM-ORDENS kennengelernt hatte.[21] Diese symbolträchtige Linguistik als zentrales Anliegen der Templer zu unterstellen, geht meines Erachtens am Mittelalter der Kreuzzüge vorbei. In historischen Quellen finden wir so etwas nicht. STEINER war kein Historiker. Und er entfaltet da eine Codierung, die den Templern völlig fremd war."

DIPL.-HERB. THEOPHIL B.ALDRIAN:

„Ich möchte gerne auf AHRIMAN näher eingehen. Natürlich bleibt jeder Mensch für sein Tun selbst verantwortlich. STEINER hat lediglich in einem DORNACHER VORTRAG von 1919 dargelegt, dass man diese materialistisch orientierte Art des Bösen einem aktiven und aggressiven **Ur-Prinzip** zuordnen könne, das an ‚seiner künftigen Inkarnation' noch arbeitet,[22] das aber bereits damals in der Person PHILIPP IV. gegenüber den Templern einen willigen Gefolgsmann fand."

JEREMY NATOT, Professor ... *belustigt*:

„Einer solchen Rollen-Teilung widerspreche ich ganz heftig: Es macht doch einen folgenreichen Unterschied, ob ich sage, der amtierende PHILIPP IV. hatte

A – EINE AHRIMANISCHE GOLD-INITIATION ODER

B – EINE PERSÖNLICHE GOLD-GIER.

Technisch gilt: A = B, moralisch aber würde der Täter in der A-Version entlastet, weil dort ja nicht er, sondern das AHRIMANISCHE die Intentionen des Täters bestimmt hätte, ein solcher Freispruch aber wäre uns Historikern nicht akzeptabel. Mehr noch: Damit wird Geschichte nicht erklärt, sondern verklärt. Veto und noch einmal: Veto."

FABIAN JASPERS, Assistent:

„Das sehe ich ähnlich: Für die unterworfenen Templer würde es auch keinen Leidens-Unterschied machen, ob sie nun durch einen ahrimanisch belasteten oder von Gold-Gier geprägten PHILIPP zu Tode kamen."

[21] *Miers, Horst E.: Lexikon d. Geheimwissens. München 1993, S.523 (mit Abb. d. Quittung f. d. Aufnahme-Gebühr von R. Steiner).*

[22] *Lindenau, Christof: Spirituelle Entwicklung u. technikbeherrschte Zivilisation. In: Ahriman. Profil einer Weltmacht. Hg.v.Urach-Verlag. Stuttgart 2 1997, S.201. (Vortrag v. 1.11.1919 in Dornach).*

HUMPHREY HUNT, PEN Center:
„Well ... Okay. – Was mich besonders stört, das ist das selbstgefällige Schlusswort vom ‚Zusammenstoß' der beiden Gentlemen AHRIMAN und LUZIFER – die beiden Burschen sind doch immer zusammen, bei Kain und Abel, bei Romulus und Remus, bei Philipp und dem Templer James of Molay. Wenn wir alle historischen Vorgänge auf diese beiden Gentlemen schöben, verlören unsere Dichter und Autoren die realen Menschen aus den Augen. Sorry, that's my opinion."

DIPL.-HERB. THEOPHIL B.ALDRIAN:
„Ja, wir kennen diesen Vorwurf und möchten der Gefahr okkulter Esoterik entgegenwirken, deshalb hat unsere **Sektion** für sich eine Bezeichnung gewählt, die bei STEINER nur selten – 1906 und 1909 – vorkam[23], nämlich den Namen der **Templeisen**: Wir von der **Templeisen-Sektion** im KLOSTER DORNACH, wir hinterfragen die Phänomene auf ihre Realität hin."

KURT KINZL, Moderator:
„Hinterfragen? Auf Realität? Lassen wir uns überraschen! Unser Assistent ist in Paris auf einen merkwürdigen Zusammenhang der biblischen **Zahl 666** mit der **anthroposophischen Templer-Forschung** gestoßen. Ich bitte um eine Erläuterung für unsere Zuschauer."

FABIAN JASPERS, Assistent:
„Ja, gerne. Die APOKALYPSE DES JOHANNES handelt bekanntlich vom Ende der Welt, und dort gibt es ein bösartiges Tier, das ‚aus der Erde' aufsteigt und dessen Name eine Zahl sei. Es heißt in der Offenbarung: ‚Es ist die ZAHL EINES MENSCHEN. Und seine Zahl ist **666**'[24]. Ich bin dem nachgegangen und stellte fest, dass in der neutestamentlichen Exegese hinter diesem Numerus **666** tatsächlich ein **Mensch** vermutet wird, nämlich NERO, der BÖSARTIGE KAISER VON ROM."[25]

HUMPHREY HUNT, PEN Center:
„Das ist bekannt. Auch viele Sekten bei uns in den Staaten predigen so etwas. Aber was hat das mit den Templern zu tun?"

[23] *1906: „Templeisen = Mysterien-Gemeinde" (Notiz zum Vortrag in Landin, 29.Juli 1906; zit.b. Nachrichten d. R.Steiner-Nachlassverwaltung. Aus dem Archiv, Heft 23, Weihnachten 1968. Online-Datenbank, S.22). / 1909: „Templeisen = Gralsritter" (Vortrag in Berlin, 6. Mai 1909; zit.b. Steiner: Europäische Mysterien, a.a.O., S.14.).*

[24] *Apc 13,18.*

[25] *Werlitz, a.a.O., S.195.*

FABIAN JASPERS, Assistent:
„Mir ist in Paris ein Vortrag in die Hände gefallen, den STEINER 1924 vor Priestern in DORNACH gehalten hat. Dort erklärte STEINER die Zahl **666** als Summe aus 400+200+ 6+60 und gelangte über die Zahlenwerte des hebräischen Alphabets zu der Buchstabenfolge **T**aw+**R**esch+**W**aw+**S**amech, was entsprechend der hebräischen Leseweise von rechts nach links zu dem Worte SORAT führt: nach STEINER der okkulte Name des SONNEN-DÄMONS.[26]

HUMPHREY HUNT, PEN Center:
„Wieso SONNEN-DÄMON? Laut BIBEL ist die **666** doch die Zahl eines **Menschen** und das bösartige Wesen stammt doch **aus der Erde**!"

FABIAN JASPERS, Assistent:
„Ja, richtig, aber STEINER ging noch weiter und sagte: Auch das Kalender-Jahr **666** sei Ausdruck der – ich zitiere – der ‚SONNEN-DÄMONIE, welche im **Materialismus** der Menschen wirkt', und das gelte auch für die Steigerungen von **666**, also 2 x 666 = **1332** und 3 x 666 = **1998**."

JEREMY NATOT, Professor ... *unterbricht, sarkastisch*:
„Wie bitte? Das möge man mir zeigen! An der realen Geschichte!"

FABIAN JASPERS, Assistent:
„Für **666** nannte er die ‚Taten des Arabismus', für **1332** – und hier kommen für STEINER die Templer ins Spiel – also für **1332** blickte er auf die Gegner der Templer und sagte: In den Herzen ihrer Feinde lebte ‚SORAT wieder auf, um gerade die Templer zu töten', und für **1998** prophezeite der 1925 verstorbene STEINER den ‚Zeitpunkt, wo SORAT wiederum aus den Fluten der Evolution am stärksten sein Haupt erheben wird'.

JEREMY NATOT, Professor ... *kopfschüttelnd*:
„Ich fasse es nicht! **1332** waren die historischen Templer längst nicht mehr da, denn der Papst hatte bereits 1312 den Orden aufgehoben. Soeben hörten wir noch, ein Mister AHRIMAN habe den PHILIPP angestachelt, jetzt wird uns gesagt, ein im Kosmos ansässiger Alien namens SORAT war's und habe den Papst aufgehetzt."

HUMPHREY HUNT, PEN Center ... *nicht ohne Häme*:
„Und wieso soll die ‚stärkste' Attacke dieses Kobolds erst im Jahre **1998** erfolgt sein? Zählen die beiden **Weltkriege** gar nicht, bei denen wir AMERIKANER mit sehr vielen Opfern EUROPA aus der Patsche helfen mussten?"

[26] *Steiner, Rudolf: 8.Priester-Vortrag vom 12.09.1924, a.a.O.*

JEREMY NATOT, Professor:
„Richtig – Und was ist mit dem OBER-KOBOLD AUS BRAUNAU und dem ganzen EURO-FASCHISMUS? Und dem HOLOCAUST?!"

FABIAN JASPERS, Assistent:
„Sorry, ich habe nur zitiert. Mir kam diese ganze Schematik schon in Paris verwunderlich vor."

KURT KINZL, Moderator:
„Hochverehrter Herr Lektor von der Templer-Sektion: Alle Welt schreit nun nach einer Erklärung – bitte sehr!"

DIPL.-HERB. THEOPHIL B.ALDRIAN:
„Meine Herren, ich sagte bereits: Wir Templeisen hinterfragen die Phänomene auf ihre Realität hin. Aus phänomenologischer Sicht hatte STEINER nicht unrecht: Es ist schon eine dämonische Motorik, die den PAPST INNOZENZ III. zur Vernichtung der KATHARER oder den KÖNIG PHILIPP IV. zu Gestapo ähnlichen Methoden gegenüber den Templern oder den PAPST CLEMENS V. zu einem erbärmlichen Verrat an seiner von ihm beanspruchten Rolle eines Stellvertreters Christi bewegt hat – Aber wir sind keine Sektion des Goetheanums, sondern wir Templeisen suchen die Motorik in den Menschen und bezweifeln einen außerirdischen Automatismus in solchen Zyklen wie 666 + 2 x 666 = 1332 + 3 x 666 = 1998."

KURT KINZL, Moderator:
„Damit machen Sie sich bei orthodoxen Anthroposophen keine Freunde, oder?"

DIPL.-HERB. THEOPHIL B.ALDRIAN:
„Es gibt neuere anthroposophische Autoren, bei denen wir uns bestätigt sehen: Exakt im dritten Sorat-Jahr, also 1998, schrieb ein Autor in der Reihe ‚Anthroposophie im Gespräch', – ich zitiere:
‚Wie kann man mit dieser Darstellung umgehen? Zunächst einmal sollte man nicht auf den bestimmten Zeitpunkt 1998 hinschauen, um in diesem Jahr etwas Besonderes zu erwarten.'[27]
Und angesichts der zunehmenden Kritik an schematischen Rhythmisierungen schrieb 2010 ein Publizist in einem anthroposophischen Magazin:
‚Das Wirken SORATS lässt sich nicht auf die Jahreszahl **666 oder ein Mehrfaches** von ihr begrenzen. Schon die durch diese Wesenheit geistig impulsierte Vernichtung des Templerordens setzte beinahe zwanzig Jahre vor dem

[27] *Linde, a.a.O., S.128.*

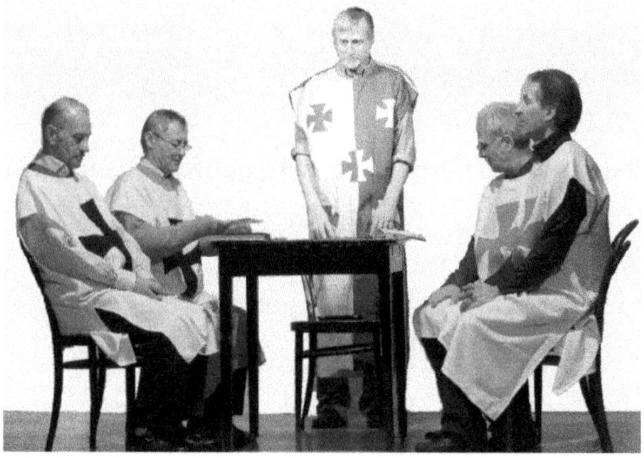

„Großmeister“ und „Tempelritter“ – Szenenbild aus Steiners Mysterien-Drama „Prüfung der Seele“ 2012 in Wien © Wolfgang Peter

Jahr 1332 ein. Ähnlich lassen sich im zeitlichen Umfeld von 1998 entsprechende Erscheinungen finden; nicht zuletzt die Ereignisse vom 11.September 2001, die dem 21.Jahrhundert einen nachhaltigen soratischen Impuls einverleiben.‘[28]

JEREMY NATOT, Professor:

„Damit wäre zwar die CHIMÄRE EINER PERIODISCHEN WIEDERKEHR endgültig vom Tisch. Es bleibt aber ein schaler Geschmack zurück: Indem solche Autoren immer noch an einer Nähe zum angeblichen Super-Gau von 1998 festhalten, drücken sie zum Nachteil von Millionen Toten der beiden Weltkriege und des Holocausts beide Augen zu. Für mich ist das **mentaler Terror** von schöngeistigen Autoren.“

DIPL.-HERB. THEOPHIL B.ALDRIAN ... *hebt resignierend beide Hände und senkt sie zurück auf den Tisch.*

KURT KINZL, Moderator ... *etwas ratlos:*

„Hochverehrter Herr Lektor ... mit Verlaub ... da gibt es noch einen **Templer-Report** ... und zwar über **die drei späteren Re↘Inkarnationen** des Templer-Großmeisters Jakob von Molay. Ich bitte unseren fleißigen Assistenten um seinen Vortrag! Bitte schön!“

FABIAN JASPERS, Assistent ... *blättert in Unterlagen:*

„Gerne – in Paris stieß ich auf das große Buch über die anthroposophischen

[28] *Meyer, Thomas: Wiederverkörperte Templer unter den Schülern Rudolf Steiners. In: Der Europäer, Jg.15, Nr.2/3, Basel 2010/2011. S.51, Anm.5.*

Mysterienspiele 1910-1913, die auch heute gepflegt werden. Ich war erstaunt zu lesen, dass sich damals drei Persönlichkeiten aus Steiners Umgebung ernsthaft als eine **Wieder ↘ Geburt von Jacques de Molay** erlebt haben wollen. Ich zitiere die markanten Aussagen:

❶ ✠ **Albrecht W. Sellin (1841-1933) = GM v. Molay?**
Biographie: Kolonialdirektor, Freimaurer, Spiritist, Okkultist; Mysterienspiel: Rolle „**Großmeister des Templer-Ordens**".

Notiz (esoterisch): Traum-Bericht: als Ritter tot „auf brennendem Scheiterhaufen"; Kommentar v. R. Steiner: Er hat „mit anderen Templern durch Philipp den Schönen den **Flammentod** erlitten."[29]

❷ ❖ **Felix Peipers (1873-1944) = GM v. Molay?**
Biographie: Dr.med., Farb-Therapeut, „persönlich okkulte Fähigkeiten"; Mysterienspiel: Rolle Benedictus, Führer der Dominikaner.

Notiz (esoterisch): Schriftliches Zeugnis d. Neffen Berthold Peipers (1978): „Eindeutige Hinweise auf seine letzte Inkarnation: **Templer Jacob von Molay**"; Kommentar v. Albert Steffen, Vorsitz d. Anthropos. Gesellschaft: Er trug „Impulse aus weiter, weiter Vergangenheit in sich."[30]

❸ ❄ **Elisabeth Vreede (1879-1943) = GM v. Molay?**
Biographie: Mathematisch-Astronomische Sektion, Dornach; Mysterienspiel: verschiedene Rollen im Drama von 1912; Kommentar v. Peter Selg: „Die besondere Verbindung zum letzten **Templer-Großmeister Jakob von Molay** – bzw. der in ihm wirkenden Individualität – war ihr offensichtlich eigen".[31]

Notiz (esoterisch): Kommentar v. R. Steiner: Sie sei die „letzte Inkarnation als leitende Persönlichkeit der Templer-Gemeinschaft, mit schwerem, ja furchtbarem Schicksal", nämlich **Jacques de Molay** (Kommentar mündlich überliefert von Willi Sucher †1985).[32]

29 *Zit. b. Hammacher, a.a.O., S.297-299.*
30 *Ebd., S.228-238.*
31 *Selg, Peter: Zum Schicksal Elisabeth Vreedes. Plinius d.Ältere. Jakob von Molay. Arlesheim 2010, S.60.*
32 *Selg, Peter: Zum Schicksal Elisabeth Vreedes. Plinius d.Ältere. Jakob von Molay. Arlesheim 2010, S.60.*

Also, meine Herren, da stellt sich die bescheidene Frage: Wie lebt die hier ansässige Templeisen-Sektion mit solch widersprüchlichen Aussagen?“

KURT KINZL, Moderator ... *an Aldrian gewandt*:
„Ja, bei allem Respekt, wie lebt man damit, mein Herr?“

DIPL.-HERB. THEOPHIL B.ALDRIAN ... *lächelnd:*
„Fleißige Vorbereitung, bravo, bravo – also, dazu zitiere ich gerne die Passage eines Publizisten aus unseren Tagen:
„Es ist offenkundig, dass damit fast zeitgleich [mindestens] zwei **miteinander völlig unvereinbare** Angaben über eine **Re↘inkarnation von Molay** unter den nahen Schülern STEINERS publiziert worden sind. Es könnten theoretisch beide Angaben falsch, aber es können **unmöglich beide wahr** sein. Diese **Wahrheitsfrage** muss letztlich durch eine Prüfung in der AKASHA-CHRONIK geklärt werden“.[33]

FABIAN JASPERS, Assistent:
„Entschuldigung, aber schon in Paris gewann ich den Eindruck: Immer wenn es um eine Überprüfung von Wahrheiten geht, weichen solche Autoren aus und rufen nach Einblick in eine sogenannte fiktive AKASHA-CHRONIK[34], so dass eine Überprüfung real nicht stattfinden kann.“

JEREMY NATOT, Professor ... *verklärt*:
„Aber damit haben wir doch einen Beweis aus der **Wahrheits-Logik**: Da bereits zwei von diesen drei Selbstauskünften faktisch nicht zutreffen können, ergibt sich, dass es sich bei all diesen Aussagen um **subjektive Imaginationen** handelt, die in der spezifischen Esoterik eines kleinen geschlossenen Kulturkreises entstehen mögen. Den **Großmeister der Templer** sollte man endgültig in Ruhe lassen. Aber es war trotzdem nett, so etwas hier einmal kennen gelernt zu haben.“

KURT KINZL, Moderator: „Das werte ich gerne als eine Art Schlusswort. Mr.Hunt, welches Ergebnis nehmen Sie mit nach Hause?“

HUMPHREY HUNT, PEN Center:
„Als Sprecher des PEN Center plädiere ich für die publizistische Entfaltung jeglicher Welt-Wahrnehmung, damit die Verborgenheiten des Universums

[33] *Meyer, Thomas: Wiederverkörperte Templer, a.a.O., S.50.*

[34] *Miers, a.a.O., S.35: Bei R.Steiner der Begriff f.d. Gedächtnis d. Welt, aus dem Vergangenheit u. Zukunft gelesen werden.- Im Verständnis von Esoterikern können nur „medial begabte Menschen“ diese angebliche Chronik „anzapfen“. (Roberts, Marc: Neues Lexikon d. Esoterik. Berlin 2005, S.31.).*

möglichst sichtbar werden. Unser heutiges Round-Table-Meeting über eine ganz andere Sicht der Templer-Geschichte war eine interessante Ergänzung für mich ... *wendet sich an den Gast* ... Ich würde nur gerne dem PEN die Veröffentlichung dieser AKASHA-CHRONIK empfehlen!"

KURT KINZL, Moderator ... *blickt zum Gast:*

„Ja, wie kommt man an das Manuskript?"

DIPL.-HERB. THEOPHIL B.ALDRIAN ... *zögerlich:*

„Ja ... also ... in der irdischen Welt gibt es diese Chronik natürlich nicht ... Wir warten auf Steiners **Wieder↘Geburt**."

KURT KINZL, Moderator ... *höflich:* „Wann ist denn damit zu rechnen?"

DIPL.-HERB. THEOPHIL B.ALDRIAN ... *sucht in seinen Unterlagen, blättert in Aufzeichnungen, raschelt mit Papieren*

KURT KINZL, Moderator ... *wartet noch und blickt dann zu Jaspers*

FABIAN JASPERS, Assistent:

„Nach nun sechs **UFO**-Sendungen bin ich auch heute wieder erstaunt, welch buntes Bild die Templer hinterlassen haben oder von der modernen Gesellschaft posthum erdulden müssen. Der heutige Gedankenaustausch war mir eine weitere, facettenreiche Erfahrung."

KURT KINZL, Moderator:

„Meine hoch geschätzten Herren hier im Kloster, ehrwürdiger Lektor der Templeisen, meine sehr verehrten Damen und Herren draußen im Lande, ich danke Ihnen für Ihre Teilnahme an einer weiteren Reise in die verborgene Welt unserer Templer, heute unter dem Thema – ich darf mich ein wenig korrigieren:

„Die okkulte 666 oder die Templer von Dornach".

Bitte schenken Sie uns auch in einer nächsten Runde von **UFO** wieder Ihre Aufmerksamkeit. Guten Abend aus Dornach und auf Wiedersehen."

Geschafft! Ich atmete durch: Ein schwieriges Thema war ‚im Kasten', wie die TV-Techniker gerne sagten.

Die Scheinwerfer gingen aus, die Techniker begannen bereits mit dem Abbau der Gerätschaften.

Ich musterte den Lektor Aldrian, der sich bemühte, sein anfängliches Lächeln zurückzugewinnen. Sein Weltbild hatte ich nicht verstanden, aber das ist den anderen wohl ähnlich ergangen.

Kurt bedankte sich gerade mit Handschlag bei den Teilnehmern: Er tätschelte Aldrian am Arm, fast als wolle er ihn trösten. Der Professor blätterte in seinen neuen Büchern, und Mr.Hunt strebte dem Teewagen zu, um sich zu erfrischen.
Strahlend näherte sich mir Kurt: „Gut gelaufen, Fabian, da waren durchaus einige Klippen, hätte schief gehen können."
„Ja, ich denke, Janice und Mark werden zufrieden sein."
„Oh, ja, bin gespannt auf die nächsten Termine", meinte Kurt, der offensichtlich an der Moderation Spaß gewonnen hatte.
Schließlich gesellte sich Hunt zu uns, gut gelaunt, aber wohl Opfer seines texanischen Appetits: „Hello, friends, the bar is opened: Ich gehe ins Restaurant – wer geht mit?"
Die Anregung fand allgemeine Zustimmung: Unter Führung des ortskundigen Diplom-Herbologen Theophil B. Aldrian suchten wir den Speiseraum auf und labten uns im ehemaligen KLOSTER VON DORNACH ...

HEILIGKREUTZ: TURINER GRABTUCH – EIN ANDERER KULT DER TEMPLER?

Und er nahm den Leichnam,
hüllte ihn in reine Leinwand und
legte ihn in sein neues Grab.

Mt 27,59

Aéroport Paris (CDG), Roissy-Charles de Gaulle, 95700 Roissy-en-France
Mittwoch, 17. November, 18.04 Uhr

Rückankunft in PARIS: Airport-Flair, Stimmen und Schritte, Passagiere in Schleusen und auf Geh-Bändern, Lautsprecher-Durchsagen ...
Ich schaltete mein Handy wieder ein, und siehe da: eine SMS von Kurt lag schon vor:

✤ „Hallo Janice und Mark, Auftrag Dornach erfolgreich abgeschlossen. Wünsche viel Spaß mit der TV-Aufzeichnung. Bravouröse Assistenz von Fabian. Danke. Servus, Kurt."

Rasch strebte ich dem nächsten Taxistand zu: Ich wollte nur noch duschen, eine ofenwarme Quiche lorraine verspeisen, und dann endlich ausschlafen ...

La Maison accueillante, Rue de la Gaïté, 93400 Saint Ouen
Donnerstag, 18. November, 10.12 Uhr

Tiefer Schlaf und nebulöse Träume. Aus unbestimmter Ferne drangen die vertrauten Klänge meines Handys an mein Ohr und riefen mich tropfenweise zurück in die Allgegenwart von PARIS:

✤ „Hallo Kurt und Fabian: Danke für Dornach. ARTE ist stolz auf euch / Neuer Hit: Templer & Grabtuch von Turin. Leider viel Sprengstoff. Interessiert? Salut, Janice."

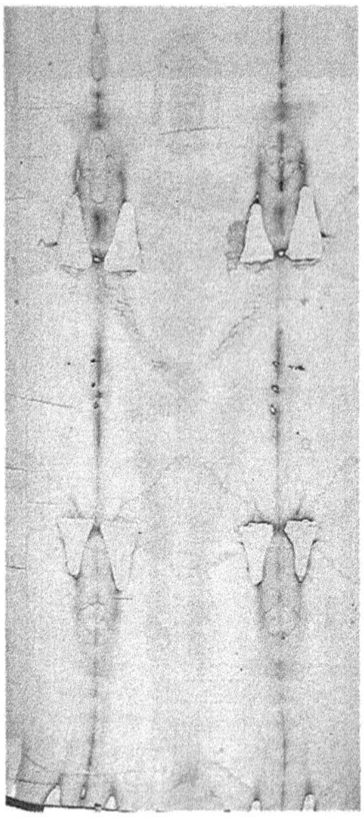

Turiner Grabtuch? Mit dem Konterfei des JESUS VON NAZARETH? Oder eine Fälschung? Jedenfalls interessante Geschichte. Aber wie kamen die **Templer** zum **Grabtuch von Turin**? Hilfe kam durch eine SMS von BBC London:

✣ „Dear Kurt & Fabian: Best wishes from London: THE TIMES schrieb am 6.April 2009: ‚Knights Templar hid the Shroud of Turin, says Vatican'. Viel Spaß beim Lesen. Greetings, Mark."

Erstaunlich! ‚Tempel-Ritter verbargen das Grabtuch von Turin', sagte der Vatikan? Na, das wäre ja eine wahre Sensation! Warum gerade die Templer? Das interessierte mich! Und so setzte ich eine SMS für das **UFO**-Team ab:

✣ „Dear you all: Templer-Thema interessant!! Mache mich gleich an die Arbeit. Wann ist Termin? Und: diesmal in Turin? Gruß, Fabian."

Bibliothèque nationale, 13, Quai François Mauriac, 75011 Paris
Donnerstag, 18. November, 14.07 Uhr

Das Grabtuch nach dem Brand Foto: freies Medium

In der Nationalbibliothek belegte ich einen Arbeitsplatz und rief im Monitor das Zeitungsarchiv von THE TIMES auf. Das Wesentliche war rasch erkennbar:
Als der Großmeister des Templer-Ordens, Jacques de Molay, 1314 hier unten an der Seine verbrannt wurde, starb mit ihm auf demselben Scheiterhaufen der Templer Geoffroy de Charnay, Präzeptor der Normandie. Knapp 40 Jahre später fiel in der Schlacht von Poitiers der fast gleichnamige Ritter Geoffroy de Charny und hinterließ auf seinem Gut in Lirey eine Reliquie, über die er niemals gesprochen hatte: das später als ‚Grabtuch von Turin' berühmt gewordene Leinentuch mit dem angeblichen Bild des JESUS VON NAZARETH. Waren diese beiden Ritter miteinander verwandt? Gehörte der königstreue Seigneur de Lirey zu den damals bereits verbotenen Templern? Und wenn JA: Welch mysteriöse Aufgabe könnte die **Reliquie bei dem Templer-Orden** gehabt haben?
Nachdenklich lehnte ich mich zurück und entwarf einen Plan über meine möglichen Arbeitsfelder zu diesem Tuch:

(1)
ECHT? ↔ GEFÄLSCHT?
GOLGATHA ODER MITTELALTER?
EVANGELIUM ODER KUNSTMALEREI?

(2)
ROUTE DES TUCHES:
WO UND WANN ERWERB
DURCH DIE TEMPLER?

(3)
DOM ZU TURIN:
RELIQUIE ODER IKONE?
DIREKTIVEN VOM VATIKAN?

Das waren drei dicke Brocken, die in wenigen Tagen kaum zu meistern waren. Jetzt kam es hier auf die richtige Literatur an. Sofort gab ich meine Stichworte bei der Bibliothekarin ab, die mir schon damals freundlich zugenickt hatte und die nun prompt reagierte:
„Je besoin de 30 minutes pour la recherche, Monsieur, 30 minutes, s'il vous plaît."
Dreißig Minuten warten ... Geduldig schlenderte ich zur hellen Fensterfront und blickte über die Seine und das Häusermeer, dessen graue Versteinerungen immer kleiner wurden, je weiter sich der Blick in der Ferne verlor. Irgendwo im Norden hinter dem Horizont saß Merve Duvall und traf ihre redaktionellen Entscheidungen bei LeParisien. Sollte ich sie anrufen? Was könnte ich fragen?
Auf der anderen Seite des Saals entdeckte ich wieder die Bibliothekarin. Sie war fündig geworden und händigte mir einen Stapel von Buchkarten aus:
„Zur Frage der **Echtheit** des Tuches gibt es viele Untersuchungen, da müssten Sie gut vorankommen. Auch Ihr dritter Schwerpunkt, also Stellungnahmen des Vatikans, ist hier ergiebig belegt. Aber bei der Frage nach den **historischen Routen** der Reliquie bin ich bei uns auf Lücken gestoßen. Ich werde das an unsere Direktion weitergeben."

Sofort stürzte ich mich in die Arbeit, blätterte in Suchwort-Registern, sammelte Stichwörter, machte Kopien. Um 18.00 Uhr hatte ich erst einmal genug Wissen getankt und freute mich auf eine plötzliche Abwechslung – eine SMS blickte mich an:

✤ „Hallo Kurt und Fabian: Präsident einer Turiner Grabtuch-Gesellschaft hat sich als Gast bei UFO Nr.7 angeboten. Als Ort schlägt er die päpstliche Hochschule ‚Heiligenkreuz' (Wien) vor, weil dort[1] ein Grabtuch-Zirkel besteht. Termin: 25.11. Bitte sofort bestätigen !!! Salut, Janice."

Hoppla, das wäre genau in einer Woche! Und zudem ein Heimspiel für Kurt! Während ich meine Unterlagen zusammenlegte, um zudem die weiteren Recherchen auf die abendliche Internet-Visite bei mir zuhause zu verlegen, traf eine SMS von Kurt ein:

✤ „Hallo Redaktion: Ich bestätige Termin / Übrigens: Stift Heiligenkreuz mit Hochschule gehört zur Diözese Wien. Hat sehr guten Ruf. Sind Zisterzienser wie unser Pater Anselm ☺ Seit 2007 Hochschule päpstlichen Rechts. Macht Fabian mit? Gruß, Kurt."

Nett, wenn man noch gebraucht wird, dachte ich und tippte ins Handy:

✤ „Hallo UFO-Team: Ich sitze bereits in der Nat.-Bibliothek und arbeite am Thema. Erbitte untertänig Flugticket, Unterkunft und Scheck. Gruß von der Seine, Fabian."

Bibliothèque nationale, 13, Quai François Mauriac, 75011 Paris
Freitag, 19. November, 10.05 Uhr

Ein neuer Tag unter redseligen Büchern.
Erstaunlicherweise erschien mir nun die Erforschung der Routen, die das Tuch zurückgelegt haben könnte, gar nicht so schwer:
Jerusalem (ab 30) ... Edessa (~131) ... Konstantinopel (944) ... Athen (1205) ... vermutlich **Templerburg Akkon** (~1206) ... schließlich Lirey im Département Côte-d'Or (1353) ... dann Savoyen ... endlich Turin.

[1] *Örtliche Publikation: Hövel, Markus van den: Das wahre Antlitz Jesu Christi. Das Grabtuch v.Turin und das Schleiertuch v. Manopello. Heiligenkreuz 2010.*

Die Routen waren kaum strittig.
Unklar war, ob **Agenten der Templer** das Grabtuch 1204 in KONSTANTINOPEL heimlich überwacht hatten, denn offiziell hatten die Templer am 4.Kreuzzug gar nicht teilgenommen. Doch plötzlich war damals das Grabtuch aus der MARIEN-KIRCHE im Stadtteil BLACHERNAI verschwunden. Wahrscheinlich hatte die Übernahme durch die Templer erst 1205/06 in ATHEN stattgefunden.[2] Okay, das könnten wir in Heiligenkreuz klären.
Von ganz anderem Kaliber waren die Gerüchte um die ‚internationale C14-Datierung' des Grabtuchs von 1988. Stammte das Tuch wirklich aus den Tagen JESU AUF GOLGATHA? Oder entstammte es einer Malerwerkstatt aus den Tagen der Templer? Oder hatte ein TURINER KARDINAL irgendwelche **Stoff-Proben 1988** absichtlich vertauscht?
War das der Zündstoff, vor dem Janice uns warnen wollte?
Nach der Mittagspause wagte ich einen neuen Anlauf durch die Literatur, und nun stieß ich auf gar sensationelle Thesen:

- Waren die **biblischen Pharmaka** von GOLGATHA (Myrrhe & Aloe) von lebenserhaltender Wirkung?
- Hatte JESUS die relativ kurze **Kreuzigung überlebt**?
- War die mystische **Wieder-Auferstehung** eher eine physiotherapeutische **Wieder-Belebung** gewesen?
- Und was hatten die **Templer** davon gewusst?

Das wäre eine Sensation. Ich musste Kurt warnen! Sofort! Eilig tippte ich noch eine SMS zum späten Freitag:

✣ „Hallo UFO-Team: Virulente Zwischen-Töne am Rande der Grabtuch-Forschung: Hat Jesus Golgatha überlebt? Bitte meldet euch!
Gruß, Fabian."

Doch es war Abend geworden, Wochenende oder Week-End, wie inzwischen auch die Franzosen sagten, und so blieb ich erst einmal allein mit einem Problem, das viel Zündstoff für eine theologische Diskussion enthielt ...
Vielleicht konnte Merve helfen? Ich blickte hinaus auf die abendliche Lichterstadt von PARIS. Irgendwo im Norden vermutete ich Merve, deren Telefon ich nun klingeln ließ. Aber niemand hob ab. Paris befand sich im Week-End ...

[2] *So Hövel, a.a.O., S.10.*

Bibliothèque nationale, 13, Quai François Mauriac, 75011 Paris
Montag, 22. November, 10.00 Uhr

Schon früh hatte ich heute meinen Arbeitsplatz in der Bibliothek besetzt und konzentrierte mich nun auf den C14-Test des damaligen Erzbischofs von Turin. 1988 hatten sich ganz unterschiedliche Parteien gebildet. Wenn sich das Grabtuch als eine mittelalterliche Fälschung herausstellen sollte, dann hätten beide verloren: die katholische Kirche eine vermeintliche Reliquie, die Templer eine Trophäe aus dem alten Jerusalem. Doch da meldete sich mein Handy mit einer SMS aus Strassbourg:

✠ „Guten Morgen Fabien: Konzentriere dich auf die Templer-Thesen der Vatikan-Bibliothek. Die sog. Golgatha-Verschwörung sollte nicht unser primäres Anliegen sein. Dein Flug 24.11.: von Paris CDG 10h32 nach Wien 12h05. Weiter mit Taxi o. Bus. Logis im Stift gebucht. UFO-Date: 25.11. Leopoldi-Saal 11h00. Moderation: Kurt mit ORF-Team. Bringt Scheck mit. Rückflug: 18h45. Viel Erfolg! Salut, Janice. PS: Ticket wieder bei AFP Paris (Mme. Ivonne Vivier)."

Okay, heute würde ich die strittige ‚C14-Datierung' abschließen, und für morgen wollte ich die Bücher zum Komplex ‚Vatikan & Templer-Grabtuch' vormerken lassen.

Bibliothèque nationale, 13, Quai François Mauriac, 75011 Paris
Dienstag, 23. November, 10.00 Uhr

Letzter Arbeitstag in diesem ehrwürdigen Bücher-Turm!

THE TIMES
Knights Templar Hid the Shroud of Turin

Londoner Meldung vom 6. April 2009

Die Thesen aus der Bibliothek des Vatikans von 2009 verstand ich nicht: Der Templer-Orden soll laut Prozess-Akten in den 80er Jahren des 13.Jh. die rituelle Aufnahme eines Ritters unter Verwendung eines großen Tuches durchgeführt haben, auf dem eine bärtige Männergestalt – wie auf dem Negativ des

Grabtuchs – erkennbar war, dessen abgebildete Füße der Kandidat ARNAUT SABBATIER dreimal küssen musste ...
Das war alles?
Wurde im Vatikan versucht, die von Pater Anselm in STRASSBOURG so einleuchtend erklärte BAPHOMET-KOMPONENTE mit ihren etwas komplizierten theologischen Implikationen nun durch eine fromme Templer-Story mittels Turiner Grabtuch zu verdrängen?
Ich räumte meinen Platz und machte mich auf den Weg. Morgen um diese Zeit würde ich im Flieger sitzen und dann Wiener Luft atmen.
Trotzdem: Gemischte Gefühle beschlichen mich.
Immer wieder wird uns vieles fraglich: Wissen wir alles über die **Templer**? Gibt es hinter allem einen **Templer-Code**? Und was wissen wir von JESUS?

Vienna International Airport, Einfahrtstraße, A-1300 Wien
Mittwoch, 24. November, 12.44 Uhr

Schöner Flug, keine Turbulenzen.
In der Flughafen-Halle von WIEN rief ich sofort unseren Moderator an:
„Kinzl, guten Tag."
„Hallo Kurt, hier spricht Fabian. Ich sitze hier in eurem Flughafen. Wie komme ich nach HEILIGENKREUZ?"
„Nimm den Bus, fährt alle 30 Minuten. Anderthalb Stunden schöne Landschaft. Wir sehen uns morgen spätestens 10.00 Uhr im LEOPOLDI-SAAL. Ganz tolle Innenarchitektur mit allen technischen Schikanen. Eine Ehre für **UFO**. Sag mal, du hattest da ein Problem, wenn ich das richtig las?"
„Ja, es gibt da eine TURINER **Verschwörungstheorie bei der C14-Datierung**."
„Wir lassen da den Gast sprechen. Ich habe fünf Fragen vorbereitet, zu denen er dann Stellung nehmen kann ... Auf die Beziehung der **Templer** zum **Grabtuch** bist du vorbereitet?"
„Ja, schon, ist aber ziemlich spekulativ."
„Das wird schon werden. Kannst ja im Stift schon mal beichten. Du, ich muss Schluss machen, hab' gleich Termin. Servus, bis morgen."

Hochschule Heiligenkreuz, A-2532 Heiligenkreuz, im Wienerwald
Donnerstag, 25. November, 10.00 Uhr

Nach einer ruhigen Nacht im Stift sowie einem kräftigenden Frühstück fand ich mich in der Hochschule ein. Im Hof erblickte ich den Wagen des ORF und brauchte nur den Technikern nachzugehen, um im 1.Stock den LEOPOLDISAAL zu erreichen: eine imposante Räumlichkeit mit Gemälden und Kronleuchtern, eigentlich viel zu groß für unser Vorhaben. Aber bei guter Kameraführung würden **UFO** und unsere Templer-Thematik sicherlich schon deswegen gut abschneiden.
Kurt war bereits anwesend und positionierte unsere **UFO**-Tafel am Eingang:

UFO No. 7
BBC · ARTE · ORF

„Guten Morgen, Fabian, es hat eine Änderung gegeben: Aus TURIN ist der Vize-Präsident eingetroffen. Wir haben noch rechtzeitig den Namen geändert." Inzwischen erblickte ich auch Mr. Hunt und den Professor. Sie sprachen mit Vertretern der hiesigen Institute für Biblische Wissenschaften, die als Zuschauer beiwohnen wollten. Auch Mitglieder vom örtlichen Grabtuch-Zirkel waren gekommen. Warum auch nicht? Denn der Saal war wohl für 180 Personen ausgelegt.
Dann kam Mr. Hunt mit ausgestreckten Händen auf mich zu: „My friend, the assistant, how are you?" Und schon wollte er von mir wissen, wie die Templer in die Geschichte des Grabtuchs von Turin involviert wären. Mit wenigen Worten versuchte ich den Sachverhalt zu erörtern, aber leicht fiel es mir nicht.
Jetzt trat Kurt in die Mitte, klatschte mehrmals laut in die Hände und wies uns alle darauf hin, dass wir wieder eine Abend-Sendung produzierten und dass wir nicht in die beiden Kameras schauen sollten.
Nachdem er uns alle dem Gast aus Turin, sportlich im weißen Club-Dress, vorgestellt hatte, nahmen wir hinter den Schildern unsere Sitze ein:

FABIAN JASPERS Assistent	HUMPHREY L. HUNT PEN	KURT KINZL ORF	V. PRESIDENTE F. CAMPI ACSS	PROF. JEREMY A. NATOT

Es war still geworden, bis der technische Team-Leiter die notorische Zählung vornahm: „**Fünf – Vier – Drei – Zwei – Eins – Ab!**"
Noch drei Sekunden, dann begann Kurt:
„Meine sehr verehrten Damen und Herren, guten Abend, und herzlich willkommen zu unserer siebten Ausgabe von UFO, der internationalen Serie »Ultimate Fabulous Outlook«. Heute haben wir uns in dem imposanten Leopoldi-Saal der Theologischen Hochschule Heiligenkreuz bei Wien versammelt. Immer noch sind einige Rätsel der Templer-Forschung ungelöst. Unser heutiges Thema lautet:

„Das Turiner Grabtuch – der andere Kult der Templer?".

Zu meiner Linken begrüße ich den Gast des heutigen Abends, den ehrenwerten Vizepräsidenten der Turiner Grabtuch-Gesellschaft L'Antica Corporazione della Santa Sindone, Herrn Franceso Campi, herzlich willkommen.
Ihm zur Seite begrüße ich Herrn Professor Natot aus Jerusalem, einen ausgewiesenen Kenner des templerischen Europas und liebenswürdigen Begleiter von **UFO**.
Mir zur Rechten heiße ich den Vertreter des amerikanischen PEN Centers, Herrn Humphrey Hunt, willkommen, der weltweit über die Freiheit und Rechte von Autoren und Verlagen wacht und sicherlich auch heute einiges beizutragen hat.
Und zu seiner Rechten begrüße ich unseren jungen Assistenten Fabian Jaspers, der sich diesmal auf die Turiner Belange der Templer-Forschung vorbereitet hat.
Hochverehrter Herr Vizepräsident, die Reisen des Grabtuchs von Turin scheinen das einzige Detail zu sein, das am Tuch nicht strittig ist, oder können Sie heute Abend mit einer neuen Sensation aufwarten?"

FRANCESCO CAMPI, Vicepresidente:
„Glücklicherweise: nein. Die Routen sind weitgehend erforscht: Jerusalem, Edessa, Konstantinopel, evtl. Athen oder Akkon, auf jeden Fall Lirey, Savoyen und Turin. Ab Konstantinopel sind vermutlich **die Templer mit im Spiel**. Ob bis Lirey, das ist bis heute ungeklärt, denke ich."

KURT KINZL, Moderator:
„Danke, Signor. Um die **Rolle der Templer** zu erörtern, wollen wir das Grabtuch etwas näher kennenlernen und uns mit dem Stand der wissenschaftli-

chen Forschung vertraut machen ... *er blättert in seinen Tisch-Vorlagen, dann:* Ich denke, unter den verschiedenen Grabtuch-Forschern gibt es etwa fünf Streitpunkte, die ich kurz benennen darf mit Bitte um kurze Antwort:

❶ **Streitpunkt „Gemälde“:**

In Europa erschien das – dort den Templern zugeschriebene – Grabtuch erstmals als Präsent in der **1353** eröffneten STIFTSKIRCHE VON LIREY (Champagne) und wurde schon damals als **Gemälde** eines listigen Malers bezeichnet, dessen Name dem damaligen ERZBISCHOF VON TROYES, PETER V. ARCIS, bekannt gewesen sein soll.[3] Und im Oktober **1988** hat der ERZBISCHOF VON TURIN, KARDINAL ANASTASIO BALLESTRERO, das Grabtuch erneut und abschließend für ein Produkt aus dem Mittelalter, also wieder zu einem Gemälde erklärt.

◆ **UFO fragt**: Handelt es sich hier also um eine Gemälde?“

FRANCESCO CAMPI, Vicepresidente:

„Meine **1. Antwort** ist eine FOTOGRAPHISCHE REPLIK und lautet: **Keineswegs!** – Das Grabtuch enthält **keine Farb-Pigmente,**[4] und ferner hätte **kein Maler** des Mittelalters[5] – auch kein LEONARDO DA VINCI – ein Abbild so malen können, dass bei einer Umkehr-Projektion wie bei dem Amateur-Fotographen SECONDO PIA **1898** ein derartig plastisch wirkendes Negativ-Foto hätte entstehen können, das heute bei einer **dreidimensionalen** Ausleuchtung in der VP 8 Image Analyse der NASA eine solch anschauliche Personen-Silhouette generiert:[6] Das Grabtuch zeigt kein malerisches **Abbild**, sondern ein authentisches **Urbild**!“

HUMPHREY HUNT, PEN Center

... *klatscht Beifall, ist von dem Wortspiel beeindruckt.*

KURT KINZL, Moderator:

❷ **Streitpunkt „Anatomie“:**

Die im Grabtuch zur Darstellung kommende Figur hat die **beachtliche Kör-**

[3] *Bulst, Werner SJ: Das Grabtuch von Turin. Zugang zum historischen Jesus? Karlsruhe 1978, S.41.- Herbst, Karl: Kriminalfall Golgatha. Der Vatikan, das Turiner Grabtuch u. der wirkliche Jesus. Düsseldorf/Wien/New York/Moskau 1992, S.27.*

[4] *Hynek, R.W.: Golgatha. Im Zeugnis d. Turiner Grabtuchs. Karlsruhe 1952, 25 u.38.- Bulst, a.a.O., S.41.- Kersten, Holger/Gruber, Elmar R.: Das Jesus-Komplott. Die Wahrheit über das Turiner Grabtuch. München 1997, S.334.*

[5] *Bulst, a.a.O., S.28.- Kersten, a.a.O., S.335.*

[6] *Wilson, Ian: Nach zwei Jahrtausenden ein Foto von Jesus? In: ZEITMagazin Nr.17, 21.April 1978, S.58.*

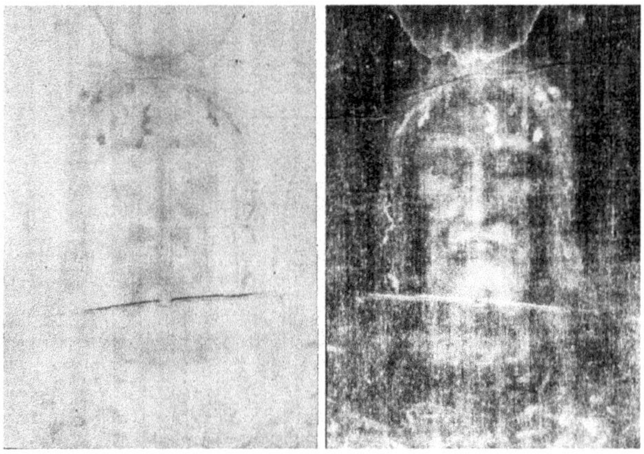

Original-Bild & Negativ-Foto - Repro: freies Medium

perlänge von 180 cm und weist links einen **längeren Arm** auf, was aus dem JESUS-BILD der Evangelien nicht hervorgeht.

◆ **UFO fragt:** Widerspricht nicht die **textile Imagination** unseren Evangelien?"

FRANCESCO CAMPI, Vicepresidente ... *ereifert sich:*
„Meine **2.Antwort** ist eine BIOMETRISCHE REPLIK und lautet:
Nein! – Auch in der **Antike** hat es Körperlängen von 180 cm gegeben,[7] und die unterschiedliche Abbildung der Armlänge ist unstreitig durch eine metrische **Verzerrung der Tuchfalten** entstanden:[8] Das Grabtuch ist authentisch."

KURT KINZL, Moderator ... *hebt den rechten Zeigefinger:*

❸ **Streitpunkt „Reliquien-Flut":**

Eine biblische Zuordnung des Grabtuches ist riskant, da es in der Mittelmeer-Welt ca. **40 Grabtücher Christi** nebeneinander gegeben hat, z.T. ‚Kopien des Turiner Grabtuches'.[9] Auch die anspruchsvolle **1:3-Köperbindung** des Grabtuches lässt eher ein späteres, also **nach-biblisches** Leinen-Gewebe vermuten.

◆ **UFO fragt:** Fügt sich der Turiner Reliquien-Fund überhaupt in den biblischen Kontext ein?"

7 *Wilson, a.a.O., S.58.*
8 *Bulst, a.a.O., S.50.*
9 *Bulst, a.a.O., S.18f.*

JEREMY NATOT, Professor ... *macht sich Notizen, schweigt aber*

FRANCESCO CAMPI, Vicepresidente ... *sehr selbstsicher:*

„Meine **3.Antwort** ist eine KRIMINALTECHNISCHE REPLIK und lautet: **Eindeutig ja!** – Die **1978** erfolgte Pollen-Analyse des Zürcher Kriminalisten Dr. Max Frei weist auf dem Grabtuch Blütenstaub von PALÄSTINA (Jerusalem) und ANATOLIEN (Edessa, heute Urfa) aus dem 1.Jh. auf.[10] Und Leinen-Gewebe in 1:3-Köperbindung war schon zur Zeit JESU in SYRIEN-PALÄSTINA vorgekommen:[11] Das Grabtuch ist näher an GOLGATHA als die später verfassten Evangelien!"

KURT KINZL, Moderator ... *zögerlich:*

❹ Streitpunkt „Identifikation":

Vor Aufhebung der Kreuzigungsstrafe durch Konstantin (AD 320) hat es in Palästina über 10.000 Kreuzigungen gegeben, so dass der im Grabtuch Dargestellte ebenso ein »Sklave oder Verbrecher oder Märtyrer« gewesen sein könnte.[12]

UFO fragt: Welche Identifikationsmerkmale für JESU können benannt werden?"

FRANCESCO CAMPI, Vicepresidente ... *begeistert:*

„Meine **4. Antwort** ist eine BIBLISCHE REPLIK und lautet: **Das Evangelium selbst!** – Im Gegensatz zu alltäglichen Hinrichtungen im IMPERIUM ROMANUM veranschaulicht unser Grabtuch auch Kopf-Verletzungen durch Aufsetzen eines Dornen-Kranzes, was eindeutig auf die einzigartige Hinrichtung JESU hinweist (Mc 15,17): Hier sehen wir das tiefe Leid im Urbild!"

KURT KINZL, Moderator ... *herausfordernd:*

❺ Streitpunkt „Stigmatisierung":

Die zeitlich verzögerte Abfolge der Hinrichtung JESU (Geißelung → Dornen-Krönung → Nagelung → Lanzenstich) hätte farblich zu unterschiedlichen Abdunkelungen der Blutspuren auf dem Grabtuch führen müssen, doch es liegt eine ‚gleichmäßige und vollständig wiedergegebene' Konturierung aller

10 *Wilson, a.a.O., S.60.*

11 *Bulst, a.a.O., S.74 ff.- Herbst, a.a.O., S.30 u. 80.*

12 *Hynek, a.a.O., S.203.- Bulst, a.a.O., S.77 u. 84.*

Blutspuren vor,[13] was der biblisch überlieferten Abfolge widerspricht.

UFO fragt: Wie erklärt die Grabtuch-Forschung dieses unnatürliche Phänomen?“

FRANCESCO CAMPI, Vicepresidente ... *mit leuchtenden Augen:*
„Meine **5.Antwort** ist – gestatten Sie mir den Ausdruck – ist unsere HEILIGE REPLIK und lautet voller Demut:
Wichtiger als die ungeklärte Frage der Blutspuren erscheint uns das Bild auf dem Tuch: Das Textil ist frei von Farbpigmenten, und trotzdem entstand diese unerklärliche Abbildung, und dies weist hin auf eine **überirdische** Art **energetischer Lichtstrahlung**[14] seitens des Corpus Jesu im Moment seiner Wiederauferstehung[15]: Das Grabtuch enthält **Überirdisches!**“
... unter den Teilnehmern macht sich eine gewisse Unruhe bemerkbar. Hunt verfertigt Notizen. Natot lächelt in die Tiefe des Saals. Kurt scheint nach Worten zu suchen ...

FABIAN JASPERS, Assistent:
„Pardon – wenn ich hier einhaken darf: Gerade dieser fünfte Streitpunkt ist sehr umstritten und wird von anderen Forschern mit einer **Kardiologischen Gegen-Replik** beantwortet:
Die gleichartige Konturierung aller Blutspuren auf dem Grabtuch sei ein Indiz dafür, dass auch nach der Kreuz-Abnahme von verbliebener **Herz-Rhythmus-Tätigkeit** seitens des CORPUS JESU gesprochen werden müsse, so dass – statt von einer **post-mortalen Wiederauferstehung** – von einer **prä-mortalen Wiederbelebung** ausgegangen werden könne[16].“

JEREMY NATOT, Professor:
„Das erinnert mich an frühe **jüdische Legenden**, wonach JESUS mit Hilfe von Jüngern **wieder auf die Beine kam** und **ins Bergland ausgewichen** sei.“

FRANCESCO CAMPI, Vicepresidente ... *eifrig:*
„Nein, die **vier Evangelisten** überliefern uns einen anderen Ablauf: Zwei sagen, JESUS **verschied**,[17] zwei berichten, JESUS **gab den Geist auf**.[18] Demnach hat JESUS in allen vier Evangelien den Tod erlitten.“

[13] *Wilson, a.a.O., S.58.*
[14] *Wilson, a.a.O., S.65.*
[15] *Herbst, a.a.O., S.83.- Kersten, a.a.O., S.355.*
[16] *Herbst, a.a.O., S. 84-101.- Kersten, a.a.O., S.299f.*
[17] *Mc 15,37; Lc 23,46.*
[18] *Mt 27,50; Io 19,30.*

HUMPHREY HUNT, PEN Center:
„War das denn jemals strittig, Professor?"

JEREMY NATOT, Professor:
„Ich halte mich da heraus, bin Experte für Templer, nicht Sprach-Laborant für Evangelien ..."

KURT KINZL, Moderator:
„Wir sollten diesen Punkt eher zur Seite stellen, oder gibt es ... *blickt zum Assistenten* ... weitere Argumente?"

FABIAN JASPERS, Assistent:
„Ja ... doch ... gegen diesen Aspekt werden **Pharmazeutische Gegen-Repliken** ins Feld geführt, und zwar in Anlehnung an die Evangelien selber: Wir haben einerseits die **pharmazeutische Auskunft** über das Getränk bei drei **Evangelien**, nämlich:

> ‚Wein mit **Galle** vermischt' (Mt 27,34), ‚Schwamm mit **Essig**' (Mc 15,36), ‚Ein Gefäß voll **Essig** stand da [...]. Als nun JESUS den **Essig** genommen hatte, sprach er: Es ist vollbracht' (Io 19,29f.)

Dazu erklären manche Grabtuch-Forscher: Die **orale Gabe von Wein-Essig** enthielt im alten Orient eine krampflösende Droge, wodurch **Atmung und Herztätigkeit abgesenkt** werden konnten, so dass äußerlich eine Scheintot-Attitüde eingetreten sein könnte,[19] die medizinisch der orthostatischen Synkope entspricht.
Ferner gibt es den **pharmazeutischen Bericht** des JOHANNES:

> JOSEPH VON ARIMATÄA und seine (uns unbekannten) Begleiter ‚nahmen seinen Leichnam ab. Aber auch NIKODEMUS kam, der erstmals des Nachts zu ihm gekommen war, und brachte eine Mischung von Myrrhe und Aloe, etwa 100 Pfund. Sie nahmen den Leichnam [...], banden ihn samt Spezereien mit Leinenbinden' (Io 19,38f.).

Hierzu folgern kritische Grabtuch-Forscher: **Myrrhe** und **Aloe** sind orientalische **Heilsstoffe**, und diese umgerechnet **33 Kilo**[20] wirkten im Gewebe des Grabtuchs wie ein **riesiges Wundpflaster.**[21] Aloe medicinalis hat eine **narko-**

[19] *Kersten, a.a.O., S.304f.*
[20] *Bulst, a.a.O., S.91.*
[21] *Kersten, a.a.O., S.317.*

tische Wirkung,[22] und da der CORPUS JESU auch nach der Abnahme **noch warm** gewesen sei (Dr. med. R.W. Hynek), habe eine sofortige **Aktivierung des Aloe-Saftes** begonnen."[23]

FRANCESCO CAMPI, Vicepresidente ... *schüttelt den Kopf:*
„**Veto!** Ist das nicht eine recht spekulative Auslegung evangelischer Texte? Schon damals hat doch PAULUS gegen solche Theorien plädiert:

> „Wenn es **keine Auferstehung von den Toten** gibt, so ist auch CHRISTUS **nicht auferweckt** worden" 1 Kor 15,13,

und daraus schließt PAULUS weiter:

> „Ist aber CHRISTUS **nicht erweckt** worden, dann ist euer **Glaube unsinnig**, dann seid ihr noch **in euern Sünden**" 1 Kor 15,17.

Und deshalb sage ich Ihnen: Eine solche Auslegung würde heute eine fundamentale **Korrektur** des Selbstverständnissen von **Kirche und Christenheit** notwendig machen, denn nach PAULUS ist der reale Tod JESU eine Prämisse für die Entsündigung des Menschen."[24]

HUMPHREY HUNT, PEN Center ... *fassungslos:*
„My goddess – war dies das **Geheimnis der Templer?** Oder ist das der sogenannte **Templer-Code**?

KURT KINZL, Moderator ... *verblüfft:*
„Unglaubliche Story! Oder eine Sensation!

JEREMY NATOT, Professor ... *betont sachlich:*
„Aber es hat wohl in den 80er Jahren eine solche Diskussion gegeben, wo die Golgatha-Thematik anlässlich der Grabtuch-Forschung neu hinterfragt worden ist:
Seit der aufschlussreichen Pollen-Analyse wurde öffentlich ein C14-Test gefordert, dem die katholische Kirche – seit März **1983** im Besitz des Grabtuches – stattgeben musste. Und daraus ergab sich für das **Turiner Management** ein sehr großes **Dilemma**:

- wenn Grabtuch gefälscht ↓, so Paulus-Dogma gerettet ↑,
- wenn Grabtuch echt ↑, so Paulus-Dogma zweifelhaft ↓."

22 *Kersten, a.a.O., S.303.*
23 *Hynek, a.a.O., S.30.*
24 *Herbst, a.a.O., S.159f.*

Ausstellung im Turiner Dom © 1998-2012 Markus van den Hövel

HUMPHREY HUNT, PEN Center:
„Das leuchtet ein. Aber wo ist das Problem?"

FABIAN JASPERS, Assistent:
„Ein Problem folgte postwendend:
Obwohl öffentlich kontrollierte Protokollierung und filmische Dokumentation vereinbart worden waren, hat es bei der Erstellung der drei Stoff-Proben im DOM ZU TURIN am 21.04.**1988** einen **Zwischenfall** gegeben:
Die drei Stoff-Proben wurden zwar in der Öffentlichkeit der Dom-Sakristei vom Grabtuch abgetrennt, dann aber – unter **Ausschluss der Öffentlichkeit** und bei **Abschaltung der Kamera** – vom KARDINAL ANASTASIO BALLESTRERO (Erzbischof v. Turin & Vatikanischer Kustos der Sacra Sindone) in den benachbarten Kapitel-Saal verbracht, dort in fingergroße Edelstahl-Kapseln eingeführt,[25] und erst dann wieder in der filmisch überwachten Öffentlichkeit der Sakristei den drei Labor-Vertretern übergeben.[26]
Der damit einhergehende Verdacht der **Vertauschung der Proben** durch BALLESTRERO[27] wurde verstärkt durch den Vorwurf, dass sich **Original-Proben** und **Labor-Proben** später auch fotographisch **unterschieden** haben sollen."[28]

FRANCESCO CAMPI, Vicepresidente:
„Das interessiert uns nicht! Für uns bleibt das **Grabtuch authentisch**, und das URBILD JESU spricht da direkt zu uns."

HUMPHREY HUNT, PEN Center:
„Vertauschung? Erinnert mich an die Tage von DALLAS und John F. Kennedy: vertauschte Gewehre, gefälschte Foto-Montagen, aber das alles ist doch längst vorbei."

KURT KINZL, Moderator:
„Vorbei? Was war später mit dem IRAK und den gefälschten Atom-Waffen-Fotos der CIA? Alles längst vorbei?"

FABIAN JASPERS, Assistent:
„Also wie auch immer – seitdem haftet dem Grabtuch das Gerücht von einem **anti-katholischen Komplott** an: Das von BALLESTRERO im Oktober **1988**

[25] *Herbst, a.a.O., S.118.*
[26] *Herbst, a.a.O., S.47 u. 76.- Kersten, a.a.O., S.379 u. 393.*
[27] *Herbst, a.a.O., S.127-134.*
[28] *Kersten, a.a.O., S.129.*

verkündete Resultat der drei Labors – nämlich das Grabtuch stamme aus der Zeit zwischen **1260 und 1390**, also aus dem **Mittelalter**[29] – hat bei verschiedenen Grabtuch-Forschern den **Verdacht der Manipulation** ausgelöst. Der Jesuit Prof. Dr. Bulst sprach geradezu von einem „anti-katholischen Komplott“[30] , obwohl die ausführenden Labors für die Mathematik der Ergebnisse nicht verantwortlich waren.
Das offizielle Fazit – eine **mittelalterliche Fälschung**[31] um ±1325 – scheint eher eine **zeitgeschichtliche Manipulation** von Akteuren vor dem **vatikanischen Hintergrund**[32] gewesen zu sein. Die zahlreichen Nachfragen an den verantwortlichen Dirigenten, KARDINAL BALLESTRERO, blieben unbeantwortet, und das TURINER MANAGEMENT hat ihn umgehend (31.01.**1989**) von Amts wegen pensioniert[33] und in einem kirchlichen Krankenhaus vor Besuchern abgeschirmt[34] und ihn so dem Zugriff der forschenden Öffentlichkeit entzogen.“

FRANCESCO CAMPI, Vicepresidente:
„Mag sein oder auch nicht – Das Grabtuch ist unschuldig, und es kann sich nicht wehren gegen die Pharisäer und Schriftgelehrten unserer Tage. Für uns zeigt das Grabtuch wahrhaftig den Mann von NAZARETH.“

KURT KINZL, Moderator:
„Meine Herren Diskutanten, danke an dieser Stelle. Zurück zu den Templern! Was haben nun die **Templer** – einzelne Ritter oder der Orden als Ganzes – mit dieser sensationellen Reliquie oder Ikone zu tun?“

FABIAN JASPERS, Assistent:
„Es sind **zwei Hypothesen**, die da auf dem Markt der Spekulationen vagabundieren. Der ursprüngliche Besitz dieser Reliquie bei dem 1356 gefallenen GEOFFROY DE CHARNY hat über die Namensähnlichkeit mit dem 1314 verbrannten Templer-Großpräzeptor die Vermutung gefördert, dass die **Templer seit 1205/06 im Besitz der Reliquie** gewesen seien. Zu welchem Zweck?
Ich wage mal meine eigene Hypothese:
Da seit der **Niederlage** der christlichen Heere in der Schlacht von **Hattin (1187)** das JESUS-BILD Schaden genommen hatte, zumal auch das **Wahre Kreuz**

29 *Herbst, a.a.O., S.45.*
30 *Herbst, a.a.O., S.30 u. 120.- Kersten, a.a.O., S.384.*
31 *Herbst, a.a.O., S.116.*
32 *Kersten, a.a.O., S.386.*
33 *Kersten, a.a.O., S.374.*
34 *Herbst, a.a.O., S.133.*

sich als ohnmächtig erwiesen hatte und dem SALADIN in die Hände gefallen war, begann im Templer-Orden bekanntlich eine Umorientierung zu jenem bärtigen Kopf-Idol IN FIGURAM BAFFOMETI, wobei Aufnahme-Kandidaten dreimal auf den Gekreuzigten spucken mussten. Im späteren Prozess wurde die interne neue Losung bekannt: „Glaubt **nicht an den Gekreuzigten**, unser HERR wohnt im Himmel". Das heißt: Die Reliquie von DEMJENIGEN, von DEM man inoffiziell **keine Hilfe mehr** erhoffte, ja, eher weitere **Niederlagen** befürchten müsste, war 1205 in Athen der Öffentlichkeit **entzogen** worden. Die Reliquie kam quasi unter **Verschluss** des Templer-Ordens. Insofern hatte THE TIMES recht: Templer verbargen das Grabtuch."

HUMPHREY HUNT, PEN Center:
„Unter Verschluss? Die Reliquie wurde nicht allgemein im Templer-Orden präsentiert?"

JEREMY NATOT, Professor:
„Nein, da hat er recht: Es gibt tatsächlich keine schriftlichen Quellen oder mündliche Zeugnisse für einen allgemeinen Gebrauch dieses Grabtuches in den Komtureien des Templer-Ordens."

HUMPHREY HUNT, PEN Center:
„Aber später, 1353, stellt sich doch heraus, dass jener GEOFFROY DE CHARNY diese Reliquie für sich gehütet hatte!"

FABIAN JASPERS, Assistent:
„Richtig! Aber 1353 ist nicht mehr 1314: Jeder Templer hatte seit 1307 gesehen, dass auch der **ordenseigene und esoterische religiöse Hintergrund der Templer** vor den Intrigen und Kampagnen des französischen KÖNIGS PHILIPP keinen Schutz geboten hatte. Der Vernichtungswahn dieses **Ungeheuers** wurde quasi zu einem **zweiten Hattin** für die Templer. Insofern ist anzunehmen, dass wir in GEOFFROY DE CHARNY einen Ritter finden, der sich wie viele andere **neu – und damit zurück** zu den kanonischen Reliquien – **orientieren** musste. Das Grabtuch ist ja eine kanonische Reliquie. Immerhin haben ja auch die fünf Großwürdenträger des Templer-Ordens auf der BURG VON CHINON im August 1308 ebenfalls eine **Umorientierung** und damit ihre **Rückkehr** zum Schoß der römischen Kirche vollzogen, so dass ihnen die **Absolution** zuteil geworden ist."

FRANCESCO CAMPI, Vicepresidente:
„Das stimmt, das leuchtet ein. So könnte es gewesen sein."

KURT KINZL, Moderator:
„Und die **zweite Hypothese?**"

FABIAN JASPERS, Assistent:
„Die zweite Hypothese – Seit dem April 2009 wurde von einer Bibliothekarin des Vatikans die These erhoben, das **bärtige Idol der Templer** sei identisch mit der **Ikone auf dem Grabtuch**. Der Gedanke ist an sich nicht neu und wurde schon 1978 von einem englischen Historiker angesprochen."[35]

HUMPHREY HUNT, PEN Center:
„Worauf stützte denn die Bibliothekarin ihre These?"

FABIAN JASPERS, Assistent:
„Sie bezog sich vornehmlich auf die Aussage eines französischen Adligen namens ARNAUT SABBATIER, dem bei seiner Aufnahme in den Templer-Orden 1287 ein Leinen-Tuch mit dem Abbild eines Mannes (ymago hominis) gezeigt wurde, dem er dreimal die Füße küssen musste:

> Quoddam lineum habentem **ymaginem hominis**,
> quod adoravit ter pedes obsculando."[36]

KURT KINZL, Moderator:
„Aber was ist dann mit den vielen anderen Protokoll-Aufzeichnungen, in denen ganz andere Inventarien und Zeremonien dokumentiert wurden?"

FABIAN JASPERS, Assistent:
„Eben! Die würden hier weitgehend unter den Tisch fallen. Wir erkennen wieder: Von einem Einzelfall darf nicht verallgemeinert werden.
Mein Fazit: Was auch immer bei der Aufnahme des Kandidaten ARNAUT SABBATIER vorgelegen haben mag, es erlaubt **nicht** anzunehmen, das mutmaßliche Grabtuch von Turin sei ein **regulärer Ritual-Gegenstand der Templer** in allen Komtureien gewesen. Hier irren der Vatikan oder seine Mitarbeiter."

FRANCESCO CAMPI, Vicepresidente:
„Danke für diese Erklärung. Nehme ich gerne mit nach TURIN."

KURT KINZL, Moderator:
„Meine Herren, die Zeit ist weit fortgeschritten. Wir haben in einem großen Bogen von JERUSALEM AD 30 bis zum heutigen Abend den Stand der Forschung in wesentlichen Stationen durchleuchtet.

[35] *Wilson, a.a.O., S. S.64f.*
[36] *Zit. b. Frale, Barbara: I Templari e la sindone di Cristo. Bologna 2009, S.81.*

Ich danke Ihnen hier für Ihre Mitwirkung, ich danke unserem Publikum fürs Zuschauen. Bitte bleiben Sie uns treu, wenn es bei dem nächsten **UFO**-Treffpunkt heißen wird: „**Fanden die Templer die Bundeslade?**".
Für heute sage ich: Auf Wiedersehen und guten Abend!"
Es war vollbracht: Die Vorhänge wurden gezogen, Tageslicht füllte den Saal, Techniker begannen mit der Demontage ihrer Verkabelungen ...
Langsam kamen einige Zuschauer zu uns herüber und bedauerten das ramponierte Image des Turiner Erzbischofs: Es seien 1988 vermutlich bereits **kontaminierte Stoff-Schnipsel** aus dem mehrmals in Brandnähe geratenen Grabtuch herausgeschnitten worden, wodurch fehlerhafte Labor-Ergebnisse entstehen könnten.
Kurt war sichtlich erleichtert: „Heikle Thematik! Hätte ins Auge gehen können. Im Mittelalter hätte man dich verbrannt."
„Wieso geht es nächstes Mal um die **Bundeslade**?" konterte ich.
„Ach ja, Janice rief mich schon heute Morgen an: Das soll das Thema der letzten **UFO**-Aufzeichnung sein. Sie lässt dich schön grüßen, und hier ist auch dein Scheck. Noch einmal: ganz herzlichen Dank für deine Vorbereitung."
Der Saal leerte sich. Auch Mr. Hunt und der Professor hatten es plötzlich eilig und wollten ein mehrtägiges Programm in Wien wahrnehmen.
Kurt hatte noch einen Termin in St. Pölten: „Liegt leider in der anderen Richtung, sonst hätte ich dich mitnehmen können: eine Vernissage beim örtlichen Künstlerbund. Wann geht dein Flug nach Paris?"
„Erst heute Abend. Nicht schlimm, ich sehe mir hier die Örtlichkeiten von Heiligenkreuz erst einmal in Ruhe an. Vielleicht gehe ich hier wirklich auch mal beichten", lächelte ich zurück.
„Du alter Sünder! Zünde lieber eine Kerze für die Templer an!"
„Eine Kerze? Für die Templer? Gute Idee ..."

AACHEN:
WO HABEN DIE TEMPLER DIE BUNDESLADE VERGRABEN?

Die hölzerne Bundeslade mit den
von Gottes Finger auf zwei Steintafeln
geschriebenen Zehn Geboten
war ins Allerheiligste des
Salomonischen Tempels verbracht worden.

A.Testament

La Maison accueillante, Rue de la Gaïté, 93400 Saint Ouen
Samstag, 27. November, 9.08 UHR

Heute wollte ich Bilanz ziehen:
Entweder würde baldigst die in Aussicht gestellte letzte **UFO**-Sendung stattfinden, oder ich wollte Schluss machen mit dem Stress, denn wie könnte ich sonst meine Nachforschungen über den **Templer-Code** voranbringen? Und außerdem warteten wir immer noch auf das **Templer-Urteil** aus Strasbourg!
Kurz – Heute wollte ich Klarheit und schrieb eine SMS an unser UFO-Team:

✤ „Liebe Freunde, ich möchte zu meiner Journalismus-Arbeit zurückkehren. Oder machen wir wirklich noch ein UFO-Meeting? Salut, Fabian."

Draußen hatten sich die Vorboten des Dezembers gemeldet: Morgentau auf den Wagen, Raureif an den Dächern, die Schatten der Menschen waren länger geworden ...
Jetzt freute ich mich schon auf mein trautes Nest tief unten im Archiv von LeParisien, vor allem würde ich nun endlich in der Nähe von Merve Duvall sein ...
Doch dann meldete mein Handy den Eingang einer richtungsweisenden SMS:

✤ „Liebe Kollegen, unser letzter Einsatz gilt der rätselhaften BUNDESLADE, deren Besitz oftmals den Templern nachgesagt wird. Vorschlag: Moderation und Assistenz wie letztes Mal. Erbitte Zusage. Salut, Janice."

Bundeslade? Das Gefäß der ZEHN GEBOTE, die laut Bibel mit „GOTTES EIGENEN FINGERN“ auf zwei Steintafeln geschrieben[1] worden sein sollen? Ein **tolles Templer-Thema**! Also beantwortete ich diese SMS mit einem beherzten „OK“ und wollte mich schon auf den Weg zur Bibliothèque Nationale machen, als eine SMS von Kurt eintraf:

✣ „Hallo Janice: Bin bereit, aber benötige dringend einen festen Termin. Dezember ist immer viel los bei mir. Küss die Hand, Kurt.“

„Küss‘ die Hand“ – der alte Charmeur vom Wiener Opernball! Ich packte mein Schreibzeug zusammen und nahm ein Taxi zum Quai François-Mauriac, denn morgen war Sonntag, und da wollte ich heute schon eine Menge vorarbeiten.

Bibliothèque nationale, 13, Quai François Mauriac, 75011 Paris
Samstag, 27. November, 10.00 Uhr

Der Lesesaal der Bibliothek war heute angenehm temperiert. Und inzwischen hatte ich auch Übung im Umgang mit den Such-Routinen am Monitor, und trotzdem stellte sich bald wieder Verwirrung ein: War die Bundeslade noch in JERUSALEM unter dem einstigen Tempel vom weisen KÖNIG SALOMON versteckt? Oder ist sie von dem bösen NEBUKADNEZAR nach BABYLONIEN verschleppt worden? Oder wurde sie von dem PROPHETEN JEREMIAS am jordanischen BERG NEBO vergraben? Ganz zu schweigen von den Gerüchten aus dem fernen AKSUM!
Resigniert bastelte ich eine SMS für unsere **UFO**-Kollegen:

✣ „Liebe Kollegen: Salomo ... Nebukadnezar ... Jeremias ... die Römer ... oder doch die Templer? Wer hat denn nun die Lade? Bin ziemlich verwirrt! Salut, Fabian.“

Zuerst antwortete Mark:

✣ „Hallo Freunde, ich denke, die Römer brachten alle Relikte nach Rom. Um AD 70. Suche mal beim Titus-Bogen in Rom. Gruß, Mark.“

[1] *2 Ms 31,18*

Kurt war da etwas rühriger:

- „Hallo Fabian, unser österreichisches Templer-Lexikon von 2003 empfiehlt die Kathedrale von St. Denis, wo sich ein Relief über Reliquien-Transport der Templer befinden soll. Gruß, Kurt."

Konkreter wurde Janice, jedenfalls gab sie eine Anregung:

- „Cher Fabien, das kleine Relief in der Krypta von St. Denis nördlich von Paris ist sehr umstritten. Bitte überprüfen. Aller Anfang ist schwer, aber du schaffst das. Salut, Janice."

Diese Antworten waren ziemlich diffus. In der Not kam mir Merve in den Sinn. Ich trat mit meinem Handy ans Fenster, tippte ihre Kurzwahl und blickte weit über die SEINE hinweg nach Norden dort, wo ich hinter dem Horizont das Pressehaus von LEPARISIEN vermutete, und in meiner Phantasie verloren sich alle Sinne in einer filigranen Silhouette von Merve wie in einem Traum, aus dem man nicht mehr erwachen möchte – und schon vernahm ich ihre Stimme ganz nah an meinem Ohr:
„Hallo?"
„Hallo? Merve?"
„Fabien? – Bist du es?"
Und dann erzählte ich mit wenigen Worten mein Problem mit der **Bundeslade**, den **Templern** und dem letzten **UFO-Round-Table**.
„Wann ist euer Termin?"
„Weiß nicht. Kann schon morgen oder am Montag kommen."
„Mon Dieux, c'est terrible. Ich werde mich umhören. Aber das dauert etwas. Ich melde mich wieder. Salut!"
Jetzt wurde mir klar: Ich war wieder ganz allein mit dieser Aufgabe.
Wie gut, dass morgen Sonntag war: Da könnte ich daheim noch mal das ganze Internet befragen.
Von draußen kroch die Dämmerung heran und zog träge an den Scheiben hoch. Oh ja, die Tage waren kürzer geworden.
Trübseelig blickte ich auf meine Notizen vor mir: ein Labyrinth rätselhafter Findlinge aus Antike und Mittelalter gähnte mich an ...
Verzweifelt zeichnete ich Skizzen und entwarf Pläne, bis eine panoramahafte

Umschau entstand zu der Frage, wo überall sich Spuren vom Finger Gottes bzw. die **Bundeslade** des SALOMONISCHEN JERUSALEMS **heute** befinden könnten:

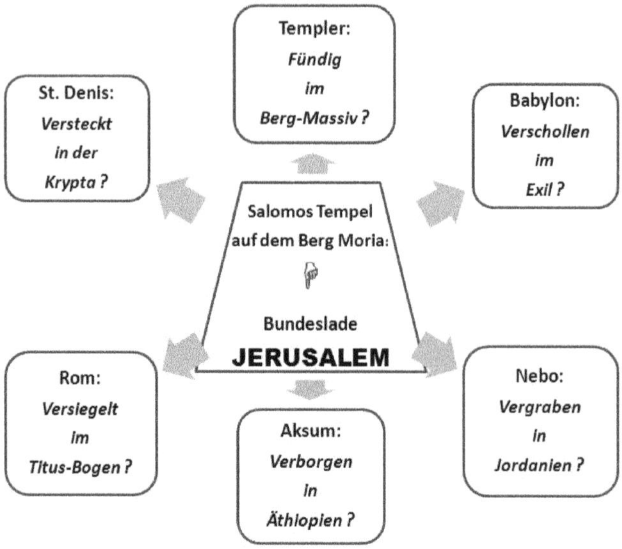

La Maison accueillante, Rue de la Gaïté, 93400 Saint Ouen
Sonntag, 28. November, 10.05 Uhr

Um dem Sonntag die Ehre zu geben, eröffnete ich meine Internet-Recherche im Bereich der biblischen Quellen und war schon bald frustriert:
Nach dem MAKKABÄER-BUCH war die Bundeslade **vergraben**, und zwar unauffindbar, in JORDANIEN[2]. Nach dem Buch des PROPHETEN JEREMIAS war sie von NEBUKADNEZAR in JERUSALEM **vernichtet** oder in BABYLON **verschollen**[3]. Nach dem BABYLONISCHEN TALMUD war sie rechtzeitig in JERUSALEM am HEILIGEN BERG **versteckt** worden[4].
Jetzt wurde mir klar: Auch mit den heiligen Texten kam ich nicht weiter!
Zum zweiten Mal sandte ich eine SMS an die **UFO**-Kollegen und skizzierte das Problem, vor dem wir nunmehr standen.

[2] *2 Makk 2,4-6: „eine höhlenartige Wohnung", zu der die Begleiter den Eingang „nicht mehr finden" konnten.*

[3] *Ier 52,13-27: „Und er verbrannte den Tempel Jahwes [...] So wurde Juda von seinem Grund und Boden weggeführt."*

[4] *Bab. Talmud, Yoma 54a: „in der Kammer des Holzstalls" versteckt (Talmud, Babylonischer, übers. v. L.Goldschmidt, Haag 1933, 2.Bd., S.909).*

Prompt kam eine Stunde später eine SMS von Janice:

✣ „Cher Fabien: Ich habe Prof. Natot und Mr. Hunt für das Thema gewonnen. Sie werden sich entsprechend vorbereiten. Prof. Natot kennt den biblischen Orient, der PEN-Experte Hunt will für die Romanciers plädieren. Kümmere dich um St. Denis am Rande von Paris.
Morgen mehr. Salut, Janice."

Okay, ich brach ab und änderte meine Strategie: Gleich morgen früh wollte ich nach St. Denis ...

La Basilique de Saint-Denis,
1, rue de la Légion d'Honneur, 93200 Saint Denis
Montag, 29. November, 10.15 Uhr

Von meiner Métro-Station GARIBALDI waren es nur vier Stationen bis zum Ziel: BASILIQUE SAINT-DENIS. Dann folgte ich den Tafeln mit Aufdruck BASILIQUE, und schon stand ich auf dem Vorplatz der berühmten KATHEDRALE VON SAINT-DENIS, die heute nur noch über dem Portal zum südlichen Seitenschiff einen Turm aufwies, aber vielleicht gerade deshalb beim Zuschauer eine Art von wehmütiger Sympathie erweckte?
Langsam schlenderte ich auf das Hauptportal zu und erlebte mich zunehmend als schuldiger Prüfling vor dem Jüngsten Gericht, denn im Tympanon über mir befand sich JESUS als Richter, umgeben von den Aposteln, wie uns das die APOKALYPSE des JOHANNES kund tut,[5] **aber von Templern fand ich keine Spur.**
An einem Stand mit Broschüren und Postkarten löste ich ein Besucher-Ticket und hatte somit Zugang zu allen Räumlichkeiten.
Unbeschreiblich war die Symphonie der Farben, die durch die unzähligen Fensterscheiben die Weite des Raums erfüllte. Andächtig hob ich meinen Kopf und erblickte seitwärts nun die majestätische Fensterrose: Vierundzwanzig vielfarbige Felder entsprechend der Offenbarung[6] umschlossen Jesus, der dort im Zentrum als apokalyptischer Richter wirkte.

[5] *Apc 21,12-13: Jesus als Richter.*
[6] *Apc 11,15-16: die 24 Ältesten.*

Mein Blick glitt zurück zum Boden. Sorgfältig musterte ich die Namensschilder an den kalten Sarkophagen, und plötzlich, an der Südseite, lief mir ein eisig kalter Schauer vom Nacken über die Schulter ins rechte Bein: Im Gedränge der Grabesfiguren las ich:

Philippe le Bel – Roi de France
de 1285 à 1314
Capetien

Hier also lagen die sterblichen Überreste des brutalsten Verfolgers der Templer! Hier vor mir, und ich davor! Jetzt noch im Tode erschien mir das maskenhafte Gesicht seiner Skulptur verschlagen, hintertrieben sein Blick, die Augen listig verkniffen ...

Ich blickte mich um, doch niemand nahm Notiz von mir. Schnell wurde mir klar: Der gesamte Kirchenbau war belegt mit den Gebeinen von etwa 70 Monarchen Frankreichs: Heiligen und Sündern ...

Ich verließ die Grabmonumente und wandte mich an den Verkaufsstand:

„Pardon, Madame, où sont les Templiers?"

„Quels Templiers? – Welche Templer?"

Die Dame verstand mich nicht, so machte ich einen zweiten Versuch:

„Avez-vous de la littérature sur l'Arche de l'Alliance – Haben Sie Literatur über die Bundeslade?"

Sichtlich verlegen zuckte sie mit den Achseln, wies auf die Buchauslage und schien froh, dass sie ihre Aufmerksamkeit einem anderen Besucher zuwenden konnte.

Sorgfältig wählte ich einige Broschüren aus, darunter die lateinische ORDINATIO des ABTES SUGER von ST. DENIS[7] und die schmale Broschüre THE BASILICA CHATHEDRAL OF SAINT-DENIS für englisch-sprachige Touristen[8]. Besonders begeisterten mich die beiden SAINT-DENIS-JOURNALE aus der Reihe DOSSIERS D'ARCHEOLOGIE.[9]

Bald saß ich in einer der Sitzreihen und wurde fündig: Bereits auf der ersten Seite seiner 1124 verfassten ORDINATIO hatte der Abt von ST. DENIS dargelegt,

7 *Als wissenschaftliche Konzeption zugänglich unter „Ordinatio" (1124/1140) in: Abt Suger v. Saint-Denis, hg.v. A. Speer & G. Binding. Darmstadt 2000. S.174 ff.*

8 *Plagnieux, Philippe: The Basilica Cathedral of Saint-Denis. Paris 2008.*

9 *Saint-Denis – La basilique et le trésor (N° 261). Quétigny 2001. / Saint-Denis – De Ste Geneviève à Suger (N° 297). Quétigny 2004.*

wo er die **wahre Bundeslade (arca federis Domini)** vermutete, nämlich nicht in den Legenden über Transporte unter „stürmischen Regengüssen“ (imbres tumultuosos), verpackt in „Rinds- und Kuhhäuten“ (bovinis et vaccinis coriis). Vielmehr erklärte der berühmte Abt Suger: Unser Schutz gilt den

„contemplatinos, qui vere sunt arca divine propitiationis“,

d.h. den „kontemplativ Lebenden, die in Wahrheit die Lade der göttlichen Versöhnung sind“.[10]

Und diese bedeutsame Schrift war später (1140) von zwei Erzbischöfen, fünf Bischöfen und einem Abt[11] bestätigt und gesiegelt worden!

Das hieß: Keine Bundeslade in der Abteikirche von Saint Denis!

Und in dem englisch-sprachigen Handbüchlein der Nationalen Denkmal-Verwaltung fand ich zwar auf der letzten Seite eine mutmaßliche Transport-Szene, aber sie war den Relikten eines Heiligen mit Namen EDMUND gewidmet.[12]

Vorsichtig erkundigte ich mich bei der Aufsicht führenden Dame nach diesem EDMUND. Diesmal lächelte sie verständnisvoll, dabei verwies sie freudig nach Osten und sagte:

„La crypte, Monsieur, visitez-la, s'il vous plaît.“

Das ließ ich mir nicht zweimal sagen: Im Chor-Bereich fand ich einen schmalen Abgang in ein Stück spärlich beleuchteter Unterwelt, feucht roch es in dieser Stille, unter niedriger Decke, wo ich meine tapsigen Schritte vernahm und von irgendwoher flüsternde Stimmen hörte ...

Bald erreichte ich die großen Nischen, und da war auch schon eine Hinweistafel vor dem Altar eines SAINT ROI EDMUND, geweiht vom ERZBISCHOF VON SENS.

Das hieß: Von Templern keine Spur.

Ich wanderte an den unterirdischen Altar-Nischen vorbei und gelangte nach dem Rundumgang in die nördliche Passage. Erneut suchte ich nach Inschriften oder einem entsprechenden Relief, bis das karge Streichholz-Licht eines älteren Touristen auch mir zuteil werden konnte: Oben an einem Kapitell, leicht nach hinten umgebogen, befand sich die Relief-Szene mit dem Transport der RELIKTE DES HEILIGEN EDMUND[13] aus dem 9.Jh.

10 *Ordinatio 3, a.a.O., S.175.*
11 *Ordinatio 96, a.a.O., S.249*
12 *Plagnieux, a.a.O., S.47: ein Gefährt, „conveying the relics of Saint Edmund“.*
13 *Vgl. Anm. 12.*

Verkappte Templer schon im 9. Jh.?

Langsam verließ ich die schweigsame Zeitlosigkeit der Gruft und erstieg die Stufen zurück in die gotische Räumlichkeit der Kathedrale, wo sich meine Augen wieder an die Helligkeit des Lichts gewöhnten:

Keine Templer,
keine kuhhäutige Bundeslade –
aber eine der schönsten Basiliken der Welt ...

Wieder draußen tippte ich in mein Handy:

✜ „Dear you all: Keine Templer & keine Bundeslade in Saint-Denis. An Mark: Wer war King Edmund? An Kurt: Überprüfe das österreichische Templer-Lexikon! Salut, Fabien."

Bald sammelte ich Antworten ein: EDMUND war König von EAST ANGLIA ... gestorben als MÄRTYRER 870 ...
Okay: Enttäuscht schlenderte ich durch die RUE JEAN JAURÈS, fand den Abstieg zur Métro und ließ mich heimwärts treiben. Morgen würde ich einen neuen Anlauf nehmen ...

Bibliothèque nationale, 13, Quai François Mauriac, 75011 Paris
Dienstag, 30. November, 10.07 Uhr

Heute war der letzte Tag im November.
Aber dieser Tag sollte es in sich haben. Im Post-Eingang meines Handys türmte sich eine Nachricht von Janice auf:

✜ „Liebe UFO-Kollegen: Wir haben eine neue Templer-Spur: In der alten Kaiser-Stadt Aix-la-Chapelle (= Aachen) hat ARTE eine internationale Gruppe entdeckt, die mehrsprachig arbeitet: ‚Wahre Freunde der Heiligen Bundeslade' oder ‚True Friends of the Ark of the Covenant' oder ‚Amis Sincères de l'Arche de l'Alliance'. An Fabien: Bitte alle Templer-Spuren aus dieser Region überprüfen! Viel Erfolg! Janice. – P.S.: Sämtliche Informationen gehen sofort auch an Mr. Hunt und Prof. Natot. Dafür gemeinsame SMS-Signatur: ❊

Ich staunte nicht schlecht: **Aix-la-Chapelle, Aachener Dom, Karl der Große?** Das war eine ganz neue Spur!

Also quetschte ich die Such-Maschinen aus, und nach und nach wurden Resultate sichtbar, die ich in einer Tabelle notierte und mit Plus- und Minus-Zeichen bewertete:

❶ Nach amtlichem Stadtplan[14] war eine der größten Straßen in Aachen der **Templergraben**, was auf Relikte einer früheren Befestigung durch die Templer hinweisen dürfte. → ⊕

❷ Ferner befand sich dort die **Tempelhofer Straße**, mit dem Büro der St. Jakobus-Gesellschaft[15], welche die Pilgerfahrten nach Santiago de Compostella organisierte – früher eine Domäne der Templer. → ⊕

❸ Andererseits gab es einen Hinweis des Aachener Straßen-Archivs im Internet, wonach es in Aachen offiziell **keine Templer-Komturei** gegeben habe.[16] → ⊖

❹ Umgekehrt hat es in der Region ein **Tempel-Kloster** gegeben, was von mehreren Personen berichtet wurde.[17] → ⊕

❺ Dagegen sprach freilich, dass die **Templer keine Klöster** geführt hatten, da sie ein mobiler Militärorden waren. → ⊖

❻ Demgegenüber standen die Ausführungen aus dem Aachener Sagenschatz[18], wonach es eine **Templer-Kirche zu Aachen** gegeben hatte. → ⊕

4 : 2 – kein schlechtes Ergebnis! Erneut gab ich Aachen in die Such-Maschine ein, nun aber verbunden mit dem Wort **Bundeslade**. Dabei stieß ich auf den Namen Albert von Aachen – auch Albericus Aquensis oder Albert d'Aix –, ein Chronist des 1.Kreuzzugs nach Jerusalem. Ich scrollte mich durch seine Chronik – und schon gelangte ich zu einer kleinen Sensation: Dieser Albert berichtete von Kreuzfahrern, die im MUSLIMISCHEN FELSENDOM

[14] *Stadtplan von Aachen. München, 9. Auflage, 2005.*

[15] *Deutsche St. Jakobus-Gesellschaft e.V., Tempelhofer Straße 21, 52068 Aachen.*

[16] *AASTRA: Straßen-Archiv Aachen. Aachen 2011, Art. Templergraben: „Eine Niederlassung des berühmten französischen Templerordens ist in Aachen nicht nachzuweisen, obwohl eine Ortssage dort von dem Untergang eines Templerklosters erzählt."*

[17] *Esser, Quirin. Das Tempel(s)kloster bei Oudler. In: Kreisblatt Malmedy v. 21.01.1882.*

[18] *Bechstein, Ludwig: Deutsches Sagenbuch. Meersburg und Leipzig 1930, S. 103.*

auf dem Tempelberg von Moria zwei wichtige Beobachtungen gemacht hatten, und zwar am Boden des Felsengrunds:

❶ Fund an einer Stelle: „gradus ad cava loca“, d.h. **Stufen zu hohlen Räumen** ➔ ⊕

❷ Fund an einer anderen Stelle: „ostiolum semper signatum“, d.h. **ein immer versiegeltes Türchen**[19] ➔ ⊕

Gleich danach stieß ich auf seine wichtigste Botschaft und notierte sie als dritte gute Nachricht:

❸ „Illic ex quorumdam opinione quaedam **Sancta sanctorum** adhuc servari perhibentur”.[20]
d.h. dort werden nach Meinung mancher Leute einige der **allerheiligsten Dinge** bis heute aufbewahrt. ➔ ⊕

War es dieser Albert, der wusste, wohin die vermeintliche **Bundeslade** schließlich verbracht worden war? Hatte er – der angesehene Kanoniker und Kustode der karolingischen Kirche in Aachen – die Lade der **dortigen Reliquiensammlung** heimlich zuführen können?

Wann beginnt Wahrheit? Und wo beginnt Spekulation?

Inzwischen war früher Nachmittag geworden, mein Magen knurrte, und so fuhr ich zur Cafétéria. Beim Dessert schrieb ich eine SMS an unser Team, einschließlich Mr. Hunt und Prof. Natot:

❊ „Hallo Round Table: 4 von 6 Templer-Spuren in Aachen positiv. Sagenhaftes Tempel-Kloster und Templer-Kirche mehrfach bezeugt.- Chronik d. Albert v. Aachen: Bundeslade 1099 im Felsendom vermutet. Evtl. heute in Aachener Reliquien-Sammlung. Greetings, Fabian Jaspers.“

Während ich meine Tasse leerte, signalisierte mein Handy die Ankunft einer neuen SMS. Wer sollte so schnell geantwortet haben?

❊ „An Round Table: Thanks for News. Warning: Albert-Aachen war niemals im Orient. Chronik: legendenhaft.– Kloster: interessant. Have success, A. Natot-Toledo.“

19 *Albert von Aachen: Historia Hierosolymitanae Expeditionis Alberici Aquensis Canonico et Custode Aquensis ecclesiae, Lib.VI, Cap.XXIV: Relatio de templo Domini.*

20 *Ebd.*

Wow! In Toledo! Muss ich auch mal hin! Aber ALBERT VON AACHEN mit zwölf Bänden nur ein Erzähler? Immerhin war der gute Mann in wichtiger Position bei der einstigen Lieblingskirche von KARL DEM GROSSEN!
Gerade wollte ich zurück in den großen Lesesaal, als sich eine weitere SMS meldete:

❋ „Hallo Round Table: Congratulations for great news. Welche Kenntnisse haben die ‚True Friends of the Ark of the Covenant' von der Bundeslade? Bitte alle Details senden.
Cheerio, Humphrey L. Hunt, Dublin-PEN-Festival."

Die intensive Suche im Internet hatte mich ermüdet. Im Lesesaal ordnete ich meine Unterlagen. Draußen ging der letzte Tag im November seinem Ende entgegen. Frische Luft würde mir gut tun. Doch halt, schon wieder trudelte eine SMS ein:

❋ „Hallo Fabian-Paris: Merci pour ton engagement. Wichtig: Tempel-Kloster und Templer-Kirche hinterfragen! Ob Pater Anselm hier etwas weiß? Salut, Janice-Strasbourg."

Ermüdet, aber mit neuen Hoffnungen trat ich hinaus in den November...

La Maison accueillante, Rue de la Gaïté, 93400 Saint Ouen
Mittwoch, 1. Dezember, 9.50 Uhr

Heute war erster Schnee gefallen – Vorboten der Tage und Wochen der inneren Einkehr ...
Meine Recherchen per Internet konnte ich mit dem Laptop auch von Haus aus vornehmen: **Tempel-Kloster** und **Templer-Kirche** standen nun auf dem Programm, und je mehr ich mich in die digitalen Landschaftsbilder des Internets vertiefte, desto weiter wurde ich in die unzugänglicheren Gegenden südlich von Aachen verschlagen: in die nur dünn besiedelten Gegenden des Hohen Venn, in die Hochmoor- und Sumpfgebiete, in die meist unbewohnten Wälder der Ardennen:
Da gab es die **Tempel-Herren** von OELLERDAL, dort waren die Ruinen eines **Tempel-Hauses** an der HARD, und etwas weiter südlich, „ein wenig abge-

legen", waren „die Ruinen eines **Tempel-Hauses** in einem Wäldchen" bei Fischbach, wie aus alten Untersuchungen hervorging.[21]
Jetzt gab es kein Halten mehr! Ich musste dieses Material – die alten Urkunden und die antiquarischen Landkarten – im Original ansehen! Rasch zur Bibliothèque Nationale! Unterwegs kaufte ich mir zwei Bananen – gut für's Herz – und eine Tüte voller Äpfel – gut für das Vitamin-Budget – und erreichte auf gewohntem Wege meinen Arbeitsplatz im großen Lesesaal.

Bibliothèque nationale, 13, Quai François Mauriac, 75011 Paris
Mittwoch, 1.Dezember, 11h22

Weitere Funde erfreuten mein Herz: Die „Ruine von einem **Tempel-Hause**" bei Lascheid, nördlich von Aldringen die Fragmente eines **Tempel-Schlosses**, und „zwischen Leitem und Oberhausen" befand sich eine Anhöhe, die „Auf dem **Tempel-Haus**" genannt wurde, wo man mit Ausgrabungen begonnen hatte.[22]
Mittlerweile hatte ich etwa **fünfundzwanzig solcher Tempel-Stellen** in den Ardennen erfasst, und anhand der alten Karten entwickelte ich meine eigene Kartographie, in der ich diese mutmaßlichen Schlösser oder Häuser, oder besser Ruinen, einzuzeichnen begann.
Und dann machte ich eine Kalkulation auf: Da doch 1307 die Verfolgung der europäischen Ritter begonnen hatte – Könnten Tausende der entkommenen Templer hier vielleicht Zuflucht gefunden haben? Waren die schwer zugänglichen Ardennen zu einem Rückzugsgebiet verfolgter Templer geworden? Hatten sie dort die **Bundeslade** verehrt und bewacht?
Doch: Spekulieren sollten andere. Ich verfasste eine SMS an die ganze Runde:

> ✻ „Hallo Round Table: Etwa 25 Tempel-Häuser (Ruinen) südlich von Aachen & Ardennen entdeckt. Meist abseits gelegen. Kartographie in Arbeit. Ideales Rückzugs-Gebiet.
> Gruß, Fabian-Paris: Bibliothèque Nationale."

[21] *Bormann, Michael: Beitrag zur Geschichte der Ardennen (1841-42). Reprint Brüssel 1978. Bd.2, S.95 u.98.*
[22] *Ebd. S.104 f.*

Doch die Arbeit an einer eigenen Kartographie war recht mühsam: Die Orte hatten im Laufe der Zeit ihre Namen verändert. Auch die Struktur der Wege und der Verlauf der Flüsse und Bäche dürfte sich gewandelt haben. Ein in der Bibliothek vorhandenes Handbuch über die Ardennen bestätigte meine Eindrücke:

Bereits Cäsar berichtete von dem dichten Baumwuchs der „silva Arduenna", die Gegenden wären geprägt von „Wildheit" und „allerunsichersten Wegen", und Chronisten sprachen von „Wölfen aus den Ardennen", die ins Umland schweiften...[23]

Karte: Ardennen © Gerd Austermayer

Prompt meldete sich mein Handy mit einer neuen SMS:

❊ „Hallo Fabian: Kannst du Karte senden? Wo ist dort die Bundeslade? Ich könnte ein Satelliten-Foto bestellen. Cheerio, Humphrey L. Hunt, Dublin-PEN-Festival."

Lächelnd blickte ich auf die Zeilen von Mister Hunt und suchte nach passenden Worten:

❊ „Hallo Round Table: Google Earth im Monitor. Ardennen verträumt. Templer-Stationen versteckt. Bundeslade verborgen. Schnee über Paris. An Janice: Wann endlich startet UFO-Meeting in Aachen? Bis morgen, Fabian–Paris."

Und Janice antwortete promt:

❊ „Hallo Round Table: 8.UFO-Meeting am 06.Dez. 12h00 in Aachen, Hotel Quellenhof. Gast: Prof. Dr. Alkuin Gurnemanz, Philosophische Fakultät, Uni Aachen. Bitte Teilnahme bestätigen. Salut, Janice–Strasbourg."

Natürlich bestätigte ich den Termin und rechnete nach: Noch vier Tage, dann Montag in Aachen – bei **Karl dem Großen** oder **Charlemagne**, wie die Franzosen sagten ...

[23] *Jenniges, Hubert: Von Caesars ‚silva Arduenna' bis zur ‚Belgischen Eifel'. Die Namensgeschichte einer ‚Mini-Landschaft'. St.Vith (ZVS-Bd.20) 2007, S.12f., 35 u. 38.*

LeParisien, 25, avenue Michelet, 93408 Saint Ouen
Donnerstag, 2. Dezember, 11.00 Uhr

Ein Zwischenhoch von den Azoren hatte den Dezemberschnee vertrieben. Auf den großen Lesesaal oder Grande Sale de Lecture hatte ich heute keine Lust. Aber man könnte ja Merve Duvall einen Besuch abstatten. Also schlenderte ich zum Pressehaus LeParisien in der Avenue Michelet und fuhr mit dem Lift zur Auslandsredaktion.
Zunächst bemerkte sie mich nicht, war dann aber sichtlich überrascht und zeigte auf einen leeren Stuhl an ihrem Arbeitstisch. Begrüßen konnte sie mich nicht, da sie in ein lebhaftes Telefonat vertieft war.
Dann endlich holte sie tief Luft, wir begrüßten uns innig, Wangenkuss links und rechts, und sofort sagte sie entschuldigend: „Saint-Denis – ich habe noch nichts für dich gefunden. Tut mir leid."
„Passé – erledigt. Da war nichts. Aber schöne Kathedrale."
Und dann erzählte ich von den Einzelheiten der letzten Tage, von den abenteuerlichen Templer-Recherchen in den **Ardennen** und von dem letzten **UFO**-Termin in Aachen.
Wieder läutete ihr Telefon. Während ihres Gesprächs musterte ich den Redaktionsraum: Überall geschäftiges Treiben, einige neue Gesichter, auch die Beleuchtung erschien mir irgendwie anders, aber das konnte jetzt auch an der dunklen Jahreszeit liegen.
Dann war Merve wieder präsent: „Was macht deine Arbeit über den **Templer-Code**? Und überhaupt: Was wurde aus dem **Prozess** in Strasbourg?"
„Das Urteil soll noch dieses Jahr zu erwarten sein – habe ich gehört. Und das Buch über die Prozesstage, und die Tage danach ... über Templer und Neo-Templer ... das nehme ich nach dem Aachener Treff sofort wieder auf."
„Hier in Paris?"
„Hier in Paris."
Für einen Moment trafen sich unsere Blicke, direkt und diametral. Dann löste sie sich aus der gemeinsamen Blickachse, sagte aber spontan: „Wir könnten wieder mal das Libanesische Restaurant aufsuchen."
„Das aus der Unterwelt?"
„Das mit Souterrain ... wo man über alles sprechen kann", lächelte sie nun.
„Über alles und mehr", wagte ich zurückzulächeln, es gelang mir aber nicht

mehr, die Gemeinsamkeit unserer Blickachsen herzustellen, denn nun meldete mein Handy eine SMS.
„Dein **UFO** ruft dich“, lächelte sie, „du musst an Bord!“
Freundlicher Abschied, eine vertrauliche Berührung unserer Wangen, dann war ich bereits draußen auf dem Gang und öffnete das Text-Menu:

❋ „Hallo Round Table: Ich bestätige Termin Aachen.– An Fabian–Paris: Biete Zusammenstellung eines Forscher-Teams für die Ardennen unter deiner Leitung. Ziel: Bergung der Bundeslade. Okay? Constructively, Hunt, London-PEN-Club."

Forscher-Team in den Ardennen? Mehrmals las ich diese Zeilen und glaubte an einen verunglückten Halloween-Joke. Ich bummelte durch unbekannte Straßen, beschaute mir die Auslagen in den Schaufenstern und dachte über vieles nach …

La Maison accueillante, Rue de la Gaïté, 93400 Saint Ouen
Freitag, 3. Dezember, 9.10 Uhr

Kaffee, Orange, Toast, und leichte Melodien von Radio France. An nichts Schlimmes war zu denken. Um so überraschter war ich über eine frühmorgendliche SMS von Mr.Hunt direkt an mich:

❋ „Hallo Fabian: Diese Canyons in den Ardennen sind super! Forscher-Team mit Echolot und Satelliten-Kamera steht bereit. Unter deiner Leitung. Honorar nach Vereinbarung. Start: Nach UFO-Meeting in Aachen. Okay? Cheers, Humphrey L. Hunt, Special Forces Club-London.“

Wieder so eine SMS, die man mehrmals lesen musste. Und seinen heutigen Aufenthaltsort verstand ich schon gar nicht. Ich fuhr meinen Laptop hoch. Tatsächlich gab es einen **Special Forces Club** in London, Nähe U-Bahn-Station Knightsbridge, aber er war öffentlich nicht zugänglich. Irgendein Club für pensionierte Offiziere aus der Szene verdeckter Operationen (‚Special Operations Executive‘). Was hatte Hunt denn nun damit zu tun?

Airport Tower Maastricht

Bibliothèque nationale
13, Quai François Mauriac, 75011 Paris
Freitag, 3. Dezember, 10.42 Uhr

Heute stand eine Analyse der Aachener Gruppe unter Leitung dieses ominösen Herrn Gurnemanz auf meiner Tagesordnung, und ziemlich rasch wurde ich fündig:
Da zeigten sich lokale Gruppen wie **Karolinger Kreis**, **Dombau-Verein** und **Verein Aachener Geschichte**, in denen ein Prof. Gurnemanz bereits Vorträge gehalten hatte, und zwar unter Titeln mit zunehmend exotischer Ekstase:

◆ DIE ARDENNEN WÄHREND DER KREUZFAHRER-ZEIT
◆◆ ESOTERISCHE SPUREN IN DER OSTER-FLORA DER ARDENNEN
◆◆◆ ARCHÄOLOGISCHE AUSGRABUNGEN – DIE MYSTISCHEN EINÖDEN DER ARDENNEN

Ohne Zweifel – das war unser Mann!
Doch bevor ich unseren Gast allen vorstellen konnte, erreichte mich eine SMS von ARTE-Strasbourg, die mich verwunderte:

❊ „Hallo Round Table & Fabian-Paris: Zur Zeit kein Flug von Paris nach Maastricht-Aachen-Airport. Alle Flüge ausgebucht? Wir prüfen weiter. Salut, Janice-ARTE."

Während bei mir bereits günstigste Bahn-Offerten aus dem Monitor hervorsprudelten, trudelte eine SMS aus London ein, die mir dann doch schmeichelte:

❊ „Hallo Round Table & Fabian-Paris: Zwischen Paris und Maastricht-Aachen-Airport verkehren z.Z. nur Fracht-Flüge. Ich prüfe jetzt private Charterflug-Offerten. Don't worry, be happy. Cheers, Humphrey L. Hunt, Special Forces Club-London."

Oh ja, Mr. Hunt kümmerte sich rührend um mich ...

Square du Vert-Gallant, Île de la Cité, 75001 Paris
Samstag, 4. Dezember, 11.15 Uhr

Endlich war Samstag.
Das dezemberhafte Paris verweilte unter leichter Bewölkung, die mal hier, mal dort der fernen Sonne einen kurzen Durchblick gewährte.
Heute wollte ich eine Pause einlegen. Nach langer Zeit saß ich mal wieder auf dem schmalen Vorsprung auf der Île de la Cité dort, wo Jacques de Molay, der letzte Großmeister der Templer, mit seinem Kameraden 1314 verbrannt worden war.
Niemand war hier. Herrlich, wenn das Gemurmel der Stadt in der Ferne verblieb. Langsam glitt eine weiße Yacht auf der Seine flussabwärts vorbei, die Fahne am Heck schien verwickelt oder eingerollt.
Nach einer Pause des Verträumtseins wollte ich mich erheben, als sich mein Handy meldete

❊ „Hallo Fabian-Paris & Round Table: Die private Company 'Global Wings' fliegt Dec 06 08h00 mit Light-Charter-Jet von Vélizy-Villacoublay (bei Paris) nach Maastricht / 1 Platz noch frei / Kosten: keine / Reservierung: heute bis 12h00 möglich / Cheers, Humphrey L. Hunt, Special Forces Club-London."

Hilfe: es war 11.51 Uhr! Einen Moment geträumt und fast alles versäumt. Umgehend schrieb ich:

❊ „Hallo Round Table & Humphrey-London: SMS soeben gelesen. Nehme dankend an. Erbitte Information über Vélizy-Villacoublay. Best regards, Fabian-Paris: Île de la Cité, Jacques de Molay Memorial."

Und ab die Post! Jetzt war es 11.58 Uhr. Also termingerecht. Aber wer war nun Global Wings? Und warum der Start von einem unbekannten Flugplatz namens Vélizy-Villacoublay?
Eigentlich könnte ich Merve Duvall fragen, schoss es mir durch den Kopf. Nach dem dritten Anläuten hörte ich ihr unverwechselbares ‚Hallo?', und ich gab ihr einen kurzen Bericht über die letzten Ereignisse.
Leider war sie in Brüssel bei einem Hearing über interkulturelle Förderung von EU-Studenten und sprach aus der Mittagspause. Hunts diverse Offerten

schienen ihr nicht zu behagen: „C'est science fiction, mon cher – klingt nach Hollywood"
„Und dieser Flughafen mit Namen Vélizy-Villacoublay?"
„Vélizy? Das ist die Militärbasis einer französischen Eingreiftruppe, ich glaube, des COS. Sei vorsichtig! Fabien, ich muss Schluss machen! Fühle dich umarmt, Salut!"
COS? Vélizy? Zuhause würde ich die Angaben überprüfen.

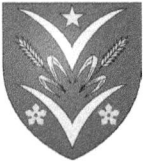

La Maison accueillante, Rue de la Gaîté, 93400 Saint Ouen
Samstag, 4. Dezember, 16.05 Uhr

Neugier ließ mir keine Ruhe.
Bei einer guten Tasse Kaffee und warmen Brioches, wie hier warmes Tafelgebäck genannt wurde, ließ ich meinen Laptop-Browser alle schwarzen Löcher des Internets befragen, und ich staunte nicht schlecht:

- COS stand für Commandement des Opérations Spéciales und war seit 1992 in der Tat eine Art Eingreiftruppe der französischen Armee. Waren das die Templer von heute?
- Vélizy-Villacoublay, ein Örtchen etwa 12 km westlich von Paris, hatte eine Start- und Landebahn von 1.813 m, die für kleine Charter-Flugzeuge in Gebrauch war und im Alarmfall vom COS genutzt werden konnte.
- Und Globe Wings entpuppte sich als eine internationale Charterflug-Gesellschaft mit Sitz in Dallas, Texas, die über die verschiedensten Flugzeugtypen verfügte und weltweit zu buchen war.

Draußen war es dunkel geworden.
Während ich noch über eine bequeme Anreise nach Vélizy sinnierte, traf eine SMS von Mr. Hunt ein – offensichtlich nur an mich gerichtet:

❊ „Hallo Fabian-Paris: Globe Wings betreibt door to door business.
Chauffeur holt dich 6h15 in Paris ab. Sende mir deine Adresse.
Bye, Humphrey-London.- P.S.: Maschine steht uns beiden auch für Rückflug kostenlos zur Verfügung."

Oh là là ! – das war jetzt aber wirklich nicht mehr Science-Fiction! Hunts Leute direkt vor meiner Türe? Das ging mir zu weit! Und schon hörte ich wieder Merves warnende Stimme: „Sei vorsichtig!"
Leise klappte ich das Handy zu und lauschte den Interpreten der abendlichen Melodien von RADIO FRANCE: GILBERT BÉCAUD ... EDITH PIAF ... JULIETTE GRÉCO ... und langsam erlag ich dem Timbre unsterblicher Stimmen, in deren Zauber sich die Musikalität unserer Seelen melodisch verfing ... bis ... ja bis ich mich wieder der Warnung von Merve erinnerte. Schnell sandte ich eine Botschaft an Hunt:

❊ „Dear Humphrey, thanks for door service. Ich habe bereits eine Mitfahr-Gelegenheit und bin am Montag 8h00 an der Startbahn. Constructively, Fabian."

Dann bestellte ich für Montag früh Punkt 6.15 Uhr ein Taxi in die RUE DE LA GAÎTÉ und ließ mich vom Schlaf überrumpeln ...

Base Aérienne 107, Zone Aéronautique, 78140 Vélizy-Villacoublay
Montag, 6. Dezember, 8.05 Uhr

Bon voyage, sagte noch der Taxifahrer, dann stand ich allein auf dem schmalen Flugfeld und stapfte zu einer kleinen grauen Maschine am Rand des Feldes. Keine Templer, aber eine Gruppe von drei oder vier Personen hatte sich schon neben der Maschine eingefunden. Viel sprach man nicht miteinander, vermutlich war jeder jedem fremd.
Es war kein schönes Flugwetter, manchmal vibrierte die mit Bremsklötzen blockierte Maschine, wenn eine Böe unter die Flügel griff. Weite Sicht würden wir da oben nicht haben. Vom anderen Ende des Feldes kamen noch drei Figuren, von denen die mittlere eine schwarze Kladde trug. Die anderen waren in Lederjacken gehüllt.
Der mit der Kladde grüßte knapp und hakte die Namen der Passagiere ab: Mr. Lundy, Kurier – Dr. David, Chirurg – Ing. Macon von Microsoft – Mme. Doddy von IBM – Mr. Jaspers von LeParisien – die beiden Begleiter in Lederjacken – und der Pilot Leon.
Offensichtlich waren wir komplett, denn der Pilot bat uns nun einzusteigen, eine Klappe mit Pin-up-Girls wurde verriegelt, und nachdem wir angeschnallt

waren, begann ein ohrenbetäubender Lärm, während der Mann mit der Kladde über das Feld zurücktrottete.
Plötzlich hoppelte die Maschine los, wurde schnell und schneller, und schon nach 600 m hob sie ab, ziemlich steil, und drehte nach links in den dichten Wolkenberg, und nach mir endlos erscheinender Zeit stießen wir hindurch und erblickten nun über einer flockenartigen Wolkendecke die strahlende Sonne im Osten bei ihrem weiteren Aufstieg – ein liebliches Bild der Friedfertigkeit, wenn da nicht turbulente Winde an unseren Flügeln zerrten.
Ich spürte die Gefahr: Die kleine Maschine litt unter den bissigen Böen des Windes. Und wenn nun einer der beiden Flügel einen Riss bekäme? Nach kurzer Zeit meldete sich der Pilot per Mikrofon:

„Good Morning, Lady and Gentlemen, this is charter fly Alpha Delta 404 from Vélizy Air Base to Maastricht-Aachen Cargo Center. Height: 970 meters. Temperature: 4° Celsius. Wind: South-West 34 km/h. Arrival: 09h07 a.m. Thank you for booking Globe Wings.“

Ankunft: 9.07 Uhr? – das war eine gute Zeit dank Mr. Hunt. Wie teuer mochte ein solcher Flug pro Person sein? Den **Templer-Schatz** hatte er bestimmt noch nicht gefunden! Die Turbulenzen ließen jetzt etwas nach. Angestrengt blickte ich nach unten: Langsam zogen Landschaften, Gehöfte und Waldungen unter uns vorbei. Die Welt schien ausgestorben ...
Unauffällig versuchte ich, die Mitreisenden zu mustern. Niemand sprach, jeder war mit sich selber befasst, einige lasen oder taten vielleicht nur so. Auch die beiden Männer in Lederjacken sprachen nicht miteinander.
Und dann wurde ich sentimental: Mit dem Piloten zusammen waren wir acht Personen – genau wie damals in der Arche Noah, als Gott die Welt retten wollte. Hatte mir nicht schon einmal die **Zahl Acht** zugelächelt? Ich nahm dies als gutes Zeichen und hoffte, dass uns ein Absturz erspart bleiben würde.
Langsam nahmen die Turbulenzen wieder zu: Wir näherten uns dem Flughafen von Maastricht-Aachen. Die Maschine wippte, fing sich wieder, die Motoren heulten auf, dann ging alles sehr schnell, hüpfend berührten wir den Boden, bald rollten wir gleichmäßig bis zu einem Punkt, wo der Pilot dann jedoch abdrehte: Wir rollten nicht zu der großen Halle, sondern langsam und nun fast lautlos zu den Cargo-Gebäuden gegenüber, wo offensichtlich Fracht-Flugzeuge entladen wurden.

Maastricht Aachen Airport, Horsterweg 11, NL-6199 AC Maastricht
Montag, 6. Dezember, 9.10 Uhr

Sobald die Maschine stand, ging die Klappe wieder auf: Jemand von Globe Wing half uns heraus, ich folgte den Fluggästen zu einer Art Hallentor, doch da rief irgendjemand von der Seite her meinen Namen und winkte mich zu sich heran: „Mister Jaspers? Hotel Quellenhof?“

Ein livrierter Chauffeur vor einer mondänen Limousine lud mich zur Mitfahrt ein: „Door to door business, Mister Jaspers, Sie werden erwartet im Quellenhof. Bitte sehr, mein Herr.“

Zögerlich nahm ich in der Luxuspolsterung Platz, und während er den Motor startete, stiegen auch die beiden Lederjacken hinter uns zu: „Quellenhof, Mr.Hunt, please.“

Sofort fuhr die Limousine los, vorbei an großen Lagerhallen, bald rasten wir über eine Autobahn, stets auf der Überholspur, vorbei an niederländischen und dann deutschen Ortsbeschilderungen.

Das Schweigen im Wagen war mir unheimlich geworden, und so versuchte ich, den Fahrer aus der Reserve zu locken: „Sie scheinen ja die Strecke ganz gut zu kennen – fahren Sie öfters diese Route?“ Sein Blick wich nicht von der Fahrbahn, als er antwortete: „Kommt drauf an, mein Herr, mal so – mal so.“

Ich gab's auf. Bald wurde der Verkehr dichter, wir hatten die City erreicht, und mit elegantem Schwung fuhr der Wagen in die Zufahrt zu einem grandiosen Gebäude aus der Gründerzeit, dann hielten wir vor dem von vier Säulen getragenen Balkonvorsprung. Oben stand mit großen Lettern: ***QUELLENHOF.***

Hotel Quellenhof, Monheimsallee 52, D-52062 Aachen
Montag, 6. Dezember, 9.46 Uhr

Bevor der Fahrer mir die Türe öffnen konnte, war ich schon draußen, grüßte mit einer Handbewegung zurück und betrat den Eingangsbereich des imposanten Hotelgebäudes. Gleich links entdeckte ich die Rezeption mit einer bronzenen Tafel: 5 STERNE.

„Monsieur Jaspers von LeParisien? Sie haben Zimmer Nr.71. Ach, warten Sie, hier im Monitor ist noch eine Nachricht für Sie: TV-Aufnahme 12.00 Uhr in Raum MADRID.“

„Von wem ist die Nachricht, bitte?"
„Hier steht ... Moment ... ein Name: Kurt Kinzl.– Der Herr ist Gast bei uns."
„Okay, kann ich hier eine Kleinigkeit essen?"
„Aber gerne: in unserer Brasserie, am Ende der Teehalle. Bitte sehr, der Herr."
Es war jetzt 9.58 Uhr und noch genügend Zeit, sich vor der TV-Aufzeichnung zu stärken. Erfreut war ich über die Zimmer-Nummer, denn die 71 hatte als Quersumme wieder meine **Glückszahl Acht**! Fortuna war auf meiner Seite! Mutig betrat ich das gut besuchte Restaurant und entdeckte bald alle Teilnehmer des Round Table Meetings, allerdings an verschiedenen Tischen verteilt. Rasch ließ ich mich an einem leeren Platz in einer Ecke nieder, wo ich etwas aus der Tageskarte bestellte. Niemand von unserem Team hatte mich bemerkt, so dass ich mich ganz auf meine leibliche Rekonvaleszenz konzentrieren konnte.
Aber dann wurde ich doch etwas stutzig: Dort in der Nähe des Eingangs saßen die beiden Lederjacken aus dem Flugzeug und hatten bereits ihre Bestellung auf dem Teller: blutige Steaks, gegrillte Maiskolben und verkohltes Toast-Brot, wenn mich nicht alles täuschte.
Und schon kam mein Wiener Schnitzel mit Salat und Champions – dem Wiener Kurt Kinzl zu Ehren, der hoffentlich gut auf **UFO** vorbereitet war. Dazu original Aachener Table Water. Unauffällig beobachtete ich die beiden Lederjacken-Gäste.
„Kaffee, Monsieur?"
„Gute Idee, gerne, und etwas Gebäck, bitte."
Es war nun 10.40 Uhr, also noch ein wenig Zeit. Jetzt sah ich Kurt Kinzl zum Ausgang streben, hoch erfreut kam er auf mich zu:
„Guten Morgen, Fabian: Gut geflogen? Toller Service von Hunt. Wir sehen uns im Raum MADRID. Ich will schon mal unseren Gast begrüßen. Habe einige Fragen vorbereitet. Guten Appetit noch. Wir sehen uns."
Mit dem Kaffee erschien auch Mr.Hunt, der mich nun entdeckt hatte, an meinem Tisch: „Hello Fabian, dear companion, how are you? Glad to see you. Ich hörte, Ihr hattet einen guten Flug. But at first, I must have a drink. After your coffee, please come to the Elephant Bar. Very nice style there. We will have a small talk. See you later."
Der Kaffee war gut und hielt mich fest auf dem Boden der Tatsachen: Gleich ging es ja um die **Bundeslade** und die sagenhaften Einritzungen von dem

Finger Gottes, und noch einmal um die **Templer**, und danach wollte ich für **UFO** nicht mehr zur Verfügung stehen.
Jetzt schlenderte Prof. Natot an den Tischen entlang zum Ausgang, er winkte lächelnd zu mir herüber, schlenderte weiter, lächelte, lächelte ...
Der gute Mann war nicht nervös, das sah man schon aus der Distanz.
Und noch etwas: Wo die Lederjacken saßen, hatten längst andere Personen Platz genommen. Es war nun 11h13. Ich stand auf und verließ den Raum. Links von der Teehalle war eine Tür zur Elephant Bar, von wo mir Mr.Hunt schon zuwinkte. Wir machten Hand Shake, ich bedankte mich für den Charterflug, und er kam gleich zur Sache:
„Wir graben die **Bundeslade** aus. Wir beide. Ich liefere das Team, du bist Commander." Dabei streckte er seine Hand aus und sagte: „Top – schlag ein!"
Und dann zum Bar-Keeper: „Charly, a whisky for my friend."
Abwehrend hob ich meine Hände:
„Stop, **UFO** ruft!" Dann tippte ich auf meine Uhr: „In 30 Minuten sind wir auf Sendung! Let's go."
Mit leichter Verbeugung löste ich mich aus der atmosphärischen Umarmung, dann fand ich den Weg zur Rezeption, wo eine dieser Lederjacken herumlungerte, weiter folgte ich dem Hinweisschild

UFO No. 8
BBC · ARTE · ORF

und gelangte zu dem Raum MADRID: sympathischer Raum mit der üblichen Fünfer-Bestuhlung und einem Kamera-Team.
Kurt führte mich sofort zu einem hageren Herrn in grauem Flanell, mit hell grauem Haar und spitzem Kinnbart. Er trug eine randlose Brille, hinter deren Gläsern ich zwei optimistische Äugelein entdeckte:
„Darf ich bekannt machen: Herr Jaspers, unser Assistent von LeParisien – Prof. Dr. Gurnemanz, unser heutiger Gast. Herr Jaspers ist auf die **Bundeslade** und die **Templer** spezialisiert, aber Sie, Herr Professor, werden dass alles gleich noch toppen, wie man heute neu-deutsch sagt."
„Das weiß ich nicht, meine Herren, ich hatte soeben ein Gespräch mit dem Kollegen Natot, der mir sehr gut bewandert schien."

Ich schaute mich in dem Raum um: zwei Kameraleute, eine fesche Tontechnikerin, und eine Dame für die Beleuchtung, deren Apparatur aber noch nicht so richtig funktionierte.
Übrigens: Prof. Gurnemanz sah genau so aus, wie ich ihn mir vorgestellt hatte: Hager, drahtig, überschwänglicher Optimismus – Und dieser Mann hatte den Schlüssel zur Bundeslade?
Jetzt kamen auch Prof. Natot und Hunt in den Raum. Natot, die Ruhe in Person, sagte sofort zu mir: „Auf das heutige Meeting freue ich mich ganz besonders."
„Huch", hauchte ich zurück, „ist das nun ein gutes oder schlechtes Omen?"
„Nur gut, nur gut", und lächelnd wandte er sich dem kleinen Getränkewagen zu.
„Nur gut, Fabian", echote Hunt: „Du bringst heute alles gut voran. Und danach sprechen wir. Und wir beide fliegen zusammen zurück."
„Ich bin trotzdem nervös", war meine tonlose Antwort. Kurt hatte inzwischen die Tischschilder verteilt und auf jedem Platz ein Glas Wasser abgestellt. Langsam nahmen wir hinter den Schildern unsere Sitze ein:

FABIAN JASPERS Assistent	HUMPHREY L. HUNT PEN	KURT KINZL ORF	PROF. GURNEMANZ WFHB	PROF. JEREMY A. NATOT

Dann wurde es still. Einer der beiden Scheinwerfer richtete sich auf Kurt. Aus der Dunkelheit hinter der Kamera vernahm ich die unter TV-Leuten bekannte Zählung: „**Fünf – Vier – Drei – Zwei – Eins – Ab!**"
Noch zwei, drei Sekunden, dann begann Kurt:
„Meine sehr verehrten Damen und Herren, guten Abend, und herzlich willkommen zu unserer achten Ausgabe von **UFO**, der internationalen Serie **Ultimate Fabulous Outlook**. Heute diskutieren wir in dem europaweit bekannten Quellenhof im Zentrum der alten Kaiserstadt zu Aachen. Immer noch sind einige Rätsel der Templer-Forschung ungelöst.
Unser heutiges Thema lautet:

„Wo haben die Templer die Bundeslade versteckt?".

Zu meiner Linken begrüße ich als Gast des heutigen Abends Herrn Prof. Dr. Alkuin Gurnemanz, den ehrenwerten Präsidenten der ‚Wahren Freun-

de der Heiligen Bundeslade', einer international tätigen Organisation, die auch unter dem Namen die ,True Friends of the Ark of the Covenant' oder die ,Amis Sincères de l'Arche de l'Alliance' hervorgetreten ist. Herzlich willkommen.
Ihm zur Seite begrüße ich Herrn Professor Natot von der Universität in Jerusalem, einen ausgewiesenen Kenner des templerischen Europas und liebenswürdigen Begleiter von **UFO**.
Mir zur Rechten heiße ich den Vertreter des amerikanischen PEN Centers, Herrn Humphrey Hunt, willkommen, der weltweit über die Freiheit und Rechte von Autoren und Verlagen wacht und ein besonderes Interesse an diesem Thema hat.
Und zu seiner Rechten begrüße ich unseren jungen Assistenten Fabian Jaspers, der sich ein weiteres Mal auf die letzten esoterischen Fragen der Templer-Forschung vorbereitet hat.
Hochverehrter Herr Präsident, wo haben die Templer oder Ihre Wahren Freunde die Heilige Bundeslade vergraben? Bitte sagen Sie es uns."

ALKUIN GURNEMANZ, Präsident ... *lacht herzlich*:
„Zunächst sage ich herzlichen Dank, dass ARTE, BBC und ORF ihr Augenmerk auf die ÄLTESTE SPUR GOTTES geworfen haben und damit unserem Forscherkreis hier in und um AACHEN die Gelegenheit geben, über unsere Arbeit zu sprechen. Herzlichen Dank.
Zu Ihrer Frage: Wir haben nichts vergraben, sondern wir sind ein freier Kreis von Wissenschaftlern, die von der Erkenntnis getragen sind, dass die heilige **Bundeslade** hier verborgen ist und täglich auf ihre Wiederentdeckung wartet. In diesem Sinne der religiösen Erwartung sind wir Templer."

KURT KINZL, Moderator:
„Nun klingt ja in der Unterhaltungsliteratur immer mal wieder die Story an, die Templer hätten die Bundeslade gefunden und nach Frankreich verbracht. Ich denke, vier Fragen bedürfen da einer Antwort:

☒ UFO-FRAGE NR. 1:
Gelangte die Bundeslade nach Frankreich?"

ALKUIN GURNEMANZ, Präsident ... *lächelnd*:
„Nein, nein. Und Sie sagen es bereits: Das ist Unterhaltung, aber nie haben solche Schreiberlinge irgendeinen Beweis dafür geliefert."

HUMPHREY HUNT, PEN Center:

„Ich kenne solche Publikationen, immerhin berufen sie sich auf Reliefs oder Inschriften an den berühmten Kathedralen von SAINT-DENIS oder CHARTRES."

KURT KINZL, Moderator ... *blickt auf Jaspers*:

„Unser Assistent hat sich in SAINT-DENIS umgesehen und kann uns sicherlich dazu einen Bericht geben."

FABIAN JASPERS, Assistent:

„Ja, es gibt solche Anspielungen, aber das fragliche Relief in der Krypta von SAINT-DENIS – man erkennt einen (vermutlich mit Reliquien) beladenen Karren – ist nach Auskunft der staatlichen Denkmal-Verwaltung eine Reminiszenz an den englischen Märtyrer SAINT EDMUND, der um **870** von heidnischen Dänen ermordet wurde und seitdem in über 60 Kirchen Englands, aber auch in manch französischen Orten, z.B. TOULOUSE, als Schutzpatron verehrt wird. Also: **keine Bundeslade in** SAINT-DENIS."

ALKUIN GURNEMANZ, Präsident ... *zufrieden*:

„Danke für diese klaren Worte."

JEREMY NATOT, Professor:

„Einen weiteren Beweis gegen solch falsche Templer-Theorien kann man auch mit der **Logik der Bilder** führen: In den Kathedralen von SAINT-DENIS und CHARTRES gibt es wohl Wand- oder Fenster-Bilder mit einem Gegenstand wie der **Bundeslade**, aber beide Kirchen schmücken sich ebenso auch mit Bilddarstellungen vom **Jüngsten Gericht**, und dieses hat ja wohl auch noch nicht stattgefunden, weder in SAINT-DENIS noch in CHARTRES. Die fromme Logik der Bild-Phantasien ist folglich kein Beweis für die historische Wirklichkeit ihrer Inhalte. Das alles ist vielmehr **Dekor und Überschwang der mittelalterlichen Frömmigkeit**."

FABIAN JASPERS, Assistent:

„Mehr noch: Die DENIS-KATHEDRALE ist überfüllt mit Phantasien: Ein Fenster zeigt „die legendäre Pilgerschaft Karls des Großen ins Heilige Land",[24] ein anderes Fenster-Mosaik suggeriert, dass der Abt Suger während der Kindheit Jesu zu Füßen von Maria gelegen habe[25] – also wieder nur wunderbare Phantasien."

24 *Sauerländer, Willibald: Das Jahrhundert d. großen Kathedralen. 1140-1260. Bd.1. München 1990, S.12.*

25 *Ebd. S.13.*

KURT KINZL, Moderator:
„Danke, danke, meine Herren, ich denke, die französischen Phantasien über eine templerische Bundeslade können wir damit ad acta legen.–

☒ UFO-FRAGE NR. 2: Gelangte die Bundeslade nach Rom?

Denn immerhin: Das Römische Weltreich besiegte den jüdischen Widerstand in Galiläa und zerstörte Jerusalem und damit auch den zweiten [=Herodianischen] Tempel im Jahre 70. Der zu Ehren des Titus in Rom errichtete Bogen zeigt reliefartig die geplünderten Ritualgegenstände an. Ist dies nicht ein Beweis für einen nunmehr **römischen** Verbleib der **Bundeslade**?"

JEREMY NATOT, Professor:
„Nein, auch das ist Dekor, jedenfalls kein Beweis für einen römischen Zugriff auf original altjüdische Kultgegenstände. Hier dürfen wir uns auf unseren jüdischen Geschichtsschreiber in römischen Diensten verlassen. Flavius Josephus schrieb zur römischen Inbesitznahme des Tempels von Jerusalem:

> *Die innerste Abteilung des Tempels endlich hatte zwanzig Ellen im Geviert und war von dem vorderen Raume wiederum durch einen Vorhang getrennt. In ihr befand sich* **einfach gar nichts**. *Von niemand durfte sie betreten [...] werden; sie hieß das* **Allerheiligste**.[26]

Die Historiker sind sich einig, dass die Formel ‚einfach gar nichts' wie folgt zu verstehen ist: ‚Nichts weiter als ein Stein, auf den der Hohepriester am Versöhnungstage ein Gefäß mit Räucherwerk stellte. Die heilige Lade war bereits mit dem ersten [=Salomonischen] Tempel zu Grunde gegangen'[27].
Fazit: Was immer die römische Soldateska nach Italien importierte, die hebräische Bundeslade war es nicht."

ALKUIN GURNEMANZ, Präsident ... *dankbar*:
„Einverstanden! – Danke auch für diese klaren Worte ..."

KURT KINZL, Moderator:
„Entschuldigung, dass ich hier unterbreche, aber hier muss ich nachfragen:

☒ UFO-FRAGE NR. 3: Was geschah mit dem römischen Reliquien-Import?

[26] *Josephus, Flavius: Geschichte d. Jüdischen Krieges (De bello Judaico, V,5). Übers.v. H. Clementz. Wiesbaden 2005, S.391.*
[27] *Ebd. S.391, Anm.5.*

Römischer „Reliquien-Import“ © D. Vieweger, Heiliges Land, Gütersloh 2011

Denn wir alle kennen doch die Darstellungen und Inschriften auf dem heidnischen **Titus-Bogen** in Rom, und die können doch keine Fälschung sein. Und als römisches Staatsgut müssen diese Gegenstände dann unter dem pro-christlichen KONSTANTIN DEM GROSSEN in den Reliquienschatz der ältesten Mutter-Kirche in Rom übernommen worden sein, und das war nun mal die LATERAN-BASILIKA, die um 320 geweiht wurde und an deren Fassade sich noch heute die Inschrift ‚Mater et caput omnium ecclesiarum urbis et orbis‘, also ‚**Mutter und Haupt aller Kirchen** der Stadt und des Erdkreises‘ befindet.“

ALKUIN GURNEMANZ, Präsident … *sich ereifernd*:
„Genau das sollten die heidnischen RÖMER zu TITUS‘ ZEITEN glauben, und genau das haben die christlichen RÖMER anlässlich der kirchlichen Weihung der LATERAN-BASILIKA in naiver Weise angenommen. Unser römischer Kontaktmann hat folgende Abläufe in Erfahrung gebracht:

- Nach der Weihe der LATERAN-BASILIKA um **320** wurde ein Inventar-Verzeichnis erstellt, in dem unter Nr.712 der Holzaltar der LATERAN-KIRCHE irrtümlicherweise als **archa foederis Domini** bezeichnet wurde, also als **Bundeslade**, in der sich angeblich auch der **siebenarmige Leuchter** (septem candelabra) aus JERUSALEM befunden hätte[28].

[28] *Braun, Joseph: Der christliche Altar i. seiner geschichtl. Entwicklung. Bd.1. München 1924, S.59..*

- Das ging nun so weiter: Der römische Kanoniker NICOLAUS MANIACUTIUS verfasste **1145** einen Traktat, in dem er darlegte, dass die aus dem JERUSALEMER Tempel importierten Kostbarkeiten – nämlich **arca** et tabulae, candelabrum et tubae, also **Lade** und Tafeln, Leuchter und Trompeten – in den Altar der LATERAN-KIRCHE (Altare Sacrosanctae Basilicae) verbracht worden wären[29].

- Ein **Diakon namens Johannes** hat das anonyme Inventar-Verzeichnis Nr.712 überarbeitet und um **1185** unter dem Titel ‚De ecclesia Lateranensi' dem PAPSTE ALEXANDER III. (1159-1181) gewidmet und mit weiteren Ergänzungen herausgegeben. Die letzten Zusätze stammen aus **1297**.[30]

- Und außerdem registrierte ein **Minorit namens Martinus** in seiner bis **1290** reichenden Chronik ‚Flores temporum' die von dem heidnischen Imperator TITUS angeblich importierte **Bundeslade** unter den Reliquien des Lateran[31]."

JEREMY NATOT, Professor:
„Bei allem Respekt – ich kann hier nicht einfach nur naiven Aberglauben unterstellen. So viele Leute können sich nicht irren! Es muss doch einen plausiblen Grund für diese **lateranischen Spiegelfechtereien** gegeben haben!"

FABIAN JASPERS, Assistent ... *gibt mit der Hand ein Zeichen*:
„Wenn ich mich da einmischen darf – es gibt da tatsächlich eine spannende Theorie: Die **Rom-Pilger** strebten schon früh vornehmlich einer **anderen Kirche** zu, welche mit einer viel bedeutsameren Reliquie aufwarten konnte: der PETRUS-KIRCHE mit den angeblichen Gebeinen des APOSTEL PETRUS. Nicht zufällig las man unter den dortigen Graffiti seit dem 3.Jh. den Satz ‚Petrus ist hier'[32]."

JEREMY NATOT, Professor:
„Verstehe – Konkurrenzkampf zwischen zwei römischen Kirchen um die Gunst der Pilger, also **alter Lateran** contra **neuem Vatikan**. Das Mittelalter ist voll vom Wettbewerb der Kirchen mit ihren Reliquien."

29 *Historia Imaginis Salvatoris. In: Wolf, Gerhard: Salus Populi Romani. Geschichte römischer Kultbilder i. Mittelalter. Weinheim, 1990, S.322f.*

30 *Braun, a.a.O., S.59.*

31 *Willems, Christoph: Der hl. Rock zu Trier. Eine archäologisch-historische Untersuchung. Trier 1891, S.76.*

32 *Vatikan-Lexikon. Hrsg. v. Niccolò del Re. Augsburg 1998, S.579.*

KURT KINZL, Moderator:
„Na, gut, lassen wir das mal so stehen – aber wie geht es nun mit der **Bundeslade** und den **Templern** weiter?"

ALKUIN GURNEMANZ, Präsident:
„Also, auf der bislang **skizzierten Schiene** JERUSALEM → TITUS → LATERAN jedenfalls nicht: Um **1308** gab es im LATERAN-PALAST einen Brand, worauf die Päpste ab **1309** im französischen AVIGNON residierten. Von der vermeintlichen **Bundeslade** wurde nicht mehr gesprochen. Im **15.Jh.** war nachweislich die angebliche ARCA FOEDERIS nicht mehr vorhanden.[33] Und beim Umbau des Altars in die heutige Marmor-Ummantelung wurde das Altar-Innere **1850** ‚einer genauen Untersuchung unterzogen', ohne dass Nennenswertes zum Vorschein kam[34]."

... ein tiefes Raunen ging durch den Raum. Hunt nahm einen großen Schluck aus seinem Wasserglas. Natot schnäuzte sich die Nase. Kurt blätterte in seinen Notizen. Auch ich schluckte an dem kühlen Mineralwasser aus Aachen. Nur Gurnemanz grinste in sich hinein und genoss den Verlauf der bisherigen Diskussion. Dann nahm Kurt den Faden wieder auf:

KURT KINZL, Moderator ... *zu Gurnemanz*:
„Herr Professor Gurnemanz, wenn wir also über die französische und römische Schiene nicht weiter kommen, stellt sich schlussendlich

☒ **UFO-FRAGE NR. 4:**
Wie kommt hier nun Ihre Gilde der Wahren Freunde der Bundeslade bzw. Ihr Templertum ins Spiel?"

ALKUIN GURNEMANZ, Präsident ... *stolz*:
„Meine Herren, ich sage es ganz offen heraus: Bedeutender als SAINT-DENIS, CHARTRES oder ROM war damals seit **800** AACHEN, wo KARL DER GROSSE residierte und die Grundlagen für EUROPA legte. Dorthin wanderten die meisten Reliquien aus dem Orient. Und deshalb ist es nicht verwunderlich, dass unser Chronist des 1.Kreuzzugs, unser Kanoniker ALBRECHT VON AACHEN, darlegte, dass die **Kreuzfahrer 1099** im Felsmassiv des HEILIGEN BERGES MORIA Höhlungen fanden, in denen ‚quaedam **Sancta sanctorum**', also einige der **Allerheiligs-**

33 *Braun, a.a.O., S.60.*
34 *Ebd. S.57.*

ten Dinge, aufbewahrt wurden[35]. Dies war eine Umschreibung der **Heiligen Bundeslade** und der in ihr einliegenden **Zehn Gebote**."

HUMPHREY HUNT, PEN Center:

„Und auf diese Weise haben die Templer diese Reliquien in Besitz genommen? Interessant!"

ALKUIN GURNEMANZ, Präsident:

„Nein, um 1099 gab es noch keine Templer. Wir vermuten, dass **Kreuzfahrer aus Aachen** das Reliquien-Gut wohl verpackt als unauffälliges Reisegut in dem etwas später auf dem Berg begründeten Templer-Domizil, also im ‚Templum Salomonis' (vormals: EL-AKSA-MOSCHEE), zwischenlagerten und dann in Begleitung einer Templer-Eskorte nach EUROPA schafften, zumal der Pilger-Begleit-Service eine Aufgabe der Templer war. Die Templer selbst dürften damals von der Bedeutung des Inhalts zunächst gar nichts gewusst haben."

Felsendom, Blick vom Ölberg Foto: Autor

KURT KINZL, Moderator:

„Hoch interessant! Aber warum der Raub dieser Reliquien aus ihrem angestammten Zentrum JERUSALEM? Das ‚Wahre Kreuz' hat man doch auch in der JERUSALEMER GRABESKIRCHE belassen!"

ALKUIN GURNEMANZ, Präsident ... *weit ausholend*:

„Das war kein Raub, sondern eine Vorsichtsmaßnahme: JERUSALEM ist wiederholt von Despoten angegriffen und verwüstet worden, man denke nur an **Nebukadnezar** aus BABYLONIEN und den Imperator TITUS aus ROM. Unter den damals vier bedeutendsten Reliquien-Orten SANTIAGO DI COMPOSTELLA, AACHEN, ROM und JERUSALEM war die einst karolingische KAISER-STADT AACHEN der sicherste Ort: Dort wollte KARL laut EINHARD ein **Zweites Rom** errichten[36], zumal er seit der FRANKFURTER SYNODE von 794 ‚Rex et Sacerdos', also **König** und **Priester**, genannt wurde, ja eigentlich wollte er hier sogar ein **Zweites Jerusalem** begründen, denn sein Aachener Thron hatte wie der des biblischen KÖNIGS SALOMO sechs Stufen[37], und seit seiner Krönung zum Kaiser wurde er sogar **König David** genannt.[38]

35 *Belege: s.o. S.10.*

36 *Roth, Hans Jürgen: Haus zweier Welten. 1200 Jahre Aachener Dom. Hrsg. v. Domkapitel Aachen. Aachen 1999, S.34.*

37 *1 Kö 10,19.*

38 *Roth, a.a.O., S.72.*

Kurz und gut: Seit KAISER KARL DEM GROSSEN alias neuem KÖNIG SALOMO alias neuem KÖNIG DAVID gelangten kostbarste Reliquien aus dem Heiligen Land an den kaiserlichen Hof zu AACHEN, wo ein **spirituelles** JERUSALEM, frei von Bedrohung, entstehen sollte." ... *er wirkte erschöpft und nahm einen tiefen Schluck aus seinem Glas.*

HUMPHREY HUNT, PEN Center:
„Stopp! Das war um 800 n.Chr. Uns interessieren die **Bundeslade** und die späteren **Templer** – wo sind die jetzt abgeblieben?"

ALKUIN GURNEMANZ, Präsident ... *begeistert*:
„Richtig! Auf zu den **Templern**! Die Reliquien-Pflege zum neuen Testament ging in der **Kreuzfahrerzeit** weiter: Um 1215 war der **Karlsschrein** fertig, um 1239 der AACHENER **Marienschrein** mit den wichtigsten Reliquien wie den Windeln Jesu, dem Marienkleid, dem Lendentuch Jesu und dem Enthauptungstuch des Täufers. **Die vielen anderen Reliquien, etwa des alten Testaments, blieben unter Verschluss.**[39] Alle sieben Jahre wurde der Marienschrein öffentlich präsentiert, bis heute, also demnächst wieder im Juni 2014. Dazu lade ich Sie und unsere Zuschauer herzlich ein."

... er hatte sich verausgabt. Ein Kameramann stellte ihm ein neues Glas Wasser hin, wovon der Gast sofort Gebrauch machte.

JEREMY NATOT, Professor ... *sarkastisch lächelnd*:
„Hier muss ich leider **zwei Einwände** vortragen:

> **Erstens** haben Sie bislang nicht begründet, **wann und durch wen** konkret die Bundeslade oder andere Findlinge aus dem Berg Moria nach Aachen gekommen sind.
>
> **Zweitens** sind die Schilderungen des ALBERT VON AACHEN wenig brauchbar, da man in und an dem Felsmassiv des Felsendoms die angeblichen Türchen und Höhlungen später **nicht gefunden** hat.

Und generell vermisse ich nähere Angaben zur Rolle der Templer."

ALKUIN GURNEMANZ, Präsident ... *wehleidig*:
„Herr Kollege, diese Fragen sind unserer Gilde bekannt und oft erörtert worden: Zunächst zu ALBERT VON AACHEN, unserem verehrten Kanonikus aus dem ersten Kreuzzug: Bereits der EVANGELIST MATTHÄUS berichtet von einem **Erdbeben in** JERUSALEM, bei dem sich die Felsen spalteten und Gräber

[39] *Roth, a.a.O., S.74 et passim.*

öffneten.[40] Bei einem Erdbeben können sich aber auch Felsspalten schließen, Treppen verrutschen und Gebäude einstürzen – so wiederholt geschehen im Jerusalem der Jahre **748, 846, 1016 und 1067** – "

JEREMY NATOT, Professor ... *kopfschüttelnd:*

„ – Veto: Dass sind alles Jahre vor dem Bericht des ALBERT VON AACHEN!"

ALKUIN GURNEMANZ, Präsident ... *lächelnd, blickt auf einen Zettel:*

„Korrekt, aber nach dem 1.Kreuzzug und damit nach seiner Chronik von 1099 ging das erst richtig los: **1457, 1461, 1546, 1837, 1927 und 2004**. Besonders am 15. Januar 1546 hat es schwere **Beschädigungen am** FELSENDOM gegeben. Außerdem haben wiederholt bauliche Veränderungen und Korrekturen stattgefunden. Unser **Aachener Chronist** ist da unschuldig. Kein Wunder, dass die damaligen Berichte unseres Aachener Chronisten heute durch neuere Sachlagen längst überlagert werden. Wir glauben unserem Chronisten und haben ihn posthum zum **Ehrenmitglied** erhoben."

HUMPHREY HUNT, PEN Center:

„Ein interessanter Autor. Worin liegt seine Bedeutung für AACHEN?"

KURT KINZL, Moderator:

„Hier möchte ich unserem Assistenten das Wort geben. Aus Paris hat er uns bemerkenswerte Beobachtungen über AACHEN mitgeteilt."

FABIAN JASPERS, Assistent:

„Ja, also, offiziell haben die Templer in AACHEN keine Niederlassung gehabt, umso erstaunter war ich, dass ich im Aachener Straßenverzeichnis von alters her überkommene Bezeichnungen wie **Templergraben** und **Tempelhofer Straße** fand. Auf Nachfrage beim AACHENER STADT-ARCHIV wurde mir mitgeteilt, dass es dort laut Schenkungsurkunde von **1435** einen älteren **Templerhof** gegeben habe, dass dort aber auch Liegenschaften des JOHANNITER-ORDENS und des DEUTSCHHERREN-ORDENS existierten, deren Ritter im AACHENER Volksmund generell als **Templarii**, also als **Templer** bezeichnet wurden, so dass eine historisch exakte Zuordnung von Templern für AACHEN nicht mehr möglich sei."

ALKUIN GURNEMANZ, Präsident ... *sehr sicher:*

„Genau das bestreiten wir: Wo es heute **Templer-Namen** gibt, muss es damals **Tempel-Ritter** gegeben haben."

40 *Mt 27,51-54.*

JEREMY NATOT, Professor:
„Das stimmt und das wird auch von der Geschichte bewiesen: Die ‚Tempel-Ritter' konnten sich nach der **Aufhebungs-Bulle von 1312** anderen Orden anschließen. Die ‚Tempel-Güter' gingen dabei in den Besitz der JOHANNITER über. Im **Volksmund** blieben aber die **bisherigen Bezeichnungen** erhalten bis heute hin zu entsprechenden Straßennamen wie etwa in PARIS, LONDON und SCHOTTLAND. Das heißt: Auch in AACHEN müssen wir diese Spuren ernst nehmen. **Fazit: Die ‚Tempel-Ritter' waren auch in Aachen.**"

KURT KINZL, Moderator:
„Das ist aber nicht alles, wir haben da weitere Indizien!"

FABIAN JASPERS, Assistent:
„Genau – in der BIBLIOTHÈQUE NATIONALE zu PARIS stieß ich auf die AACHENER Regional-Literatur und fand Hinweise auf ein früheres **Tempel-Kloster** und eine ehemalige **Templer-Kirche** im Großraum von AACHEN. Mehr noch: Ich entdeckte Angaben über ‚die **Tempel-Herren** von Oellerdal'[41], ferner über weitere **Tempel-Spuren** in ... *jetzt blickte ich auf meinen Notizzettel* ... FISCHBACH, LASCHEID, ALDRINGEN, LEITEM und OBERHAUSEN – alles kleinere Ortschaften in den **Wäldern der** ARDENNEN, die seit 1841 in BRÜSSEL registriert worden sind[42]."

ALKUIN GURNEMANZ, Präsident:
„Bravo, mein Herr, ich lade Sie herzlich ein zur Mitarbeit in unserer Gilde der ‚Wahren Freunde der Bundeslade'! Wir kennen diese Ortsangaben und wissen von weiteren **Tempel-Ruinen** in DIEKIRCH, dann in WALLENDORF, ferner haben wir ein Ausgrabungsvorhaben zwischen ASSELBORN und MÄCHERN, darüber hinaus unterstützen wir die archeologischen Grabungen bei LÖLGEN, außerdem betreuen wir Studenten aus AACHEN und vom DÉPARTEMENT DE GÉOGRAPHIE DE L'UNIVERSITÉ DE LIÈGE bei ihren **Tempel-Rekonstruktionen** zwischen RUDRA und UDELER[43]."

HUMPHREY HUNT, PEN Center
... hatte fleißig mitgeschrieben und blickt nun auf:
„Ich hoffe, Herr Jaspers folgt unserer Einladung vom amerikanischen PEN–Zentrum in NEW YORK ... "

[41] *Borman, Michael (a.a.O. S.95 u.98) = s.o. S.11, Anm.18.-*
[42] *Ebd, a.a.O. S.104f. = s.o. S.12, Anm.19.*
[43] *Ebd., a.a.O., S.95-105.*

JEREMY NATOT, Professor ... *unterbricht:*
„ – Verehrter Kollege von der Philosophischen Fakultät der honorigen Universität zu AACHEN, wieso nehmen Sie an, dass es sich bei den um 1840 in den ARDENNEN registrierten **Tempel-Spuren** eindeutig um Relikte der historischen **Templer** handeln soll?"

ALKUIN GURNEMANZ, Präsident ... *lächelt selbstsicher:*
„Kein Problem – Mit Ihrer Frage berühren Sie gerade einen Kern unserer Arbeit: Einige Funde haben sich als Relikte aus der **römischen Besatzungszeit** herausgestellt, aber diese lagen in der **Nähe der damaligen Römerstraßen**, zumal die Römer praktisch veranlagte Menschen des Diesseits waren.
... er nimmt einen Schluck aus seinem Wasserglas, dann:
Je weiter aber diese durch den **Volksmund** überlieferten Tempel-Spuren von Straßen und Wegen entfernt waren, also in der Einöde, in der unzugänglichen Wildnis der Wälder, desto weniger konnten wir römische Markierungen entdecken. Dort offenbaren sich uns – wie nach 1312 in SCHOTTLAND – die Indizien für die **Rückzugsgebiete jener Templer**, die nicht zu den JOHANNITERN übertreten wollten und somit ihre Reliquien aus dem AACHENER KIRCHENKREIS mitgenommen haben und Familien gründeten. Was in AACHEN bis heute erhalten blieb, sind die Sagen und Erzählungen aus dem **Volksmund** über frühere **Templer-Häuser** und verbliebene Straßennamen. Unsere Gilde erforscht diese Überlieferungen aus der Kultur der Kreuzfahrerzeit und hofft, eines Tages auch das hier zu finden, was an allen anderen Stellen des Erdkreises bekanntlich nicht gefunden wurde, nämlich die **Bundeslade**."

KURT KINZL, Moderator:
„Danke für das Statement – a propos **Kreuzfahrerzeit**: Was wissen Sie denn über die Kreuzfahrer in dieser Region?"

ALKUIN GURNEMANZ, Präsident
... reibt seine Brillengläser mit einem Tüchlein, dann:
„Die ARDENNEN – oder sagen wir besser – die große Region zwischen BELGIEN und LUXEMBURG, zwischen FRANKREICH und DEUTSCHLAND hat sich **aktiv an den Kreuzzügen** beteiligt:
Am **1.Kreuzzug**, über den unser AACHENER CHRONIST ALBERT berichtete, haben 330 Adlige aus der GRAFSCHAFT NAMUR teilgenommen. Ferner erwähnen die Quellen adlige Teilnehmer aus der heute renovierten ABTEI STAVELOT, aus der PROVINZ CHINY, aus der südlich gelegenen GRAFSCHAFT VIANDEN ebenso

wie aus den östlichen Ortschaften, nämlich KLEVE, REIFFERSCHEID und später MONTJOIE, das seit 1918 MONSCHAU heißt[44]. Kein Wunder, dass auch diese Heimkehrer **Reliquien** im Gepäck hatten, von denen so einiges im Reliquien-Schatz von AACHEN Geborgenheit fand."

... es war still geworden. Jeder war wohl in seine eigenen Vorstellungen vertieft wie einstmals Parzival vor den drei Blutstropfen im Schnee. Der Teamleiter hinter der großen Kamera machte ein Zeichen, und Kurt erwachte als Erster aus der von Tiefsinnigkeit geprägten Trance:

KURT KINZL, Moderator:

„Danke, meine Herren, danke für diese illustre Reise vom **Berge Moria in** JERUSALEM bis hin zu den geheimnisvollen Wäldern rund um die **Karolinger-Stadt** AACHEN. Schließen möchte ich diese achte **UFO**-Runde mit einem persönlichen Statement von Ihnen allen. Herr Professor Gurnemanz, wo liegt denn nun die wahre **Bundeslade**?"

ALKUIN GURNEMANZ, Präsident ... *feurig*:

„AACHEN – eindeutig AACHEN: Alle Spuren weisen nach AACHEN und in sein Umland. Hier sprudelt die Quelle, hier graben, glauben und hoffen die ‚Wahren Freunde' auf das Mysterium: Wir sind die wahren Templer."

HUMPHREY HUNT, PEN Center ... *begeistert*:

„In den **Wäldern der** ARDENNEN: Wenn so viele Sachbuch-Autoren und Populär-Wissenschaftler versagt haben, dann sollten wir in den ARDENNEN neu beginnen. Mit Boden-Echo, High-Tech-Wanzen und Satelliten-Radar. **Voll Power aus dem Orbit.** Wir knacken den **Templer-Code**!"

JEREMY NATOT, Professor ... *wehmütig:*

„Die wahre Bundeslade wurde von **Moses zerschlagen** und das mosaische Duplikat enthält nicht mehr die **Fingerabdrücke Gottes**.[45] Als Templer-Forscher halte ich mich aus solchen Ortsbestimmungen heraus."

FABIAN JASPERS, Assistent ... *nachdenklich:*

„**Bundeslade, Grabtuch, Gral** – ich frage mich so langsam, ob wir alle nicht immer nur dasselbe suchten ..."

KURT KINZL, Moderator:

„Meine Herren, danke, danke, ich danke Ihnen hier für Ihre Mitwirkung und Ihre beherzten Schlussworte. Ebenso danke ich unserem Publikum fürs

44 *Ebd., S.234f.*

45 *2 Ms 34,28: Die Ersatz-Tafeln hat Moses selber beschriftet.*

Zuschauen. Ich bin sicher, dass die Diskussion in den sozialen Netzwerken unserer Internet-Gesellschaft weitergeht. Doch unsere Zeit ist leider um. Für heute sage ich: Vielen Dank und guten Abend – Leben Sie wohl!“
„Danke und Aus!“ rief der Aufnahme-Leiter. Ich atmete tief durch und leerte mein Glas in einem Zug. Mein einziger Gedanke war: „Endlich!“

Tageslicht perlte wieder in den Raum, die Türe ging auf, und draußen – hoppla, ich täuschte mich nicht – draußen auf dem Gang entschwand eine der beiden Lederjacken, die seit dem Hinflug in meiner Nähe waren.
Alle strebten dem Teewagen zu und bedienten sich mit einem Drink. Natots Schlusswort über Moses stand nun im Mittelpunkt der Diskutanten, so dass Kurt lächelnd um Besänftigung bemüht war: „Meine Herren, bitte nicht streiten, ich schlage ARTE eine neue Sendereihe vor: **Moses und die Folgen**.“
„Ich bin gerne dabei“, meinte Prof. Natot und labte sich an seinem Apfelsinen-Saft.
Gurnemanz winkte amüsiert ab: „Bis dahin haben wir die **Bundeslade** längst gefunden. Aachen wird geistiges Zentrum.“
„Dann könnt Ihr ja auch die **Templer** rehabilitieren“, fügte ich grinsend hinzu.
„Machen wir, machen wir mit links.“
Mr. Hunt hatte sich mit einem Cola-Getränk wieder aufgebaut: „A very fine Round Table discussion, Fabian, wir sind jetzt ganz nah am Ziel. Ich fühle das“, dabei klopfte er mit der anderen Hand auf seinen Bauch.
Inzwischen waren die Kameraleute verschwunden. Wir schlenderten zur Brasserie, um frischen Kaffee zu trinken. Hunt wich nicht von meiner Seite und machte Komplimente: „Wenn wir die Bundeslade gefunden haben, schreibst du das **Drehbuch** für einen Film über den **Templer-Code**.“
„Und wenn wir nichts finden?“ fragte ich zum Schein zurück.
„Dann schreibst du einen **Roman**: ‚Tempel, UFO und Bundeslade‘.“
„Das wäre was für Zombies.“
„Oder Aliens“, lächelte er zurück. Eigentlich hatte er ein ganz harmloses Gemüt, wenn da nicht wieder die beiden Lederburschen wären, die mich beäugten.
„Wer sind die beiden?“ fragte ich ihn ganz direkt.
„Wer? Wen meinst du denn?“
„Die beiden da, die jetzt nicht her gucken.“
„Weiß nicht, denke, dass sind Touristen, die auf unseren Rückflug warten.“

Jetzt sagte ich nichts mehr. Kurt saß mit dem Professor aus Jerusalem am Tisch nebenan. Sie erörterten irgendetwas. Gurnemanz war nicht mehr da.
Ich dachte nach und begriff, dass ich mich auf keinen Fall mit Hunt und den beiden Cowboys irgendeiner Charter-Maschine anvertrauen würde.
„Entschuldige, der Kaffee drückt, die Toiletten sind wohl bei der Bar?"
Lässig stand ich auf und bog in die Teehalle ein. „Nicht umdrehen!", sagte ich mir instinktiv.
Auf dem Rückweg erblickte ich einen der Ledermänner. Er lehnte am Hotel-Ausgang und blätterte in einer Zeitung mit roter Head Line: DALLAS Observer.
Langsam, ganz langsam musterte ich den Bereich der Empfangshalle: Gegenüber dem Empfang führte eine breite Treppe zu den oberen Etagen – aber was sollte ich dort?
Daneben war seitlich noch ein kleiner Flur mit Blick auf den Innengarten. Und links in diesem Flur entdeckte ich eine Türe mit Hinweis: TIEFGARAGE – eine Chance?
Ganz belanglos schlenderte ich in der Nähe dieser Türe, und als jemand mit Koffer herauskam, huschte ich hinein, sprang die Stufen abwärts, gelangte in ein schweigsames Kellergeschoss mit geparkten Wagen.
Schon folgte ich schnellen Fußes den Schildern AUSFAHRT. Jetzt erreichte ich die Auffahrt ins Freie, und irgendwie schämte ich mich, wenn ich mich umblicken würde, um zu prüfen, ob mir der Ledermann oder Hunt oder wer auch immer folgen würde ... jetzt war ich draußen und atmete die frische Dezemberluft von Aachen ... nun beschleunigte ich meine Schritte ... dort fuhr gerade ein leeres Taxi ab ... automatisch gab meine Hand ein Zeichen ... ich sprang hinein: „Zum Bahnhof, bitte schnell!" ... zügig rollte der Wagen los ... ein letzter Blick zum Hotel: Draußen vor dem Eingangsportal sah ich einen Mann mit Handy am Ohr ... es war Mr. Hunt ...

PARIS:
SQUARE DU TEMPLE –
FLUCHT ZURÜCK IN DIE GEGENWART

Es nahen sich mir,
die mich listig verfolgen,
deinem Gesetze
sind sie gar fern ...
Psalm 119,150

Aachen Hauptbahnhof, Bahnhofsvorplatz 2a, D-52064 Aachen
Montag, 6. Dezember, 14.43 Uhr

$$\mathcal{V}_{\rightleftarrows} = \mathcal{V}_{(FJ)} - \mathcal{V}_{(HLH)} = \pm\Omega:$$

„Fernzüge fahren meistens von Gleis 7 ab", rief noch der Taxifahrer, während ich auf dieses asymmetrische Gebäude zusprang, dessen Naturstein-Fassade vor hundert Jahren in Klassizismus und Jugendstil verpackt worden war und dessen romanische Bögen sich auch nach innen fortsetzten und vermutlich an den einstigen Rom-Pilger **Karl den Großen** erinnern wollten?
Aber mir fehlte die Zeit: Ich suchte einen neuen Omega-Punkt. Und Gleis 7 war noch weit vor mir, der Fahrkarten-Schalter seitlich wurde von Reisenden umringt, und hinter mir drohte Gefahr durch Verfolger ...
Ich hastete an Menschen unbekannter Sprachen vorbei ... endlich Gleis 7 ... man stieg bereits ein ... schnell ein Blick auf das Wagenschild:

ORION Köln – Aachen –
Liège-Guillemins –
Bruxelles-Midi – Paris Nord

Rasch bewegte ich mich zu den hinteren Wagen, blickte mich noch einmal um, wollte nach Leuten in abgegriffener Lederkleidung Ausschau halten, hielt es aber dann doch für ratsam, rasch in einem dieser mondänen Wagen zu verschwinden.

Aachen Hauptbahnhof - Foto: Maxgreene 2007

14.53 Uhr:

Schon setzte sich der Zug in Bewegung. Ich war in einem dieser Großraumwagen, wo es schwer fiel, sich zu verstecken. Schließlich fand ich einen leeren Platz, versank in der angenehmen Polsterung und hoffte auf einen gutgestimmten Schaffner, denn Nachlösen im Zug galt in deutschen Landen als verpönt.

14.57 Uhr:

Ruckartig hielt wieder der Zug. Draußen bemerkte ich eine eher wilde Kulisse aus Buschwerk und Baustellengerümpel und dazwischen ein halb verwittertes Schild: AACHEN SÜD. War nun einer dieser Lederjacken-Männer zugestiegen? Rausgucken war unmöglich: Die Fenster waren fest verbaut, ich war ein Gefangener! Doch schon nahm der Zug wieder seine Fahrt auf. Kam es nun zu einem Wettrennen zwischen Ihm und mir? In der Physik misst man die relative Geschwindigkeit mit einer Formel:

$$v_{(FJ)} \rightleftarrows v_{(HLH)}$$

14.59 Uhr:

Aus einem unsichtbaren Lautsprecher flutete eine Stimme in alle Wagen:

„Meine Damen und Herren, hier spricht Ihr Zugbegleiter vom ORION-Express Zug-Nr.314 nach Lüttich–Brüssel–Paris-Nord. Ich begrüße nun auch die zugestiegenen Gäste. In wenigen Sekunden durchfahren wir den Busch-Tunnel in einer

Länge von 700 m und unterqueren dort den Aachener Wald, der sich mit 8,2 km in westlicher Richtung erstreckt. Anschließend berühren wir die farbige Landschaft der Ardennen und erreichen 15.17 Uhr Lüttich-Liège. Getränke und Backwerk können Sie bei unserem mobilen Gäste-Service an Ihrem Platz bestellen. Wir wünschen Ihnen eine angenehme Fahrt.“ Klick.

Aachener Wald und die Ardennen? Offensichtlich waren wir jetzt im **Rückzugsgebiet** der **Templer** und damit in der akademischen Domäne von unserem Professor Gurnemanz. Wer hätte je gedacht, dass ich auf diesem Wege – ja quasi auf der Flucht – in seine Gefilde geraten würde. Nach der Ausfahrt aus dem Tunnel machte der Zug eine leichte Linksbewegung und nahm nun Fahrt auf: Die LED-Anzeige über uns zeigte unsere aktuelle Geschwindigkeit an: 272 ... 286 ... 291 km/h.
Längst waren wir in Belgien: Weiden ... Baumgruppen ... einsame Gehöfte ... alles auf der Flucht ... Kühe am Horizont ... Kühe im Dezember? ... nein: Reiter in weißem Umhang ... mit rotem Kreuze ... ich traute meinen Augen nicht ... **Templer** auf der Jagd ... oder **Templer** bei der Eskorte für verirrte Pilger ... oder **Templer** bei der Intonation ihrer Hymne **Non nobis Domine** ... ich rieb mir die Augen und presste mein Gesicht an die Scheibe, doch da durchfuhren wir bereits einen weiteren Tunnel, und am anderen Ende huschten wieder Fetzen von Dörfern oder Ruinen vorbei ... War dort hinten ein verstecktes Lagerfeuer? ... Angestrengt suchten meine Augen die templerischen Fragmente von OUDLER oder OELLERDAHL, aber der Zug war zu schnell, als dass ich ein Templer-Kreuz oder einen Grabstein hätte erspähen können ...

15.11 Uhr:

Bestimmt hatte Hunt mir eine SMS geschrieben. Ich reanimierte mein Handy, fand dort aber keine Nachricht von Hunt, sondern eine Mitteilung von Janice aus Strasbourg:

✥ „Hallo Kurt, Mark & Fabien: EILMELDUNG: Der EuGH in Strasbourg hat soeben unser Urteil verkündet --> Urteil 1: KLAGE-ABWEISUNG: République Française kann nicht belangt werden für Untaten mittelalterlicher Regenten. / Urteil 2: REHABILITATION: République Française muss neutral sein und alle staatlichen Attitüden gegen die Templer entfernen (Museen, Schulbücher, Denkmäler). Presse berichtet morgen: ‚Großer Erfolg für EuRiCo‘. Gratulation an alle! Salut, Janice.“

Erfolg? Es war ein Teil-Erfolg, und vor allem ein Lob für das Engagement von Pater Anselm, an den ich diese Nachricht weiterleiten musste! Ich las die Meldung ein weiteres Mal, ein drittes Mal, ja, sie hatte Konsequenzen für die europäische Gesellschaft, und für die Literaten, vor allem für die Kirche des Mittelalters. Während ich ins Träumen geriet, verringerte der Zug sein Tempo, Bremsen räusperten sich …

Bahnhof Liège-Guillemins, 2, Place des Guillemins, B-4000 Liège
Montag, 6. Dezember, 15.17 Uhr

15.17 Uhr:
Wir waren in einen riesigen Aluminium-Käfig eingefahren, so jedenfalls mutete das silbrige Dachgewölbe aus Stahlgerippe und Glaselementen an: Liège-Guillemins, ein belgischer Knotenpunkt im europäischen Hochgeschwindigkeitsnetz, in dem sich Thalys-Züge und Intercity-Express-Bahnen begrüßten und gute Weiterfahrt wünschten. Draußen gingen Figuren aneinander vorbei, aber irgendein bekanntes Gesicht konnte ich nicht ausmachen. Sympathisch fand ich die an den Wagen befestigten Eigennamen der Zuglinien wie Aurora oder Meteor oder auch Paganini, die dem futuristischen Bauwerk um uns herum eine persönliche Note verliehen.
Unser Zug war wieder angefahren. Die ländliche Szenerie wurde nun zunehmend durch Industriekulisse und Wohnkultur verdrängt. Meine Hoffnung auf neue **Templer-Spuren** oder **Relikte der Bundeslade** schwanden dahin. Auch der Blick auf grabende Studenten von der Universität Liège unter Leitung eines Aachener Professors Gurnemanz würde mir versagt bleiben …
15.21 Uhr:
Erneut machte es Klick, dann ertönte wieder die bahneigene Mikro-Stimme:

„Meine Damen und Herren, hier spricht wieder Ihr Zugbegleiter vom ORION-Express nach Brüssel und weiter nach Paris-Nord. Zug-Nr. 314. Ich begrüße die zugestiegenen Fahrgäste sehr herzlich. Wir verlassen die Ausläufer der Ardennen und nähern uns nun dem Brüsseler Becken, wo wir gegen 16.00 Uhr Brüssel-Südbahnhof bzw. Bruxelles-Midi erreichen. Bitte besuchen Sie auch unser Restaurant in Wagen Nr.3 oder erwarten Sie den Getränkewagen unseres mobilen Gäste-Service an Ihrem Platz. Wir wünschen Ihnen eine angenehme Fahrt.“ Klick.

Nun galt es, aus der Reserve herauszugehen. Bislang wusste niemand in STRASBOURG, LONDON oder WIEN, wo ich steckte. Andererseits wollte ich auch nicht zu viel preisgeben:

15.24 Uhr:

Ich beantwortete die SMS von Janice, indem ich nur an sie schrieb:

► „Hallo Janice: Danke für EuGH-Urteil. / Round-Table Nr.8: sehr interessante Templer-Spuren / Bin auf der Rückreise nach Paris / Mr.Hunt: Ich wünsche keinen weiteren Kontakt / Wo bleibt mein Scheck? / Salut, Fabien. “

Ferner musste ich mich noch bei Kurt und dem Prof. Natot verabschieden, also bastelte ich an einer weiteren SMS – nur für die beiden:

15.31 Uhr:

► „Hallo Kurt, plötzlicher Auftrag zwang mich zur Abreise aus Aachen. Bitte Hotel-Zimmer stornieren. / Hallo Prof. Natot: Wünsche noch gute Forschungserfolge in Europa. Über Moses sprechen wir ein anderes Mal ☺. Gruß, Fabian."

Der erfolgreiche Versand dieser Kurznachrichten hatte zu meiner Beruhigung beigetragen, so dass ich mich mit mehr Muße den übrigen Fahrgästen zuwenden konnte: ein englisch wirkender Gentleman las seine Zeitung, zwei Damen waren in Romane vertieft, ein Kind tippte unaufhörlich auf die Tasten seines Handys. Die anderen Personen dösten oder träumten oder ließen gedankenverloren Landschaften an sich vorüberrasen …

15.39 Uhr:

Auch ich war ins Dösen geraten, wachte dann aber rasch wieder auf: Auf meiner Fensterseite erblickte ich eine kleine graue Flugmaschine, die parallel zu uns, mal höher, mal tiefer, ihren Kurs an unseren Orion-Express angepasst hatte. Für eine Linien-Maschine war das Flugzeug zu klein. Vielleicht eine Charter-Maschine? Von Globe Wing? Mit ihrem hautnahen door-to-door Service?

15.42 Uhr:

Ein schrecklicher Gedanke schoss mir durch den Kopf: Wenn Hunts Leute mich in diesem Zug vermuteten, wüssten sie um meine Ankunft in PARIS-NORD und könnten mich dort abfangen. Vielleicht wusste Merve eine Lösung?

Also rasch eine SMS an sie:

► „Hallo Merve, deine Warnung vor Mr. Hunt war berechtigt. Sitze im Orion-Express nach Paris. Werde evtl. beobachtet. Bin quasi auf der Flucht. Hast du eine Idee? Salut Fabien."

Hatte das Flugzeug mein Handy geortet? Und meine Anwesenheit schon weiter gemeldet? Flink schaltete ich mein Handy aus. Aber dann würde ich ja keine Antwort von Merve empfangen können? Also wieder einschalten! Indem ich noch nach einem Ausweg suchte, verloren wir zunehmend an Geschwindigkeit. Glücklicherweise fiel bald der Schatten von tief hängenden Dachblenden eines Bahnhofs auf unseren Orion-Express, und ich war mir sicher, dass uns der Flieger nun aus den Augen verloren haben dürfte: Wir waren in BRÜSSEL.

Station Bruxelles-Midi, Avenue Fonsnylaan, B-1060 Saint-Gilles/Bruxelles
Montag, 6.Dezember, 16h02

16.02 Uhr:

Während des Aufenthalts frönte ich meinem neuen Hobby und suchte am Fenster nach weiteren Zugnamen. Zweimal wurde ich fündig: PASCAL und KOPERNIKUS. Warum hießen diese Züge nicht einfach nach den Namen der letzten Templer: JACQUES DE MOLAY und GEOFFREY DE CHARNAY?
Indem ich noch sinnierte über die möglichen Folgen des Strasbourger Urteils, meldete sich mein Handy: Antwort von Merve? Oh nein, da entfaltete sich eine superlange SMS von Janice bzw. ARTE:

✣ „Liebe EuRiCo-Kollegen: Aufzeichnung Aachen = perfekt / Très bon, merci! / Beschluss von ARTE-Direktorium: Alle 8 UFO-Beiträge ab März auf Sendung bei ARTE, BBC und ORF (14-Tage-Rhythmus). Auswärtige Sender interessiert: FOX TV in New York City (Vermittler: HUNT) & Jerusalem Online TV (Vermittler: NATOT). Weitere Sender fragten an. Großer Publicity-Erfolg für uns alle. Bin stolz auf Euch!
Bon jour et salut, Janice."

16.17 Uhr:

Diese SMS war vollendete Poesie, besser als alle Lyrik und Linguistik zusammen! Ich war so verzaubert, dass ich die Weiterfahrt des Zuges nicht bemerkt hatte, denn nun meldete sich wieder eine Mikrophonstimme aus der unbekannten Office-Zentrale des Zuges, freilich mit wallonischem Akzent, Ton-Lage Tenor:

ICE und Thalys im Bahnhof Brüssel Midi © 2005 Spedona (GNU-Lizenz)

„Mesdames et Messieurs, hier spricht Ihr Akquisiteur vom ORION-Express Linie 314 mit Ziel Paris Gare du Nord – mit täglich 1/2 Million Fahrgästen der größte Bahnhof Europas. Ankunft: 17.29 Uhr. Ich begrüße die neu zugestiegenen Fahrgäste und lade Sie alle herzlich zu einer Fahrt durch die Picardie ein, die sich uns in einer Geschwindigkeit von 300 km/h erschließen wird. Im Wagen Nr.3 finden Sie unser Restaurant, außerdem kommt unser mobiler Gäste-Service gerne zu Ihrem Platz. Wir wünschen Ihnen weiterhin eine angenehme Fahrt." Klick.

Endlich also waren wir auf dem Weg nach Frankreich, dem Ursprungsland der Templer! Alles würde gut werden: Das **EuGH**-Urteil war passabel, **EuRiCo** war erfolgreich, und die **UFO**-Serien würden Fernseh-Geschichte schreiben! Und dieser Orion würde nicht entgleisen! Die Zug Nr. 314 hatte eine fast heilige Quersumme, nämlich 3+1+4 = **Acht!**
Je weiter wir nun nach Süden fuhren, desto flacher wurde das Land, und die Weite der ländlichen Ebenen hinterließ bei mir Anklänge von Wehmut, denn die abgeernteten Felder und Äcker waren menschenleer, bis an den Horizont, wo das wolkenfreie Gewölbe des azurblauen Alls weitere Tiefen und Furchen der Leere vermuten ließ. Menschenleer – nur ein einsamer Vogel in der Ferne begleitete uns, fiel etwas zurück, holte wieder auf.
Wo blieb die Antwort von Merve?
Plötzlich war der Vogel ganz nah und drehte dann ab, wie es Flugzeuge im Manöver waghalsig demonstrieren: Aber hallo – ein Vogel war das nicht!

16.36 Uhr:

Endlich vibrierte das Handy:

▶ „Mon chéri, treffen wir uns um 19h00 im Libanesischen Lokal?
Was ist denn mit deinem Mr. Hunt? Salut, Merve."

Prompt klickte ich auf ANTWORT und schrieb erschreckt:

▶ „Non, Merve! Hier düst wieder ein Flieger neben unserem Zug. Ich kann nicht in meine Wohnung. Für die nächste Zeit auch nicht nach LeParisien. Mein Zug kommt 17h29 in Paris-Nord an. Ich möchte im Gedränge der halben Million Reisender auf Eurem Bahnhof meine Verfolger abschütteln. Kann ich bei dir untertauchen? Salut, Fabien."

16.37 Uhr:
Diesmal kam Merves Reaktion postwendend in mein Abteil:

▶ „Nachricht erhalten. Ich melde mich später. Merve."

Jetzt stierte ich auf das Handy, aber die erwartete Antwort blieb aus. Trotzige Langeweile kam auf. Ich musste mich ablenken. Provokativ tippte ich in meinem Handy auf das Icon für den News Ticker:

„400 m großer Asteroid TU24 rast um Mitternacht an Erde vorbei (Nasa, Pasadena, USA)."

Aber hallo! Vor Mitternacht wollte ich in Paris sein! Bei Merve! Sollten sich doch Hunt und seine texanischen Ledernacken mit diesem Gesteinsbrocken befassen!

16.41 Uhr:
Draußen keine Spur vom Flieger, aber es schien mir, als ob die Luft jetzt genau über unserem Zuge vibrierte. Vielleicht irrte ich mich aber auch. Ich musste mich ablenken und wagte wieder einen Klick auf den News Button:

„CERN reproduzierte für ein Billionstel Sekunde Energien wie beim Urknall vor 13,7 Mrd. Jahren. Jetzt folgt Suche nach dem ‚Gottes-Teilchen' (Genf, CH)."

URKNALL war offensichtlich ein neues Wort für die alte GENESIS. Brauchten wir einen neuen Urknall? Ließen sich Energien nicht nützlicher verwenden? Wie hätten heute die **Templer** entschieden? Und dann dieses GOTTES-TEILCHEN – War es ein neues Wort für eine andere **Bundeslade**?

16.48 Uhr:

Endlich eine Antwort von Merve:

▶ „Mon cher Templier! In Paris: schalte Handy aus & verlasse sofort den Bahnhof / Attention: Meide Taxi + Bus + Métro / Verkehrsinsel vor Gare du Nord: Warte dort am Bus-Stop / 17h45: Ich halte dort 5 sec / Bonne chance, Merve."

Halleluja! Merve zeigte hier Fähigkeiten, die ich bei ihr noch gar nicht wahrgenommen hatte. Ich erinnerte mich an die breite Straße vor der Gare du Nord: mitten auf der Fahrbahn zog sich länglich eine schmale Verkehrsinsel hin, auf der Straßenlaternen und ein gläserner Unterstand verwurzelt waren, um Busreisenden Schutz vor Regen zu bieten. Dieses windige Gehäuse musste ich aufsuchen! Hier war mein neuer **Omega-Punkt:** $\pm\Omega$!

16.51 Uhr:

Die Deckenbeleuchtung des Wagens war angegangen. In der fortschreitenden Dämmerung konnte man die vorbeieilende Umwelt jetzt nur noch schemenhaft wahrnehmen. Vom Flieger keine Spur. Der Servicewagen war angekommen, und ich bediente mich mit einem Becher Kaffee und buntem Keksgebäck. Das machte nicht satt, aber verlieh das Gefühl, für die kommenden Schritte gerüstet zu sein.

Blick auf die Verkehrsinsel vor dem Bahnhof

Was plante Mr. Hunt? Vermutlich war er nicht nur ein Vertreter des PEN Centers in New York, sondern auch ein Agent jenes Londoner Militär-Clubs und irgendwie auch verbunden mit dieser texanischen Globe Wing Company. Doch was interessierte ihn so an den **Templern** und der **Bundeslade**? Hatte er eine andere Spur zum **Templer-Code**?

> Und was wäre, wenn wir den **Templer-Code nicht finden**, weil **er uns längst gefunden hat**? Vielleicht war der Code ein Ding in unserem Kopf, so eine Art GOTTES-TEILCHEN, das sich vor uns versteckte?

17.04 Uhr:

ziSCH...ziSCH...ziSCH: Gelegentlich sah man in Bruchteilen von Sekunden das Aufblitzen der Fenster von den Gegenzügen, die aus Paris kommend an uns vorbeizischten: Für Momente erhaschte man Silhouetten von anderen

Menschen, die man nicht kannte und die man nie mehr wahrnehmen würde. Es war schon eine merkwürdige Sache mit der Relativität des Menschen und all seinen Theorien ...

Zurück ins Hier und Heute: Unser Orion-Express 314 raste auf PARIS zu, er war ein irdischer Komet voller Schicksale, die sich in die halbe Million menschlicher Ameisen an der GARE DU NORD ergießen würden und sich dann vermischen, verlaufen, verlieren ...

17.08 Uhr:

Einen dritten Klick wollte ich mir noch erlauben:

> „Mit Weltraum-Mikroskop Hubble wieder Schwarze Löcher entdeckt (University of California, Berkeley, USA)."

Ja, da war wieder diese Bedrohung aus dem Unbekannten: Hinter Hunt stand **Global Wing** aus TEXAS, und hinter deren door-to-door Service operierte vermutlich der anonyme **Special Forces Club** aus LONDON, und über allem wölbte sich die **Finsternis** des EVANGELISTEN JOHANNES, die das Licht nicht ergriffen hat (Io 1,5), und weit dahinter mussten die **Schwarzen Löcher** sein, von denen man immer wieder las oder hörte ...

17.17 Uhr:

Offensichtlich war ich für einen Augenblick eingenickt und hatte mich in Chimären **esoterischer Verschwörungstheorien** verfangen. Doch um mich herum hatte sich die Unruhe des Aufbruchs breitgemacht: Taschen wurden verschlossen, Jacken erfuhren artgerechte Verknöpfung.

Rasch schaltete ich mein Handy aus und versuchte wie ein Templer zu denken, der seinen Rückzug strategisch planen musste – immerhin hatte man die letzten Templer hier in PARIS vernichtet.

Mein Vorteil gegenüber JACQUES DE MOLAY: Ich war vorgewarnt, und nur zwei von diesen Lederjacken würden mich wiedererkennen. Jetzt verlangsamte der Orion seine Fahrt, typische Gleisgeräusche beim Erreichen heimatlicher Bahnhöfe. Ich hangelte mich aus der Polsterung. An sich hasste ich das vorzeitige Pirschen zu Türen, die doch noch verschlossen waren. Aber diesmal musste ich sofort untertauchen in den Massen am Bahnsteig ...

Gare du Nord, 18, Rue de Dunkerque, F-75010 Paris
Montag, 6. Dezember, 17h29

17.29 Uhr:
„Bonsoir Paris“, murmelte ich zwischen den Zähnen und mischte mich auf dem Bahnsteig rasch unter eine Gruppe wortreicher Paris-Besucher, die der untersetzten Hostess eines Touristik-Unternehmens folgten. Mit ihrer körperlichen Fülle zog die Dame alle Blicke auf sich, und deshalb schien mir ein Untertauchen bei ihren Schäflein am sichersten.
Verdächtige Figuren konnte ich nirgendwo ausmachen. Nur Gesichter von anderen Personen, die irgendeiner Geschäftigkeit nachgingen. Aber taten das nicht auch alle Verfolger in dieser Welt? Auch Philipp der Schöne? der Kanzler Nogaret? und Nebukadnezar? selbst Pontius Pilatus?
Jetzt erreichte das Gemenge aus Einzelpersonen und Gruppen, Kofferträgern und Müttern mit Kindern die breite Rampe, wo die Vermischung mit Passagieren auch der anderen Bahnsteige begann.
Nicht auffallen, nicht umschauen, einfach vom Strom treiben lassen ...
17.36 Uhr:
Ich war im Inneren der Halle angekommen und bummelte entlang der Schalter und Boutiquen, vermied jede Berührung mit anderen Personen, und kam mit gespielter Teilnahmslosigkeit dem Ausgang näher, peu à peu, wo ständig Gestalten kamen und entschwanden, doch niemand trug Leder oder scharrte mit texanischen Cowboy-Stiefelchen ...
17.40 Uhr:
Draußen auf dem breiten Trottoir wehte mir die kühle Dezemberluft entgegen. Fast unmerklich langsam rollten drei Wagen heran, auf deren Dach weiße Schildchen montiert waren:

TAXI
PARISIEN

TAXI
PARISIEN

TAXI
PARISIEN

Die drei heiligen Könige waren das bestimmt nicht. Ich spielte den ahnungslosen Naiven, der gar nicht wusste, warum er da war. Jemand mit Zigarette fragte mich nach Feuer, doch ich zuckte wortlos mit den Achseln und schlenderte zum Rand der Fahrbahn.

17.43 Uhr:

Belanglos überquerte ich die vorgelagerte Autostraße und betrat die magische Verkehrsinsel, wo ich mich mit dem gläsernen Unterstand zwischen den barocken Straßenlaternen anzufreunden begann. Ich hatte meinen Omega-Punkt erreicht.

17.44 Uhr:

Ein unauffälliger Blick zurück zum Bahnhofstrottoir und den drei Taxis ließ mich ahnen, dass man mich musterte oder gar meine Gänsehaut entdecken könnte.

17.45 Uhr:

Jetzt raste ein anderes Taxi ganz dicht an mich heran – sofort dachte ich an Merves Warnung: Nicht einsteigen!!! –, doch die hintere Türe sprang auf, und dort saß Merve, die nun rief: „Monte le taxi ... vite, vite!“, und während ich mich noch platzieren wollte, sauste der Wagen mit uns davon, scherte sich ein in den fließenden Verkehr der Rue de Dunkerque, bog rechts ab, dann wieder rechts, dann links, wechselte die Fahrspuren, nutzte jede Lücke, verschwand förmlich im Verkehr von Paris, wie wenn man jeden Tag diese Tour eingeübt hätte ...

Der Fahrer war irgendwie instruiert und blickte öfters in den Rückspiegel und fragte dann: „C’est bon, Madame?“

„Oui, et maintenant Place de la République, svp.“

Schon korrigierte er seinen Kurs und wendete mit quietschenden Reifen zu dem neuen Ziel, und wir beide auf den hinteren Sitzen konnten uns endlich einander zuwenden, und wie in einem Traum flüsterte sie mir zu:

„Wir schütteln gerade deinen Nebenbuhler ab. Kein Verfolger mehr“, und dabei zwinkerte sie mit den Augen, als ob sie täglich solche Arrangements organisieren würde.

„Dein Handy ist aus?“

„Ja – aus.“

18.01 Uhr:

„Place de la République, Madame“, sagte der Fahrer.

„Square du Temple, Monsieur“, antwortete Merve nun und hatte offensichtlich unseren Kurs erneut korrigiert.

„Templier?“ überrascht blickte ich zu Merve.

„Square du Temple – der frühere Reiterhof der alten Templer.“

Square du Temple, 3e Arrondissement, F-75003 Paris
Montag, 6. Dezember, 18.09 Uhr

18.09 Uhr:

Auf ein Zeichen hin hielt der Wagen an. Merve reichte einen dicken Schein zum Fahrer, und rasch pellten wir uns aus dem Taxi. Während der Wagen weiter fuhr, zog sie mich wie ein kleines Kind am Arm zum Bürgersteig und an einem Baum vorbei zu einer der Haustüren.

Square du Temple © 2008 Pline (GNU-Lizenz)

„Hier wohnst du?"

„Nein: Die anderen kennen nun seine Autonummer, er aber kennt nur diese eine Adresse, aber die ist falsch."

Dabei blickte sie dem Taxi nach, bis es verschwunden war. Nach zwei, drei Minuten zog sie mich über den bewaldeten Platz der Templer, der heute offensichtlich als Spielplatz diente, aber zu dieser Uhrzeit vereinsamt war. Nur der Mond schaute nun tiefsinnig durch die Wipfel der alten Bäume …

Ich staunte: „Respekt, man lernt bei LeParisien doch 'ne ganze Menge"!

„Du kennst noch lange nicht alles!", war ihre Antwort, und charmant spielte sie eine mir bislang unbekannte Überlegenheit aus.

Am Rand des Platzes angelangt, erkundigte ich mich: „Hier wohnst du?"

„Nein, in einem anderen Arrondissement, hier habe ich heute nur meinen Wagen geparkt", dabei öffnete sie mit einem Switch einen tiefblauen Peugeot und lud mich ein, auf der Beifahrerseite Platz zu nehmen.

18.15 Uhr:

Jetzt saßen wir nebeneinander. Nach einigen Momenten des Schweigens fragte sie: „Was ist los, Fabien? Mit deinem Mr. Hunt?“

„Es ist nicht mein Mr. Hunt“, und in wenigen Worten skizzierte ich nun die unerträgliche Situation und wiederholte stammelnd meinen Wunsch, für einige Tage bei ihr untertauchen zu dürfen.

Sie zögerte noch, sah mich prüfend an, dann zwinkerte sie mit ihren Augen und meinte: „Dein Handy solltest du auch bei mir auslassen. Man weiß ja nie, was das für Leute sind.“

„Okay, dann rufe ich jetzt nur noch rasch meinen letzten Post-Eingang auf.“

Tatsächlich lag eine Meldung vor. Laut las ich vor:

> „Wasserfloh Daphnia Pulex hat 30.907 Gene und damit mehr Überlebensstrategien als der Mensch mit nur 23.000 Genen (Indiana University, Bloomington, USA).“

„Nein!“

„Doch! Steht hier!“

„Zeig her“, und dabei neigte sie ihren Kopf zu meinem Handy herüber, und sofort begann eine blumige Aura ihrer Haare mich zu betäuben, sie schüttelte sich vor Lachen, in das auch ich erleichtert eingefallen war. Dann meinte sie mit quirliger Stimme:

„Daphnon? Das ist doch Lateinisch und heißt Lorbeergarten.“

„Dann bist du Daphnia – lass‘ mich dein Pulex sein!“

Sie lachte noch immer, drehte ihren Schlüssel im Zündschloss um, und der Wagen sprang an ...

Notizen:

Lightning Source UK Ltd.
Milton Keynes UK
UKHW031009200820
368549UK00018B/2458